历史与和解

[日]黑泽文贵 [英]伊恩·尼斯/著

赵仲明 刘爱美 张黎黎 俞婧 王蔚 皇甫彦帝/译

笹川日中友好基金

The Sasakawa Japan-China Friendship Fund

南京大学出版社

阅读日本书系编辑委员会名单

阅读日本书系选书委员会名单

目　录

序　文

——从“历史”的“政治化”走向“历史”的“历史化”　/ 1

1　“和解”的动摇与“历史”的“政治化”　/ 1

2　个人和解与集体和解　/ 4

3　本书的成书经过及特色　/ 6

4　本书的构成　/ 8

5　和解的共性、双向性以及历史解释的开放性　/ 11

第Ⅰ部分　历史与和解之间

关上拉窗　/ 17

序言　/ 17

1　关上拉窗　/ 19

2　和解与历史学家　/ 21

3　历史学家的动员　/ 25

结语　/ 28

战后日本近代史研究的轨迹　/ 30

绪论　/ 30

1　昭和战争前期理解原型的合谋论(东京审判史观)　/ 31

2 学术界主流的天皇制法西斯论（讲座派的马克思主义史学） / 36

3 批判日美战争论的十五年战争论 / 38

4 批判天皇制法西斯论的革新派论 / 40

5 实证研究的兴盛与战争责任意识及政治性 / 43

结语 / 48

第Ⅱ部分 从记忆到历史

记忆的历史化与和解
——以日英和解为案例 / 57

前言——“历史学家的使命” / 57

1 记忆的历史化 / 60

2 日英和解目标下历史学家的总动员 / 62

3 交流与记忆的嬗变 / 78

4 记录痛苦记忆 / 83

结语——再谈“历史学家的使命” / 86

从仇恨到和解
——笔绘前战俘走向战后和解的足迹 / 89

前言 / 89

“一切，都结束了” / 90

在瓦利·邓洛普先生麾下 / 91

在曼谷的日子 / 93

善良的泰国人民 / 94

返回英国 / 95

无法讲述被俘经历的日子 / 97

伦敦大学狄克逊画廊里的展览会 / 98
加入及脱离要求日本谢罪、支付战后赔偿的团体 / 100
关怀战俘的日军监视员 / 101
我所参与的远东战俘协会的活动 / 102
与日本的“再会”——与惠子·霍姆斯和永濑隆的邂逅 / 103
结语——《历史和解与泰缅铁路》的出版 / 105
“烈火战车”——埃里克·利迪尔的跑鞋
——在中国的羁押经历与和解 / 107
引言——生于中国云南 / 107
日军侵略中国 / 108
关进收容所 / 109
缺粮和疾病 / 110
“今日新闻” / 111
日军的暴虐和殖民地出身士兵的残暴 / 111
与“烈火战车”——埃里克·利迪尔的邂逅 / 112
来自埃里克的礼物 / 113
“战败” / 114
与父母重逢 / 116
与日本“重逢” / 116
人与人之间的宽恕、和解及其对和解的阻碍 / 117
和解与宽恕
——站在羁押人员及其孩子的视角 / 119
作为英国国教会的新加坡主教 / 119
经受日军的刑讯 / 120
刑讯和祈祷 / 121

战争结束 / 123
“主教手杖”之事 / 124
日本之行 / 125
记忆与宽恕 / 126
“和解才是最后的胜利”
——英国退役军人之考察 / 128
英德和解与日英和解 / 128
对前战俘的补偿和援助 / 129
前战俘的愤怒和日本人的谢罪 / 130
下一代对战争灾难的传承 / 131
中国与日本的和解 / 133
“和解才是最终的胜利” / 134
通往和解之路
——记前战俘杰克·卡普兰 / 135
与日本“重逢”的前战俘们 / 135
烧毁太阳旗的“反日人士”——杰克·卡普兰 / 136
来自杰克的电话 / 136
成为日军的战俘 / 137
在泰缅铁路上强制劳动 / 138
“不允许烧掉日本国旗的人踏上日本国土” / 140
在广岛 / 141
“入鹿男孩” / 142
与前日本士兵的和解 / 144
“我们共同的敌人” / 145

战俘集中营的记忆与和解 / 148

英军战俘皮特·罗斯 / 148

战俘集中营与劳役 / 149

“伤痕会留下” / 155

记忆、历史、和解

——路易斯·艾伦与日英和解 / 158

关于路易斯·艾伦 / 158

路易斯·艾伦与《阿弄集中营》 / 159

有关《阿弄集中营》的英译本(1)——艾伦与会田雄次 / 160

有关《阿弄集中营》的英译本(2)——艾伦与石黑秀 / 161

JSP问题与艾伦的态度 / 162

关于《缅甸:最长的战争》的日译本

——艾伦与前日本军人 / 163

天皇驾崩与英国的反日情绪——艾伦的苦闷 / 166

艾伦理解的“日英和解”

——探究史实和相互理解的必要性 / 167

第Ⅲ部分 围绕历史的对话与和解

日中历史共同研究

——成果与课题 / 171

1 “日中历史共同研究”的意义 / 171

2 对共同研究的期待 / 173

3 共同研究的实际状况 / 175

4 历史研究与历史教育 / 180

5 代结语 / 182

共有历史认识的尝试
——关于法德共同历史教科书 / 186
前言 / 186
1 教科书诞生背后法德历史学家间的合作 / 188
2 东亚的现实状况 / 192
3 法德共同教科书的现状 / 195
4 对共同教科书的批判——波兰与韩国 / 197
结语——展望 / 201
日中及德波的历史与"和解"
——以两者的共同点和差异性为中心 / 203
前言 / 203
1 日中与德波——不同点与相同点 / 204
2 谢罪与赔偿(补偿) / 211
3 历史对话 / 217
结语 / 224
日韩与法国、阿尔及利亚 / 228
前言 / 228
1 两种记忆 / 229
2 殖民时代的相似点与不同点 / 233
3 去殖民化及对过去的忘却 / 237
4 后非殖民化时代及过去的再现 / 240
代结语——过度记忆 / 244
英国、爱尔兰的和解与日韩关系
——一名外交官的视角 / 248
前言——正视历史问题 / 248

1 爱尔兰的历史与和解 / 249

2 英爱关系与日韩关系的比较 / 251

3 英爱、日韩关系比较的意义及其区别 / 253

4 关于“谢罪” / 256

5 真相的探究及历史共同研究 / 259

结语 / 261

复仇与和解 / 265

前言 / 265

1 个人的复仇 / 267

2 宗教与复仇 / 268

3 复仇与遏止 / 270

4 复仇、集团性犯罪、战争罪行审判 / 271

5 国家的复仇 / 276

结语 / 280

反日与日韩的历史和解 / 282

前言 / 282

1 如何理解反日 / 285

2 如何对待反日 / 287

3 何谓历史和解 / 289

4 为何要历史和解 / 291

5 和解什么以及如何和解 / 293

后记 / 298

市民运动与中日历史和解 / 301

前言 / 301

1 花冈事件与历史认识 / 302

2 被害人的选择——从对簿公堂到判决上的和解 / 308

3 从判决上的和解到心灵的和解 / 313

4 花冈和解的要因与普遍意义 / 316

5 日本式历史和解的范例 / 319

结论 / 323

21 世纪的中日历史和解
——历史的终结? / 325

1 和解的过程 / 325

2 小泉政权后的中日关系 / 327

3 遗弃化学武器的销毁、历史共同研究与补偿运动 / 330

后记 / 333

东亚和解的摸索 / 336

前言 / 336

1 以“共同的文脉”为目标 / 337

2 关于东亚的现代化 / 344

3 “正确的历史”如何成为可能 / 349

代结语——东亚开始的普遍尝试 / 354

后 记 / 356

撰稿人·日文译者简介 / 358

序　文

——从“历史”的“政治化”走向“历史”的“历史化”

黑泽文贵

1　“和解”的动摇与“历史”的“政治化”

距今六十多年前的1951年9月7日晚上，吉田茂首相在缔结旧金山和约的演讲中，高度称赞日本与曾经的敌对国之间的“和解与信赖”①：

> 这份和平条约并非复仇之约，而是标志着“和解”与“信赖”的文件。我作为日本特命全权大使对这一公平、宽容的和平条约表示欣然接受。

当然，众所周知，在日本与未签署条约的苏联以及未被邀请参加讲和会议的中国、韩国等国之间，后来也通过发表共同宣言、共同声明或缔结两国之间的具体条约而达成了和解。

不过，以上的条约以及共同宣言、共同声明所勾画的战后“和解”的基本蓝图都是基于《旧金山和约》，其中包含接受远东国际军事法院和其他联合国战争刑事法院的判决(the judgments)(第十一条)以及对赔偿问题的处理(第十四条)。并且，根据本书第Ⅰ部分中小菅信子女士的论文所述，这些正是战后和平构建理念从20

① 日本外务省编:《日本外交文书和平条约缔结的相关调查》第4册(外务省，2002年)第128页。

世纪前的"宽恕而后忘却"向"宽恕而不忘却"这一崭新理念转变背景下出现的国际和解的新尝试。

然而,"不能忘却"过去的悲惨历史这一理念,从为了构建战后和平而走向和解的观点来看,是伴随着某种危险性的。之所以这么说,是因为"如果我们不追求彼此间的和解,那些悲惨的过去就会成为滋生新的偏见以及敌意的出发点,并有可能导致复仇这一连锁性反应①"。

因此,"不能忘却的过去的历史"也许会带着"新的偏见和敌意"在某一天东山再起,这一点令人不安。并且,当战争刑事法院裁决以及旧金山和约框架下的战后和解所基于的国内外的各种条件发生变化,从而导致这种和解框架本身受到质疑时,一度达成的和解就有可能遭遇到动摇的威胁。

只是,沿着这种思路去思考我们便会发现,当代的和解本身就应该建立在"相互谋求和解"的基础上,根据时局的变化,必须不断进行重新审视,本来就不存在所谓一旦和解达成即大功告成,可以高枕无忧,永保和平与友好②。因此,原有的"和解"模式在今天受到质疑,近代日本发动的战争与殖民统治的"历史"再一次成为焦点也并非空穴来风。

那些有关近代日本战争与殖民统治的"历史问题"(或称为"历史认识问题")再一次进入大家的视野是近些年的事情。该现象于适逢第二次世界大战战后四十周年的20世纪80年代显露出来(教科书问题以及靖国神社参拜活动等),并于二战后五十周年至六十周年的20世纪90年代至2000年发展到顶点。这一发生在日本国内外的现象大概可以称作"历史"的"政治化"。

"历史"成为一个突出问题,其背景正如本书第Ⅰ部分中黑泽文贵的论文指出的那样,存在着各种各样的要因。但是,"历史"的"政治化"这一现象本身绝不是近些年独有。为什么这么说,是因为自占领期以来就或多或少存在这种情况。

即其主要原因包括,占领与冷战结构、日本国内的"五五年体

① 小菅信子:《东京裁判与和解》(佐藤健生、诺尔贝尔特·弗莱编《回应翻不去的过去》,岩波书店,2011年)第259页。

② 关于此点,请参照本书第Ⅲ部分中林景一以及金凤珍所执笔的论文。

制”等国内“政治”与意识形态充斥的时代状况，以及直至 20 世纪 70 年代为止“围绕昭和战争前期或是后期的历史”这一研究领域本身，站在以史料为依据探明历史事实为其根本的历史学研究的视角来看，是十分棘手的研究对象等方面。因此，“历史”本身就处于极易“政治化”的状态中①。

当然，“历史”的“政治化”发展到近些年，以距冷战阵营崩溃和昭和天皇驾崩以及“九一八事变”发生约六十年、距太平洋战争爆发约五十年的 20 世纪 80 年代末期为界，其性质已不同于从前，迎来了新的发展阶段。以往围绕历史解释的对立已从国内扩大到国际关系，尤其是与中国以及韩国之间的“历史问题”备受瞩目②。

另外，“战争责任”“加害责任”“谢罪”“赔偿”“补偿”等政治色彩强烈的问题成为主要的争议所在，围绕这些问题，日本国内“历史问题”的发展动向与中韩等国的发展动向相互纠缠，显得异常复杂，这也不同于 20 世纪 80 年代以前，是近些年“历史”的“政治化”现象的一大特征。进而，在政府层面上可见的“历史问题”的“外交牌”（“打历史牌”）也是该时期一个显著的现象。

如此这般，扩大到国际关系的“历史”的“政治化”现象（所谓“历史”“政治化”的“国际化”）动摇了战后的“和解”格局，而这种动摇又加速了“历史”的“政治化”，在日本的国内外发生了这种相互关联。

然而，当我们放眼世界便能看到，当今时代，相互依存的关系愈加紧密，不仅是国家与国家之间，个人与个人之间也需要增进相互理解和相互帮助，在这种状况下就有必要重新构建超越国别的人与人之间的联系、社会与社会之间的联结，以及国家与国家之间的关系。这一点，在正如韩国、朝鲜等分裂国家所象征的冷战、战争以及殖民统治的残迹依然十分顽固留存着的东亚尤其必要。话

---

① 请参照本书第Ⅰ部分中黑泽文贵执笔的论文。

② 不过，与教科书相关的历史认识问题在战前就存在于日中之间。关于此点，请参照川岛真《从日中之间的历史合作研究来看教科书问题》（剑持久木、小菅信子、里昂内卢·巴比奇编《历史认识共有的地平线》，明石书店，第 2009 年）162—164 页。另外，“历史问题”并非东亚特有的问题，例如俄罗斯与东欧各国之间也存在类似的案例，冷战结束后，曾因意识形态而受到禁锢的第二次世界大战的相关“真相”被披露出来，成为“历史问题”。

虽如此，对于在这些东亚国家及其国民之间开创和解新格局并缔结更加和谐的关系来说，还存在着一个刺鲠咽喉般的难题，正是“历史问题”。

那么，如何才能拔掉这根又深又尖锐的刺呢？对于这一难题已有诸多考察，但是本书想从一个新的——“历史与和解”的视角来研究这个难题。即我们研究的出发点是，既然“和解”的动摇与“历史”的“政治化”牵扯颇深，那么我们就要采取将近代日本过去的“历史”转化为历史学意义上的“历史性事实”（即“历史”的“历史化”，而非“历史”的“非政治化”）的方法，来探索达成新的“和解”的可能性。从这一意义上而言，本书是重新以历史学眼光来考察历史，从而接近“和解”难题核心的一个崭新的尝试。

2 个人和解与集体和解

和解原本是个人性的课题。正如本书第Ⅰ部分中伊恩・尼斯在其论文中所指出的那样，“宽恕而后忘却还是宽恕但不忘却，还是既不宽恕也不忘却”[①]本是与个人层面记忆与回忆、感情等方面相关的私人选择的问题。但是，“历史”的记忆并不仅仅属于个人，事实上，它也具有社会和国家等集体性记忆的一面，那么和解就不仅仅局限于个人层面，还有必要在集体层面上加以把握。

如前所述，和解“若不是追求彼此之间达成和解”的话就无法实现。从个人层面上来说，过去的受害者如果没有“想要宽恕”“想达成和解”的心理驱动，就无法达成。为此，按照本书第Ⅱ部分中各篇文章和第Ⅲ部分中李恩民、林景一的论文，加害者至少有必要直面加害的历史，弄清历史事实，在承认事实的基础上进行反省、悔悟与道歉，并且把这些历史事实毫无隐瞒地传达给下一代（进行以和平与和解为目的历史教育与建设追悼设施）。加害者一方的这些行为能给受害者一方带来心灵上的治愈。并且双方通过如交谈经历（记录下来），共同聚集在追悼设施、纪念场所等交流来加深彼此之间的了解，理解彼此都是一样的人，最终达到共同立誓不再

① 本书第Ⅰ部分中伊恩・尼斯的论文，第17页。

发动战争[①]。通过**如此这般的**和解过程，受害者能够“从悲伤的往事中解脱出来”，抛开对日本人的“仇恨而还以心灵自由”[②]，于是和解就成为“对双方来说都是极大的、永恒的喜悦[③]”。

不管怎样，个人层面的和解是以“异质的他者共存、共生，并且相互依赖[④]”为目标，是追求未来的双向的过程，其核心是“心与心的和解[⑤]”。并且，至少对于受害者来说，在加害者和受害者双方中都存在“真诚地回想痛楚的人”与“能够体会到悲伤的人[⑥]”。

从另一方面来说，当然各个集体的和解与个人之间的和解并不完全一致。例如，由政府主导的对于本国过去的残暴行为的验证以及道歉会招致国内的反驳与大众舆论的分裂，这有可能会导致增加对方国家的不信任感，反而给和解带来困难这样的负面效果[⑦]。原本就存在像战后德国与苏联那样，即便不进行正式的道歉也能达成和解的事例。

但是，对于集体来说，**也需要怀有**某种“心与心的和解”，至少受到伤害的国家与社会要有“**希望**和解”的集体**愿望吧**。进而，既然争论的焦点是“历史问题”，那么不管是个人层面还是集体层面，和解的关键在于“历史”本身，这一点是一致的。

既然如此，那么就有必要弄清与曾经的受害者一方和加害者一方相关的过去的历史事实**究竟**如何，即近代日本的战争与殖民统治相关的历史事实**究竟**如何，**共有**这些历史事实及支持这些史实**的**历史资料。受害者与加害者双方必须重新真诚地面对过去的历史事实。

这其实是理所当然的事情，没有必要特别提出来。但是，迄今

---

① 即通过和解的过程，超越敌人·盟友、受害者·加害者这些曾经对立的立场，而是站到憎恨战争本身、希求和平这一更为普世的立场上。在此意义上，采取这种更为普世的立场也许是使和解成为可能的一个关键之处。

② 本书第Ⅱ部分中惠子·霍姆斯论文，第146页。

③ 本书第Ⅱ部分中杰克·查尔克的论文，第104页。

④ 本书第Ⅲ部分中金凤珍的论文，第290页。

⑤ 本书第Ⅲ部分中李恩民论文，第317页。

⑥ 同上，第318页。

⑦ 请参照庄司润一郎《回顾〈日中历史合作研究〉》（笠原十九司编《为不了解战争的国民而著的日中历史认识》，勉诚出版，2010年）101页；珍妮弗·林德《关于日本的历史认识与东亚和解的思考》（《弗林·阿费阿斯·利波德》2009年5月号）。

为止，这种理所当然的事情，由于“历史”常常被“政治化”，于是变得并非理所当然起来了，这是近些年“历史问题”突显出来的一个原因。

那么，究竟如何实现个人以及集体层面的“心与心的和解”呢？为了实现这一目标，需要怎样对待历史事实才能在相关的个人和集体之间达到共享？进而，我们应该怎么做才能把这一历史事实传递给下一代？追根究底，历史事实如何在相关者之间加以确认？历史解释的共享是否可能？相关者之间的历史对话与历史交流应当发挥的作用是什么？并且，个人记忆的叙述作为文字史料的补充近几年引人瞩目，如何将记录个人记忆的叙述历史史料化？总而言之，怎么样做才能使“不能忘却的记忆”不至被复仇的魔力所利用，而是成为“和解”的基础？本书就以上诸如此类的问题进行了思考。

3　本书的成书经过及特色

本书成书的契机是2009年6月在伦敦由大和日英基金会——日本屋(Japan House)举行的研讨会“记忆、研究、和解”。这是为纪念由雨果·多布森和小菅信子编著的题为《战争与和解の日英关系史》[①]（路特雷奇出版社，2009年）英文论文集的出版而举行的研讨会。这次研讨会在费利达·巴维斯（NPO法人“链接日本”代表）的统筹和雨果·多布森（谢菲尔德大学教授）的主持下进行，报告人包括黑泽文贵（东京女子大学教授）、伊恩·尼斯（伦敦大学名誉教授）、菲利普·梅伊利斯（退伍军人·和解活动家）、小菅信子（山梨学院大学教授）、杰克·查尔克（前战俘·画家）以及马丁·威尔逊（前被扣押者的儿子·牧师）（按报告顺序，不过杰克·查尔克当天身体不适，由别人代读）。

其中，尤其是学识渊博的尼斯教授的下面这段发言使研讨会

① Hugo Dobsonand Kosuge Nobuko(eds.), *Japan and Britain at War and Peace*, London and New York, Routlege, 2009. 日语版本为小菅信子、雨果·多布森编《战争与和解的日英关系史》（法政大学出版局，2011年）。

的与会者们深受感动[①]——“历史往往被政治以及外交所利用，或是被媒体炒作，而历史学家决不能服务于政治或是为了吸引媒体而从事研究。反过来，历史学家必须要与历史的政治化和舆论化、碎片化抗衡。但是历史学家们也不能仅仅是独善其身，他们必须思考如何才能为和解做出自己的贡献。”

在之后的7月，本书基于该次研讨会与会者的报告筹备出版。我们商定由伊恩·尼斯教授与黑泽教授担任编者，小菅信子女士与费利达·巴维斯担任编者助理。就这样，我们计划以日英之间的历史与和解为主题出版一部论文集，内容依托曾经是日本和英国的历史学者、战争亲历者、和解活动家们执笔的文稿。

但是，近年来，围绕近代日本战争和殖民统治的“历史问题”的争议，不仅在日英之间，在日中、日韩之间也愈演愈烈。因此，我们认为，如果以“和解”为主题，那么不仅仅局限在日英之间，倘若将日中、日韩之间的和解问题也涵盖进来讨论的话，这一出版计划将会更有意义。对于英国方面来说同样如此，他们对东亚的和解，尤其是日中之间的和解非常关心。迄今为止，日英之间的和解，不仅是在国家层面，在民间层面和个人层面也积累了很多成功的经验。我们认为这一经验将成为日中、日韩之间彼此和解时的参考案例。

当然，作为西方发达国家和曾经的殖民地帝国的英国和日本之间和解的案例，在许多方面与日中、日韩之间的和解存在不同点，并不能单纯地借用日英之间的经验。但是，这两者都是以“和解”为目标，认识到两者之间的共同点和不同点对于实现日中、日韩和解非常具有参考意义。尤其在个人层面上，人们希望达成和解的心愿直通人类的深层情感，具有十分强烈的共性。

基于上述考虑，我们决定以“历史与和解”为主题，将包括韩国、中国和法国的学者参与的丰富多彩的合作研究成果分享给世人。所谓“丰富多彩”，不仅指执笔者们来自日、英、法、中、韩五国，而且还包括历史学者、战争亲历者、民间的和解实践者和外交官等在内的专业学者和非专业学者的参与。这般从多种立场出发、多角度视点

① 关于该研讨会，请参照小菅信子《使历史知识成为和解的食粮》(《每日新闻》2009年7月14日)。

对"历史"与"和解"相关问题展开考察，正是本书的第一个特色。

尤其是本书第Ⅱ部分中收录了来自英国籍前战俘、退伍军人、原被押人员这些亲身体验了战争时代的人们的和解观以及民间的和解活动家们所开展的和解运动的实际案例，这些都是了解当事人心理活动的珍贵的历史性记录。本书收录了迄今不为世人所了解的日英和解的情况，这是本书的第二个特色。

本合作研究的参与者们的共同点在于，彼此持有一个相同的基本观点，即过去的战争和殖民统治并未随着那些宣告讲和以及关系正常化的条约、共同声明而结束，而是因相关各国以及他们的国民之间的"和解"迎来了一个"节点"(暂时结束)。因此，为了实现真正的结束，我们应该如何将围绕近代日本的战争和殖民统治的各个问题"历史化"，即如何以此为基石来实现"和解"，从多种角度和层面来加以考察——例如，历史研究与和解、历史教育与和解、历史交流与和解、战争的记忆与和解、战争经历与和解以及民间交流与和解等——这是本书的第三个特色。

同时，本书不仅收录了日英、日韩以及日中的和解案例，还收录了德国与法国、德国与波兰、法国与阿尔及利亚、英国本土与爱尔兰等的和解案例，我们力图在总体上以比较的观点来探讨日中、日韩的和解问题。我们希望本书能为迄今为止的日中、日韩之间围绕"历史问题"的讨论在广度和深度上带来新的启发。此外，从学术角度而言，我们始终关注如何把东亚的和解问题视为普遍意义上的"和解"问题来加以解决。因此，从以上意义上来说，国际比较的视点是本书的第四个特色①。

4　本书的构成

基于上文所陈述的特色，本书由三个部分构成。首先，在第Ⅰ部分的"历史与和解之间"中，收录了编著者伊恩·尼斯与黑泽文贵的论文，堪称本书的总论部分。

① 从"和解"这一角度也许难以看透，不过正如我们从原子弹投掷问题中也能观察到的那样，日美之间也存在着"历史"问题的火种。不过，今天两国并未将这样的问题"政治化"。

在第Ⅱ部分“从记忆到历史”中，首先是小野信子女士的论文，她在引用第Ⅱ部分所收录的其他论文**的同时**，围绕痛苦记忆的文字化、史料化和历史化这些历史学的方法论问题以及在和解的目标下人们通过交流而带来的“记忆的嬗变”问题进行了探讨。这相当于是第Ⅱ部分的总论性的论文。接下来的七篇论文讲述了日英之间个人层面的和解与交流以及知性对话相关的具体状况。论文的执笔者是这样一些人士：**杰克·查尔克**，是被迫亲身经历了泰缅铁路建设的前战俘；**斯迪芬·梅特卡夫**作为牧师的儿子，在中国停留期间曾被日本军队关押过；**马丁·威尔逊**是一位牧师，其父作为新加坡的主教有过被关押的经历；**菲利普·马林斯**本人并非日军的战俘，但他是一位曾投身到战后英德和解与日英和解事业的退伍军人；现居英国的**惠子·霍姆斯**女士是一位治愈了众多前战俘心灵创伤的民间和解活动实践者；前外交官杉野明（前智利大使）在担任驻英大使馆的文化宣传中心的所长时，曾从事过战俘问题的解决；菲利德·帕比斯曾在驻日英国大使馆工作过，他还创立了NPO法人，并一直致力于促进日英之间的交流。

迄今为止，我们可以看到论述和解是如何之难的观点，但能够让我们**了解**和解是如何达成的**具体**记录却**意外地少见**。因此，从这个意义上**而言**，通过这些**论稿**我们大概可以了解到和解的具体面貌。另外，正如前文所述，这些**论稿**也有益于将记忆“记录化”并“史料化”，即从历史学角度思考史料批评、史料品鉴的问题。

在第Ⅱ部**分**中，我们主要收录了描绘日英和解具体面貌的几篇**论稿**，在此，**需要**补充说明的是，今天在日英两国之间，作为第二次世界大战遗留的“历史问题”的“战俘问题”，不管是在国家层面还是在民众层面都已不再存在较大的争议。并且，就个人层面而言，在两国的战争亲历者中，过去和现在都存在着一些人，他们已“从悲惨的过去中解脱出来”，和解的实现对他们来说已成为“极大的，并且永存的喜悦”。正是在**这样的**基础上，日英之间到今天才能够在各个层面上构筑起围绕“历史”的平稳且稳固的关系。

当然，在个人层面上，的确也有一些战争亲历者没有接受和解。但是“宽恕而后忘却或是宽恕而不忘却，或是既不宽恕也不忘却”是涉及人们内心深处私人领域的问题，虽然所有经历过战争的人都接受和解是最理想不过的，但在现实中极为困难。“同一个人，有时会出现‘当初不曾宽恕，(中略)现在愿意宽恕’①”的情况，有时也会出现过去曾经宽恕了，现在却不能宽恕的情况。因此，就个人层面而言，存在不接受和解的人，所以我们不能保证实现百分之百的和解。尽管如此，我们可以说，日英之间的大部分人达成了和解。

总之，本书的出发点是探讨如何才能达成“和解”。从这一角度出发，介绍日英之间在个人层面上达成和解的案例，换而言之，即探明个体接受和解的心路历程，这对于日中、日韩之间思考如何达成“心灵上的和解”具有极大的参考价值。因为，这种个人层面和解的进展本来就是推动集体层面实现和解的一大重要因素。

第Ⅲ部分的“围绕历史的对话与和解”由三个主题构成。在“历史交流与和解”这一主题中，波多野澄雄、剑持久木和庄司润一郎等三位通过国际比较讨论的议题是，进行合作历史研究以及撰写通用的历史教科书，这是一个将“历史”“历史化”并传承给下一代的有效方法。在“和解的国际比较”这一主题中，日韩关系专家里奥内尔・鲍比茨和现任英国大使林景一(前爱尔兰大使)从殖民统治这一视点分别对日韩之间与法国和阿尔及利亚之间的和解以及日韩之间与英国和爱尔兰之间的和解进行了比较，并且在和解问题领域造诣颇深的菲利普・托尔在书中介绍了许多有关“复仇与和解”的国际案例。此外，在“东亚的历史与和解”这一主题中，从比较思想的视点研究东亚国际关系史的金凤珍、从事日中之间代表性的战后补偿审判——花岗诉讼事件的李恩民、日中关系领域的专家卡罗琳・罗斯以及从近代中国政治思想史角度来探讨东亚国际秩序说的茂木敏夫，他们分别就日韩、日中以及日中韩的和解进行了探讨。

第Ⅲ部分分析的重点，基本在于对两国之间关系和解的考察以及基于这一考察的国际比较。日中韩之间以及日英(缅甸)之间等涉及多国的，或是超越“东亚”这一国民国家地域视点的和解问题本身就是个重要课题。因此，本书将探讨跨越国界的、日中韩和解问题的茂木的论文安排在全书最后，以突出这一问题的重要性。

① 本书第Ⅰ部分中伊恩・尼斯的论文，第18页。

5 和解的共性、双向性以及历史解释的开放性

在结束本篇序文之际，我想就“历史”与“和解”相关的基本想法再次进行一下补充说明。首先，通过本书的探讨得以明晰的是，“和解的过程”以及整体状态并不完全一致。例如，即便同属于亚洲国家，但是以近代日本战争为中心的日中和解，与涉及殖民统治的日韩之间的和解并不相同，更不用说日中和解与同为帝国主义国家的日英之间的情形也不相同。此外，日中和解也不同于同为欧洲邻国却反复经历战争的德法之间的和解。

即各种和解过程及和解方式中，存在着两国之间（以及两国国民之间）在历史上、地理上、政治上、经济上以及安全保障方面的不同背景，而这些正是导致存在差异的主要原因。

尽管如此，通过对各国的和解过程进行国际性的比较，我们在发现差异的同时，也能够发现其共性。当然，对于能够发现什么样的共性，不同的学者可能得出不同的结论，不过，我想在此指出的是以下几点。

第一点，和解最起码的基础（即使不那么情愿也）是当事者彼此都有想要达成和解的意愿，如果没有这一意愿，和解就无法达成。

第二点，和解并非一旦达成就永无后患、高枕无忧。实现和解之后，当事者必须彼此付出持续的努力以维护和解。和解极其脆弱，想要破坏它非常容易，它就像一个玻璃工艺品那么易碎。

第三点，和解是当事者双向的课题，而不是一方单方面的义务。假如只是某一方单方面的义务，则一方越努力而另一方难以接受的情绪则越强烈，和解就会变得非常脆弱。从这一意义而言，和解需要谨慎与宽容的精神。

第四点，为了达成和解，当事者双方都必须具备的姿态是认真倾听对方的声音，愿意对对方的主张和想法，结合其背景一起加以理解。与此同时，当事人还必须具备客观审视自己的主张和想法的冷静姿态。即有必要保持相互理解的真挚姿态和保持对己方想

法的客观审视，当然，这也适合于对“历史问题”的考量。[①]

第五点，要想让历史成为和解的“食粮”，我们就必须诚实地面对过去的历史，将过去历史的真相切实地传递给下一代。为此，我们需要进行以此为目的的历史教育、设立便于人们聚集起来开展追悼活动的场所，进而，向公众传达历史问题的媒体的作用也十分重要。这几点对于推进个人层面的和解尤为重要。

无论如何，通过比较战后各国致力于和解的努力，我们可以认识到各个国家间和解过程存在着差异性，与此同时，这也使我们意识到达成和解途径的多样性。各国必须要在与对手国的关系之中探索各自适合的途径。通过参照其他国家和解的案例，能够了解各个国家所走过的通往和解的道路。虽说存在各种各样不同的条件变因，但是探明和解是如何达成的，这对于有志于在通向和解的道路上前进的人们来说，是极具意义的。

并且，对点燃争议的火种——将“历史”“历史化”，这至少对于使“历史”成为“和解”的食粮来说是非常需要的，这是本书的基本立场。尤其是作为历史学家，我们无法使“翻不过去的过去”永远停留在“翻不过去”的那一页。

不过，历史是现在与过去的对话，“现在”这一时刻联结起未来与过去。并且，我们现在努力在做的是，如何使历史性事实在当事国双方之间实现共享，即跨越国界的尝试。为此，确定历史性事实、解释历史等工作中就包含着比爱德华·霍列特·卡尔曾经所思考的更为复杂的要素，至少可以说，某种跨越国界的开放性是必需的。当今的历史学家们也有必要对这些历史解释的可变性和开

① 请参照三谷博《面向未来的历史对话》(三谷博·金泰昌编《东亚历史对话》，东京大学出版会，2007年)6—7页。

放性重新加以深切关注。[①]

① 正如本文亦涉及的那样，本书尝试通过重新意识到以历史学的眼光来审视历史，以接近"和解"问题的核心。通过由诸多历史学家进行基于确实史料下的、对历史事实的解读和历史图像的构建这一历史学研究手法，过去发生的事件将成为历史。当然，如此这般成为人们广为接受的学说的历史，也将不断接受新登上舞台的视角以及新发掘到的史料的验证。但是，像近现代史上那些离现在这么近的过去的事件原本就容易带上各种政治性或别的价值，于是不再局限在学术界以内，而是影响到学术界以外的争议与对立问题之中。而这正是本文表记时，带上引号的"历史"。因此，所谓"历史"的"历史化"就是指对如何从"历史"之上去掉引号的尝试。此外，在本书中，刻意不对"和解"下定义。正如从本书所收录的斯迪芬·梅特卡夫的论文、马丁·威尔逊的论文以及菲利普·托尔的论文中所能明白的那样，"和解"在欧美原本是用于宗教语境中的一个词汇。但在东亚并非如此，例如，在日本，"和解"多用于诸如审判长向原告、被告提出"和解劝告"这样的场合，令人联想起"协商"或是"妥协"之类的词。此外，正如李恩民的论文中所指摘的那样，"和解"在中国也是一个容易让人联想到诸如"挫折"这种负面语义的词汇。也就是说，实际情况是，不仅是在欧美和东亚之间，就连在东亚内部也还没有形成对于"和解"这一词汇的共识。因此，在本书中，我们任凭各位执笔者站在各自的立场上使用"和解"这一词汇，对于这一点，敬请读者们理解。

第Ⅰ部分

历史与和解之间

关上拉窗

伊恩·尼斯

序 言

“和解”一词并不难理解。绝大多数人在面对问题时，都倾向于避免争议和暴力，和平解决问题，使双方的意见达成一致。结果是否成功化解了意见上的分歧并不是重点，在寻求和解的道路上采取行动的过程，往往才是最重要的[①]。

个人的和解，出于宗教等方面的理由，一般是**对**个人或是共同体的**残忍**行为的**宽恕**。在此，我想到的一个事例是当年那起在北爱尔兰蒂龙郡奥马镇的爆炸案中受害者家属威尔逊在事后的心境。15岁的女儿罗琳的离世令威尔逊非常痛苦，然而他并没有去谴责施行爆炸的罪犯。在北爱尔兰，1976年就成立了以和平与和解为目的的组织，以调解对立的共同体使其达成和解，超越过往，迈向和平的未来。

和解，不仅关乎个人，也关乎国家。过去，世界上的主要大战结束之后都曾进行过和解的努力。德国和法国之间，在1870年的普法战争、第一次世界大战以及1939至1945年的战争结束之后，两国曾怀着对和平的向往尝试进行和解。但是，这三个案例全部**是**在**经历**战争**的激变**之后，战胜国的军队占领了战败国的境况下**发生的**。1870年德国军队占领了巴黎；1919年法国占领了阿尔萨

① 小菅信子《战后和解》(中公新书，2005年)。木畑洋一、小菅信子、菲利普·托尔编《战争的记忆与战俘问题》(东京大学出版会，2003年)。

斯-洛林;1945 年以后,德国被英、美、法、苏四国占领。在当时的背景下,要达成国家之间的和解非常困难。

在这三个案例中,战败国都出版了绝密史料,通过让学者和大众去考察战争的起源、透彻分析战争起源相关的见解来表明战败国对自己立场的坚守,这其中蕴含了和解的一面。战胜国和战败国都出版了大量的史料。于是,历史悄悄地展现在世人面前。通过对史料的甄选,普通大众就可以对证据做出自己的判断。机密的公布及其调查过程的公开性、透明性本身就是非常有益的——这有时会引起激烈的争论,但有时也会促进双方的理解。

和解既有成功的案例也有失败的案例。致力于北爱尔兰的和平与和解的委员会,以及南非的德斯蒙德·图图(Desmond Mpilo Tutu)大主教领导的真相与和解委员会,必须将他们视作成功的典范。这些成功案例恐怕是走民族或文化路线,在一个共同体内部达成和解的例子。

1945 年之后德法两国达成和解并形成了"阿登纳—戴高乐共识"和欧洲煤钢共同体(1953 年开启共同市场),并最终促成多国和解从而形成欧洲一体化,这也不得不说是个成功的案例。但是,在国家之间达成精神上的完全一致——即相互和解——依然困难重重。1945 年以后,西方各国与苏联的和解,即使往好里说也是不充分的,双方围绕战后处理形成了两大阵营的对峙。

问题不在于个人,而在于在承认自己政策错误一事上迟疑不决的主权国家。经历过痛苦的个人,一旦下定决心,基于宗教性或哲学性的缘由,在"宽恕而后忘却"或是"宽恕但不忘却"或是"既不宽恕也不忘却"三者之中选择其一还是相对容易的。当然,同一个人也有可能出现当初不曾宽恕,而随着时间的流逝,某种时效成立,从而现在愿意宽恕的情况。这些是与私人的意志,或者说是与记忆和回忆相关的问题。

就社会而言,有关过往事件的回忆受到某种限制的可能性也是存在的。进入 21 世纪,人们普遍感觉到在这个新的千禧年中,要想不再重蹈 20 世纪发生的恐怖事件的覆辙的话,就必须为达成更宏大的和解精神而努力。但是,另一方面,这个世界仍然处在战争以及战争火苗的威胁之下。并且,想要重新评估这些问题的浪潮在许多人中间涌动。[1]

1　关上拉窗

在前文概述的基础上，让我们把话题转移到日本这一特殊的个案来。本人最新的拙著中，在讨论1945年日本的状况时，对于战争结束时日本的情形，我采用了"关上拉窗"这一隐喻，在本文中沿用该说法。所谓"关上拉窗"，本义是指居住在日式房间时所做的最优雅的行为之一。人们静静地、优雅地关上拉窗，在尽量不引起周围人注意的同时把外部空间和内部空间两部分隔断开来[2]。

与日本人相比，德国人在迎接1945年战争终结时表现得较少抵触。因为当时柏林几乎没有行政机关，所以德国人必须在接受一种新观点的同时从零开始建设一个新政府。这样一来，对于旧政府往日犯下的罪行他们倒是很容易地就接纳了。

与此相对，日本人过去从未有过在本土遭受打击的经历，也从未经历过本国军队投降以及全体国民战败的情况。日本人没有接纳战败事实以及承担战争责任的心理准备。1945年秋，位于东京的政府仍然像以往那样继续运作着，实际上却处在道格拉斯·麦克阿瑟将军这一异国人士的掌控之下。事实上，政坛上虽然也有持新改革主义理念的政治家出现，但为数极少，国家命运前途未卜。另一方面，行政机关及军部纷纷烧毁文件，想要赶在延期至9月2日的公开投降之前销毁战争的痕迹。

8月15日，在日本发布投降宣言、承认军事占领势在必行那天，日本政府向华盛顿递交了一份文件，其中表明了日本对于战败和投降的正式意见。

同盟国军队占领日本时所控制的地域应当限制在最小范围

---

① Hugo Dobson and Kosuge Nobuko(eds.), *Japan and Britain at War and Peace*, London: Routledge, 2009, pp. 178 - 179. 并参考了小菅信子、霍格-多普森编《战争与和解的日英关系史》(法政大学出版局，2011年)。

② Ian Nish, *The Japanese in War and Peace, 1942 - 1948*, Folkestone: Global Oriental, 2010.

内。此外，这些地域的选择上应将东京这样的大城市排除在外。①

这份作为史料的文件是由日本军部起草的，其中显然清楚表明了他们对小规模占领的期待。可是，联合国对这份本应关注的电报视若无睹。而且，作为国家首都亦是日本皇族都城的东京还成了外国人军事占领的中心地域。

然而，细读这份电文就能够发现，其中也体现出日本方面对于他们发动的这场战争和日本作为遭到打击的战败国的性质存在一些基本层面上的误解。这种误解在往后的时光中逐渐表现出来。对于这段不愉快的历史，日本的打算是关上拉窗了事，既不要受瞩目也不要被干涉是最好的。未来，才是他们的关心所在。日本政府想要在新的管理制度下仍然像既往那样领导各种事务。总而言之，日本人看起来显得缺乏**"罪行"**的意识。

对日本关上拉窗的行为，我们能够理解，也能够在一定程度上接受。但是当今日本存在着这样的年轻一代——他们对历史一无所知，对日本历史上的政策和态度持"事不关己，高高挂起"的态度②。当然我们不能认为现代的日本学生对于过去的历史事件负有责任。但是，我们应该担忧的是，对20世纪的历史事实采取否定或置之不理的态度从而导致了日本年轻一代的这种现状，这真的没有问题吗?

是不是有一股不怀好意的势力，针对在20世纪中他们的国家——日本所做的行为，正有意图地将年轻人诱导至错误的方向?这种担忧，正在引发大范围的对日批判：日本尚未主动提供与那段历史相关的信息，也一直没有做出充分的谢罪。《朝日新闻》首席记者船桥洋一认为，"深化历史意识"才是和解的必要条件，而进一步谢罪则会招致"现代年轻人一味固执地抵触"。他主张"重点不在于谢罪，而在于具备我们为什么必须谢罪这一历史意识"③。

① Robert Butow, *Japan's Decision to Surrender*, Stanford: Stanford University Press, 1954, p. 225.

② 小菅信子《罂粟与樱花》(岩波书店，2008年)x-xii页。

③ Quoted in Futamura Madoka, *War Crimes Tribunalsand Transitional Justice*, London: Routledge, 2008, p. 111.

2 和解与历史学家

和解,若不是基于对事实真相的理解,就绝不能算是真正的和解。在诸如1941年至1945年的亚洲太平洋战争那样延绵的战争中,事实真相往往复杂难解。绝大多数战役中,要认定死者的数字颇为不易。要弄清这场战争的真相,比起翻阅繁杂的资料,总是存在优先级别更高的问题。但是,即便事实不能像料想的那样清楚,我们仍然必须要为弄清事实而不懈努力。

随着岁月流逝,诸多联合国成员国通过本国的举证、证明,叙述了日本在战争期间的所作所为,并出版了相关史料,其数量多得超乎人们想象。例如,① 1937年12月至1938年1月的南京大屠杀事件和事件中死亡的中国人人数;② 1942年3月的巴丹死亡行军以及行军中死亡的美国人人数;③ 1942年至1945年泰缅铁路的建设和养路工作及期间对英国人和荷兰人的虐待,还有发生在新加坡的虐杀中国人事件;④ 1945年8月15日结束的(北干巴鲁至穆阿拉之间)苏门答腊铁路的建设以及建设期间死亡的荷兰人、意大利人、美国人的人数;⑤ 1945年1月到8月的"山打根死亡行进"[①]及死亡的澳大利亚人数;⑥ 对马来亚半岛上的中国人的屠杀;⑦ 对被关押在日本国内收容所的白人的处置等。

除此之外,包括众多人种、民族团体在内的亚洲和东南亚的人民饱尝苦难,被夺去性命。其具体人数至今仍无法确定。这些逝者,是由于日本为了实现其野心勃勃的计划——建设大东亚共荣圈而在亚洲大陆和太平洋诸岛上一味追求实现日本(铁路、矿山和

---

① 1945年日军对马来西亚山打根战俘收容所中的澳大利亚、英国战俘实施虐杀的事件。——译者注。

工厂)经济上的发展而导致的①。

这些问题以各种形式得到受理——重罪犯在远东国际军事法庭进行审理,B级、C级犯罪嫌疑人在中国和东南亚各地的战争犯罪法庭进行审理。远东国际军事法庭审判的双重目的是不仅对罪犯进行审判,同时把战争中发生的情况记录下来。此前,联合国各个成员国的民众对日本知之甚少。这场审判增加了他们对日本的了解。从这一点上来说,这场审判是非常有益的。但是此时,日本人正苦于生计,他们根本无暇顾及对战争罪犯的审理。正如二村圆(音译——中文版译者注)博士写道的那样,日本人对法庭议事录既没有表现出特别的怨恨也没有显得特别愤怒。在世界人民关注日本的时候,日本人却表现得冷淡,毫不在意②。

另一方面,随着时间的推移,那些作为远东国际军事法庭审判基础性证据的对当时情况的庭审记录却受到质疑而招致了反对的声音。东京以外的地方上掀起了全国性运动,要求释放关押在东京巢鸭监狱的战犯等。日本人反驳道,批判日本无视甚至于违背1929年的日内瓦公约(战俘条约)的英国才真正是在对待日本战俘或是JSP(Japanese Surrendered Personnel,日本投降军人)上无视乃至违背该条约的一方,应该受到批判。

1952年,日本恢复主权后,出现了一些不接受远东国际军事法庭上出具的历史资料的修正主义、新国家主义的运动团体。许多日本人不愿承认那是一场侵略战争。相反,他们反驳道,那是日本的自卫战,是一场日本解放处于殖民统治下的亚洲邻近国家的战争。不久,随着日本经济的逐渐恢复,果然出现如黑泽文贵教授在本书第30页中所言,20世纪80年代日本成为经济大国而带来的

① Antony Reid and Oki Akira(eds.), *The Japanese experience in Indonesia*, Athens:Ohio University Press,1986;Junko Tomaru, *Postwar Rapprochement of Malaya and Japan 1945 -1961*, London:Routledge,2000. 林博史《被裁决的战争犯罪》(岩波书店,1998年)。有关新加坡的中国人、华侨虐杀,参考了下面这本书的第九章:Akashi Yoji and Yoshimura Mako(eds.), *New Perspectives on the Japanese Occupation in Malaya and Singapore, 1941 -1945*, Singapore:NUS Press,2008,并参考杰克·查尔克、小菅信子、朴裕河、根本敬著,根本尚美译,《历史和解与泰缅铁路》(朝日新闻出版,2008年),其中特别是37—43页。

② Futamura,pp. 91 - 93.

自负诱使众多日本人倾向于“对日本过去的作为持肯定态度”。

本文所讨论的问题在20世纪80年代迎来了一个明确的转换点。在此之前，一直存在对日本没有以国家名义进行道歉的不满。日本政府甫一谢罪，就招致批评——指责日本态度不够真诚、应由曾为日本军队最高领导的天皇本人做出谢罪。此外，还有观点认为日本应当就当年的敌对行为所造成的伤害对受害者个人进行赔偿①。

20世纪90年代，日本的态度发生了微妙的转变。长期以来在日本政坛占据优势地位的自由民主党的领导结束了。1993年，细川护熙——首位非自民党出身的内阁首相——进行了道歉。次年，日本社会党出身的村山富市担任多党联合执政的内阁首相。但是，自民党显然实际上仍然具有强大的政治影响力。村山首相提出了战争责任说，就这一烫手山芋向尤其是亚洲各国在内的受害国做出了道歉。并且，他发表了如下主旨的和平友好交流计划(1994年8月31日)。

> 本计划实施的对象地区为以因我国历史上的行为而直到今天仍留有巨大伤痕的亚洲邻近各国为中心，也包括其他符合本计划主旨的地域在内。

这一计划在二战结束的五十周年之际(1995年8月15日)由村山首相发表的公开讲话中也得到了证实。不过，这一声明虽出自官方，但也仅表明了村山首相个人的观点。关于这一点，当时在自民党大臣主导的内阁会议上不得不进行讨论，最终，“以史为鉴，再次下定决心走向和平的决议”(1995年6月9日)得到了通过。这一问题显示出，在国会上对这一决议的讨论，是要进行国家的、全民的道歉，但实际上这并未得到社会的普遍接受。当时经济的繁荣，使日本的悔悟之心变得迟钝了。②

---

① 会田雄译《艾伦收容所》(中公新书，1962年)。英文版为：*Prisoner of the British*：*A Japanese Soldier's Experience in Burma*, London: Cresset Press, 1966.

② Nish in A. Best (ed.), *The International History of East Asia, 1900–1968, London*: Routledge, 2010, pp. 9–14.

村山首相还提出要设立“亚洲历史资料中心”，其目的在于使日本能够“直面历史”，收集相关的历史文献以及研究资料。换句话说，和解，并不仅仅是简单地表示一下悔悟，要让后代能够验证历史事实，就要整合 1945 年被破坏了的史料，为此，必须建立相关的、专门的研究机构，和解必须建立在这一基础之上。这是日本政府的政策从强调保密性转变为高度透明性，体现出要“留下记录”这一决心的启蒙性的一步。①

在国外，诸如英国和荷兰那些旧殖民地的宗主国政府，正在摸索就那些争议性的问题以某种形式达成和解的途径，以解决和日本之间紧张的课题。但是亚洲旧殖民地的大多数人仍然要求公开道歉以及赔偿，为此不断向日本的法院提起诉讼。

作为日本的邻国，中国和韩国从 20 世纪 90 年代到 2000 年期间，采取了不同于世界上其他国家谋求达成战后和解的立场，在历史问题争议中声音越来越大。在此特别需要强调的是发生于 1982 年的初中“历史教科书事件”。其实这是很早以前就存在的问题，只不过欧洲各国对此不甚关心，但对东亚和东南亚的各个国家来说这一问题尤为重要。日本公立学校使用的教科书按规定要经过文部省（现文部科学省）的审查，由于这一教科书审查制度的存在，日本政府难以回避那些来自邻国的批评。在面向少年儿童的教科书草稿中，叙述二战中日本在中国的行为时，仅仅是“侵略”这一个词语被删除就招致中国等国家多次表达不满。这种“审查”的尝试，在日本的邻近国家看来，显然象征着日本企图粉饰他们历史上的战争行为。1982 年以后的日本历史教科书审定程序成为一触即发的问题。②

后冷战时期的和解变得越来越遥远。这一原本相对封闭的教科书事件，使得日本与相关国家的关系恶化，而且还出现了将这一事件利用在政治目的上的倾向。中国人和韩国人大声表达了他们

---

① Hirano Mutsumi, *History Education and International Relations: Diplomatic Disputes over Japanese Textbooks*, Folkestone: Global Oriental, 2009, pp. 208 - 209.

② Hirano, chs. 5 and 6, Caroline Rose, *Sino-Japanese Relations: Facing the Past, Looking to the Future*, London: Routledge, 2005.

的不满，认为带有政府审定威信的中学教科书对发生在他们国家的史实进行了严重歪曲。换句话说，他们打出了“历史”这张牌。正如日本反驳的那样，一旦中日关系紧张，中国就会重提“南京大屠杀”事件来强调本国的观点。

为了平息邻国的不满，最终日本政府修改了一部分叙述内容。也有证据表明审查过程有所放宽。但是，2001 年在开放性的教科书中，一部分由国家主义团体编纂的带有右翼色彩的教科书通过了文部省的审查，得到允许在学校使用，这招致邻国更大规模的抗议。因为这次不但是这些教科书的内容，连日本政府用来论证史实的资料也引起了中韩政府的不满。①

也有一部分人士感到，如果当初日本政府与在教科书审查的权威性上保持一定的距离，将所有责任交给商业出版社的话，那么整个过程也许就会有所缓和吧。但是，文部省的官僚们充满自信，他们认为这是内政问题，因此完全不考虑出于外交应对上的需要而做出让步。

3 历史学家的动员

一部分历史问题是由与国外的学者保持直接交流的大学层面的教师和非政府组织在进行研讨的，他们独立于政府。历史学家们定期举行会议，每次会议都会进行充分的讨论。于是，日本政府也逐渐走向了鼓励日本的历史学家与相关各国的历史学家进行历史对话和交流的方向。和解并不仅仅是谢罪的理所当然的替代行为，而且还蕴含着双方就各自最近的历史认识认真进行重新审视的过程，在这一点上，大家已经达成了共识。

英国是首批被选入村山首相（当时）所描绘的历史对话的国家中的一员。自 1995 年以来，日本和英国的历史学家携手开展历史合作研究。五年来，我们进行了亲密而且卓有成效的历史对话与交流，出版了英语和日语各五部论文集。但是，我们发觉，除了一部论文集，在其他的论文集中，日英两国的专家们要达成双方都认

---

① *Atarashii rekishi kyokasho*, Tokyo, Fusosha, 2001.

可的共同意见是不可能的。作为相关一系列论文集的总编的笔者与细谷千博发表了以下观点：

> 尽管两国之间横亘着不少问题，但是在这一系列论文集中，许多问题的真实情况得以阐明，这必将有利于问题的解决，并且有助于增进两国彼此之间的理解①。

这一系列论文集的目的是探明自1600年至2000年的四个世纪间的日英两国关系的详情，而不是要弄清20世纪前半叶日英之间的关系以达成和解。论文集中当然尤其需要强调"大东亚战争"期间几年的微妙情况。在对待战俘这一问题上，我们阐明了日英之间的文化差异，以及那些为招致最多不满的战争特征提供解释的粮食不足、运输困难等那一时期的因素。简言之，我们竭力弄清两国之间有争议的领域中的实情，并且对各自的历史性解释进行了探讨。我并不认为我们的尝试是失败的。我认为，妨碍我们成功的因素恐怕一方面是相对不足的研究时间，另一方面是我们在这么短的时间里想要解决的问题太多②。

同样致力于这些问题研究的，还有澳大利亚、新西兰、荷兰等国。他们着力研究的主要是对日关系以及一些不同于日英之间的遗留问题。这些问题各自都有极其微妙的方面，所以各国的着眼点并不相同③。

位于重审历史的这一系列努力中最核心的问题是，日本与中华人民共和国之间长期以来的争论。针对中日之间长期积累的围绕历史教科书问题的争议，日本政府设立了一个由历史学家组成的以交换信息和观点为目的的共同委员会。北冈伸一教授——最

① Nish in Ian Nish and Yoichi Kibata (eds.), *History of Anglo-Japanese Relations, 1600 - 2000*, Basingstoke: Macmillan, 2000, vol. Ⅰ, p. viii.

② See the brief summary of the Anglo-Japanese History project in Nish in Antony Best (ed.), *The International History of East Asia, 1900 - 1968*, London: Routledge, 2010.

③ Neville Meaney, *Towards A New Vision, Australia and Japan through 100 Years*, East Roseville: Kangaroo Press, 1999; Roger Perrin (ed.), *Japan and New Zealand, 150 Years*, Palmerston North: Massey University, 1999.

终于众多日中历史问题的专家中脱颖而出担任委员长的教授，就日本方面的想法做了如下阐述：

> 如果想要我们这些两国遴选出的历史学者通力合作，彻底弄清两国之所以见解不同的根本原因，并且成功地进行对话，那么大概首先要往阻止中国打“历史牌”这一方向努力吧。

首先要明确的一个关键点是，第一步应当进行实证研究。两国的合作委员会整理了以往就日中两国的历史关系进行的研究成果。这些多年以来一直从事记录和分析的学者们彼此交换了信息。验证的程序健全而且卓有成效。但是，这种对话并非总是顺利的。结论当然也不可能全体达成一致。北冈教授在 2008 年于伦敦进行的演讲之中直言如下：

> 委员会绝对不会为了任何一个国家在政治上或是外交上做出妥协。（中略）历史研究的唯一可靠的基础是，对历史史实的审慎的检证。

像这样的两国合作研究在日本与许多国家，尤其是与韩国之间反复进行了多次。这种合作研究使得许多有意义的意见交换得以实现，并且就许多问题得出了清晰的结论。但由于这些问题与国家形象有关，会深刻地影响国内政治，非常微妙，因此并非总是能够达成外交上的解决。同样，日本的历史学家之间也存在着在南京大屠杀事件等有争议的历史事件上意见相左的情况。

在探讨这些积极的对策的同时，我们也有必要洞察自小泉纯一郎首相于 2001 至 2006 年在任期间连年参拜靖国神社的问题，加以比较。不管其动机如何，也不管小泉及其内阁幕僚们的参拜是作为个人行为还是官方行为，很清楚的一点是，他们的行为导致人们怀疑日本在战争和战犯问题上的诚意。于是，和解的进程倒退了。在那之后，原本可能由中国先导的（和解行动）都被压制了，小泉及其继任者安倍晋三首相将和解的钟表往回拨了。

结　语

二战结束以来，日本为达成和解而所做的努力与日俱增。但是，这一过程并非一帆风顺，不时遇到波折。和解是一个容易一触即发的敏感话题，一旦日本的政要发言不甚谨慎，立刻就会掀起一片批评之声。在感性的、政治的或是经济上的妥协的基础上是不可能达成国家之间真正和解的。和解必须基于实证研究。而基于实证研究就意味着和解是建立在尊重历史的基础上的。如此这般，历史学家的工作对于促进相互理解、跨越过去那些带来嫌隙的误解是十分重要的。历史学家的使命就在于寻求证据加以分析研究，面对有关战争的历史叙述，尤其是那些世间广为流传的歪曲之处要特别仔细。

这并不意味着历史学家就能够免于受到批评，也不意味着我们可以沉浸于自满自得。俯瞰日英两国历史界的研究工作，许多进步若非经过处理严重的错误或是讨论相左的意见是不可能达到的。但是，这些认识是否已超越大学教育和学术书籍这样的小范围，从而在被更大范围内的人们所充分理解呢，这很值得怀疑。我们这些历史学家对本国的政府有足够大的影响力吗？在日本和英国，回答都是“没有”。我们对于本国的媒体有足够大的影响力吗？回答仍然是“没有”。媒体对待过去的事件不喜用学术性的眼光审视，而是喜好从世人对历史的刻板印象的角度来报道，这么说并不为过。

历史叙述经常受制于不得不依赖政府提供的行政文件。而政府往往处于政治的压力之下，例如中国政府对日本的历史教科书审查就施加了压力。在某种程度上，政府的态度或许比大众舆论还要顽固。有时，反倒是个人或是缅甸游击队那样的民间组织所持的那种并非要成就一番伟业般的态度，更有助于与持有敌意的人们减少意见上的相左。

话题回到本文标题所使用的隐喻上。日本政府在太平洋战争结束之际，悄悄地而又审慎地采取了“关上拉窗”的对策。数十年来，日本政府淡然应对各种批评，犹如事不关己。当然，历史问题必须放在眼前的政治之后来考虑，这的确是事实。但是，无论对哪个国家来说，都并不希望放弃对历史问题的考察，无视历史认识上的痛点。我同意平野睦美(音译——译者注)博士使用的隐喻。

> 日本对于自己的伤口用绷带包裹太久了。他们想要保护伤口。然而，要想让伤口愈合，过了一定时间就必须要让其暴露在空气之中。

如果说和解并不仅仅是表达悔悟的简单替代，那么和解的过程就必然包含对相关各国人民的核心价值观的再验证。各国之间必须要进行事实与史料的交换，围绕史料展示也必须要持开放和诚实的态度。这些要点在许多方面已经得到了贯彻。从宏观上来看，要想就所有意见相左之处达成和解并非易事。但是，秉持开放和率直的态度来加以努力，这一行为本身是值得肯定的。如果对证据的考察对得起良心，却仍然无法达成一致意见，我们就必须学会带着相左的意见共同生存下去，对意见相左的观点必须持宽容的态度。现在，整个世界已经开始考察与新秩序相关的问题。对旧秩序相关的问题，必须从全局的角度加以理解。

战后日本近代史研究的轨迹

黑泽文贵

绪　论

今天的日本人是如何认识昭和战争前期，即20世纪30年代至40年代日本的侵略行为以及统治殖民地的历史的？近年来在日本国内及海外，所谓日本人的历史认识问题受到了众多关注。对这一问题大致进行区分的话，一般认为其由下述几个内外要素构成。第一，经历了20世纪60年代之后的经济高度成长期，随着日本与国际社会的关系变得密切，特别是日本与亚洲各国经济联系的加深，其在亚洲的“存在感”再次提高。与此相随，亚洲各国重新认识到日本过去的所作所为。此外，不仅是上述的经济关系，伴随着近年来日本和亚洲各国的外交关系变得更加密切，日本方面也不得不面对过去的战争历史。

第二，作为经济大国的自负。特别是20世纪80年代之后，众多日本人的自信与新的民族主义被唤醒。因为这很容易产生肯定日本过去所作所为的言论，所以也就很容易引起与其他国家的摩擦。并且，在日本泡沫经济崩溃之后，基于被遗失的、对过去繁荣的怀念以及对前途的不确定感和闭塞感，日本人某种自信的丧失反而与想要恢复日本人“荣光”的民族主义产生联系，导致企图使过去历史正当化的历史认识抬头。

第三，还是20世纪80年代以后，亚洲各国的经济发展和民主化进步。特别是韩国和中国进入了新型国民国家形成的阶段。

第四，除了上述的经济发展与民主化之外，由于对各国的历史认识产生巨大影响的东西冷战格局崩溃，民族性的（或本国中心主义的）历史解释的产生变得更加容易。与此同时，历史问题与政治挂钩，即所谓历史问题的“外交牌化”（“历史牌化”）这一现象显象化。

第五，就像随军慰安妇问题所象征的那样，企图用“人道、人权”和“性别”这种今天的视角来重新构建过去的历史，这种看法也变得强烈起来。而这种视角本身就是一种与“道歉”“赔偿”等问题紧密相连的、容易政治化的视角。

在这种情况下，日本人历史认识的基础部分主要依靠通过历史教育来培养的日本的历史学界，一直以来，究竟对于过去怎样的历史做出了解释呢？通过本论文，笔者想要阐明战后，尤其是专门研究日本近现代史的历史学家、学术界，是如何理解与太平洋战争相关的20世纪20到40年代（大正后半期至昭和战争前期）的历史过程即所谓的“通向太平洋战争之路”。并且，通过这些探讨，笔者想尝试对战后日本人对昭和战争前期以及“通向太平洋战争之路”的认识及战争责任意识之间的关系进行若干考察。此外笔者还尝试考察其与“政治性”之间的关系。[①]

1　昭和战争前期理解原型的合谋论（东京审判史观）

从研究的客观性、相关者的生存状况以及史料的状况等理由出发，要成为学术性历史研究的对象必须是经过了五十年以上的事物，战前日本的历史学界这种意识十分强烈。因此，战前日本近代史研究的研究对象一般以明治维新时期为中心。即使时间再向后延伸，最多也只是研究到中日甲午战争时期。例如，作为中日甲午战争研究先驱者的信夫清三郎，将他的大学毕业论文在他毕业的1934年以《中日甲午战争》为题来出版。只不过，在甲午战争结束仅四十年左右这一时间段完成的这部著作，因为涉及有关国家

① 本论文以黑泽文贵《战后日本的近代史认识》（《法学研究》第73卷第1期，2000年1月）为基础，依照本书的主旨进行了大幅加工修正。

机密，所以立即被政府禁止发行。由此可见，日本战前的历史学界处于怎样一种状况。[①]

因此，在审判日本战争罪行的远东国际军事法庭（通称：东京审判[②]）上，审判方提供的对昭和战争前期日本的状态以及“通向太平洋战争之路”的理解、解释，并不是由日本的学者和学术界所提供的。或许如果不是东京审判，这些庞大的史料（公文文书、私人文书、私人日记、证言等）就不会面世、被公布于众。伴随着这些史料的公开，这件事作为事实上进行“通向太平洋战争之路”研究的起点，拥有极大的意义。正如加拿大外交官，同时也是历史学家的E. H. 诺曼（历任远东委员会加拿大次席代表、在日加拿大代表部首任首席代表等职务）所形象地指出的那样，那是“对历史的巨大贡献[③]”。

东京审判本身将国家行为的责任归于国家领导者个人以及通过事后法来对“对和平的犯罪”“对人道的犯罪”等进行审判；此外，毕竟东京审判是一场“胜者对败者的审判”，不是吗？等等——至今仍有人发出质疑的声音。进而就东京审判中提出的日本通向太平洋战争之路过程的历史真相问题，主要以保守派为中心的人们也以将战争责任单方面地推给日本为由，进行强烈的批判。

特别是最近几年，一些人虽然不是日本近现代史的专家，但列举出迄今为止对日本的历史教育产生巨大影响的历史认识，即所谓东京审判史观与共产国际史观（后述），并主张虽然前者是美国的历史观，后者是苏联的历史观，但是在对战前日本的看法上，两者都是“黑暗史观”、“自虐史观”、“反日史观”。由此产生的，提倡

① 木坂顺一郎《信夫清三郎》（《国史大辞典》第15卷上，吉川弘文馆，1996年）。参照信夫清三郎先生追悼文集编集委员会编《历史家·信夫清三郎》（劲草书房，1994年）。

② 关于东京审判，主要参照了下述文献：儿岛襄《东京审判》上下（中央公论社，1971年）；细谷千博、安藤仁介、大沼保昭《国际专题讨论会 提问东京审判》（讲谈社，1984年）；大沼保昭《从东京审判到战后责任的思想》（有信堂，1985年）；东京审判手册编集委员会编《东京审判手册》（青木书店，1989年）；粟屋宪太郎《通向东京审判之路》全2卷（讲谈社，2006年）；日暮吉延《东京审判的国际关系》（本铎社，2002年）；同《东京审判》（讲谈社，2008年）。

③ E. H. 诺曼《战争犯罪人审判的观察》（大漥愿二编译《哈佛·诺曼全集》第2卷，岩波书店，1977年）391页。

自由地看待历史的自由主义史观论者开始抬头并且产生巨大的反响。① 因此,要了解战后日本的日本近代史研究,必须首先从了解东京审判史观开始。

作为东京审判的审判对象的时间段是从 1928 年(昭和三年)1 月 1 日(田中义一内阁)起至 1945 年(昭和二十年)9 月 2 日(日本签订投降文书之日)止。作为重大战争罪犯(甲级战犯)被起诉的有包括东条英机前首相在内的 28 人。众所周知,昭和天皇并未受到起诉。

审判一方主张的基本概念是"合谋"这一概念。即在作为审判对象期间内的日本,为达成获得在特定地域内的军事、政治、经济支配权这一目的,存在进行发动侵略战争等的合谋,所有被告共同参与了计划策划以及实施。

此外,对通向太平洋战争之路的过程给出的解释是,日本的统治阶层分为极端的军国主义者(军人、右翼政治家等)和稳健的政治家(外交官、经济官僚、重臣、财界人士等)两部分。两者的对抗以及后者的失败导致了日本迈向太平洋战争之路。也就是说,"通向太平洋战争之路"被描绘成主要是由极端的军国主义者共谋所发动的侵略战争。

这一历史认识的骨架是以下三点。第一,从九一八事变到太平洋战争为止,将这一段时间理解为以极端的军国主义者为核心的统治者们发动的连续侵略的历史;第二,审判的中心在于太平洋战争即日美战争;第三,正如被处以绞刑的 7 人中有 6 人是陆军军人这件事所象征的那样,审判让极端的军国主义者(特别是陆军)背负了更多的责任。

虽然在那之后的日本近代史研究有所深化,但是,上述各点对战后日本人历史认识的形成产生了巨大影响,可以说,其成了战后日本人历史认识的骨架。但是,上述各点在一些方面也孕育出了几个问题。

第一,上述理论虽然与随后将涉及的天皇制法西斯论以及十

① 关于自由主义史观,参照:藤冈信胜《近现代史教育的改革》(明治图书出版,1996 年,后于 1997 年以《自由主义史观为何》为题收录于 PHP 文库)。

五年战争论相互契合，但是，究竟能否将从九一八事变起到太平洋战争为止的历史过程理解为真正连续的侵略战争呢？这种理解方法难道不是与将昭和战争前期的战争用某种必然论或宿命论来加以理解有关吗？据此，我们究竟能否逼近昭和时期那复杂的历史真相呢？

例如，就如从九一八事变开始的战争行动因1933年塘沽停战协定而终止那样，战争既然在事实上并没有连续发生，那么九一八事变和日中战争究竟是否是连续的？并且，在作为两国间战争的日中战争与作为第二次世界大战一环的太平洋战争之间，不是存在着本质上的不同吗？（并不是因日中战争单纯扩大从而导致太平洋战争，不是吗？）这难道不是与日本国内轻视不走向战争的可能性，也就是轻视反战、避战等的可能性有关吗？我们能够指出诸如此类的问题。

但是，在本论文中，笔者想进而关注以下两点。首先，正如从“太平洋战争”这个战争的名称上所能清楚看到的一样，已经将1941年以来战争的中心限定在日美战争上，这成了战后众多日本人产生日本输给了美国、输给了美国大量物资这一意识的原因之一。

当然，在这种意识的背景中，有实实在在地和美国军队反复展开激战的士兵、遭受空袭等战争伤害的一般国民的实际感受，另一方面，也必须指出还有一种并没有输给中国的意识。

因此，将战争理解成以日美战争为中心的这种认识的现实存在与对中国的战败意识的薄弱是连成一体的。进一步说，这也是日本人对中国（进而对亚洲）的加害者意识变得相对薄弱的原因之一。加害者意识薄弱，自然无法培育与其相符合的责任意识，同时，也导致了相对疏于弄清日本侵略中国及亚洲的实质。

其次，将战争责任集中于极端的军国主义者身上这一观点，即所谓军部恶者论的观点，一方面在相对减少稳健的政治家的战争责任和战争责任意识（其中的象征便是不追问昭和天皇的战争责任）的同时，也对国民灌输了一种受害者的意识，即国民实际上也被军部欺骗了。这难道与使得国民的战争责任观念变得薄弱没有关联吗？

上述的状况无疑是由东京审判一件接一件地曝光了那些过去不为国民所了解的，或者是不让国民了解的事实所造成的，也是占领军 GHQ 通过广播、报纸等新闻媒体用“真相是这样的”方式进行一连串宣传的结果。毕竟，我们必须注意，过去一直在日本国内被使用的“大东亚战争”这一称呼被 GHQ 禁止，而 GHQ 使“太平洋战争”这一称呼从 1945 年年末之后成为通用的称呼。①

进而，关于国民的受害者意识这一点，可以说，战争末期状况所造成的受害人意识的不断叠加——以东京大空袭为首的针对日本各地的空袭，特别是对广岛和长崎投下原子弹，伴随着即将停战时苏联的突然参战带来的悲惨战争体验，被扣留在西伯利亚的日本人的存在等，增强了这种受害人意识。②

此外，被占领下的多数国民直接面对着恶劣的衣、食、住、环境这一现实，为了生存下去已经竭尽全力，并不在将战争责任这一问题当作自己的问题来看待的状态中，这恐怕也是必须加以考虑的吧。

不管怎么说，东京审判不过是作为 GHQ 占领政策的一环而进行的，这就意味着，合谋论本身无疑带有很强的政治性。因此，很自然的，其本身也并不具备作为学术研究对象的意义。但是尽管如此，不可否认的事实是，东京审判成了战后日本进行日本近代史研究的起点。可以说，东京审判史观塑造了战后日本人有关昭和战争前期以及日本“通向太平洋战争之路”的历史认识的原型。

战后的日本“通向太平洋战争之路”的研究从一开始就裹挟着这样的政治性开始起步。

---

① 近年，取代了“太平洋战争”，而以“亚洲太平洋战争”或“亚洲、太平洋战争”这一名称出现。但是，另一方面“大东亚战争”这一称呼传达了战争的历史性质和范围。在这一层意义上，也有一种观点认为，如果将“大东亚战争”作为战争的名称不是很妥当吗？关于这一点，参照木坂顺一郎《亚洲·太平洋战争的称呼与性格》(《龙谷法学》第 25 卷第 4 期，1993 年 3 月)。

② 此外，应该可以说：成为战后新宪法巨大支柱的、和平主义的理念在国民中扎根的过程，也成了军部恶者论这一议论渗透的背景。

2　学术界主流的天皇制法西斯论（讲座派的马克思主义史学）

这种史学建立在太平洋战争前的共产国际对日本的分析（三二方针[①]）的延长线上，是一种马克思主义历史观，是将明治维新之后的日本的权力当作处于专制主义阶段的事物来加以理解的历史观。日本的马克思主义历史学大致可以分为两个流派，区别在于是将明治维新视为专制主义的变革（讲座派），还是资产阶级革命（劳农派）。前者讲座派得到了共产国际的肯定成为主流。因此，其与自由主义史观相对，也被称为共产国际史观。

总之，讲座派的马克思主义史学中，存在着战后知识分子对马克思主义的共鸣，以及在美苏冷战格局中将苏联视为和平力量的观点。对战后的历史学术界、近代史研究、历史教育产生了巨大影响。并且，正如从共产国际和日本共产党之间的关系中可以看到的那样，不可否认其与现实的政治世界也具有密切的联系。因此，这种观点也和东京审判史观一样，可以说从一开始就带有某种意识形态和政治性。

这种观点的重点在于，“强调天皇和法西斯主义相结合、转化的关系。专制主义的天皇制发挥了作为垄断资本反动独裁的法西斯主义的功能乃至作用”。是一种“强调天皇制的，乃至资产阶级制的各个政治势力之间的合作、妥协”的理论。因此，从中引出的“通向太平洋战争之路”的观点是这样的一种历史认识，即九一八事变之后的军部、元老、重臣、政党、财界、官僚等彼此之间的对立是“一时的、部分的、相对的、战术性的对立”，统治阶层最终成为一个整体，推进了日本的法西斯化和对外侵略战争。[②]

① 1932年5月共产国际发表在《赤旗》上的《关于日本的形势与日本共产党的任务方针》一文的通称。——译者注。

② 参照江口圭一《九一八事变研究的再检讨》（《历史评论》第377号，1981年9月）2—3页。作为提出天皇制法西斯论的代表作，参考：远山茂树、今井清一、藤原彰《昭和史》（岩波书店，1955年旧版，1959年新版）；藤原彰《日本近代史Ⅲ》（岩波书店，1977年）。此外，关于日本的法西斯的理论问题，参照安部博纯《日本法西斯研究序说》（未来社，1975年）；江口圭一《战败后的“日本法西斯”研究》[江口编《历史科学大系(12)“日本法西斯论”》，校仓书房，1977年]。

因此，将九一八事变起到太平洋战争止这段时期，视为日本一贯的侵略过程这一点，其与之前叙述的东京审判史观相同。此外，在追究战前日本的战争指挥者的战争责任这一点上，其也和东京审判史观一致。但是，后者并不是东京审判那样事实上的二元论，它最多不过是力图来综合性地阐明统治阶层整体对侵略战争的参与程度的这样一种理论。因此，它击碎了将战争责任仅仅转嫁给军部的东京审判所具有的一种“欺骗性”①，这一点也是一直以来受到高度评价的地方。

但是，这一历史观也存在几个问题。首先，尽管清楚统治阶层的意志在侵略这一点上是统一、一致的，但是如果只强调统一和一致的话，那么“五一五”事件、“二二六”事件和进一步的恐怖活动和军事政变未遂事件等，发展至此的对立和分裂为什么大多发生、存在于20世纪30年代？这些事件难道没有被这一历史观所忽视吗？也就是说，天皇制法西斯论能够说明统治阶层是一丘之貉，但是不能具有充分说服力地解释为什么一丘之貉之间相互争斗到浑身是血、解释他们为什么斗争。不是吗？特别是从九一八事变前后到日中战争这一时期（1930年前后到1937年前后），是日本近代最大的“政治动荡期、不安定期、重组期”之一。可以说，未能将这一事实进行准确且充分的定位。②

第二，由于将统治阶层的整体责任视作问题，所以反过来，没有责任的所在反而就变得模糊了起来？这在与战争责任的关系上是重要的一点。

第三，进而说到国民的战争责任，马克思主义史学是一种对历史中民众的作用和地位给予高度评价的史学。就这一点而言，我们必须注意到，这种史学存在容易陷入民众无谬性论这样一个侧面。换言之，国民的战争责任这一视角本身容易因此变得模糊，不是吗？只不过，这一论点由于后来对此的反省，不久便向追问国民的战争责任这一方向扩展了。不仅将国民视为受害者，也将国民

① 江口《九一八事变研究的再检讨》，第3页。

② 同上，参照第3—4页。

视为加害者[①]，对于这一点，笔者在下文也会涉及。

第四，由于马克思主义的理论框架理所当然地受到重视，所以这一历史观变成了理论先行、重视框架，而实证则动辄遭到丢弃。并且，在历史叙述上也是，可以说其理论性框架与实际发生的历史事件之间产生了鸿沟。这也和第一个问题，即不能将细微的历史事件解释清楚有关系，后来，这一点也成了重视实证的革新派论（后述）猛烈反击的地方。

笔者指出了天皇制法西斯论中存在的上述几点若干问题。但是不管怎么说，在美苏冷战格局的国际关系下，在历史学界将这样的政治状况明确展现出来的历史认识，存在于天皇制法西斯论中。并且，在由日本所发动的战争的侵略性既已明确的情况下，这一史学的着力点也变成了对日本的这种侵略性缘何而来，即有关日本权力构造和历史发展阶段、社会构成的实际形态的追问，而天皇制度的问题则被置于这个问题的中心。

3　批判日美战争论的十五年战争论

正如已经叙述的那样，这一史观来自对东京审判史观是以日美战争为中心的批判，旨在明确日本对中国（亚洲）侵略的这一侧面及其责任。诞生于20世纪50年代中期的“十五年战争论”这一思维方式，现在已成为普遍的理论。据说，其原本是战后日本代表性的知识分子之一——鹤见俊辅所创造出的一个词汇。[②]

例如，鹤见在其论文《日本知识分子眼中的美国》一文中写道：“日本人将此次的战争分为两部分，将九一八事变、八一三事变、七七事变等一系列事变理解为是对中国的战争，将太平洋战争理解为是对美国的战争，并评价后一战争是令人头疼的……这种思维表现出了日本统治阶层只在针对美国时将大战的责任分离出来加

① 参照吉田裕《十五年战争史研究与战争责任问题》（《一桥论丛》，第97卷第2期，1987年2月）。

② 参照鹤见俊辅《知识分子的战争责任》（《中央公论》，1956年1月期）。

以感受，这是非常奇妙的责任感构造。[1]”

此外，数年之后，对于创造出十五年战争论这一名称，鹤见解释道：“我认为将太平洋战争或大东亚战争视为对美国的战争，觉得这部分的战争是令人头疼的这一战争观，无法把握这场战争构造。这种战争观，让日本人的战争责任变得模糊不清”。[2]

因此，所谓十五年战争本来是日本对中国、对亚洲的十五年战争这一意思，是尖锐地追问日本对中国（亚洲）的战争责任的问题。可以说，尤其在这一点上，这一历史认识在形成日本人的战争责任意识方面发挥了巨大作用。

但是，实际上只有十四年（1931 年 9 月 18 日至 1945 年 9 月 2 日）却被称为十五年战争，关于这一称呼的妥当性，正如前面所叙述的那样，能否将九一八事变之后日本的历史过程理解为原本就是连续的侵略过程等，事实上有人对此提出了质疑。[3] 说起十五年战争，容易引起日本在连续不断地发动战争这样一种错觉，并且陷入历史必然论的危险性也比较高。

具体而言，有人对九一八事变与日中战争的连续性以及日中战争与太平洋战争的连续性提出了强烈的质疑。但是，可以说在反驳这些疑问的过程中，侵略的连续性又从新的史实和观点中得到了补充，形成了今天的状态。例如，有人关注作为九一八事变和

---

① 鹤见俊辅《日本知识分子眼中的美国》（《中央公论》，1956 年 7 月期）第 176 页。并且竹内好在题为《关于战争责任》（《现代的发现 3》，春秋社，1960 年）的论文中，谈到日本与欧美的战争这一侧面以及日本与其他国家战争这一侧面相互区别的这一认识的现状，他写道：“有一种观点将日本发动的战争的性质定性为，是侵略战争，同时也是帝国主义对帝国主义的战争……对于侵略战争的这一侧面，日本人负有责任；但是对帝国主义战争的这一侧面，日本人没有理由仅仅单方面承担责任。”（吉田裕《日本人的战争观》，岩波书店，2005 年，第 18 页。）

② 鹤见俊辅《战争时期日本的精神史》（岩波书店，1982 年）第 241 页。此外，在东条英机于东京审判中提出的宣誓供述书中可以看出其对中国、亚洲视角的欠缺这一事例，正好反映出鹤见所指出的内容。关于宣誓供述书，参照东条由布子编《大东亚战争的真相》（瓦克，2005 年）。

③ 例如参照入江昭《日美战争》（中央公论社，1978 年）、藤村道生《两次占领与昭和史》（《世界》1982 年 8 月号）、臼井胜美《围绕中国的近代日本的外交》（筑摩书房，1983 年）、秦郁彦《纵贯昭和史》（格拉夫社，1984 年）等。

日中战争的连接点的华北分离工作[①]的重要性，有人关注作为日中战争和太平洋战争的连接点的苏德战争爆发[②]，等等。

总之，在日本对亚洲的战争责任重新成为问题的20世纪80年代之后的潮流中，可以说十五年战争论实实在在地在日本的历史学界和媒体中扎下了根。[③] 但是，如果反过来看的话，直到今天，日本人依然没有完全把握昭和时期的“战争构造”，“只在针对美国时将大战的责任分离出来加以感受，这是非常奇妙的责任感构造”，或许可以说，这与之互为一体的对亚洲视角的模糊不清，共同反映了它们根深蒂固地残留在包括一般国民在内的日本人的认识中。

4 批判天皇制法西斯论的革新派论

这一理论在20世纪70年代以前成了学术界的主流，是作为天皇制法西斯论（广义上指一般的马克思主义历史研究）的对立面出现的学说。它由随后成为东京大学教授的伊藤隆在20世纪60年代后半期提出[④]，可以说该理论位于明治以来日本官学传统——学院派史学的延长线上。由于推进对庞大史料（特别是个人史料）的挖掘，该理论用有分量的历史事实来对抗以传统的理论框架为中心的历史认识（天皇制法西斯论），事实上它成为将天皇制法西斯论逼入衰退的重要原因。

伊藤认为“法西斯”这一术语本身比较暧昧、难以定义，加之又是原来共产国际所使用的政治术语，并且，在今天该术语除了将对方作为“极其恶毒的敌人”来诽谤中伤之外又丧失了其他的意义，

① 参照江口圭一《十五年战争研究的课题》（《历史学研究》第511号，1982年12月）。

② 关于“通向太平洋战争之路”中苏德战争的定位问题，原本是西洋现代史学者的成果。例如，参照义井博《日德意三国同盟与日美关系》（南窗社，1977年）。

③ 例如，江口圭一说道：“我在80年代之后导入了十五年战争这一观点乃至框架。”（《日本帝国主义史研究》，青木书店，1998年，第13页）此外，20世纪80年代，题目中带有十五年战争的著作还有：江口圭一《昭和的历史4 十五年战争的开幕》（小学馆，1982年）；同《十五年战争小史》（青木书店，1986年）；藤原彰、今井清一编《十五年战争史》全4卷（青木书店，1988—1989年）等。

④ 伊藤的研究成果汇集在《昭和初期政治史研究》（东京大学出版会，1969年）中。首次出现在1966年出版的《社会科学研究》第17卷第4期。

因此，在说明昭和战争前期的日本时，将其用作学术术语并不合适。作为替代，他提倡"革新"这样一个新的概念和分析框架。①

他所提出的新的框架，是一种赋予了自己集团以及他者集团历史意义并且设定了有关课题的自我形象和他者形象，然后加以分析的框架。其坐标轴的设定是：纵轴为革新（破坏）—渐进（维持现状），横轴为进步（欧化）—复古（反动）。"革新""渐进""进步""复古"等是自我形象，对此相对，"维持现状""破坏""反动""欧化"等括号内的则是他者形象（如图）。

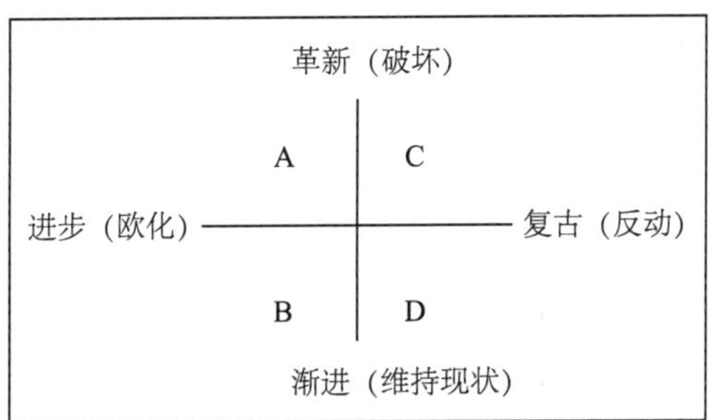

图　伊藤隆提出的概念：分析框架

以此种框架为基础，他提出了以下历史图像。即第一次世界大战前后的社会、经济、思想、政治的巨大变化，使得日本对内对外均产生了众多问题。在这样的情况下，以针对迄今为止的政治统治体制进行根本性"改造""革新""变革""革命"为志向的"革新"派登场了。20世纪30年代的政治史基本上可以理解为，上述的"革新"派对抗"维持现状"派的胜利的过程。②

这种理论是一种首先想要阐明在天皇制法西斯论之下，一直以来动辄就被忽视的、细微的历史过程的国内政治过程的理论。并且，与庞大的史料的挖掘相随，这种理论也飞跃式地提高了日本近代史的实证水平（在这一层意思上，可以将他们称为实证主义

---

① 参照伊藤隆《对昭和政治史研究的一个视角》（《思想》第624期，1976年6月）。伊藤的此篇论文，首次从"为了推进昭和史的研究，有必要首先从第二次世界大战的胜负以及与此相关联的意识形态中解放出来"（第958页）这一立场出发，对"法西斯"以及"天皇制"这些术语的有效性提出疑问，成了在历史学界产生巨大影响的事件。

② 具体参照伊藤上述的书籍以及伊藤上述的论文。此外，伊藤在之后也修正了自己的理论。

者),可以说,这一点正是革新派论最大的功绩。

此外,这种理论并没有将"通向太平洋战争之路"作为九一八事变以来的对象,而是力图将第一次世界大战之后的更长的一段时期收入眼中进行考察,这一点也必须得到肯定。[①]

但是,过去使用的"法西斯"这一术语所公认的意义受到质疑,因而招来了以天皇制法西斯论者为中心的人们的猛烈批判,他们将此视为对"法西斯"概念的否定。革新派论无视日本的侵略性与天皇制的责任,仅仅停留在探求细枝末节的历史事实——伊藤隆遭到了极其猛烈的攻击,他被认为是一位将"责任"相对化的、反动的历史学家。[②]

---

① 在第一次世界大战之后的很长一段时间的历史角度当中,关于考察昭和战争前期的这一视角本身,已经有丸山真男的《增补版 现代政治的思想与行动》(未来社,1964 年)。

② 参照安部博纯《日本法西斯的研究视角》(《历史学研究》第 451 号,1977 年 12 月);壬生史郎《寄语日本法西斯研究》(《历史学研究》第 451 期,1977 年 12 月)。此外,伊藤在晚年回顾了对自己学说的种种批判,执笔写下了《〈法西斯论争〉其后》[近代日本研究会编《近代日本研究的检讨与课题》,山川出版社,1988 年,并于 1993 年收录于伊藤《昭和期的政治(续)》,山川出版社]。对伊藤而言,这些批判"最终都被视为了'意识形态斗争的对象'"(同《〈法西斯论争〉其后》,第 310 页)。

此外,从实证的"通向太平洋战争之路"研究的谱系这一点而言,必须将日本国际政治学会太平洋战争原因研究部编《通向太平洋战争之路》共 7 卷以及别卷资料编(朝日新闻社,1962—1963 年)作为先驱性的业绩来加以列举。此书是以庞大的未公开发行史料为基础,对直至珍珠港事件的开战外交史展开研究的成果,时至今日仍然受到高度评价。只是在最初出版时,据原因研究部委员长和学会理事长"角田、神川两位表示,该书在学术性上、史论性上,反对'轻视事实、往往脱离事实的意识形态史论',是一部力图'以脱离一切政治立场的、客观的态度'来'纯证实性地'叙述历史的书。这一被称为'意识形态史论'的理论明显指的是马克思主义乃至历史唯物主义。在学术性、史论性上,该书的写作目的是为了对抗出自马克思主义、历史唯物论的史论、历史叙述。其用于对抗的方法论主张是'客观性'、'实证性'"。"从本质上并不承认九一八事变、日中战争是日本对中国发动的侵略战争的本书,在一个个具体问题上,'轻视'侵略'的事实'、'事实容易被远离'也是很自然的","角田的见解所代表的该书的史论性、思想性基调,毫无疑问,是将日本帝国主义对中国的支配合理化,隐藏日本对中国的侵略,是实实在在地企图美化日本帝国主义的基调","在日本帝国主义逐渐复活的今日,史论性、思想性基调如此的这本书,(中略)正如在日本现代史研究本身当中,象征着帝国主义的复活的事物"。其遭到天皇制法西斯论者极其猛烈的批判。(江口圭一《日本帝国主义史论 九一八事变前后》,青木书店,1975 年,第 246—247、257、263—264 页。)正如在马克思主义史学曾经兴盛时,能够从中了解到当时学术界的理论现状。关于这一点,可参考藤原彰《战后五十年和我的现代史研究(续)》(《年报·日本现代史 第 2 期 现代史和民主主义》,东出版,1996 年)第 289 页。

从今天的角度来看的话，挑战某一具有极强意识形态的历史观，这本身虽然不能说不带有某种政治性，但是即使避开这一点不谈，由于这种理论与当时主流的历史观唱反调，所以不仅对天皇制法西斯论者，也对当时的日本历史学界给予了重大的冲击和影响（正如下面所叙述的那样，伊藤隆自身，至少在主观上，可以说是一位价值中立或者说是认识到解构价值的实证主义研究的学者）。

并且，从结果上而言，基于庞大史料的挖掘从而使得细微的历史事实得以明了（用之前所叙述的貉的例子来比喻的话，可以说其解释清楚了一丘之貉之间为何争斗这一问题），重视理论的天皇制法西斯论出现了无法掩盖的理论破绽。

5 实证研究的兴盛与战争责任意识及政治性

至此，笔者主要对20世纪70年代为止的战后日本代表性的日本近代史认识进行了简单讨论。那么，其后历史认识的展开又是怎样的呢？在此，由于篇幅的原因，笔者仅作简略论述。[①]

首先，最后介绍的革新派论于20世纪70年代在实证方面取得了巨大成果。由于史料挖掘的进一步推进，可以说发生了两点变化。一是天皇制法西斯论的没落，二是实证研究的兴盛。

实际上在20世纪70年代中期，蕴含于天皇制法西斯论内部的理论性问题就已经显露出衰退的征兆。[②] 革新派论所建立的实证研究的推进，加速了其衰退的速度。结果导致了20世纪80年代之后，基本上看不到主张天皇制法西斯论的学者。此外，可以说80年代末期美苏两极格局的解体，也成为进一步推动这种变化的重要原因。

但是，在鸟瞰其后的日本近代史研究之后，我们可以看出，确立其谱系的学者中的大多数，并没有进行完全的理论转换。如同

---

① 有关20世纪90年代之后的研究动向，参照波多野澄雄《日本近现代史研究的动向与课题》(《外交史料馆报》第23期，2009年)。

② 对于天皇制法西斯论"作为一般的说法固定下来的"或"处于主导性地位的见解"这种20世纪70年代中叶的观点，安部博纯提出了疑问(安部上述论文，第6—7页)。

从前一样高呼马克思主义的理论问题的人变少了，可以说他们在谋求转向新的方向。这其中的原因之一便是革新派论的成果，如果跳过实证研究则不能建立起历史研究这一实际情况，也就是说，这是由于学术界的变化而产生的。

即，昭和战争前期以及“通向太平洋战争之路”的研究在20世纪80年代以后，进入了比以前更加重视实证研究的时代。但是，对于实证什么，即对实证的对象和方向性进行考察的话，大致能够分为两部分。即主要以阐明战前日本的政治过程为中心的潮流，以及力图阐明战前日本的侵略性，特别是阐明侵略中国、亚洲等具体情况的潮流。

于是，可以说，建立起曾经的天皇制法西斯论—马克思主义史学谱系的学者中的大多数转向了后面一个潮流。这是因为80年代之后，对南京大屠杀事件、七三一部队、细菌战、毒气战、随军慰安妇、轰炸重庆等有关日本侵略中国（亚洲）的研究得以广泛开展起来，这些研究可以说是其转向后一潮流的大的背景。[①]

进而，可以说由于存在日本围绕历史问题而与亚洲各国发生的摩擦显在化这一外在因素，也强化了这一趋势。

例如，1982年，围绕日本教科书审定的问题，日本成了中国、韩国等亚洲各国猛烈批判的对象。曾经的一位持有天皇制法西斯论的代表性人物，对于到那时为止的日本近代史研究所存在的问题，做了如下表述。[②]

① 依然是20世纪80年代之后，围绕昭和天皇的研究，以及没有对天皇进行追加诉讼的东京审判所进行的研究十分盛行。当然，那是由于伴随着昭和天皇的逝世，新的史料被公开以及战后已流逝过50年左右的时光。这种情况下，这种研究能够成为客观的历史研究的对象。另一方面，也因为其是曾经的马克思主义史学系学者的重要的实证研究对象。并且，对于20世纪80年代之后的研究动向，吉田裕说道：“在战后日本的社会中，对支配殖民地的历史和九一八事变之后一连串的战争的性质开始真正进行讨论，是80年代之后的事了。”（同《亚洲·太平洋战争》，岩波书店，2007年，第iii页。）

② 上述，江口《十五年战争史研究的课题》第8页。附带提一句，在上述江口的《九一八事变期研究的再检讨》中，江口对于自己的“怪说”“解释了其经过”。据此，在1976年发表的论文之前，江口“在天皇制法西斯论的立场进行分析、记述”。经过了1977年发表的《历史科学大系(12)“日本法西斯论”》的编辑，“脱离了天皇制法西斯论”，1978、1979年发表的论文是“根据两面帝国主义论”写成的（第10页）。

在日本，太平洋战争后期的冲绳战役作为一场连普通居民都被卷入其中的悲惨的“地面战”，被日本大书特书。但是，日中战争对中国来说，自始至终都是卷入了非战斗人员的“地面战”。那一悲惨的真相——侵略与加害的更为具体且本质的部分——我们的历史研究迄今为止又弄清楚了多少呢？看上去好像弄清楚了，但实际上并非如此，这一点通过对教科书审定的批判，不是已经被中国的民众揭发出来了吗？

也就是说，“对于日本军队在中国究竟做了什么这一战争史上最根本的问题，(中略)关注度出人意料的低下。甚至连基本的事实都没有被掌握”①。这一认识，可以说，和想要阐明战前日本侵略亚洲的具体情况(战争的实际状态)这一潮流密切联系在一起。

因此，这一潮流关注此前在日本学术界不怎么被涉及的问题，在弄清了历史事实这一点上拥有重大意义。进而，这一潮流重新将日本人的战争责任(对国民来说的话，即国民不仅是战争的受害者同时也是加害者这件事②)作为问题，使得一直以来相对受到轻视的阐明具体侵略情况的日本人的“战后责任”问题再次浮出水面。在这一点上，可以说它也拥有极其重大的意义。

只不过，这样的研究谱系在大多数场合下，明确了日本政府的责任，其与寻求日本政府道歉与赔偿的活动紧密相连。对于这一点，我们也必须要注意。也就是说，这种力图阐明日本侵略中国、

① 江口《十五年战争史研究的课题》第8页。江口对于卢沟桥事件的研究中如此写道：“并不是否认发射炮弹事件的真相以及探明扩大、不扩大问题是重要的。在战斗中，日本军队对中国军民做了什么？弄清这一事实，对战争史来说，难道不是最重要的问题吗？这正是所欠缺的。”(同论文，第8页。)

② 参照吉见义明《草根法西斯》(东京大学出版会，1987年)，该著作将日中战争和太平洋战争与民众意识联系起来进行了考察。

亚洲的具体情况的实证性研究的领域[①]本身，就拥有容易带上政治性的一面。并且，正如前面提到的那样，也存在着这一领域的实证性研究的活跃，与日本和中国、韩国之间的“历史问题”的“政治化”相互关联，这也是同时代的现状。

那么，革新派论者等其他众多的实证主义者们，一直以来又是怎样思考战争责任以及战后责任问题的呢？要考察这一点，值得借鉴的是伊藤隆所做的如下发言[②]，这是他对他人对自己的观点提出批评时所做的陈述。

> 对于“辨明史观”这一标签，我并不打算“辨明”。这好像意味着(战争责任的——笔者注)“相对化”，但我的意图也正是如此。也就是说，因为我认为不能将绝对的恶或绝对的善这种东西带入到历史研究中去。

当然，并不是所有非马克思系的实证主义学者都拥有与伊藤隆一样的观点。但是，他们大多数的研究都停留在阐明历史事实这一层面上，并未超出这一范围，这是我们可以看到的他们研究姿态上的共性。在这一点上，我们能够理解为，这表现出了价值判断问题上的纯学术性，而从另一方面来看，也是对提高日本近代史研究的实证水准做出巨大贡献的一个要素，应该给予正确的评价。

但是，所谓的用事实说话的这一姿态和日本人的战争责任问题一直以来是如何交叉起来的呢？这是一个必须被重新探讨的问题吧。关于这一点，尽管供在此叙述的篇幅所剩无几，笔者还是想

---

① 当下在以这一领域作为研究对象的年轻学者中，似乎不怎么有信奉马克思主义历史学的人。不如说一直以来通过电视、电影等媒体持有受害者意识的学生，了解了日本军队在亚洲的残暴行为，受到了冲击。他们中似乎也有出于想搞清楚为什么那样的事会发生在战争中这一动机而开始研究的情况。从这一意义而言，在这一研究领域肩负重任的人，可以说与以前不同了。此外，从以亚洲地域为研究对象这一点来说，很自然地，这些人拥有不仅限于日本近现代史学者的广阔的研究范围。他们拓展了阐明日本侵略亚洲的实际状况的范围。例如，以泰缅铁路为象征的对盟军战俘的虐待问题以及亚洲劳工问题等，各种各样的问题在今天成了研究对象。

② 伊藤《〈法西斯论争〉其后》，第312页。此外，对于指出“拥有比较视点的重要性”的伊藤的研究方法，参照该论文第320—321页。

暂且在此指出，虽说实证主义学者没有高呼战前日本的战争责任，但是他们并没有否认战前日本的侵略性。

例如，正如近年来北冈伸一所说的那样：“我认为，基本上没有日本的历史学家认为日本没有侵略中国”，“以历史学的角度来看九一八事变之后日本的行动的话（中略），这明显就是侵略”①。

进一步而言，即使就算是那样，日本政府和日本军队的行为，即所谓作为不言自明的事物，对于其是否是先验性的“恶”，至少基于史料的验证是必不可少的。此外，较之“恶”这一价值判断，需要根据当时日本的国内外各状况来考察他们为什么选择了那样的行为，也就是说，弄清政策的决定过程和实施过程以及它们的运行方式是更为重要的，也可以说这就是他们的研究姿态。

不管怎么说，20 世纪 80 年代以后，经历美苏冷战格局的解体，日本近代史研究中的意识形态的巅峰时代也已经过去了。现在，日本近现代史的学者变得能够在基于史料来阐明历史事实的同一竞技场上展开同场竞技②，这被公认为当下学术界的现状。正因为近代史研究以与当下紧密相关的问题为对象，因此，可以说无论如何都存在着容易带上政治性的这一个侧面，战后日本的日本近代史研究可以说也没有例外。在这一意义上而言，历经战后 50 余年，对昭和战争前期以及“通向太平洋战争之路”的研究，从战前学术界的常识来看的话，可以说终于到达了真正意义上的学术研究阶段。

一直以来主导实证研究的伊藤隆自己于 80 年代末说道：“这十年左右，有目共睹日本近代史的研究状况正在发生着巨大的变化。”他列举了两项这一变化的条件。一是与日本近现代史相关的“众多的史料被发现、出版”，“充分利用、消化这些史料，成了研究不可欠缺的条件”，“其结果是，迄今为止的理论所无法解释清楚的众多重要的事实正在逐渐变得明朗”。另一个条件则是，“一部分人也许会感叹‘历史理论的欠缺’、‘历史的细分化’”，但是“众多的

---

① 北冈伸一《回顾〈日中历史共同研究〉》（《外交论坛》第 261 期，2010 年 4 月）第 67 页。

② 当然，“变得能够共同构建”和实际上“正在共同构建”是不同的。但是，与之前相比，至少能够一起共同构建的可能性正在增加。

学者从‘大理论’的束缚之下被解放了出来”，得以站在各种视角“以自己的视点推进研究”。①

只不过，在此必须再度指出的是，阐明历史事实这一研究姿态必然不会成为与政治性或是价值判断无缘的事物，这在前面也简单论述过。将什么、以怎样的视点来作为实证的对象这一选择其本身，与是否是马克思主义的意识形态无关，因为其很自然地就已经夹杂着某种政治性或价值判断。

当然，也必须指出，实证主义的研究姿态也与学术研究的纯粹性相结合，有模糊政治性或价值判断的一面。但是，在其他方面，比如阐明日本对中国、亚洲的侵略以及昭和天皇的战争责任问题等，其原本就存在容易带有政治性的实证领域。这也是围绕昭和时期战争的重要的论点，并且就算是在以日本近现代史为专攻的历史学者之间，对昭和战争前期以及“通向太平洋战争之路”的理解、解释，也不能说完全一致，这也是实情。

换言之，即使在日本国内的学者之间，至今也尚未形成共同的历史认识。尽管由此建立起来的研究的立足点各自不同，但是，至少在日本近现代史学者之间，对于以实证为前提的历史事实的追究这一学术研究基本姿态的重要性以及必要性，可以说正在形成共同认识。

结　语

以上，就战后主要的日本近现代史学者一直以来是如何理解昭和战争前期以及“通向太平洋战争之路”的问题尝试性地进行了若干考察。其结果，我们看到了这种历史认识对日本人的战争责任意识的实际状态产生了巨大影响。

进而，我们再次认识到，“通向太平洋战争之路”这一研究，是如何一边受到战后时代状况的影响，一边与政治性紧密相连得以展开的。也就是说，围绕昭和战争前期以及“通向太平洋战争之

① 伊藤《〈法西斯论争〉其后》，第322页。此外，关于日本近代史研究现阶段状况，同时参照伊藤隆《绪论》（伊藤编《日本近代史的再构建》，山川出版社，1993年）。

路”的这一研究领域本身，作为学术研究的对象，处于容易政治化的状况之中。换句话说，正如20世纪60年代伊藤隆将昭和政治史研究视为“未开拓之地”[①]，为了推进研究必须自己亲自找寻庞大的史料那样，作为一个历史研究领域，其本身就伴有各种学术性困难。

因此，近年来凸显出的日中、日韩之间的“历史”的“政治化”以及在日本国内展开“历史”价值观的对立（“政治化”）等现象，从某种意义上而言，是在“通向太平洋战争之路”研究这一历史领域中过去存在的问题的延长线上的显现。作为学术性历史研究的对象，很自然地，因为离“现在”太近，成了容易受到政治状况左右的领域。即处于所谓“历史”却难以成为“历史”的这样一种研究状况之中。

但是，在经过了战后65年的今天，即便按照战前历史学界的常识，即在50年之后才能作为学术性历史研究的对象来看，现在也已经远远超过了这一年限。现在，正是到了必须将“历史”“历史化”的时代了。可以说至少学者到了一个必须朝这样的方向努力的阶段。“过去”和“现在”之间，需要一个学术意义上的分界线。

因此，在日本近现代史学者中，阐明至少被实证证明过的历史事实这一学术研究的基本姿态的重要性，必须被重新得到确认。此外，从与亚洲各国之间的“历史”的“历史化”这一点来说的话，日本近代史学者有必要特别是与中国和韩国的学者建立对这一点的共同理解。如果认识到正确的历史认识至少应该建立在确实无误的历史事实的基础上，那么关于其必要性与重要性则无须赘言了吧。

只是，我们必须注意到，基于史料确定过去的历史事实这一工作本身实际上存在着无法轻易确定的一面。例如，围绕着南京大屠杀遇难者人数，包括日中两国在内的历史学者们之间的主张也不相同，从这一点中就可以看出。

但是，反过来说，正因为如此，共有阐明基于史料的历史事实这一研究姿态显得尤为重要。因为史料中什么能够作为历史事实

---

① 伊藤《昭和初期政治史研究》第471页。

被确定下来或不能被确定下来，学者之间需要达成共同认识，这在学术上具有极其重要的意义。当然，不可能用史料将过去发生的所有事件都解释清楚。因此，进一步说，为了弄清历史的事实，使用什么样的史料，现存的又有什么样的与其相关的史料，了解关于史料的状况（也包括其来历和偏颇）在学术上也是十分重要的。也就是说，正因为与日本近现代史相关的历史史料为日本国内外众多的学者（包括国民）所共有，所以可以说这是在历史研究（以及历史教育）上最低限度的也是最重要的事情。

在这层意义上，1994 年 8 月，以面向战后五十年而发表的村山富市首相的"谈话"为发端，创设了亚洲历史资料中心（2001 年）。包括构建先进的数字化档案等在内，该中心将战前时期日本政府的公文文书（国立公文书馆、外务省外交史料馆、防卫省防卫研究所等地所藏文书）在网络上进行公开，这是十分值得给予高度评价的举措。因为这样一来，无论是在日本国内还是国外、也不管"何时"、"何地"，"任何人"变得都可以"自由""免费"查阅[①]与日本近现代历史相关的史料。

它的意义，正如当时的石井米雄馆长在资料中心建成两周年的纪念大会上所说的那样："即便历史认识的共有几乎不可能达成，但是，历史资料的共享是可能的。以庞大的史料为基础，哪怕仅仅只加深那么一点彼此的相互理解，这也是这个资料中心存在的意义[②]"。

近年来，在日本外交史领域，利用相关国家历史史料的被称为多档案法的研究方法变得兴盛起来。通过这种研究方法，过去在以使用本国史料为主的研究中没能看到的历史事实的新的一面变得清晰起来。因此，在前面提到的史料共享这一方面，正如亚洲历史资料中心所象征的那样，日本在进一步推进将本国史料公开和

① 关于亚洲历史资料中心，参照内海爱子《村山谈话和亚洲历史资料中心》（黑泽文贵编《战争・和平・人权》，原书房，2010 年）；《档案》第 27 期（2007 年 3 月）特集《由数字化文档而来的历史事实的共有 亚洲历史资料中心五年的回顾与展望》；高山正也《通过数字化扩宽明天的国立公文书馆》（《档案》第 42 期，2010 年 12 月）等。

② 《迎来开馆第三年的亚洲历史资料中心》（《档案》第 17 期，2004 年 12 月）第 76 页。

提供给世界的同时，也有必要进一步推进相关各国，特别是中国、韩国等国家与日本学者共享所藏的史料。①

围绕昭和战争前期以及“通向太平洋战争之路”的历史解释，不仅日本历史学者与中国、韩国等亚洲各国的历史学者之间存在分歧，就是在日本国内的学者之间，也并没有达成一致。在这种现状下，首先，在各自相互承认存在着这种解释上的分歧的基础上，有必要回归到对以此为基础所建立起来的历史史料的学术性考察。②

正如2010年1月所公布的《日中历史共同研究第一期报告书(日文原文)》的“序”(ix)中所坦率记述的那样：“双方的学者达到了‘即使无法赞成对方的意见，也能在某种程度上对对方的意见给予理解’这种学术研究领域的阶段。”这种学者之间的学术关系的构建，不论在日本国内还是国外，都是最基本的要求。③

在本论文行将收尾之际，笔者还想阐述下面两点。第一，在本论文中，并没有特别提到所谓的“大东亚战争肯定论”的谱系。这是因为，本论文主要将考察的对象限定在了以日本近现代史为专攻的学者的历史认识上。进一步来说，也因为“大东亚战争肯定论”主要是由历史学界以外的不是日本近现代史专家的学者所倡导的理论。在本论文中数次提到的自由主义史观的倡导者藤冈信胜是教育学的专家，并非历史学者。因此，关于“大东亚战争肯定

---

① 只不过，“即使使用同样的史料，也并不一定得出同样的解释”。(川岛真《从日中之间的历史共同研究来看的教科书问题》，收录于剑持久木、小菅信子、莱昂内尔·鲍比茨编《历史认识共有的地平线》，明石书店，2009年，第171页。)此外，川岛说道：“在围绕历史的对话中，重要的是(中略)共有这样一种认识，那就是：并非有一个史料就一定有一个正确的解释。”(同论文，第159页)

② 川岛指出，作为“历史认识问题的解决方法”，“在大多数场合下，首先要互相理解对方的历史观，通过基于史料的讨论，尽可能缩小双方解释的鸿沟。这一解决方式难道不是妥当的吗?”(同上，第172页)。

③ 伴随着历史问题的显在化，近年，各种由民间以及官方机构所参与的各种形式的共同历史研究被广泛举行。对于这些研究，莱昂内尔·鲍比茨表示其是“东亚对共同的历史认识的探求”(剑持久木、小菅信子、莱昂内尔·鲍比茨编《历史认识共有的地平线》)。参照三谷博《历史认识的现在》(刘杰、川岛真编《一九四五年的历史认识》，东京大学出版会，2009年)。

论”的谱系，有必要另行探讨。①

第二，本论文中所介绍的历史认识中较少涉及“朝鲜”的视点、问题。这是源于成为此次研究对象的历史认识，主要是有关昭和战争前期以及“通向太平洋战争之路”的研究的历史认识。

当然，昭和战争前期的“朝鲜”问题，特别是创氏改名、强行掳走朝鲜劳工、从军慰安妇、战俘收容所的朝鲜人监视员问题等，此前也并非没有涉及。但是，一直以来在说到和“亚洲”的关系时，学者的主要关注点多在“中国”。不可否认，对“朝鲜”的关注度与其相比要低很多。例如，正如已经指出的那样，由于1982年的教科书问题，人们把目光投向日本和中国的战争的真实情况，同样作为被日本侵略的亚洲国家，“朝鲜”没有受到主要关注。

个中重要的原因应该有以下几点吧。首先，由于1910年日本合并韩国，朝鲜半岛成为日本领土，因此，当时的大韩国以及大韩国民被包含在了“日本帝国”中。也就是说，围绕“朝鲜”的问题成为“日本帝国”内部的问题。其次，因此，从其与昭和战争前期的战争之间的关系来说，并不是日本和“朝鲜”进行战争。对昭和战争前期的日本来说，“朝鲜”问题只不过是殖民地统治的问题，并不是战争问题。

正如既已论述的那样，日美战争这一战争观导致了对亚洲的视点被弱化。带着对此的批判，“十五年战争”这一概念登场了，仅看其站在“一连串的侵略战争”这一视点，显然意味着它成了对中国战争的理论，容易淡化与“朝鲜”的关系。即从日美战争论和“一连串侵略战争”论这一以“战争”为主轴的战后历史认识出发，作为“殖民地统治”问题的“朝鲜”问题不由分说地被弱化。这一历史认识结构上的问题也浮现了出来。

原本这一问题并不需要再次指出，即战前的日本是作为“殖民地帝国”的“日本帝国”，这个“日本帝国”发动了昭和战争前期的战争。因此，对昭和战争前期的历史如果不从“战争”的问题和“殖民

---

① 20世纪60年代，由当时的埃德温·赖肖尔美国驻日本大使等提倡的，给日本历史学界造成重大影响的“近代化论”也不在本次探讨的对象之内。此外，对于不作为本论文所考察的对象的历史认识，参照庄司润一郎《战后日本的历史认识》(《防卫研究所纪要》第4卷第3号，2002年2月)。

地统治”的问题这两个方面来进行考察的话，便不能把握其历史的整体面貌。①

鹤见俊辅曾于20世纪50年代指出，日本人并没有清楚地把握昭和时期的“战争构造”，“将大战的责任仅针对美国来加以剥离，这是日本统治阶层那奇怪的责任感的构造，它与对‘亚洲’视点的弱化”相辅相成。然而，今天我们依然可以看到将日美战争的历史和侵略亚洲的历史分开来进行考量的认识方式，因此，我或许有必要再追问下面这个问题。即战后的日本人以及日本近现代史的学者不仅对“战争的构造”，事实上连对昭和时期的“历史的构造”本身都没有完全把握，难道不是吗?

为什么这样说?因为对“朝鲜”视角的弱化，反映出了战后日本的日本近现代史认识的某种构造。换言之，随着日本战败，其丧失了以“朝鲜”和台湾为代表的所有的殖民地的事实(即日本并非因为激烈的殖民地独立斗争而丧失殖民地，并且在国外的日本人迅速撤回“内地”这样的事实)，多少使得战后日本人的“战前的日本是‘殖民地帝国’”这一意识变得稀薄(或者说使他们忘却了)，而这一点也受到了历史认识的不少影响。

在这种意义上，前面提到的较少涉及“朝鲜”视角的主要原因，不仅起因于昭和时期的“战争”这一视点，还可以说与战后日本丧失“日本帝国”的意识是相辅相成的。② 换言之，“日本帝国”意识的淡薄或者说想忘却它的意识，成为塑造战后日本对昭和时期的“战争构造”以及“历史构造”的认识的又一股巨大的暗流。

---

① 当然，“亚洲”这一范围本身不仅仅止于“中国”、“朝鲜”。从与“朝鲜”同样是被殖民地这一点来说，也包括中国台湾等其他亚洲地域。

② 可以说包括对日韩之间的历史认识问题，“殖民地帝国”意识的淡薄或者说想忘却它这一意识成为战后日本历史认识的巨大暗流，参照上述川岛《从日中之间的历史共同研究看教科书问题》第167—168页。此外，对于日本外交史研究和殖民地史研究的某种分类关系，参照山室信一《〈国民帝国〉论的射程》(山本有造编《帝国的研究》，名古屋大学出版会，2008年)。

第Ⅱ部分

从记忆到历史

〈体验·记忆·和解〉

记忆的历史化与和解

——以日英和解为案例

小菅信子

前言——"历史学家的使命"

对于令人不愉快的史实，承认、接纳并以史为鉴——怀有这种勇气，正是人们彼此之间相互理解所不可或缺的。近年来，许多曾经是日军战俘的英国人与日本人之间结下了温暖的友情，而那种勇气正是结成这种友谊所不可或缺的。因为故意无视史实会滋生暧昧不清和虚假的表象，助长臆测和敌意蔓延。[①]

以上这番饱含促进日英和解意愿的话，是**杰克·查尔克**(Jack Chalker)在其画集与手记[②]的日语版本问世之际于2008年面对日本读者写下的。**杰克·查尔克**曾在第二次世界大战中作为日军战俘被迫参加泰缅铁路建设。他在被关押在收容所时，秘密地绘制了纪录画集。

记忆超越国境，始于人们共享绘制下来的原始情景。**杰克·查尔克**的纪录画中的绝大部分作品是在现场直接画下的，这些作品超越了语言的屏障，在有关泰缅铁路记忆的全球化与历史化过

① 杰克·查尔克：致日本的各位读者(杰克·查尔克、小菅信子、朴裕河、根本敬合著、根本尚美译《历史和解与泰缅铁路》，朝日选书，2008年)，第38页。

② Jack Chalker, *The Burma Railway*, *Images of War*, London: Mercer Books, 2007.

程中发挥了巨大的作用。**杰克·查尔克**描绘的“和解”的意象是将习得历史知识、认知史实并以史为鉴即学习历史作为和解过程的核心。这与本书第一部中黑泽文贵与伊恩·尼斯所论述的和解意象恰有相互重合的部分。

在当代,和解已经被公认为必须依据实证性的历史研究[①]。为了“解开引起人们反感的、对于过去(历史)的误解”,要“寻求证据,在叙述战争的时候尤其要分析世上广为流传的、不实的历史叙事”——这是对于和解非历史学家不可为的贡献,同时这也成了有志于和解的“历史学家的使命”(本书第28页)。

我们这里的讨论存在这样一个历史性背景,和解的模式发生了由“宽恕而后忘却”到“宽恕而不忘怀”的转变,即围绕构建战后和平的价值观的转变。也就是说,在今天国际体系的发祥地欧洲,近代以前是“宽恕而后忘却”式的和解理想模式占主导地位,这一点我们可以从诸如《威斯特伐利亚和约》的恩赦条款(忘却条款)等规定中解读出来。[②] 然而,基于这种政治性忘却的战后和平构建却由于社会的世俗化和民主化、民族主义的发展和国际法的发展等四大现代性元素的影响,从而自18世纪末到19世纪初明显受到动

① 笔者在小菅信子《战后和解》(中公新书,2005年)一书中把“战后和解(post-war reconciliation)”一词译为日语时,将它定义为特别是指第二次世界大战后“解决讲和乃至恢复和平后的情感上的敌对”,把“复仇(revenge)”视为“和解(reconciliation)”的反义词。本文在论证时沿用以上定义。但是,我们要看到,特别是收录于本书第Ⅱ部分中的包括战争亲历者在内的论文作者所使用的“和解”一词应该说都包含着笔者定义以外的涵义。不过,本文对于“和解”除以上定义之外不做其他限定。我们当然不是为了故意模糊“和解”的词义来混淆事实,而是为了最大限度地尊重“和解”一词中寄托着的人们的多元化思考。定义“和解”,不能妨碍现实中致力于和解的多元化活动的开展。

② 《威斯特伐利亚和约》的通则第二条“恩赦”内容如下:

我们希望当事人双方要永远忘记并宽恕自本次战争爆发以来,不管在何处或是以何方法的,由一方或是另一方在自己领地或对方领地做出的所有敌对行为。因此,一切表达相反旨趣的以往的协议全部失效;今后一方不得以任何情况作为理由或借口,秘密或公然地、直接或间接地、以法和权利为借口或依靠实际力量,在帝国疆域内或国外、亲自或者指使他人对另一方进行威胁人身、地位或安全的任何敌对行为以及任何会带来不快或是妨碍的行为,也不得允许这样的行为发生。此外,无论是战前还是战争中,双方任何一方的人或物所蒙受的口头、书面或是行动上的侮辱、暴力、敌对行为、损失、赔款等全部失效。因此,一方向另一方提出的所有基于这些理由的要求也必须永远忘却、尘封。

摇，进入20世纪后历经两次世界大战最终转变为“宽恕而不忘怀”式的和解模式。第二次世界大战后为惩治战败国主要战犯而设立的国际军事法庭举行的两次审判——对德国的纽伦堡审判和对日本的东京审判——便宣告了“宽恕而不忘怀”的和解模式诞生这一具有划时代意义的历史事件。①

“历史与和解”这一课题的论证，建立在实证性历史研究在和

① 旧金山和平条约第11条“战争罪行”中的叙述如下。

第11条【战争罪行】

日本接受在日本领土内外之“远东国际军事法院”，与“联盟国战争罪行法院”之判决，并承诺将执行就前述拘禁于日本之日本国民之判决。联盟国对前述拘禁犯之赦免、减刑与假释，基于单一或多数联盟国政府之个别考量，或基于日本政府之建议，得不予执行。受“远东国际军事法院”判决确定者，除经法庭之联盟国政府代表多数议决，以及基于日本政府之建议，得不予执行。

条文出自奥胁直也等编辑的《国际条约集2009年版》第798页。

此外，就此问题，除参考本书中收录的菲利普·托尔的论文，也参考了以下文献。上述的小菅《战后和解》；《东京判决与和解》（佐藤健生、诺贝特·弗赖编《跨越过不去的过去》第253—278页）；Kosuge Nobuko, 'The Tokyo Trial and British-Japanese Reconciliation: The Question of *tu quoque*, political oblivion and British prisoners of war,' in *Japanand Britain at War and Peace*, London and New York: Routledge, 2009, pp. 82 - 96; Nobuko Kosuge, 'Paths to reconciliation in East Asia: An investigation of Japan's postwar/postcolonial reconciliation with its Asian neighbors,' *The 2008 Global Forum on Civilization and Peace*, Seoul: Academy of Korean Studies, 2009, pp. 57 - 75(English).

解过程中居于核心地位这一当今的现状之上①。正是由于这种方法论，历史学家们才能够在和解过程中发挥不可或缺的作用。本稿对和解过程中“历史学家的使命”的认识如前文所述，在此基础上，主要以日英和解为案例来对记忆的历史化——即把记忆作为史料批判和历史叙述的对象——同时就和解进行考察。

1 记忆的历史化

以记录下来的集体记忆作为史料批评的对象，是相对容易的。与之相比，个人记忆则较难。记录个人记忆的过程自不待言，在对记录下来的个人记忆做史料批评这一工作中，以第二次世界大战时期的记忆为对象的研究依然伴随着道义上和伦理上的困难。

因此，围绕第二次世界大战期间事件的个人记忆，有时由于媒体煽情主义的鼓动过度政治化，而成为各个集团斗争的工具，进而可能成为具有破坏性政治力量的集体记忆。

在此，有必要简洁地说明一下围绕记忆与和解的集团与个人、社会与个体的相关性。苦痛和苦恼就其根本要义而言，是扎根于个人的体验、感觉以及情感的。战后和平构建与和解相关的价值

① 本书是以“历史与和解”为主题的论文集。“历史与和解”与“历史和解”无疑是不同的问题。因此，为了防止概念混淆，在此我将简明地整理关于“历史和解”的探讨，以交代本文成稿的背景。“历史和解”这一概念是船桥洋一在《历史和解之旅》(朝日选书，2004 年)等书中提出的概念。接着，荒井信一在《历史和解可能达成吗》(岩波书店，2006 年)中也进行了探讨，而荒井采用“历史和解”这一新概念的目的从该书的讨论中无法解读出来。接下来，在上文两篇既有研究的基础上，我想介绍一下笔者在《历史和解与泰缅铁路》一文中论述的“历史和解”。所谓“历史和解”是指通过解决历史问题，从对立的过去之中开拓和谐共存的未来的工作。因此，对于从事这项工作的所有相关人士来说，首先必须努力并尽可能地正确获知过去发生了什么。和解过程的核心在于，使那些被过去悲惨经历造成的痛苦摧残得身心俱疲的人们下定决心重新握手言和，是为此进行的相应的准备。就“历史和解”而言，学习历史知识是握手言和不可或缺的准备。“历史和解”所追求的和谐共存的未来，是一个尊重彼此的多样性的世界。那么，即便是在当代社会，也可以摸索和解目标下的更多的道路。在此意义上，“如何克服”历史问题应当交由个体来判断。从以上脉络的梳理可以清楚，回答历史学家应该如何直面历史问题也是本文的目的之一。此外，松尾文夫《奥巴马总统向广岛献花之日》(小学馆 101 新书，2010 年)对实现“历史和解”提出了具体的建议并结合日英两国的事例进行了探讨。

观“宽恕然后忘却”——陈旧的政治性忘却——的动摇并瓦解，源自那些直接遭受战争浩劫的个人社会地位的提高。把个人的痛苦记忆转化为集体记忆的现代元素是世俗化和民族主义的发展。这种发展尤其与以下背景有关，即在 20 世纪，应当为人们纪念的战死者们与其说被视为战争的“胜利者”，不如说被视为“牺牲者”。作为民族国家向心力的“想象的共同体”，其一就是战死者家属这一共同体。特别是以第一次世界大战为契机，为赢得追求自由与解放的正义之战而战死的人们被视为国家的“牺牲者”加以纪念；而“牺牲者”与追悼者记忆的“时间”与“场合”一体化的样式一经形成，则将个人的痛苦记忆整合成为集体记忆的记忆系统得以完成。

在这样的时代背景下，将个人的痛苦记忆历史化尤为困难。而另一方面，个人决意和解则较为容易。在民主化发达的社会，比起集团之间的和解，个人与集团以及个人与个人的和解倒较易达成。关于这一点，尼斯在本书收录的论文中提出了富于启迪性的见解。

历史的实证研究对于促成和解来说不可或缺，而另一方面，个人记忆要成为史料批评的对象以支持实证研究则有其困难之处，或许还会成为和解的障碍。那么，反言之，个人记忆的历史化就成为促成集团之间和解的一大要务。

那么，历史学家对于个人痛苦记忆的历史化能够做出什么样的学术性贡献呢？

历史学也有其极限。它无法研究过去发生的所有事件。历史学研究过去，同时也必须考察现在。因此，历史学无法摆脱问题意识和价值观等主观意识形态的束缚而达到完全自由。并且，历史学研究还受到史料的制约。新史料的发现常常可能带来历史的重写，历史学担负着依靠语言来叙述的宿命。

另一方面，史料批评这一历史学研究的方法论在矫正对过去的误解和扭曲方面具有极大的优越性。正因为具有这种方法论才使历史学成为能够与被捏造的过往、被篡改的史料、被歪曲的记述相抗衡的有价值的学术体系。史料批评与历史叙述这样的方法论以及实证研究的优越性使历史学家更为谦逊，使他们接受纯粹的学术研究。

对于致力于叙述历史上的战争与和平的历史学家来说，记忆首先决定着他(她)的问题意识和价值观。当然，既然是历史学家，那么在史料批评和历史叙述的过程中，他们一定在努力使自己的问题意识与价值观客体化。

假设历史学家在个人痛苦记忆的历史化上能够做出一定学术性贡献的话，那么其前提是记录下来的记忆与历史学家先进行对话。对于历史学家来说，史料诚然是应当加以批评的对象，但与此同时，它也是“你”，而并非“那个东西”。此外，历史学者与史料不可能形成“我们”这样的关系。史料批判只有当历史学家与史料之间的“我和你”的关系成立才有可能进行。

历史学家与记忆的持有者之间记叙与讲述的关系也必须是“我和你”的关系。只有当这种关系实现时，才能够对记忆持有者的讲述以及记述材料进行史料批评。

那么，在日英两国之间，历史学家为了将个人的痛苦记忆历史化，长期以来做了哪些具体的努力呢?

2　日英和解目标下历史学家的总动员

正如记忆的历史化会推动和解的发展一样，和解的发展也推动着记忆历史化的进展，这在集体层面与个人层面均能成立。换言之，历史学家的确在和解过程中担负着重要角色，不过他们要想在和解进程中顺利地大显身手，则必须基于和解已进展到一定程度。

诚如**尼斯**的论文中所提及的那样，致力于达成日英和解的历史学家的总动员，是基于1994(平成6)年8月31日村山富士内阁总理大臣(当时)的讲话，作为“和平友好交流计划”——即以战争结束五十周年的1995年为起始年度筹备的政府十年计划——的一部分，发起了国家规模的大动员。

“和平友好交流计划”的累计项目经费十年总计约900亿日元，合计进行了大约60个项目。据内阁官房副长官补室(外政担当)2005(平成17)年4月发布的《〈和平友好交流计划〉——十年活动报告》[1]，其项目概要是以"'着眼于正视过去历史的历史研究资助项目'和'致力于促成与亚洲邻近诸国等的社会各界各阶层人士对话及相互理解的交流项目'为两个主要核心"。

各个项目下的具体项目是在内阁官房副长官补室的总管下，由内阁府、防卫厅、外务省、文部科学省、文化厅等五个相关的府省厅以及相关法人作为实施机构来推动的（在2001年1月的省厅重组中，"内阁官房内阁外政审议室·国际文化交流担当室"改编为"内阁官房副长官补室·外政担当"，"总理府"及"总务厅"的一部分被改编入"内阁府"，"文部省"被改编入"文部科学省"）。

在累计预算约900亿日元中，有758亿日元（占总体的约86.5%）投入交流项目，约82亿日元（9.4%）投入历史研究支持项目，约35亿日元（4%）投入亚洲历史资料中心相关项目之中。[2] 列为该计划对象的，有韩国、中国、中国台湾（地区）、蒙古、东南亚各国、亚洲太平洋地区诸国以及荷兰、英国、加拿大、美国等；就研究领域而言，则有历史研究领域的学者交流、知识交流、留学生交流、青少年交流、民间·地区性交流等社会各界各阶层人士交流的相关项目，以及相关法人的历史资料收集、目录编制、亚洲历史资料中心数据库构建等文献研究相关项目（表1、2）。

在20世纪90年代中期，为了实现"和平"与"友好"，日本政府首先必须"正视过去的历史"。"和平友好交流计划"正是用国家预算来促进历史研究和交流的宏伟计划。这一计划中，特别是日本与英国之间，第二次世界大战中日本军人对战俘的待遇问题成为焦点；日本与荷兰、澳大利亚以及新西兰等国之间也同样存在这一问题。于是，以外务省作为实施机构进行了总经费达到3.1亿日元的合作研究项目——"日英交流史编纂项目"（1995—2002年）。

---

① 该活动的报告可访问如下网址浏览。www.cas.go.jp/jp/siryou/050412heiwa.pdf（最后访问日为2011年2月14日）。引用文字在第2页。下文称"和平友好交流计划"。

② 总体计划是十年总计实施大约60个项目，累计预算金额大约为876亿日元。不过，由于文化财研究所（自2001年度开始）以及国际交流基金（自2003年度开始）实行独立行政法人化，所以累计预算额度中，具体项目的预算成了运营费拨款的独立款项，无法具体确定。因此，考虑到这些无法具体确定的款项，据估算，总体计划十年的实际累积预算额度大约为900亿日元。同上，第4页。

表 1　关于和平友好交流计划的对象国、地区以及对象、领域等

1. 历史研究资助项目以及交流项目

	外务省	对象国・地区	对象・领域
历史研究资助项目	日韩和平友好交流计划(日韩文化交流基金)	韩国	日韩文化交流基金项目
	历史研究支援(日中友好会馆)	中国大陆地区	日中友好会馆项目
	历史研究交流项目(交流协会)	中国台湾地区	交流协会项目
	日菲交流史研究支援项目	菲律宾	日菲交流史研究人员
	历史教育专家学术团队	亚洲各国	历史教育专家
	日澳和平合作研究基金	澳大利亚	提供给澳大利亚国立大学澳日研究中心的研究资助金
	关于战争与日澳关系的研究交流	澳大利亚	提供给澳大利亚战争纪念馆(堪培拉)的资助(用于战争资料的会计事务等)
	日本、新西兰和平交流研究计划	新西兰	两国交流史、科学技术交流、常规项目促进等领域的有识之士、政府相关工作人员等
	日英交流史编纂项目等资助金	英国	日英两国的历史研究人员;日英之间的政治、外交、经济、文化等领域
	日荷历史资料编纂项目资助金	荷兰	荷兰的历史研究相关人员
	与加拿大的和平友好交流计划	加拿大	从事日本研究的加拿大研究人员、研究加拿大历史文化的日本研究人员

交流项目	日韩世界杯记者交流	韩国	媒体相关人员
	日中青少年交流项目(日中友好会馆)	中国	青少年
	日台地区人的交流项目(交流协会)	中国台湾地区	交流协会项目
	青年日本研修、长期青年日本研修、日本留学人员会议	韩国、中国、蒙古、东南亚、大洋洲	青年人、现在活跃于祖国的原在日留学生
	国际交流基金(亚洲中心)进行的交流项目	亚洲・太平洋地区	亚洲中心主办、合作主办以及赞助的项目
	东南亚文化部长机关资金	东南亚各国	文化遗产保护修复领域的人才培养
	东南亚国家自费留学生对策等资金	东南亚各国	来自东南亚各国的原在日留学生指导者等
	联合国教科文组织非物质文化财产保存振兴日本信托基金资金	亚洲・太平洋地区	给联合国教科文组织的资助金,用于传统艺术、传统工艺、口头传承文艺、濒危语言
	亚洲太平洋和平友好交流研究(日本国际问题研究所)	亚洲・太平洋地区	研究人员
	亚洲太平洋新闻工作者会议	亚洲・太平洋地区	报道相关人员
	和平友好合作费用(FPC:外国记者新闻中心)	亚洲・太平洋地区	FPC(外国记者新闻中心)新闻报道相关人员委托
	国际未来论坛	亚洲・太平洋地区	有识之士、一般市民
	招待信息产业相关人员的资金	中国、东南亚各国、大洋洲各国	电视报道相关人员
	日澳民间交流计划	澳大利亚	澳大利亚的博物馆、文化交流相关团体、退役军人协会相关人员等
	日本、太平洋岛国青年交流计划	太平洋岛国	初中生、高中生,领队人员
	发达国家民间和平友好交流促进资助金	欧洲、美国、太平洋各发达国家	非政府组织相关人员

续 表

	外务省	对象国・地域	对象・领域
交流项目	日英民间和平交流计划	英国	原战俘、民间羁押人员及其后代、教育相关人员等
	日英青年交流计划	英国	高中生
	日荷桥梁计划	荷兰	战争受害者及家人、民间团体相关人员
	日荷青年交流计划(包括邀请旧荷印战争扣押人员孙辈等的项目)	荷兰	高中生、战俘、民间羁押人员等的后代
	日美青年交流计划	美国	高中生
	文部科学省・文化厅(省厅重组前是文部省・文化厅)		
交流项目	短期留学推进制度	亚洲地区等	本国的大学、研究生院等在籍人员
	自费外国留学生学习奖励费	亚洲地区等	日本的大学、短期大学、高等专科学校、专科学校等在籍自费留学生
	亚洲国际文化交流项目	亚洲地区等	青少年、业余文化团体等
	与亚洲邻近各国等开展的与文化财产的保存及修复相关的国际合作研究(文化财产研究所)	亚洲地区等	亚洲邻近诸国等的博物馆、美术馆相关人员
	外国高中生(日语专业)的短期邀请	非特定	在海外学习日语的外国高中生
	青少年交流推进项目	非特定	委托全国规模的青少年团体项目
	派遣日本高中生赴亚洲地区的短期项目	亚洲地区等	日本的高中、高等专科学校在籍学生
	日、中高中生文化交流项目	中国	高中生
	日、韩高中生文化交流项目	韩国	高中生

交流项目	初级、中级教职员招聘项目	中国、韩国	初级、中级教育的教职员
	学者、专家交流项目	亚洲地区等	学者、专家、教育相关的行政人员
	体育交流项目	非特定	从顶级人才到普通市民
	日中体育交流项目	中国	从少年到成年，跨越广泛年龄层的体育爱好者，以及顶级选手、强化人员
	日韩体育运动交流项目	韩国	青少年
	高中生交流推进项目	在“高中外语教育多样化推进地区”指定的研究对象语言的使用国度	指定地区的日本高中生以及使用研究对象语言的国家的高中生
	卓越艺术的国际交流（国际艺术交流资助项目）	非特定	艺术团体
	国际交流中的地域文化活性化项目	亚洲地区等	艺术团体及高中生
	与文化财产保护有关的国际机构相关合作的调查研究	亚洲地区等	有识之士
	非物质文化遗产保护相关的合作研究	亚洲地区等	有识之士
	多媒体国际交流推进研究指定学校	非特定	小学、初中、高中以及各特殊教育学校
	Artist-in-Residence 项目	非特定	青年艺术家
	高中生与外国留学生的交流项目	非特定	高中生、外国留学生（高中生）、外语指导助教
内阁府（省厅重组前是总务厅）			
交流项目	日韩青年亲善交流项目	韩国	青年（约 18—30 岁）
	21 世纪文艺复兴青年领袖者邀请项目等（名称变更）	包括亚洲太平洋地区在内的全球	外国青年（约 25—39 岁）

表 2　和平友好交流计划相关项目预算额度推移　（单位：百万日元）

1. 历史研究支持项目以及交流项目		07 年度	08 年度	09 年度	10 年度	11 年度	12 年度	13 年度	14 年度	15 年度	16 年度
	外务省	3012	3105	3239	2749	2667	2644	2693	2457	1771＋＊	1185＋＊
历史研究支援事业	（小计）	1039	969	1021	854	855	784	787	736	620	460＊
	日韩和平友好交流计划（日韩文化交流基金）	359	326	326	293	293	293	293	264	191	104
	历史研究资助（日中友好会馆）	343	309	309	247	247	223	223	223	223	178
	历史研究交流项目（交流协会）	188	167	167	149	149	148	148	149	149	148
	日菲交流史研究资助项目	—	—	32	—	—	—	—	—	—	—
	历史教育专家学术团队	17	23	23	23	23	14	14	14	14	14
	日澳和平合作研究基金	15	14	17	13	13	12	11	9	—	—
	战争与日澳关系的研究交流	—	7	9	8	7	6	6	6	6	7
	日本、新西兰和平交流研究计划	7	7	7	7	7	7	7	5	2	2
	日英交流史编纂项目等资金	39	39	55	51	51	28	28	18	—	—
	日荷历史资料编纂项目资金	72	72	72	58	58	43	43	35	26	—
	与加拿大的和平友好交流计划	—	4	4	4	6	9	9	9	9	7

	（小计）	1973	2136	2217	1895	1812	1861	1911	1725	1151 *	726 *
交流事业	日韩世界杯记者交流	—	—	—	5	6	6	6	6	—	—
	日中青少年交流项目（日中友好会馆）	—	—	—	—	—	64	64	64	64	56
	日台地区人的交流项目(交流协会)	17	17	17	17	17	17	16	16	16	16
	青年日本研修、长期青年日本研修、日本留学人员会议	314	317	321	321	363	361	346	336	264	260
	国际交流基金（亚洲中心）开展的交流项目	1164	1239	1270	1009	939	912	928	785	360＋ *	*
	东南亚文化部长机关资金	17	27	29	—	—	—	—	—	—	—
	东南亚国家自费留学生对策等资金	31	36	37	34	35	24	18	18	27	19
	联合国教科文组织无形文化财产保存振兴日本信托基金资金	8	12	13	10	10	9	30	33	33	33
	亚洲太平洋和平友好交流研究（日本国际问题研究所）	88	100	107	96	74	74	72	71	62	44
	亚洲太平洋新闻工作者会议	24	24	25	25	23	23	24	13	11	11
	和平友好合作费用（FPC：外国记者新闻中心）	73	87	89	76	64	59	83	67	59	54
	国际未来论坛	20	40	47	38	38	38	38	35	23	23
	信息产业相关人员招待	87	87	88	88	61	24	24	14	14	7

续　表

		07 年度	08 年度	09 年度	10 年度	11 年度	12 年度	13 年度	14 年度	15 年度	16 年度
	外　务　省	3012	3105	3239	2749	2667	2644	2693	2457	1771＋＊	1185＋＊
交流事业	日澳民间交流计划	—	—	15	15	15	15	15	11	9	7
	日本、太平洋岛国青年交流计划	15	13	13	10	10	10	10	10	10	8
	发达国家民间和平友好交流促进资助金	—	5	5	6	6	5	5	4	4	3
	日英民间和平交流计划	48	52	57	61	62	95	94	94	95	91
	日英青年交流计划	7	11	12	12	16	18	18	18	18	16
	日荷桥梁计划	54	61	62	62	62	62	62	58	52	50
	日荷青年交流计划	5	9	11	11	11	14	17	17	30	26
	旧荷印战争羁押人员等的后代招待项目	—	—	—	—	—	29	20	20	—	—
	日美青年交流计划	—	—	—	—	—	—	18	35	—	—
	文部科学省、文化厅（省厅重组前是文部省、文化厅）	5035	5438	5659	4777	4704	4947	4824＋＊	7383＋＊	7394＋＊	7408＋＊
	短期留学推进制度	1635	1850	2018	1706	1625	1728	1780	1780	1780	1780 注
	自费外国留学生学习奖励费	3240	3288	3288	2730	2730	2874	2874	2874	2874	2874 注
	亚洲国际文化交流项目	70	70	70	63	51	39	39	33	—	—

交流事业	文化财产中环境污染的影响及修复技术的研究合作	80	80	72	62	62	62	*	*	*	*
	文化财产保护修复合作中心运营	10	10	10	11	11	11	*	*	*	*
	外国高中生（日语专业）的短期邀请（名称变更）	—	29	35	35	35	35	35	29	33	38
	青少年交流推进项目	—	—	57	54	54	54	54	44	41	60
	派遣日本高中生赴亚洲地区的短期项目	—	—	—	8	8	8	8	7	—	—
	日、中高中生文化交流项目	—	—	—	—	22	22	22	17	—	—
	日、韩高中生文化交流项目	—	—	—	—	—	14	14	14	—	—
	初级、中级教职员招聘项目							—	152	152	152
	学者、专家交流项目							—	286	278	272
	体育交流项目							—	75	63	53
	日中体育交流项目								—	51	51
	日韩体育运动交流项目									142	142
	高中生交流推进项目							—	7	7	13
	卓越艺术的国际交流（国际艺术交流资助项目）							—	2066	1865	1864
	国际交流中的地域文化活性化项目									108	108

续　表

		07 年度	08 年度	09 年度	10 年度	11 年度	12 年度	13 年度	14 年度	15 年度	16 年度
	文部科学省、文化厅（省厅重组前是文部省、文化厅）	5035	5438	5659	4777	4704	4947	4824＋＊	7383＋＊	7394＋＊	7408＋＊
交流事业	与文化财产保护有关的国际机构相关合作的调查研究	—	3	3	3	—	—	—	—	—	—
	无形文化遗产保护相关的研究合作	—	5	5	5	—	—	—	—	—	—
	多媒体国际交流推进研究指定学校	—	13	—	—	—	—	—	—	—	—
	Artist-in-Residence 项目	—	—	102	102	102	102	—	—	—	—
	高中生与外国留学生的交流项目	—	—	—	—	5	—	—	—	—	—
	内阁府（省厅重组前是总务厅）	110	102	103	103	107	107	136	69	66	66
交流	日韩青年亲善交流项目	8	8	8	8	12	12	12	12	12	12
	21 世纪文艺复兴青年领袖者邀请项目等（名称变更）	102	94	95	95	95	95	123	57	54	54
	总　理　府	—	11	12	10	10	—	—	—	—	—
历史	历史资料等调查委托费	—	11	12	10	10	—	—	—	—	—

	内　阁　官　房	11	9	10	9	9	6	5	5	5	5
历史	亚洲历史资料中心研讨经费	11	4	4	3	3	—	—	—	—	—
	和平友好交流计划推进联络会议等相关经费	—	5	5	5	5	6	5	5	5	5
合计(a)		8168	8575	9022	7648	7497	7704	7658＋＊	9914＋＊	9236＋＊	8664＋＊

注）＊印是由于独立行政法人化等重组带来的预算事项的更改而导致无法明确的预算额度。

国际交流基金是自平成 15 年 10 月起作为独立行政法人制定亚洲中心项目的预算的。

《短期留学生推进制度》《自费外国人留学生学习奖励制度》是自平成 16 年度起作为独立行政法人制定预算的，但其预算额度能够具体确定，所以列入了预算。

2. 亚洲历史资料中心相关经费

内阁官房	—	—	—	—	—	2	1	1	1	1
内阁府(省厅重组前为总理府)	—	—	—	—	—	102	606	517	550	549
外务省	—	—	—	—	—	133	133	133	129	126
防卫厅	—	—	—	—	—	95	78	81	123	123
小　计(b)	—	—	—	—	—	332	818	732	803	799
注)外务省和防卫厅相关的经费分别是把保管在外交史料馆和防卫研究所图书馆的资料制成微缩胶卷和数字式文档的费用。										
合　计(a＋b)	8168	8575	9022	7648	7497	8036	8476＋＊	10646＋＊	10039＋＊	9462＋＊

注)个别金额是以百万日元为单位四舍五入后的数字，因此与合计栏的数额未必一致。

> 本项目的目的在于，推动针对日英共同的课题以及国际社会诸多问题所开展的日英合作研究的发展，并推动有益于增进日英两国相互理解的合作项目的发展。本项目资助日本和英国的历史学家编辑和出版日本及英国在政治、外交、军事、经济、文化等各个领域的综合交流史的相关著作，自平成7年以来，已资助出版共五卷（日语、英语）论文集（每卷约500册）。[①] 由本项目资助出版的论文集对自1600年至今尚未系统整理的日英交流史进行了广泛而深入的研究，涵盖政治、外交至军事、经济、商业、社会、文化等各领域。这些论文集作为了解日英交流史的基础性文献所具有的重大学术价值受到了高度评价[②]。

实际上，"日英交流史编纂项目"所支出的项目总经费为3.1亿日元，少于"日荷历史资料编纂项目"（1995—2003年）的项目总经费4.79亿日元。仅就历史研究支持项目而言，将战俘问题聚焦于当事人个体层面直接启动研究计划的，据《〈和平友好交流计划〉——十年活动报告》记录，在相关的美、英、荷、澳、加、新西兰这六个国家中仅有荷兰一国。单纯地将日英与日荷的历史研究支持项目进行比较的话，我们会发现，前者是对日英交流进行通史性的编纂，而后者除此之外还注重发掘日荷两国交流中个体的体验与记忆。

① 日英交流史编纂项目的成果，已出版的如下：Ian Nish and Chihiro Hosoya (general editors), *The History of Anglo-Japanese Relations, 1600 - 2000*; Ian Nish Yoichi Kibata(eds.), *The Political-Diplomatic Dimension, Volume Ⅰ, 1600 - 1930*; Ian Nish and Yoichi Kibata(eds.), *The Political-Diplomatic Dimension, Volume Ⅱ, 1931 - 2000*; Ian Gow and Yoichi Hirama (eds.), *Military-Naval Dimension*; Janet Hunter and Shinya Sugiyama (eds.), *Economic-Business Dimension*; Gordon Daniels and Chushichi Tsuzuki (eds.), *Social-Cultural Dimension*, London and New York: Macmillan Press and St. Martin Press, 2000 - 2002. 细谷千博、伊恩·尼斯监修《日英交流史1600—2000》共五卷（东京大学出版会、2000—2001年）。其具体内容为：木畑洋一、伊恩·尼斯、细谷千博、田中明彦编《1 政治、外交Ⅰ》《2 政治、外交Ⅱ》；平间洋一、伊恩·高、波多野澄雄编《3 军事》；杉山伸也、珍妮特·汉特编《4 经济》；都筑忠七、戈登·丹尼尔斯、草光俊雄编《5 社会、文化》。

② 《和平友好交流计划》第11页。

不同于日荷项目，日英之间开展的“和平友好交流计划”这一研究支持项目中并没有直接致力于研究与战俘问题相关的个人记忆的课题。对此，作为日英交流史编纂项目监修者之一的尼斯做了以下这番饶有趣味的分析：

> 历史叙述经常受制于不得不依赖于政府提供的行政文件。……政府的态度或许比大众舆论还要顽固。有时，反倒是个人或是缅甸游击队那样的民间组织所持的那种并非要成就一番伟业般的态度，更有助于与持有敌意的人们减少意见上的相左。（本书第 28 页）

从尼斯的分析中，我们可以解读出日英之间典型的记忆历史化的模式。的确，个人与集团相比更容易克服“观点的不同”——与其说是抹杀差异，倒不如说是消除差异所带来的破坏力——这可从本书第Ⅱ部的叙述中读到具体阐述。这些叙述表明在日英之间，已不待政府支持的“和平友好交流计划”编纂项目开始资助，就已实现了个人记忆的跨国合作研究。①

当然，日英之间所谓历史认识的鸿沟或是不能跨国交流的记忆也曾经存在，并且现在依然存在。然而，日英两国和解进程的特征与其说是由政府以及外务省来主导促成或是管理的，倒不如说是学者之间的历史对话以及民间的和解交流已先于政府和外务省的主导展开。

说起日英学者间的历史争论，发生得最早且或许是最激烈的，在考察两国和解过程的进展及其实证研究方面也特别重要的就是围绕《阿弄集中营》②的一场争论。这场争论发生在该书作者、文艺复兴研究学者会田雄次与日本研究学者路易斯·艾伦之间。

---

① 这可以结合英军战俘的手记及日记之类在日本译作的出版状况来考察。例如，英国战俘痛苦记忆的核心事件是泰缅铁路建设，成为日军战俘的约五万英军将士中有约三万人被强迫参加了这一工程。与此事件相关并在日本出版的战俘手记及日记之类的译作，参见杰克·查尔克、小菅信子、朴裕河、根本敬著、根本尚美译《历史和解与泰缅铁路》一书卷末的参考文献。

② 会田雄次《阿弄集中营》(中公新书，1962 年)。

有关《阿弄集中营》争论的具体原委，本书中菲利德·帕比斯进行了论述。[①] 争论的主题并非从英国角度看"历史问题"——二战中日本军队对英军战俘的处置问题，而是从日本角度看"历史问题"——二战后英军对日本投降军人(JSP)的处置问题。曾经是JSP的会田与曾为缅甸作战随军人员的艾伦之间的这场争论，借用黑泽的话，一方面体现了要站在"基于史料来解读历史事实这样同一个立场上"的困难之处；另一方面，这倒促成了《阿弄集中营》英译本的出版，这本书已成为讲述日英和解进程不可或缺的成果。

在进行相关研究及文献写作的同时，艾伦还从英国方面推动了战友会进行互访以促进日英和解的达成。帕比斯通过如下阐述，概括了艾伦为日英和解做出的贡献。

> 我认为，作为艾伦……他需要做的，不是让曾经相互敌对的人邂逅，"互述偏见"，而是共同探讨并阐释史实，彼此理解作为军人的行为以及战争中出现的诸多状况。
>
> 关于英军俘虏受到虐待的情况，艾伦也曾对只听到"俘虏被强行要求吃米饭而受到文化打击"这类不合逻辑的辩解感到愤怒，但他也对英国军人近似无知的举动给予了批判。

关于日本军人对英军战俘的虐待，艾伦并不依靠日英文化差异这种"不合理的辩解"，而是依据实证性研究推动了这方面历史对话的进展。而尼斯致力于日英交流史的编纂及其在日英两国的出版发行，他是本书的合作编写者之一。诸如艾伦和尼斯这样的学者正是以学术研究确立了促进并深化日英和解应有的方向。

另外，还有与"和平友好交流计划"同时期但在该计划的框架外进行的日英共同历史研究，其中一例就是专门研究战俘问题的

① 同时参照池田雅之编著《成文堂选书17　新版英国人的日本人观》(成文堂，1993年，第369—399页)中收录的会田雄次与艾伦的争论。

日英论文集《战争的记忆与战俘问题》[①]。此外，在2005年"对日战争胜利"六十周年之际，在英国的有关战争回忆的公共场所——帝国战争博物馆的战时内阁会议室中，举行了题为"从敌人到朋友"的日英研讨会。由该研讨会成果汇集的日英学者论文集——《战争与和解的日英关系史》[②]，也让与会者们达成了共鸣，即认识到实证研究益处，以及其对史实的价值判断的纯学术研究的追求。

本书亦是如此。本书收录了怀有和解——其具体含义虽因不同个体的理解而存在微妙差别——意愿的人们所写的文章。这些人里面不但有当时的英国军人，还有日英两国二战后的一代人。

当然，笔者在此强调本书中收录的文章，并不是要无视现在仍然无法下决心与日本和解的人的存在，或是想歪曲他们的形象。本文是对如何记录个人痛苦记忆进行的尝试，也是对记录下来的个人记忆进行史料性批判所做的可行尝试。

第Ⅱ部分中收录的文章，对于解读日英对立与和解的交流史来说十分重要。这些不管是在日本还是英国，都曾被当作"无声之声"遭到封杀，也被当作"微小的物语"[③]受到压制。

本书收录的文章中表现出的与日本和解的姿态，长期以来在英国的大众媒体中都未受到关注。而这种姿态在日本，从另一种意义而言也未受到多少关注。在1990年以后，"直面加害的历史"

---

① 木畑洋一、小菅信子、菲利普·托尔编《战争的记忆与战俘问题》(东京大学出版会，2003年)。英语版为 Philip Towl, Yoichi Kibata and Margaret Kosuge (eds.), *Japanese Prisoners of War*, London and New York: Humblendon and London, 2000.

② 小菅信子、雨果·多布森编《战争与和解的日英关系史》(法政大学出版局，2011年)。英文版为 Hugo Dobson and Kosuge Nobuko (eds.), *Japanese and Britain at War and Peace*, London and New York: Routledge, 2009.

③ 引自宫本久雄《从 hayatorogia 看和解》(原文为英语)，这是发表于第68届公共哲学京都论坛·联合国教育科学文化机关后援国际会议"21世纪东亚的和解与以和解为目标的公共哲学的共同构建"(京都，2006年4月29日—5月1日)的报告论文。准确的表述是"多样而微小的 hayatorogia 式的物语(diverse small hayatological story[ies])"。宫本在该报告论文中将它定义为"控诉、解构并超越集权主义""流传于边境、地方和异国，被现今的本体论式的文明和同一性的物语所压制的物语群"。此外，"hayatorogia"的 Hayah 是关于"本体论"的自我超越、他者导向的概念，既是空间性的，又是时间性的，进而，具有历史同一性，是希伯来语的第三人称的完成式。

的时代，人们关注到对日展开批判的英国原日军战俘，但是几乎不曾关注表达对日和解意愿的英国人。这更是由于日本人的内心想法导致了一种言论上的倾向，即他们认为致力于与日本和解的英国人，似乎并不对本国负有的殖民地责任以及帝国主义统治罪行持反对立场。然而，二战中日本军队对欧美战俘处置问题的解决，与对欧美的帝国主义统治与对殖民地责任的追究是性质完全不同的历史问题①。

下面我将概述在“和平友好交流计划”支持下开展的日英间交流项目。

3　交流与记忆的嬗变

查尔克提议推广以历史知识的习得为首的历史学习作为日英和解的条件。正如本文开头所介绍的**查尔克**的发言中所阐述的那样，独立于政府的、个人与个人的跨世代、跨国的交流是该提议的背景之一。

过去发生的事情不会改变。但是，个人的痛苦记忆是可以通过与致力于日英和解的人的交流来改变的。在此，我想把这种改变称为“记忆的嬗变”。

在“和平友好交流计划”支持下开展的交流项目，从某种意义上来说，就是这种以记忆的嬗变为目标实施的国家级项目。

具体而言，日英两国以欧美、太平洋地区的相关国家为对象，进行了支持当地 NGO 的活动，目的是为了谋求消除二战时的经历导致的对日本的负面印象，促进对日本的理解。这就是“发达国家民间和平友好交流促进资助金”(1996—2004)活动。该项目总经费是 4400 万日元，自 1996 年以来，在以英国为首，包括加拿大、澳大利亚、荷兰、新西兰在内的五个国家实施了 22 个支援项目。该

---

① 小菅信子《从泰缅铁路到历史和解》，小菅信子、朴裕河、根本敬《鼎谈泰缅铁路与亚洲》(《历史和解与泰缅铁路》)3—34 页、253—296 页。小菅信子《东京裁判与和解》。'The Tokyo Trial and British-Japanese Reconciliation: The Question of *tu quoque*, political oblivion and British prisoners of war,' in *Japan and Britain at War and Peace*.

项目的成果体现为，在2002年度实施的“EU主要成员国(英国、荷兰等)的对日舆论调查中，与以往相比，认为我国‘可以信赖’的回答增加了，在改善对日本印象方面收到了效果”。[①]

专门针对与英国的交流而实施的项目是“日英民间和平交流计划”(1995—2004年)，其项目总经费为7亿4900万日元。

> 本项目以原战俘(POW)、原民间被拘人员相关亲属为对象，旨在提升英国民间对日本的理解，同时谋求促进我国国民的国际理解，自平成7年以来有784人访日，178人访英，还进行了四次日英共同追悼访问活动。本项目完成后，参加项目的人员寄来了表示谢意的书信等，在日英两国都进行了友善的相关报道，该项目受到了参加者及相关人员的高度评价。该项目预计自平成17年开始缩小规模，以“日英和平交流项目”的方式继续实施。[②]

另一方面，与此相应，日本与荷兰两国之间施行了“日荷桥梁计划”(1995—2004年、项目总经费5亿8500万日元)。[③] 另外，在日英、日荷之间均施行了“青年交流计划”(1995—2004年)，原战俘及原拘留人员的孙辈访问了日本。

为了实现“记忆的嬗变”，上述的活动总计花费了900亿日元的公共费用。可是在英国，“和平友好交流计划”却被认为是为了“避免对个人进行赔偿的手段，受到了极为辛辣的批评”[④]。另外，正如从惠子·霍姆斯的论文中也能解读到的那样，在施行该计划时，战后出生的和解活动家与政府以及原为日本士兵的和解活动家之间存在意见分歧(本书第141页)。

---

① 前述《和平友好交流计划》第17页。

② 同上，第17页。

③ 同上，第18页。

附带说明一下，致力于战俘问题的交流项目，除此之外还有“日澳民间交流计划”(平成9—16年度，总项目经费1亿200万日元)。同上，第16页。

④ 卡洛林·罗斯《日英和解与日中和解》(小菅信子、雨果·多布森编《战争与和解的日英关系史》)第260页。

与此相似，退役军人兼和解活动家的菲利普·马林斯[①]在2000年11月公布英国政府为原战俘及其未亡人设置的特别慰问金(special gratuity)的支付计划时，向两国的政府要人进言阐述了自己的想法。

特别慰问金的支付问题在2010年得以解决。然而，对于日本政府的不满还是遗留下来了。由于这一支付问题，甚至出现了英国人与本国政府就英国国籍发生争执的情况。[②] 在英国，虽然战争、殖民地统治，以及经历过这些的一代人正在离去，不过，在一部分人的记忆中这些都还未结束。

但是，这些都难以与对日要求谢罪及战后补偿团体的支持联系在一起。就其理由，查尔克说明道："遗憾的是，这个团体(对日要求谢罪及战后补偿团体)的领导层的态度不断恶化，越来越偏向攻击性……这个团体的态度以及活动令我们许多人都感到困惑，结果，这也导致该团体走向自我毁灭。"

卡洛林·罗斯论述道，1998年5月的天皇访英是原战俘们组成的压力团体活动的高潮，同时也显示出了这种活动能达到的极限[③]，笔者赞同罗斯的观点。正如我在其他文章中论述过的那样，1998年5月天皇访英之际，为了抚慰向日本人要求谢罪及战后补偿的原战俘人员，日英两国政府表明态度，由桥本龙太郎首相(当时)向英国的大众报纸《太阳》投稿发布了谢罪书。桥本的谢罪虽然收到了一些效果，但是某种程度上反倒使英国国民的注意力集中到了要求天皇谢罪上，原战俘人员中的一部分人在天皇访英之际甚至举行了示威游行。[④] 但是，天皇并没有谢罪。原战俘人员组成的压力团体的活动的确非常激烈并且给人留下了深刻印象，

① 关于菲利普·马林斯，请参照小菅信子《罂粟与樱花》(岩波书店，2008年，特别是第311—316页)、小菅信子《"和解之林"的尝试》(《山梨学院大学一般教育部论集》第25期，2003年1月，第169—201页)、小菅信子编《战争的伤痕与和解》(山梨学院生涯学习中心研究报告第11辑，2003年)。

② 参照卡洛林·罗斯《日英和解与日中和解》第268页。

③ 同上，第260—261页。

④ 小菅信子《战后和解》第152—157页。

然而其并未给日英关系以及两国交流带来不可消除的、决定性的影响。

另一方面，在日本外交官中也出现了一些人，他们通过与原战俘人员的交流使自己的观察与思考得到了升华。在本书中执笔的林景一和杉野明等外交官就属于这群人中的一员。

和解并未仅仅停留于国家层面的谢罪，还增加了实证性的历史研究，这其中就包含国家级的交流项目。并且，“如果说和解并不仅仅是表达悔悟的简单替代，那么和解的过程就必然包含对相关各国人民的核心价值观的再验证”。（本书第29页）。友好的交流能促进和解进展、使痛苦的记忆发生嬗变从而带来慰藉，走向痊愈。

但是，在此必须强调的是，虽然战后的交流对于培养和平与友好的关系显示出一定成效，虽然犯有战争罪行的人发自内心的悔改是治愈牺牲者伤痛的良药，但是只有在缺乏人道的现场体现出的且持续不断的人道精神，才是促成欺虐者与被欺虐者和解的希望所在。

查尔克的手记以及本书中收录的文章中颇令人玩味的内容之一就是，其中介绍的施虐者偶尔对被欺虐者所表现出的友好和善举。这些插曲表明，并非所有的日本兵和朝鲜监视员都始终非常残暴。这无疑是相对欧美各国广为流传的因战俘问题而导致的“日本人＝残暴”印象而言出现的另一种声音。

对这些轶事的记载也散见于其他原为战俘的英国人出版的手记以及回忆录中。本书中，曾为拘留人员的斯迪芬·梅特卡夫①以及父亲为拘留人员的马丁·威尔逊的论文中，也记录了那样的日本军人。

此外，霍姆斯在记录她发起的与原战俘人员一起前往泰缅铁路的“心灵治愈与和解之旅”相关情形的书中披露了这样一些情

① 请结合参照斯迪芬·梅特卡夫《延续黑暗中闪耀的灯火》（生命之语社，2005年）。同样请参照以下文献：Ronald Clements and Stephen Metcalf, *In Japan the Crickets Cry*, Oxford: Monarch Books, 2010.

况，即当原战俘人员知道她没有任何政治企图和其他意图，他们摒弃了憎恶和怨恨，“敞开心扉，也谈论了一些日本士兵好的一面”，并且具体介绍了几个事例。[①] 此外，爱尔兰作家利亚姆·诺兰介绍了在英国憎日情绪十分严重的20世纪50年代，曾于香港的战俘收容所担任翻译的渡边洁的轶事，他拉近了英国民众与日本人和解的心。[②] 当然，这些日本士兵以及日军家属和朝鲜监视员的轶事不足以抵消日本军人的问题行为，非但如此，这还再次向我们揭示了使和解进程举步维艰的根本所在。

痛苦的记忆中，也孕育着不待嬗变而走向和解的意识。关于这样的事例，在日英之间，尤其需要浓墨重彩记叙的是基督教发挥的重大作用。

例如，电影《烈火战车》中刻画的主角之一、奥林匹克金牌得主埃里克·利迪尔被囚于中国境内日本军人看管的拘留人员收容所中，他在困苦的生活中，也始终坚持信仰，心中充满爱与希望。利迪尔由于脑瘤在战争结束之前逝世。因此，利迪尔本人在世时与战后的日英和解进程没有关联。然而，作为基督教徒，他饱含和解意愿的“接力棒”流传了下来。与他共同生活过的英国人的集体记忆中，充满着对这位在严酷的收容所生活中离世的传教士利迪尔的惋惜之情，这是不会成为所谓“反日情绪”的火种的。

曾在战争中任职新加坡圣公会主教的雷纳德·威尔逊也在“双十节事件”之后幸存下来，在拘留人员收容所的日夜经受拷打的生活中，他依然竭力遵守“爱你的敌人”这样的教义。威尔逊将他满含和解意愿的“主教权杖”亲手传给了儿子，而这一权杖又被赠送给了日本圣公会。于是爱戴着威尔逊的英国人的集体记忆也不会成为所谓“对日憎恶”情绪的源头。

① 参照利亚姆·诺兰著、菅野和宪译《被叫作“约翰叔叔”的男人》(生命之语社 Forest Books，2005年)。

② 参照惠子·霍姆斯《无偿的爱》(生命之语社 Forest Books，2003年)。

4　记录痛苦记忆

如同威尔逊这样担任圣职、怀有和解强烈意愿的人，也会被情不自禁涌起的回忆所折磨。而像查尔克那样一直努力保持艺术家本色的人，也曾有过一段时期，甚至无法提及自己收容所的经历。

痛苦的记忆、唤醒心理创伤的回忆，其本身就是暴力性的。痛苦的记忆以及心理创伤都是渴望“治愈”的记忆。因此，处理个人痛苦回忆的历史学家必须要同时掌握获得“治愈”效果的专门技能，无论是宗教性的、哲学上的还是医疗方面的。要掌握这种技能的不仅是口述史编纂者，因为要收集记叙资料，应当最大限度地缩小与对象的物理距离、达到个人层面能达到的最接近的程度，研究像本书收录的这种痛苦记忆的学者也应当具备这种技能。

一直以来，听取叙述是以怀有“想说”“可以说”的记忆的人为对象的活动。以怀有“不想说”“不能说”的记忆的人为对象，虽说不是不可以，但在多种意义上存在困难——这些是历史学家通过亲身经历早已清楚的。

日本学界对记录“不想说”“不能说”这一课题关注度的突然提高，据黑泽分析，其时代背景是在20世纪80年代以后的日本，当时尤其是围绕追究战争责任这一问题的实证研究进行得如火如荼，并与中国与韩国之间就“历史问题”的“政治化”问题相互关联在一起(本书第46页)。

在这样的时代背景下，记录个人痛苦记忆的相关专业技能问题很难成为学界关心的对象。在20世纪80年代之后，所谓的新史料，往往在经过学术性审查、在学术杂志上发表之前就在报纸上公布，带来冲击性的影响。在这种社会状况下，对于个人痛苦记忆的记录者来说，比起学术性的技能问题，与追究战争责任的思想同步显得更为重要。历史的实证研究向着发掘更为悲惨事件的方向发展。于是，不可治愈的伤痛成为控诉战争之悲惨的最不容置疑的证据。

于是，产生了几个问题。

首先，如前所述，将与痛苦记忆相关的记录作为史料批判的对象存在着伦理上、道德上的困难。其结果是，有时个人痛苦记忆的相关记录被排除在实质性的实证研究的对象之外，其准确性受到怀疑。此时，必须要强调的是，问题并非在于痛苦的记忆本身是否准确，而在于记录者一方是否如实记录了这些记忆。

其次，必须避免出现记录者错误地还原不能治愈的记忆，从而导致这些材料被利用于批判或攻击记忆的保有者原本意愿之外的情况[①]。但是在上述的状况下，这一观点的学术性处理颇具难度。

第三点，有关战争和迫害的痛苦记忆之中往往包含煽情的、刺激性的故事，因此，有时记录者会被此迷惑。在记录痛苦的记忆时，作为被害者的记忆的保有者自不待言，记录者也有必要同时掌握达成治愈的专门技能，以保护自己不受到来自二次性外力的伤害。

第四点，痛苦的记忆、心理创伤是被封印的外伤性记忆，因此，对记录者讲述这些记忆也带上了倾吐个人秘密的色彩。这也是记录者与记忆的保有者之间交流内容的一部分，但是当记录者过度在意这种交流的意义本身时，就难以确保在记录记忆时的客观性，并且容易陷入他(她)与记忆的保有者之间似乎产生了某种感情上的连带感这样的错觉。

除了这些围绕记录者的问题，第五点必须要指出的是，这种围绕战争和压抑的痛苦记忆包含着煽情而又刺激的插曲，这些插曲很容易成为媒体关注的中心；并且，必须要指出，媒体有往往喜好作为历史被认可的刻板印象的倾向。

在日本国内的各个学界，通过媒体向社会做出自己的贡献正成为越来越普遍的行为。但是，正如尼斯所指出的那样，当错误的信息通过媒体广为流传时，学者们缺乏能够有效对抗由此而形成的刻板印象的环境。

① 为了防止这种情况，应该像早川纪代等学者在中国进行的那样，由多个学者进行记忆记录化的学术性工作。结合参照小菅信子《20世纪的种族主义与战争的残虐化》(《历史学研究》第815号，2006年6月，第65—71页，尤其第68页)。

媒体存在的问题颇大。当然，不仅在日本，可以说英国等国家也存在这样的问题。正如雨果·多布森和小菅所论述的那样，20世纪90年代，人们开始关注此前屡屡被忽视的第二次世界大战的不幸历史和痛苦记忆，那也是在冷战刚刚结束不久时出现的全球性现象。不过，在那之后，在以英国为首的欧洲各国，由于国际社会体系由冷战变为后冷战时期，媒体对原先纪念二战终结的报道中的文风攻击性消失了，而表现出更期待和解的意愿。①

另一方面，“记忆风潮”在日本至今犹热。② 的确，与之前相比，日本媒体对于历史问题的关注正在淡化，但是在东亚，围绕历史的爱国的、民族主义热情仍在蔓延。③

在媒体与个人的痛苦记忆的问题上，2010年12月发生于日英之间的、围绕BBC One播放的搞笑猜谜节目《QI》的事件反映出了上述的状况。该节目无所顾虑地播放了遭受两次原子弹爆炸袭击的日本国民的经历。从2011年1月至2月，日本的报纸和电视的新闻节目对此进行了严厉的批判。④ BBC及该节目制作公司这种毫无顾忌地做法的确该受到批判。而另一方面，在日本媒体的报道中，正如梅特卡夫所看破的那样，日本国民的集体记忆——即“用爱国主义的民族主义润色”过的唯一的被原子弹轰炸的国家这一记忆——也被看穿了(本书第117—118页)。

---

① 小菅信子、雨果·多布森“末章”(小菅信子、雨果·多布森编《战争与和解的日英关系史》)第300页。英语版为 Hugo Dobson and Kosuge Nobuko, 'Conclusion,' Hugo Dobson and Kosuge Nobuko(eds.), in *Japan and Britain at War and Peace*, pp. 182 - 183. 同时请参照该书中收录的、比较1995年英国“对日作战胜利50周年”之际的媒体报道与2005年胜利60周年的媒体报道的多布森论文《日英和解与媒体》(225—250页)。英语版中该论文在151—165页。

② 卡洛林·罗斯《日英和解与日中和解》第251—274页。英语版为 Caroline Rose, 'Reconciliation: the broader context' in Hugo Dobson and Kosuge Nobuko (eds.), *Japan and Britain at War and Peace*, pp. 137 - 150.

③ 参照小菅信子《共通历史叙述与和解》(剑持久木、小菅信子、莱昂内尔·巴比彻编《历史认识所共有的地平线》，明石书店，2009年，212—232页)。

④ 参照小菅信子《寄语〈人类的痛苦〉》(《每日新闻》，2011年2月1日晚报版)。

结语——再谈“历史学家的使命”

在“宽恕而不忘却”这样一种和解观的背景下，通过实施实证研究来遏制记忆的政治化，促进其历史化的发展，这是以和解为目标的“历史学者的使命”。

围绕日英之间的和解存在着一种思想，即和解与宽恕说到底是个人的内心层面的问题，国家荣誉妨碍了国际和解。站在这种和解思想的立场上来看，个人层面的宽恕是比较容易获得的。

与此相对，对记录下来的个人的痛苦记忆进行史料批判仍然存在着道义上、伦理上的困难。个人记忆的历史化是促进集体记忆的一个重要条件。并且，正如记忆的历史化会促进和解发展一样，和解的进展也会推动记忆的历史化。历史学家要进行史料批判的前提，首先就是要在自己与记录下来的个人痛苦记忆之间构建“我与你”的关系。

日英两国之间开展的“和平友好交流计划”支持的研究项目中，并没有直接研究有关战俘问题的个人记忆的课题。但是，这并不意味着参与日英交流史编纂项目的相关学者们排除了战俘问题。在日英之间，个人的记忆不待“和平友好交流计划”开始，就已实现了跨国交流，并发生嬗变。“和平友好交流计划”这一国家项目的实施，意味着和解并不仅仅停留于表明谢罪，其核心过程包含着实证性的历史研究以及国家层面的交流项目。不仅如此，还有像为本书执笔的民间的和解活动家们，他们不受政府影响，有自己独立的立场，在各自确信的范围内开展活动。有时他们与政府对立，有时即使最终会被驳回，他们还是会向两国政府的要人进言。

另一方面，日本外交官中也出现了独立开展交流以及研究调查的人士。

日本和英国之间的友好交流——当然也包括英国人彼此之间和日本人彼此之间的交流，使一部分人的痛苦记忆发生了嬗变。而个人记忆的嬗变又促进了和解进程的深化。此外，在日英和解上，基督教起了重大作用。

由向日本要求谢罪及战后补偿的原战俘人员组成的压力团体在指挥层的“攻击性态度”下，于 1998 年 5 月天皇访英时达到活动的最高点，其后便失去了人们积极的支持。或许可以说正是由于要求日本谢罪及给予战后补偿的团体的“攻击”性，这些团体才未能给两国的关系和交流带来永久的影响。对于这一问题，有必要另稿进行深入探讨。

个人记忆的历史化会促进集体的和解，然而，这一与记录有关的专业技术问题，很难成为学术界关心的对象，尤其是在日本国内。

但是，今后我们应当注意防止个人的痛苦记忆被错误地还原，从而被利用于批判或攻击记忆的保有者原本意愿之外的人的情况，这种言行是与意在为和解做出贡献的实证性研究和纯粹的学术研究相对立的。

关于记录个人的痛苦记忆的专业技能问题，必须进行富有学术性且具体的探讨。

同样，在包含煽情又富于刺激性的故事的个人痛苦回忆面前，记录者要如何做到不被迷惑而保持稳定健全的学术上的关心？这一问题也不能回避，应予认真探讨。

的确，在将记忆历史化的过程中，个人痛苦记忆的纪录化与史料化是一个重要而又困难的部分，但有关记录者的问题也不容忽视。

新闻媒体方面的问题也非常重要。新闻媒体虽然能够发挥维护和平的监督机构的作用，但是他们往往带着成见看问题，并且希望掀起轰动性事件。历史学家无法抗衡因媒体宣传而形成的成见，况且他们原本也讨厌煽情主义。

幸而，日英之间的历史问题相对而言难以政治化，而英国的大众传媒对日本的报道中如同以往那样的攻击性正逐渐淡去。而另一方面，如今日本的大众传媒对于历史问题的关注正在减少，在这种情况下，历史学家或许很难使媒体对日英和解保持正常的关注。

当然，记者需要自己发掘历史问题中值得报道的对象。查尔克的论文中也提到，有记者关注和解问题。

虽然致力于为达成和解做出自己的贡献已成为“历史学家的使命”，但是和解并不总是一帆风顺的。仅凭历史学家并不一定能够顺利达成和解。有时即使看起来已经成功了，也会由于各种因素陷入不稳定的状况，日英和解也一样。

但是，通过日英之间的事例能够清楚看到的最富有建设性的意义之一就是，只要掌握了历史学方法论，无论是谁都能够为和解进程做出贡献。

从仇恨到和解

——笔绘前战俘走向战后和解的足迹

杰克·查尔克(前战俘、画家)

前 言

1945年8月16日,突然,战争出人意料地结束了。

我们一时难以置信,同时也感受到巨大的喜悦和安心。

然而,这种喜悦和安心却被一种不安压抑着。

因为我们仍旧被日本军人和朝鲜人以保护战俘安全的名义监视着。其后一周,虽然监视员的数量减少了,可是我们依然身处泰国,依然被大量的日本武装军队包围着。我们之中的一部分人对此感到非常不安。

已经不再是战俘了——得悉这一令人几乎不敢相信的新闻,除了感到安心之外,我们中的许多人还心怀难以遏制的愤怒。大家决心,一旦有机会,一定要立刻把这种愤怒发泄到那些之前对我们最为残忍的几个监视员身上,这几乎是理所当然可以预见的情况。

我们收到警告,要我们克制报复行动。虽然监视员的人数减少了,可他们仍然担任着实质性的任务,只要这样的状况持续下去,要我们克制报复行动就是不可能的。当然,几名最恶毒的日本军人监视员已经不见了踪影。大概他们已经觉察到,如果仍然留在这里,很可能性命不保。

不少还留有一点力气的伙伴们决意,只要有机会就一定不放过那些监视员。然而,怎么让那么多的病人活下来,是眼下重大又令人绝望的难题,这一现实情况使他们无法将决心付诸实际行动。

停战后,我在赶赴驻曼谷的澳大利亚军队司令部工作以前,在集中营逗留了两周。在那期间,并没有发生什么大事。那段时期形势很不稳定。因为能否使意志坚定、视死如归的敌人在不做激烈抵抗的情况下顺利归降,这很令人忧虑。我们预计,对那些敌人来说,这次的投降命令是极其难以置信、难以遵从的。

"一切,都结束了"

那是发生在8月日本无条件投降大约一周以前的事情。

我们中有几个人发现监视员的举动发生了微妙的变化。与其说这是理性的判断倒不如说是直觉印象。因为数周之前发生了一件令我们这些战俘深感不安的事情——几挺机关枪枪口朝里架在集中营四周的围墙上。而且,其中有几挺机关枪对准将收容所界内与四周高墙隔开的宽阔的河道。

当然,此时我必须在收容所战俘们自己设立的"集中营医院"里拼命工作,为了生存竭尽全力。日日为生存而战斗的压力,影响了我细细体会那些机关枪所暗示的意义。我怀着某种希望认为,与其说这是一种可怕的暗示,倒不如说是日本军人正在加强对集中营的管制。

不过,我们这些战俘把两种可能性都考虑到了。因此,下面这些情况一出现,我们就把它们与监视员举动的微妙变化以及安放机关枪一事联系起来,脑中充斥着这些忧虑。

实际上,就在由强制战俘劳动而建成的泰缅铁路沿线的佛统集中营的我们的小屋里,有一位小提琴演奏家。他竟然一直带着他的小提琴,而且还参加了集中营的管弦乐团和剧团,简直是奇迹。

有时会有一位温和的朝鲜监视员来探访他。当这位监视员盘腿在那位小提琴演奏家的床边坐下,哼起日本歌曲或者其他日本音乐时,这位小提琴演奏家就会拉起小提琴,相应的曲子从琴弦间流淌出来。

对于我们几乎所有人来说,这一刻非但没有令人不快,而且是饶有趣味、令人愉悦的。这显然这也给那个朝鲜人带来了极大的欢乐。他总是对小提琴演奏家反复道谢，甚至还带来食物作为礼物。

于是一些同好的人组成了一个小队，加入了这个小型音乐会。

但是，有一次，演奏结束后，那位朝鲜监视员看上去忧心忡忡，嘴上还小声念叨着。我把记得的词语逐一写出来的话就是这样一句：

“一切，都结束了。”

他反复念叨着这句话，随即又一脸非常不安的表情说道：

“不好，不好。”

然后，他一边摇着头一边看上去很忧伤地离开了。

他的话可以做两重读解。

一种是，战争正在走向“结束”，对于日本军队来说，那意味着“不好”。另一种是，这个收容所里拘留的战俘们的性命也许就要“结束”了。我觉得在他看来，应该无论哪种理解都意味着“不好”。

我们讨论过这件事情。我们祈祷这是预示战争可能即将结束的征兆，而把另一种推测深深地埋藏在心里。

但是，其实是战后在曼谷，在加入瓦利·邓洛普（Wary Dunlop）所率领的澳大利亚军队司令部数周之后（瓦利·邓洛普，前战俘，澳大利亚军医。他医术精湛，在泰缅铁路上妙手回春，拯救了许多战俘的性命并且为他们有良好的预后做出了贡献。尤其是在澳大利亚的抗日战争历史中，他是国民英雄般的存在。他的正式姓名是“E. E. 邓洛普”，“瓦利·邓洛普”是一个昵称，意为“邓洛普辛苦了”）。我和我的朋友们才觉察到那个朝鲜监视员所说的几句话里蕴藏的极其严重的危机感。

在瓦利·邓洛普先生麾下

日本投降，我们以各自的方式欢呼雀跃，有些人甚至落泪了，我们所有人都感到极大的安心。我们为众多身患重病的患者祈祷，祈愿他们能够幸存下来，能够回到故乡舒适地生活。

然而，病人的辞世与丧葬接连不断。

几天后，为我们准备的粮食、医药品和衣服等被打包成大件行李空投下来。

不过，必须穿上干净的衣服这件事情让我甚至有了怪异的感觉。我非常喜爱我那件既旧又破的毛衣，尽管它上面满是破洞还有虱子。可是，那些虱子伴我一起熬过了雨中寒冷难耐的日子。一年还是两年前，不记得被我用什么东西交换入手的这件毛衣对我来说就像一个老友，给我带来安心感，让我实在难以割舍。

日本投降两周之后，我从瓦利·邓洛普先生那儿收到邀请，邀我作为战争画家加入他位于曼谷司令部的工作小组。能和当代真正的伟人之一的瓦利·邓洛普先生合作，我感到非常荣幸，于是我欣然应邀加入了他的队伍。瓦利·邓洛普先生是我的救命恩人之一。

在曼谷度过的那段日子是我人生之中最美好的经历之一。这不单单是由于任务的内容和为谁工作的问题，而且因为在这期间我饱览了"历史悠久的曼谷"，结识了众多优秀的泰国人，了解了他们的生活方式，这段生活让我获益匪浅。而且我是从那个可怕的收容所突然来到这么一个美好的世界，过上优雅而又美好生活的。尽管还没有完全恢复健康，但当时我已恢复到能够充分享受这令人雀跃的新生活的程度，我细细体味着自由的每一分每一秒。

我的任务是一项富有意义的工作——把与医疗相关的所有事项的备忘录和插图重新详细地书写、描绘一遍，以记录这场战争。我加入到由一群优秀的澳大利亚人所组成的团队里和他们一起工作。他们从事的是非常紧迫、压力大的工作，即把患者们迅速转移到与一般医院医疗设施相当的环境中去，但是他们非常友好，工作有意义，团队具有凝聚力。

在这段时期，瓦利·邓洛普清楚地坦露过这一事实——现在正处在战争的最后时期，战俘们被残杀的可能性已经迫在眉睫。虽然瓦利·邓洛普和往常一样说得很谨慎，但是他在自己的战争日记(日语译本为 E. E. 邓洛普著，河内隆盛、山口晃译《瓦利·邓洛普的战争日记》，而立书房，1997 年)里谈到，为应对杀死战俘的命令一旦发布，他已制定了逃生计划。

这又是一例，显示出了他是多么全心全意地为我们所有人着想，并且显示出作为一个人他所拥有的巨大勇气。

在曼谷的日子

有一位19岁的德国男子作为翻译在我们团队中工作。

他说一口流利的英语和法语，还会说泰语、广东话、汉语普通话以及阿比西尼亚语，还有某种方言，具体哪种我记不清了。这位优秀的青年名叫彼得・雅各布森，他与母亲、继父以及一个即将18岁的可爱妹妹一起居住在位于曼谷中心的宽敞美丽的房子里。

彼得的亲生父亲是普鲁士人，死于纳粹之手。其后，彼得的母亲与曾为柏林大学教授的一位犹太医生再婚。但是他们被纳粹追杀，九死一生才逃到国外。

他们逃难到阿比西尼亚（埃塞俄比亚的旧称），彼得的继父在那儿开了个诊所，从事眼科。由于有精湛的医术和丰富的知识，他在当地很快建立起口碑，广受尊敬。此后他移居到曼谷，置办了一处美丽的居所，还在旁边建起一个有大约20个床位的小医院。

我在司令部邂逅彼得的时候，他们一家在曼谷的声望非常高。彼得对我所绘的有关战争的图画很感兴趣，于是邀请我去他家做客，向他继父展示我画的与医疗相关的画作。于是，我接受邀请，踏入了他们家那富有文化气息、如同仙境般的世界。

在那座宅邸里挂满了优雅美丽的中国壁画、泰国和中国陶瓷器皿等美丽的东方工艺品，家里洋溢着舒适的气息。一楼的一个大房间里放置着一架演奏会表演用的贝基斯坦制造的钢琴。彼得的母亲本是一位钢琴演奏家。

我抵达曼谷仅仅数小时，从收容所解放出来也才刚刚过去两周，但现在我坐在这里，倾听着引人入胜的音乐，置身于美好的、富有文化气息的氛围之中。说起来惭愧，接触到这么优美的音乐和这么温柔的人们，让我情不自禁地流出了眼泪；我不禁感到这个崭新的、仙境般美丽的世界似乎变得更广阔了。

这一家人热情地招待我，加上瓦利・邓洛普也爽快地应允了，于是我在他们家盘桓了数周。

我很快了解到，彼得的继父在进行义诊，所以受到泰国人和中国人的爱戴和尊敬。他为各个阶层的患者们进行门诊和手术，而他只从富裕的人那儿收取一定的诊疗费，对穷人进行无偿医治。

在我盘桓在他家期间，恰好逢上一个泰国或是中国的节日。天一亮，就有各色泰国人和中国人来到他家，送上从几块小小的蛋糕到一头小猪那么大的各式各样的礼物以表示感谢之情。

从人们的温暖情意和热泪之中，可以看出他们是多么感谢医生和他的家人，这是最让我感动的一件事。

我能感受到，由于纳粹的大虐杀，彼得的继父心怀着深切的悲痛和绝望，但是，也正因此，在他的心中萌发了给予所有人源源不断的关怀和帮助的愿望，这些从他平日大度的举动中就能够得到证明。

我之所以提及曼谷生活的回忆，是因为这段经历对我产生了巨大影响。

并且，我还想以此说明，我是从收容所出来后不久迅即拥有了这样特殊的、美好的自由时间的，这与其他的许多人不一样。

虽然在过去三年半的时间里，我遭受了几乎不可想象的虐囚行为，艰辛地忍耐，和伙伴们互相扶持才挺了过来。这些事都还历历在目，他们却以这么美好的方式迎接我回到这个自由的世界，我实在是非常幸运。

善良的泰国人民

与此同时，我在曼谷的那段日子，虽然是在澳大利亚军队司令部工作，却好像处于《爱丽丝漫游仙境》的故事里一般。

两名全副武装的降落伞兵与没有武器、赤手空拳的我们几个人同行。他们是在8月16日先期与美国降落伞兵和中国游击队员一起降落下来的。他们警告我们千万分小心，还厉声提醒我们决不能显露敌意，无论什么场合都不能做出恶化我们眼下所处的这种极其微妙的状况的言行。

当时那个地区还残留着许多武装的日本军队。日本军官们佩戴着日本刀等武器，坐着车四处巡游，他们仍像以前一样，在他们的泰国宿舍中过着奢侈的生活，而几名日本高级军官就住在我们附近。

与此同时，英国、澳大利亚联军的宪兵小队正带着翻译人员对人所共知的日本战犯嫌疑人进行公开搜寻和逮捕。

更糟糕的是，联合抗日的中国人和泰国人由于长年的怨恨而起了冲突，此时陷入了某种局部的内讧状态。有时会爆发枪战，我也有过一两次被卷入的经历。那简直就像置身于美国西部电影的拍摄现场一般！

说起我被解放的那段时期，那正是我心中对于有意义的工作、有魅力的环境充满着兴趣和极大喜悦的时期。

话虽如此，令人不可思议的是，我本该为了回家倾尽全力的，然而我的心却被泰国展示给我的各种深具内涵的事物所俘虏。我完全沉醉于那里的人们给予我的热情和关爱，几乎不想离开。

我与似乎是留到最后的一个战俘小组一起，在仰光被塞进军用运输船里，踏上返回英国的旅程。

我们的船只是由英国空军高级军官指挥的，在他眼里我们简直就是讨厌的包袱。于是归国途中发生了一个事件，即迎接我们前战俘全员的准备工作在科伦坡已经部署完毕了，可是我们竟然被禁止上岸。

幸运的是，船长为我们挺身而出，向那位军官抗议。如果不留出让前战俘们上岸的时间，他就把船留在科伦坡不再前行——我估计他是这么说的。

归国之途令我们非常不快。前战俘们组成的小组中，有许多人在旅途中一直待在船内的病人房间。回想起来，在曼谷度过的梦境般的数周真是一种特别的恩赐。而在那之后的归国之旅把我带回了现实。

返回英国

远东的阳光让我总是很享受。可是，我从那里回到了寒冷的、百孔千疮的英国。

我很幸运，获得了进入英国皇家美术研究院学习的奖学金以及接受三年半训练以成为画家的机会，这样的未来是光辉灿烂、令人期待的。我加入到由遣返回国的军人和年轻学生们组成的人数众多的团体中，尽情学习、纵情游乐。

虽然我不得不依靠奖学金生活，但是我再一次认识到，能够重新回到趣味横生、对未来充满期待和机遇、快乐无比的生活，我是多么的幸运啊！与那些不得不回到被炸的家中、与家人失散、很难找到工作的大多数人相比，我的运气可以说实在太好了。

返回英国后，我只和少数几个原为战俘的友人保持着联系。其中两人是原来和我同属一个连队的艺术家。此外，还有因为所乘船只在中国南海沉没时，泄漏的机油进入眼睛而几乎失明的律师，以及同在南海遭遇海难、扒着船只的残骸漂流到岸边的资深会计师。登岸之后，这位会计师很快回了马来西亚，在那里，他一边追忆在远东的生活，一边过着充实的日子。

此外，还有热情开朗的伦敦佬和曾为小偷的朋友。这个小偷是个有勇气、很热忱的人，在集中营时，他常常照顾其他战俘和朋友，是一个特别的存在。他是罗宾汉式的人物。从集中营释放后，我们散居在各地，但我们尽可能地彼此联系。不过现在仍在世的，只有其中的三人。

我的人生充实而又幸福，我醉心于自己的事业，并且对此十分感恩。

那时我没有参加任何远东战俘的团体。刚回国的时候，我甚至没有注意到这些团体的存在，我的那几位远东战俘朋友也一样。

当我们欢聚一堂的时候，也不怎么回想战俘时代的事情，而是说笑着聊一些开心的往事。在我的记忆中，那时候我们没有进行过怀着恨意的、怒气的交谈。

在我交好的朋友中，有一位在匆开集中营患上了热带性溃疡，一条腿被截肢了。他不但没有心怀敌意和怨恨，还是我们中间第一个加入英国退役军人协会的人。他非常关心其他朋友的情况。我这位善良而又热心的朋友不久之后就抛下妻子离世了，然而，他并没有抱怨在战争中遭遇的不公平对待，而是一边自己照顾自己，一边同情和关心着其他的远东战俘，把有限的余生投入了给予他们实实在在的帮助上。

无法讲述被俘经历的日子

英国皇家美术研究院的教授联合会对我的战争主题的绘画作品表现出了很大的兴趣。但是除此以外，当时在英国国内并没有其他人对我的画表露出兴趣。而另一方面，一直和我交往频繁的澳大利亚的人们却一直对我的绘画感兴趣，因此，收藏我原版作品最多的展馆是堪培拉的战争纪念馆。

在我回到英国后不久，我把我所有的绘画作品给几个家人以及熟悉的友人看过，自那之后的三十年乃至四十年里，我的作品就一直锁在收藏的橱柜中，没有再引起过人们的兴趣。

刚回国时，家人以及朋友们问过我当战俘时的生活状况。

最初的那几年，尽管我很乐意讲述那些经历，可是话一到嘴边，我顿时口干舌燥，说不出任何话来，谈话戛然而止。这恐怕是受心灵深处控制的、神奇的身体麻痹突然发作。不过这并不值得特别担心，对我来说也完全不是问题。只有当我想讲述做战俘的经历时，我才会偶然性地并且不受控制地无法言语。

由于当时我非常享受极度繁忙、行程满满的边做研究边做画家的工作和生活状态，所以几乎没有时间仔细思考那个麻痹发作时的体验。不久之后，我了解到英国退伍军人协会的各种有意义的活动，于是我为他们捐了款，但我不是会员。

当时，我既没有远东战俘组织的消息，也没有加入那些团体、参与活动的余暇。不久之后，我从朋友那里了解到相关信息，于是发生了一些变化。

对于讲述自己当战俘的经历，前战俘们持有的态度各不相同。多数人除了对全然不了解那段经历的家人和朋友谈起过以外，对其他人绝口不提。其中有些人只对妻子讲述过自己的经历。其他人就只有在与曾经同为战俘的朋友们一起时，才敞开心扉，相互谈论当战俘的经历。

也有的人会滔滔不绝地讲述自己当战俘的经历。不过，想来那也是他们祈求自我解脱的方法之一吧！

前战俘中也有人认为自己是一个很特别的存在，于是讲起自己身为战俘的经历就非常高兴，因为可以证明自己是很特别的。

在战后的发展中，远东战俘组织的成立是非常重要的一个事件，许多人从组织中汲取了力量。在这些团体中，大伙团结一致、互相帮助、互相打气，视彼此为知心朋友真诚以待，对身体上有痛苦或者经济上有困难的伙伴也十分关照，给予实实在在的援助。

以上所有这些情况，都是当我把关注点由个人扩大到外面更大的世界之后，才了解到的。

我之所以对那些组织没有表现出兴趣，恐怕是由于我讨厌军队以及它的不合乎情理，以至于我对参与与军队相关的事务没有半点兴趣。

伦敦大学狄克逊画廊里的展览会

我和瓦利·邓洛普以及澳大利亚的所有朋友反而一直都保持着联系，还和瓦利·邓洛普一起在澳大利亚住过几个月。

当时我跟他以及他的朋友们畅谈战俘时期的经历，后来还进行了录影采访，我所记录的战争期间情况的画作也由当地电视台介绍给大家。

我开始写作我的第一本书。

那是我首次就集中营时期的经历与人进行深入的交流，我们一直带着幽默的精神讨论那些经历。

我很轻松地克服了之前提到得无法言语的问题，与他们交流起来毫无障碍。

在我们讨论所有的情况时，有时候愤懑的情绪和满腔的敌意也会在言语间喷涌而出。

但是**瓦利·邓洛普**一直思考的是战俘们回国后的福祉，他在自己家里款待来自世界各国的年轻学生，不但主动提出在生活上给予帮助，还为他们提供有益的建议等，十分友善。那是我第一次体验通过实际行动来开展的和解活动。

我非常享受在澳大利亚工作和生活的日子，十分珍视与澳大利亚的朋友们建立起的深厚友谊。如果那时没有从英国获得如此有价值的奖学金的话，也许我会移居到澳大利亚。

我初次听闻远东战俘组织的存在，其契机是我重新绘制和书写的有关战争的画册以及备忘资料在战后首次公开发行。

我有一位很杰出的新西兰朋友，他有过在德国被俘的经历，当时就职于伦敦大学的高层。我们会一起聊起当初在集中营的日子。他提出，希望看看那些已被我束之高阁三四十年之久的记录战争的画册。

那时正逢伦敦大学狄克逊画廊刚落成不久。世界著名的陶艺艺术家、我的朋友威廉·阿彻在画廊的建设工程中发挥了重要作用。他惊讶于我的作品竟然尘封了这么多年，他提出在新落成的狄克逊画廊进行我作品的首次展览。

我的作品，经过装裱放入画框后，总数达到约 75 幅。而此时，瓦利·邓洛普因为他的战争日记即将在英国出版而正计划赴英。

于是，我建议把展览会的开幕式和他的书的出版纪念会同时进行，这一提议得到了采纳。1987 年 9 月 24 日劳伦斯·包斯特先生(因是电影《战场上的快乐圣诞》[1983]的原著作者而为人所周知)宣布我的展会开始。

这个盛大的日子，我的家人、友人，曾经帮助过我的与我同为远东战俘的人们，以及缅甸之星协会的成员和学者专家们欢聚一堂。

展览会引起了大范围的强烈反响，给我带来了与远东战俘组织以及其他有名的生还者们接触的机会。

其中一位有名的生还者就是比尔·格里菲斯。

他双目失明，且失去了双手，伤残得非常严重。可是，他却极富幽默感，是位了不起的男高音歌唱家，也是一位益友。

他在残忍的日本军人手下遭遇的可怕经历被详细记载在公开的文献记录、其他众多的报道和他本人的著作之中。他现在仍然活着，对于我们所有人来说，他一直是我们的象征性的存在。

加入及脱离要求日本谢罪、支付战后赔偿的团体

如此这般，我了解远东战俘组织的活动，并且和他们有了来往。

在与其他战俘交谈的过程中，我了解到，他们仍然活在憎恨和愤怒之中。这些人由于日本军队的关押而遭受痛苦和艰辛，几近绝望。他们吐露的如此之多的信息让我不禁毛骨悚然。

远东战俘组织的成员们定期募集善款，给予战俘的生活很大帮助。我第一次知晓，远东战俘组织在全英国各个地区都有支部。

就在那时，突然有一个从远东战俘组织脱离的小组在英格兰东南部重新成立了。

那个小组的发起人有着明确的目的——要求日本支付巨额赔偿，将这些赔偿分发给幸存下来的远东战俘们，并且要求日本进行正式的谢罪。

他们号召全国的远东战俘成为他们的成员。他们认为，英国政府同意签署的《旧金山和平条约》中给予远东战俘的赔偿金额简直少到让人感到从一开始就是一种侮辱，而被卷入远东战争的这些人，不单是"被遗忘的队伍"，而且竟被视为了添麻烦的人。

我从这个独立出去的小组那儿收到相关的文件和邀请函。他们祈愿上述历史的过失能够得到补偿，希望由远东战俘们自己来思考那些被英国政府轻率地逃避了责任的行为。

我在那个名单上签下了自己的姓名。

我感到，当局对于应对远东战俘们所面临的医疗问题非常怠惰。例如，许多人的病情已经恶化到了相当地步，可是，他们却几乎无法得到对于他们来说是必需的、来自拥有治疗热带病专业知识的医疗专家的治疗建议。

最终，利物浦大学热带病研究所的迪昂·贝尔(现为教授)与杰夫·吉尔开展了相关的调查，他们终于弄清许多远东战俘是罹患了一种名为"类圆线虫病"的病期持久且高危的热带病。他们把自己的发现公布给所有远东战俘，并敦促他们根据各人的病情去

找医生接受诊察和治疗。

至此，英国政府才十分不情愿地向远东战俘们支付全面体检所需要的费用。对这两位的救助，我们感恩在心。

当我本人去利物浦大学热带病研究所接受体检时，我认识了更多的远东战俘，目睹许多人心中对日本军人虐待战俘行为的愤怒之火再次燃起。

就这样，我开始参加针对战俘医疗问题进行讨论的集会。当日本军人的行为所带来的医学上的影响一览无遗地暴露在光天化日下之后，那个独立组织的活动就得到了更多的支持。

遗憾的是，这个组织的领导层所持的态度变得越来越具有攻击性，所以不久后我做出了脱离该组织的决定。

之后，我的许多同仁也对该组织的态度和他们的活动感到费解，这最终导致该组织自身破裂。

关怀战俘的日军监视员

在那些岁月里，我在大学从事的与教学相关的工作以及作为画家和插图师发表作品的工作越来越有意思，时间似乎转瞬就过去了。

除了这两项工作之外，自 1945 年退伍之后，我继续作为医疗外科手术画家开展各种活动，其中主要的是与使用崭新的划时代的方法进行工作的外科医生及其团队协同工作。当然，终究岁月不饶人，2007 年我不得不辞去了这份工作。不过，我仍然怀着对医疗事业的热爱，得以继续从事着画家以及大学教学的工作，真是十分幸运。

这些工作，之后成为我举办演讲会和展览会的契机。

在这些演讲会和展览会上，我尽量做到让我的作品和语言保持直接记录下来时的原样，而决不用那些枯燥无味且缺乏公正性的语言来修饰。因为，我认为作品本身的阐述就是一种力量。

至今我仍然在进行演讲，受到人们好评。很明显，初次了解那些情形的听众中许多人都非常震惊，敌意和愤怒之情溢于言表，这几乎是必然的。同样的反应也发生在邀请我做相关主题演讲的组织以及出席医疗、外科相关会议的与会者身上。

许多人认为我肯定深深地沉浸在仇恨的情绪里，但事实并非如此。我甚至还开着日本车呢！

你有遇到过比较善良的日本军人监视员吗？——时常有人问我这个问题。但即使没有这样的提问，我也会谈几个当时对我们特别照顾的监视员的情况。

例如，我被关押在新加坡的合乐路集中营（Havelock Road）时，集中营学校的教师天崎先生（音译——中文版译者注）的悉心关照永远留在我的回忆中。

另外，在泰缅铁路建设施工过程中，蟹本先生（音译——中文版译者注）对我们的关心，对于遭受有组织的残害的我们来说，具有重大的意义。

把我们的敌人作为世间的普通人来描绘，这对我来说才是符合理性的行为。他们中的许多人也厌恶战争，憎恶战争的疯狂以及战争给人的一生带来的破坏性影响，因为他们和我们一样，家乡也有整日战战兢兢盼望着他们回家的亲人。

幸而，人们所怀的那些因观看我所绘制的记录画作引起的愤怒的反应，在常年与日本人民的个人之间或是商务上的交流中逐渐转变成了更为平和的感情。人们开始称赞日本设计、称赞日本人追求雅致的特有喜好，这一点可说是促进了上述的转变。

对于我们所有人来说，需要彼此学习的东西有很多。打破国家之间或者说个人所持有的根深蒂固的偏见，去除对历史的压制，如果做到这些我们就能从历史中受益良多。

我所参与的远东战俘协会的活动

从 1987 年在伦敦举办首次展览到 1998 年期间，我一直在进行演讲，而听众中无论是社会大众还是参加医学会议的专业人士，都表现出了相同的反应。

1989 年，我加入了位于英国萨默塞特的远东战俘协会的分会，从而了解到对会员及其家属的各种照顾和关怀以及实质性的帮助。当时该分会成员包括大约 40 名会员以及他们的妻子，我们基本上每个月召开一次会议，快速决定各种事项并将其付诸实施。

这一协会定期组织售卖彩票并举办舞会等活动来筹措资金，用于帮助穷困的远东战俘和他们的妻子。这是我第一次参加远东战俘团体中这种以关怀和帮助他人为目的的团体。

在那以前，我并不知晓战后成立的团体中有这样的组织存在。

我认为，展出描绘战争的画作和素描有助于让人们更了解这个分会会员工作的价值，于是，在获得他们首肯之后，我在萨默塞特地区的文化艺术中心举办了展览。

这个展览引起了广泛的关注，虽然没有呼吁大家捐款，却也从普通大众那儿募得大量用于该组织活动的善款。

我以该组织的中心人物是史蒂文·凯恩斯而感到光荣。因为他为了替远东战俘以及他们的遗孀争取到应有的帮助和养老金，几乎把自己战后的人生全部奉献给了与政府的斡旋工作。

他在工作中遇到的净是棘手的抵触。但是，远东战俘和他们的遗孀中的许多人都处于非常凄惨的状况，他是远东战俘俱乐部和该组织的原全国福祉理事，最终他投身到为远东战俘及其遗孀向英国政府争取特别慰问金的活动中。他为远东战俘谋求福利所做的工作最终得到认可，被授予大英帝国五等勋爵，不久又被授予大英帝国四等勋爵。我们这些曾经的战俘，都为史蒂文·凯恩斯是我国的伟大人物之一而感到骄傲。

与日本的“再会”
——与惠子·霍姆斯和永濑隆的邂逅

19 世纪 80 年代的这个时期，惠子·霍姆斯首次发起了和解活动。

惠子·霍姆斯所发起的活动，是让战俘们去经历这样一种体验，即鼓励远东战俘前往日本，在那里接受日本人热情的欢迎和接待。

我曾见过几位拥有这种体验的远东战俘，他们是带着对日本接待家庭的感谢之情和温暖的回忆回国的。他们不仅觉察到和解是非常重要的活动，而且体悟到和解对双方来说都是极大的、永恒的喜悦。

由日本人款待这些远东战俘，这在过去和现在都是非常宝贵的体验，我们一直对此怀着深深的感谢之情。惠子·霍姆斯发起的这项活动，促使我们共同进行建设性的思考，帮助我们彼此理解、分享喜悦。

惠子·霍姆斯发起的这项活动终于结出硕果，它传递的信息广为流传，为众多远东战俘所接受，他们曾经持有的敌意转变成了愉悦。

当然，不可避免的是，也的确存在着不少人，他们被怨恨、痛苦折磨，仅仅是想一想前战俘及其家人接纳和解的可能性就毛骨悚然，更不用说去日本访问了，他们认为这是绝无可能的。

尽管如此，这项活动仍然得以稳步实施，并且它符合人道主义精神，事实上的确打开了一部分将自己封闭起来的人的心扉。我希望这项活动能对我们后代的年轻人产生建设性的影响力。

年轻的下一代的态度与行动中蕴含着对抗战争暴虐的可能性。

我多次举办记录战争的画展，由此得以邂逅许多有意思的人，并获得各种各样的体验，收到众多的建议。不过，在收到邀我在位于伦敦的大和日英基金宏伟的画廊举办画展这一绝妙的提议之前，我还没有完全认识到，相较于无视和露骨的敌意，和解的态度及其价值才是更重要的。

当时，在大和日英基金的副理事菲力达·巴维斯先生的帮助下，我有幸获得这一无上光荣的展出机会。1998 年 2 月 12 日，在大和日本厅的画廊展出了本人描绘战争的全部画作以及素描原稿，总计 75 幅。这次画展获得充分的后援，由惠子·霍姆斯宣布展览会开幕，并且顺利进行。

以此为契机，我得以与日本方面有了直接接触。这一经历对我来说是无可替代的，为我带来了非常多的快乐。

这次画展还进行了录像，媒体在日本国内对该画展进行了广泛的报道。我从观赏了本次画展的日本人那里收到不少充满悲痛和致歉之情的动人心弦的来信，这些来信将我们联系了起来。

并且，这次画展得到了日本的永濑隆先生的关注。

永濑隆先生为我们安排了 1998 年下半年在京都立命馆大学

国际和平美术馆展出我的全部画作等诸般事宜，并且还非常仁厚地在相关费用的问题上给予了我们照顾。

这次展览会也是给予我的莫大特权，我由衷感谢永濑先生提供的热忱帮助。

由此契机，我又得以结识更多的日本人，尤其是日本学生。

我祈愿他们能够自由地获得历史知识，不受压制。我希望，当这样的条件实现之后，我们能够在战争是毫无意义的这一点上达成相互理解。

永濑先生的行为表现出他发自真心的和解意愿和悲悯，我在对他深怀敬意的同时，也感到非常温暖。

结语——《历史和解与泰缅铁路》的出版

其后，通过菲力达·巴维斯先生与小菅信子女士，我得以与日本保持了更为紧密的关系。

而且，由于朝日新闻出版的关心和帮助，我获得了在日本出版拙作的良机。

这本以我在泰缅铁路秘密绘制的记录战争的画作和手记为中心而作成的书，日语译本《历史和解与泰缅铁路》（朝日选书，2008年）的出版，似乎是对我在各种发言以及演讲中不断努力具体地展现和解进程的一个褒奖。

拙作在日本的出版获得众多人士的瞩目，不少书评对其加以褒奖，对此我感到极大的喜悦。

并且，拙作的出版也成为证明互相尊重以及携手合作、谋求共同发展所具有的无上的价值和必要性的一个良机。

与小菅女士相识之后，我们很快发展出了亲密的、永久的友谊。在小菅女士关于日英和解的著作《罂粟与樱花》（2008年）由岩波书店出版之际，我在书封面的书套上绘制了“罂粟与樱花”的图画赠送给小菅女士。罂粟是象征着英国阵亡将士的花，而樱花是代表日本的花。

通过与小菅女士的交往，我还了解了日本民众心中怀有的对于推动和解进展的热忱，这一点我认为非常重要。虽然这份友谊开始于我人生的黄昏时期，但是，对于这份友谊所带来的欣喜，我由衷地表示感谢，并且我坚信这份友谊会由继承我遗志的子孙后代延续下去。

在结束本文之际，我要对为拙作在日本的出版发行做出贡献的冈惠里氏和朝日新闻出版社、担当翻译的根本尚美氏，以及特别关心我画作的原朝日新闻编委会委员、现仍作为新闻记者活跃在第一线的外冈秀俊氏表示衷心的感谢。同时，谨对参与拙作出版的所有相关人士表示深深的谢意。

对于令人不快的历史，承认、接纳并以史为鉴——这种勇气，是人们在彼此理解上不可或缺的。这种勇气正是近年来众多曾为日军战俘的英国人与日本国民之间的友好情谊不断深化所无法缺少的条件。而故意无视历史则会导致暧昧不清和虚假的表象延续，助长臆测和敌意持续。（杰克·查尔克《致日本的各位读者》，杰克·查尔克、小菅信子、朴裕河、根本敬合著，根本尚美译：《历史和解与泰缅铁路》，朝日选书，2008年）

“烈火战车”——埃里克·利迪尔的跑鞋

——在中国的羁押经历与和解

斯迪芬·梅特卡夫[①]

（前羁押人员、牧师）

引言——生于中国云南

1927年，我出生在位于中国南方的云南省境内少数民族傈僳族的一个小村庄，那儿处于长江奔腾向南的最南端附近[②]。我的父亲是传教士埃迪·梅特卡夫，母亲是贝什·梅特卡夫[③]。

---

① 本文译自梅特卡夫的手记原作。经菲力达·巴维斯同意，编辑梅特卡夫的手稿，再由梅特卡夫确认完成。

② 现在的楚雄彝族自治州元谋县附近。

③ 梅特卡夫的手记作品有斯迪芬·梅特卡夫《承接黑暗中的一点星火》（生命之语社森林书籍，2005年）。其最新著作是2010年出版的与罗纳德·克莱门茨的合著（Ronald Clements and Stephen Metcalf, *In Japan the Crickets Cry*, Monarch Books, 2010; a paperback edition 2011）。此外，梅特卡夫指出，在国际法中，不是叫前“战俘（prisoner of war/POW）”，而是叫前“被羁公民（civilian internee/CI）”。当时，日军称他们为“部队羁押人员”。太平洋战争开战后日军对于被押公民的处置，目前可以参照鹿岛平和研究所编、太田一郎监修的《日本外交史 第二十四卷 大东亚战争·战时外交》（鹿岛研究所出版会，1971年）46—49页，以及战俘情报局《战俘处置记录》（茶园义男编著《十五年战争重要文献丛书 第八辑 战俘情报局·战俘处置记录[附]海军士兵学校“国际法”》不二出版，1992年），尤其是其中的109—122页。不过，这两个文献中没有针对在中国的被押人员的详细记述。谈及在中国的被羁人员处置情况的文献如下：Jonathan F. Vance(ed.), *Encyclopedia of Prisoners of War and Internment*, California, Colorado and Oxford: ABC-Clio, 2000, pp. 51 - 52; 334. Greg Leck, *Captives of Empire: The Japanese Internment of Allied Civilians*（接下页）

我们一家过着俭朴的生活。我的父亲从事传教、教育和医疗工作，同时他还把《圣经》翻译成傈僳语。

在我七岁之前，我都是和傈僳族的小伙伴们在山间嬉戏玩耍，过得十分快活。七岁以后，我被送到姐姐露丝就读的寄宿制学校。

那所寄宿学校设在与云南省相对的中国的另一端——芝罘湾烟台（现在的山东省烟台市）。于是我和姐姐过上了一年都见不上父母一面的生活。我非常不喜欢这种和父母长期分离的生活，那些日子我纯粹是靠着父母的来信来抚慰自己的。

那段在寄宿学校的生活对于我来说是一段"爱恨交加"的经历。我太想念父母亲和傈僳族的朋友们以及傈僳语，以致无心认真学习。另一方面，我倒是和姐姐变得亲密起来。在校园生活中，我尤其热爱各种各样的体育运动。

日军侵略中国

1938年9月，我升入高中。此时，前一年开始侵略中国的日本军队刚统治芝罘市。

由于该市有钱的中国人出钱贿赂了政府部队，让他们撤退，于是日军没有打仗就进城了，我们算是幸运地躲过了战祸。

我至今清楚地记得日军进城的日子。

那天，我们正在进行学校的越野跑比赛。参赛选手们跑到最后半公里的时候发现，自己身边跑的是意图占领城区的日军小分队。

听住在伪满洲国以及朝鲜的同学们说，他们遭受了可怕的屠杀、监禁和拷问，而在日本殖民统治下的芝罘市里，虽然大小战斗不断，但是我们学生的生活，由于当地中国人竭尽全力避免遭到屠杀，所以没有发生太大的变化。

（续前页）*in China*, *1941 - 1945*, Shandy Press, 2006。勒克的文献在原被羁人员中也获得好评。此外，布兰克·本和汉克的编著也值得参考［Kevin Blackburn and Karl Hack (eds.), *Forgotten Captives in Japanese Occupied Asia*, New York, Routledge, 2008］。此外，还可参考记述印尼的被羁人员的文献，如内海爱子的《解说——澳大利亚的荷兰籍原羁押人员》（雪莉·芬顿·休著，内海爱子解说，伊吹由歌子、小盐海平、小菅信子、佐伯奈津子、永井均译，《教科书中未记载的战争 第25章 被遗忘的人们》，梨木舍，1998年），尤其是其中310—319页。

有时，中国抗日游击队夜间潜入，为的是偷袭日本军队。

1941年夏天，我姐姐露丝毕业了。回欧洲对她来说似乎太过危险。于是，姐姐和一个朋友一起被送到了我母亲的故乡——澳大利亚的阿德莱德，接受护士培训。一家曾经对我母亲在中国的传教活动给予过帮助的朋友帮忙照看他们俩。

我们在被侵占的中国，渐渐地感受到了日本军队的影响。他们把银行里的外国人资产都冻结了。

那年12月8日，日本军队发动了珍珠港偷袭，远东战场风云突变，一片腥风血雨。

很快，我们的学校门前筑起了一道墙，校内的人员全都被关押起来。而我们的校长和外国实业家一起被关进了单人牢房，他们被当作间谍受到拷打审问。

数周之后，据一位照顾他们的中国医生说，除了一位工商联合会会长强行服毒，缓慢而痛苦地死去之外，其他人都被释放回家了。

最让我们深受打击的事件之一，是一个日本海军军官要求把我们高年级的少女作为“慰安妇”送去给日本海军。

校长断然拒绝了这道命令，结果是中国和朝鲜的少女们被带走了。日本人在他们的殖民地上为所欲为，这种做法已经屡见不鲜。

关进收容所

那之后又过了好几个月，我们全校的人都被迫转移到羁押人员的收容所。在那个收容所里，我不得不跟其他12个人一起睡在一间非常狭窄的小阁楼里。

我平生第一次感染上了甲型肝炎，之后数月又连续多日高烧。

有一天，日军收容所所长小坂（音译——中文版译者注）来探望我。小坂是一位真正的绅士，他真心诚意地担心关押在收容所的人员。他和医生一起去了附近的市立综合医院，拿到了硫黄剂制的新药。那个药竟然奇迹般地生效了，于是我很快痊愈了。

但是，我损耗了大量体力。

就是在那时，我感觉到似乎上帝出现在我的面前。

我确信是上帝在肉体和灵魂上拯救了我。似乎被关押在收容所的大部分人都有过和我一样的体验。到后来，我相信这多亏在中国的另一端传教，诚心诚意祷告的我的父母所带来的强大力量。

当时，英国大使馆履约派来了一艘船，要接我们这些孩子回国。但是，这艘船被瑞士红十字会用来优先救助了其他人。结果，再也没有船来救援我们这些孩子了。

那段时间，我读了《圣经》等书。书是关押在收容所的众多基督教传教士的，这些书给我带来了非常积极的影响。为了拥有祷告时间，每天我都要寻找安静的地方。

随后，我们这些被关押的人没有接到任何通知就被强迫赶上卡车、船以及火车，转移到另一个收容所。我们那个收容所里，几乎所有从华北来的羁押人员都有过被关押在潍县（现在的山东省山东潍坊市）的经历。潍县的这家收容所原本是美国长老派开办的高中和医院。

2000名被押人员构成了多个语言社团。我们被拘禁在一个长宽大约为150×100码的地方，那里竖着高墙，并且铺满通电的带刺铁丝网。

不久，我收到了劳动日程表。先是汲水，然后在厨房劳动。从凌晨六点干到晚上七点，六个人一组轮班，劳动一天休息两天——这就是我们的日程表。

缺粮和疾病

在收容所的最初几年，我们吃的尽是大豆等豆类以及黍、高粱等食物，把它们磨成粉然后煮着吃。

有时，我们会得到一点点肉，我们必须趁肉还没有腐烂马上煮了吃。

我们也得到了很多蔬菜，但必须吃很长时间。

因为生吃黄瓜会导致痢疾，所以我们只得用各种方法烹饪。偶尔会有很多红薯，于是就把红薯的皮煮一煮，然后蒸馏酿酒。

茶叶要泡很多遍，一直到完全没有茶叶味为止。

食物是放在大大的浅底的中式铁锅里烹饪的。我们用长长的木制勺子搅拌，然后盛到锡杖做成的罐子里。

我们烧煤渣来取暖，但由于煤渣里混着土渣，将我们所有的东西都弄脏了。

被扣押的人员都自己做窑，自己做面包起子。

我们没有白糖，没有鸡蛋，也没有牛奶。

在往供应的食物中兑上许多加仑的水之后，我们这一劳动小组把它分发给600个人吃。

“今日新闻”

某天，有两个被羁人员逃出去加入了山里的游击队。他们弄到了一台无线收发报机，开始向收容所播报新闻。

当时监视通往收容所道路的是一个负责处理下水的苦力，他还给日军的监视员运送物资。那个中国苦力把写着新闻的绸子塞到鼻子里偷偷带进来，然后来到水沟的一个固定的地方，“呼”的使劲把鼻子里的绸子喷出来。因此，只要知晓这件事的人，谁都可以把它捡起带回来。

写着新闻的绸子被挂在收容所里的告示板上，于是，大家都能读到新闻。

日军的宣传单上尽是谎言，但是我们从绸子的字里行间，获得了一些真实情况。

日军知道收容所里有个广播，却一直没有找到。

除了早晚点名之外，日军监视员和我们这些被扣押人员并不直接接触。收容所完全由管理委员会组织运营，而日军一般是和管理委员会联络的。

因为我们这里并不是战区，所以发生的问题，几乎都是如何把在收容所高墙外的黑市里贩卖的鸡蛋、白糖、鸡肉、香烟、酒等食品秘密带进收容所的问题。

染指这个危险生意的人都会被关进单人牢房一至两周。不过，中国人的黑市小贩一经被抓，就会被割喉，以儆效尤。

日军的暴虐和殖民地出身士兵的残暴

1937年以后，日军在中国发动了残忍的战争。中国部队一旦俘获日本军人,就会进行特别残酷的拷打审问,因此日军对此展开了报复。

当日军与英军、美军都反目的时候,日军变得更为凶残暴虐了。暴虐与冷血几乎成了他们的又一个特征。

许多出身是"满洲"或是朝鲜半岛的士兵,为了向他们实际上深为憎恶的日军上级证明其忠心,不得不做了很多残暴到极点的事情。

日军对他们那些嗜血残暴的举动可说是丝毫不加掩饰。从强奸和强取豪夺,发展到了无差别屠杀。

日军收容所监视员的行为总体上算是温和的。他们中有几个人是伤员,已经不能从事重体力劳动了。还有几个监视员对我们算得上比较友好。

与"烈火战车"——埃里克·利迪尔的邂逅

我与埃里克·利迪尔邂逅的那天,是我在潍县收容所的生活刚开始的第一个星期天。

埃里克是苏格兰传教士,是奥运会田径比赛的冠军。他的青春时代和在奥林匹克运动会中活跃的身姿已经被拍摄成了电影《烈火战车》①。由于这一电影,埃里克成了传说般的人物。

在收容所里,埃里克给我们讲解《圣经》。他的行动力、热情和

① 埃里克·利迪尔是获得1981年奥斯卡奖的电影《烈火战车》(*Charists of Fire*)的主人公之一。"烈火战车"出自威廉姆·布莱克的诗歌《耶路撒冷》某节中的词汇。《耶路撒冷》是英国国教会的圣歌,据说,这首歌曲在第一次世界大战时期被人们作为爱国歌曲普遍传唱。关于利迪尔,可参考爱丁堡的"埃里克·利迪尔中心"(The Eric Liddell Centre)的网站,最为方便。其中有他的生平介绍、主要相关文献以及录像的目录。网址如下:http://www.ericliddell.org/index.php(最后访问日期为2010年3月8日)。利迪尔的著作 *The disciplines of the Christian Life* (SPCK Classics,2009)已经有纸质出版物,很容易买到(该书的初版是在1985年)。记述利迪尔的著作非常多,较新的除了上文列出的梅特卡夫和克莱门茨的书之外,还有David McCasland, *Eric Liddell: Pure Gold*, Michigan, Discovery House Publishers,2001。另外还有面向儿童的书 Ellen Caughey, illustrated by Ken Landgraf, *Eric Liddell*, Ohio, Barour; Janet and Geoff Benge, *Christian Heroes: Then and Now, Eric Liddell: Something Greater Than Gold*, Seattle, YWAM, 1998。

对信仰的执着，深深地、永远地刻在了年轻的我的心中。

为了慰藉我们在收容所的无聊生活，埃里克筹划了好几次运动竞赛。

第一次比赛是埃里克所在的天津的一所初中与我们学校对抗。那时，我一口气追上了跑在前面的选手，在最后冲刺的时候，我挺胸撞线，然后膝盖一软，累倒在埃里克的怀中。虽然埃里克属于败了的一方，可是他丝毫不顾忌旁人的眼光，无私地为我喝彩，替我高兴。

在那之后的几年中，我一直帮助埃里克的娱乐委员会开展活动。

我目睹了埃里克无尽的热情和牺牲自己帮助他人的胸怀。为了帮助穷困的人，埃里克甚至在黑市上卖掉了一部分自己赢得的奖杯、奖牌。

有一次，埃里克在他组织的《圣经》研习会上对“爱你的仇人”这一耶稣在山上的垂训进行了解说。我认为，我们这些年轻学生对于去爱日军监视员这种事情是连想都不会想的。

埃里克是这样为我们解释的：据说，接着“爱你的仇人”的下一句，耶稣启迪人们的话是“为迫害你的人祈祷”。因此，他为日军祈祷。他明白了，不能憎恨自己为之祷告的人。

渐渐地，我感到，日本在战争中的行为是由于事实上他们几乎没有或是完全没有有关上帝的爱的知识。这时，我立誓，如果我能活着度过这场战争，我要到日本去做传教士。

来自埃里克的礼物

埃里克忙于完成他的使命，终于累倒了。他身患重病。不久，大家便明白了，他的病在收容所是无法医治的。

他得的是脑瘤。

在他离世大约三周前，埃里克把他的跑鞋作为礼物送给了我。

那双跑鞋打满补丁，都是针线缝补的痕迹。

埃里克似乎有点不好意思，但又很直接地说：

“斯迪芬，你的鞋子很破啊！已经是深冬了，你把我这双鞋子拿去吧！这双鞋好歹能穿几个星期吧。”

我一看就明白了，那双跑鞋对于埃里克来说是极其重要的宝贝，所以才会缝缝补补满是补丁。的确，那双鞋穿得很久了，所以到最后不得不扔掉，那时，连收垃圾的人都不会看一眼。

但是，我觉得我从埃里克那儿继承的不仅仅是那双跑鞋，还有“宽恕”这一传教的接力棒以及福音的圣火。后来，我把这与山上的垂训一起，分享给数千名日本人。

埃里克的葬礼令我难以忘怀。

我是给他抬棺的人之一。那天，我穿着埃里克送给我的跑鞋。

我们只有12个人得到许可，在日军监视下前往墓地。

我们高声朗诵着山上的垂训中有关幸福的章节。

当我们把埃里克的棺木放到大地上列队缅怀的时候，来自西伯利亚的刺骨的西北风猛烈地吹着，吹向痛失了一位胜利者和圣人的我们。

“战败”

1945年的某一天，“今日新闻——德国投降了”这一消息发布在告示板上。我们这些被羁人员对于这场在欧洲战场值得纪念的胜利几乎一无所知。

在那之前几天，另一则消息报道了意大利的投降。之后，有300个意大利人被带到我们收容所的另一个地方。不过，要说他们与原来就被关押在收容所里的人变得亲密了，那是不可能的。

欧洲的战况对于我们来说似乎很遥远。我们在收容所面对的日常生活中的现实问题，集中在配给的食物和被羁人员不断衰弱的身体上。

1945年8月15日，有一则消息贴在告示板上。

“今日新闻——战争结束。天皇发布停战宣言。B29在广岛市投下原子弹。”

这则消息到底是真是假？大家决定打个赌。什么B29、原子弹，这些谁都没有听说过。

在那一天快要结束的时候，许多被羁人员聚集在收容所长家的门外，要求他告知战争是否已经结束。最后，收容所长终于出来了。他操着半生不熟的英语说，他也不知道战争到底结束了没有。我们察觉到，由于“战败”这个词被禁用，所以没有能够表达现状的词。那天夜里，我们一边怀着美好的憧憬，一边担心着万一可能发生的事情进入了梦乡。

第二天，美国空军的 B24 在我们收容所的上方低空飞行。他们是前来解放收容所的部队，是来取代日军，为我们这些被押人员的返乡做准备的。

我们激动得无以言表，于是乐队奏起了爱国歌曲。

日军的收容所所长面对美军中尉放下了武器，但是，为了保护收容所，避免被不接受和解而在附近徘徊的游击部队攻陷，在美军的指令下，日军所长下令监视员们继续履行他们的职责。

不久之后，还有 22 名美国士兵，由于哈尔滨的日军拒不同意他们的飞机着陆，跳伞降落到了我们这里。他们带来了医疗物资、补给物品还有 DDT 等，终于帮我们将在收容所里猖獗数年的虱子和跳蚤等寄生虫都消灭了。

接下来的日子里，每天都发生让我们震惊的事情。

我和其他几个人一起，第一次漫步在潍县的街头。集市上有红十字会提供的救援物资售卖。其实原本这些是红十字会赠送给我们这些被押人员的，日本军人却把他们拿来卖。

人们贪婪地阅读摆放在新建成的图书室里的报纸、杂志等。那些报道一直追溯到四年以前，讲述了隆美尔将军和沙漠之狐的传奇故事，攻占意大利的战役、诺曼底登陆战，B29 往广岛和长崎投掷原子弹的事件，犹太人受到虐待和纳粹大屠杀，以及泰缅铁路和战俘们的情况，等等。

和那些报道所记述的事件相比，我们在潍县收容所过的生活简直就像在露营度假一样。

当时已经 18 岁的我，没有收到来自家人的任何音讯。不过，其他被羁人员家人的消息一点点地传来，其中有些是令人十分悲伤的。

不久，B29 折返过来，投下好几个装满救援物资的大包。大包里面有维生素片等我们好多年都没有见过的东西。

红茶、咖啡、牛奶、白糖、黄油、果酱、蜂蜜等，终于摆上了我们的餐桌。

可是，我渴望离开收容所。然而，由于铁路被游击队炸毁，我的愿望当时无法成真。

与父母重逢

我非常想回到两千英里以外的昆明的我父母身边。

有位美军的少校听说我七年都没有见过父母，很怜悯我。于是，想尽办法来帮我。他给驻昆明的英国总领事发电报，让我登上了马上就要飞往西安的飞机。

我连和朋友们告别的时间都没有。那些朋友伴我度过在寄宿学校和收容所的十一年岁月，在那些时光里，我们甘苦与共。

本来我必须准备好相关文件，才能在抵达西安以后继续旅程，但有一位热心的军官为我免除这一严苛的条件。这位少校和他的朋友们还给我准备了食物和旅费，之后，我作为少校的特别分队的一员，被送上了经由成都飞往昆明的航班。

在昆明，我终于和属于中国内地传教团体的双亲以及其他传教士重逢了。

他们待在国民党统治的地区，很安全。但是，在战争期间，他们疯了似的担心自己的孩子们。听到那些新闻报道，他们都绝望了。

在那之后，我又到了卡里卡塔(现在的加尔各答)，途经一个聚集着将要复员的战俘们和将要从军的人的收容所，再经由斯里兰卡前往澳大利亚，在那儿，我终于和我的姐姐露丝重逢。我的父母不是战俘而是普通百姓，所以他们和我走了不同的线路。

我父母在澳大利亚休了一阵子假，然后在1947年返回中国，完成了把《圣经》译成傈僳语的工作。而我磨磨蹭蹭地返回了中国，然后慢慢地开始思考自己也成为传教士的可能性。

与日本“重逢”

由于中国开始驱逐传教士出境，我们在日本成立了海外传教士同志会。

我回忆起了埃里克在收容所时所做的谅解日本人的祷告，以及我和自己的约定——如果我能活着走出收容所得到解放的话，我就去日本。

我舍弃了留在中国或是与傈僳族的友人们一起在泰国工作的想法，决定前往日本。

在那之后，我与妻子和五个孩子一起在日本度过了四十年。

在数年学习日语的过程中，我发现那场战争在日本是个禁忌，不能提及。对此，我非常困惑。我注意到，一旦谈及那场战争，日本人的表情马上就会变得僵硬。

退伍的日本军人有时因为觉得太过羞耻，甚至对家人都无法开口讲述那场战争的相关情况。因为他们丢了父母祖先的脸面，打破了自己对天皇发下的决不投降的誓言。偶尔有人会和我一边对饮、一边敞开心胸聊起那场战争的情况。

说起日本中小学生，他们修学旅行的时候会访问广岛，然后就被灌输这样一种信息——日本人是原子弹爆炸的受害者，必须要向世界呼吁“不要再出现广岛事件”。在我看来，这种信息是用爱国主义的民族主义润色过的。

1989年昭和天皇驾崩之后，人们才开始谈论起那场战争，电视上也开始播放与那场战争有关的几部纪录片。

慢慢地，前日本军人才开始著书披露自己在战争中的经历。我切身感受到，这些书中有一部分揭露了战争的罪行，然而绝大多数人对此根本漠不关心。

那些不是“审定教科书”的教材对于战争的记述是非常生动的，然而，教师们却因为课程繁重，往往跳过教材的那些部分。

仔细想来，日本人对那场战争采取的态度就像把家里的垃圾扫到地毯下面一样，是大错特错的，由此造成了日本的两代人在他们的成长过程中，对那些中国和亚洲各国的祖父母们给子女和孙子娓娓道来的事情漠不关心。

人与人之间的宽恕、和解及其对和解的阻碍

宽恕才是基督教教义的核心，而日本几乎没有人了解这一点，

这是我的切身感受。

人与人之间的宽恕对我来说是为彼此带来和谐与和睦的重要条件。和解取决于宽恕，而宽恕则取决于人们有意识的行为。这意味着宽恕是一个非常私人化的问题。

只有深刻理解上帝的爱和宽恕才能阻止不怀好意的邪恶之心蔓延，从而真正理解耶稣祈祷的意义。

“父啊，赦免他们吧！因为他们作的，他们不晓得。”

和解与宽恕

——站在羁押人员及其孩子的视角

马丁·威尔逊

(原羁押人员儿子、牧师)

作为英国国教会的新加坡主教

1941年3月,我的父亲约翰·莱昂纳多·威尔逊被任命为英国国教会新加坡、马来亚和曼谷教区的**最高领导**——“新加坡主教”,于是我们一家从香港迁至新加坡。

当时身怀六甲的母亲和我的哥哥、姐姐以及我正在澳大利亚避难。

由于两年中搬了两次家,我们在新加坡只待了几个月。不过,我父亲为了照顾在他保护下的教区民众而留在了新加坡。

新加坡沦陷后,所有欧洲人和成为战俘的将士都被关押在樟宜刑务所。我的父亲和他的下属司祭约翰·亨特,还有一位牧师索比·亚当斯,申请许可他们留在樟宜收容所外,并获得了成功。他们想留在那儿,帮助中国人、马来亚人和印度人一起组建基督教徒共同体。

他们花了整整一年时间才在安德鲁小川中尉——一位肩负教育和宗教责任的日军军官,同时也是基督教徒——的大力协助下成功组建了基督教徒的共同体。小川中尉在使日军对他们占领的圣安德鲁斯大教堂产生敬畏之念上做出了贡献。此外,他还帮助我父亲及其下属取得了旅行许可,使他们得以访问新加坡和马来亚的教区。

大约有一年半时间，威尔逊主教和他的两位牧师同事在小川中尉的帮助下，得以开展工作而没有被关押。我父亲曾经写道："他(小川中尉——译者注，下文同)的使命绝对不是轻而易举能够达成的。宪兵队本就对他作为一个基督教徒对相关情况表现出的关心怀有疑虑，但他对此表现得非常勇敢。"不久，小川被调动到苏门答腊。

据说，那段时间，我父亲急需经费，以从羁押人员收容所和战俘集中营的日军监视员那儿购买补给粮食和药品。多亏各方人士的帮助和他们勇敢、巧妙的斡旋，我父亲才总算搭建好了一定的人脉。他的人脉中大多数是华人，其中也有给予他资金上的帮助，并为了将这些资金偷偷带进收容所而竭尽全力的新加坡人伊丽莎白·乔伊那样的人物。

经受日军的刑讯

但是，在1943年3月，威尔逊主教等人接到了48小时以内要被关进樟宜收容所的通知。当时樟宜的状况非常糟糕，日军规定不允许民间人士和战俘联络，生生拆散了许多家庭和朋友。

1943年10月10日，几艘船漂流到港口，宪兵队把船上的船员押到了收容所。共有57名船员被宪兵队带出来看押，还被严刑审问(所谓的"双十节事件")。

我父亲就是其中一人。他被举报为间谍，接连几日遭受殴打和严刑拷问。有好几次，我父亲在受到刑讯之后，在恍恍惚惚的状态下被带回拘禁室。那是个单人牢房，很脏还很狭小，而水只能从便器中弄到。

有一次，拷问父亲的人问他为什么不咒骂他们。我父亲答道，基督耶稣教导他的信徒，要爱他的仇人。

父亲也扪心自问，如何能够去爱那些面目狰狞甚至以殴打他为乐的日军呢？他回忆起了威廉·坦普尔大主教曾经对他说的话——祈祷善事终将带来成就善事的机会。

起初，被殴打后我总是向上帝祈祷不要再发生更为可怕的事情了，祈祷上帝赐予我克服恐怖的勇气。我的无声祈祷一定被上帝听到了。要是没有上帝的庇佑，我哪能经受得住那样的考验呢？

遭受屈辱的痛苦长达几个小时是一种严酷的考验。

有一次，在受到严刑拷打时，他们问我："你信仰上帝吗？"我说："我得到上帝的庇佑，我信仰上帝。"他们问："那为什么上帝不派人来解救你呢？"我答道："上帝是通过圣灵的力量在庇佑我的。虽然不能免除肉体的痛苦，但是上帝赐予了我承受痛苦的力量。"他们又问："为什么你不咒骂我们？"我答道："因为我相信基督耶稣的教喻，他说我们都是朋友。"

但是，我并不想说："主啊，请宽恕他们吧！"虽然有些亵渎神明，但是我祈祷自己能够理解他们是在承担他们的义务，也祈祷他们理解我是无罪的。可是，他们还是一个个聚集到我身边，轮流鞭打我。于是，我看见了他们的脸。他们面目狰狞，其中有几个看上去显然很享受这种残暴的行为。

但是，通过上帝的恩宠，我从他们身上看到了过去，而不是现在。在被灌输错误的国家主义观念之前那遥远的往昔，他们还是幼小的孩童，他们和兄弟姊妹一起游戏，享受着父母的爱。我无法憎恨幼小的孩童。

还有一次，父亲听见了即将遭受严刑拷打的被关押在单人牢房的人的哀鸣，于是他开始思考如何才能够宽恕日本人。此时，浮现在他脑海里的是赞美歌中的一段。

圣父啊，请看，请仔细看他那用圣油清洁过的脸庞，就像洞见他的内心一样来考察我们吧！

在那一瞬，他眼中的日本军人就不再是眼前的模样，而化为蒙受上帝眷爱而发生改变的人。

刑讯和祈祷

祈祷对于稳定战俘和被押人员的精神非常重要。当一个人被从关押着几个人的拘禁室带出去的时候，被带走的那个人知道其他人会为他祈祷。

有时，父亲在拘禁室用米糊和像白开水一般的茶来举行圣餐仪式。伊丽莎白·乔伊是在收容所的兑换店开业的时候，与她共同经营商店的丈夫一起被捕，遭到拘押，还受到严刑拷问。她所承担的工作之一是打扫牢房。而她一边打扫，一边时刻警惕监视员，通过牢房门的格子拿到圣餐。还有一次，受到战俘们熏陶的一个中国人用便器里的水接受了洗礼。

歌曲《金色的高丽莺》无数次透过牢房的窗户传入威尔逊主教的耳中。热带乔木点缀着的天空映入主教的眼中，他看到乔木的树叶，庄重而似乎燃烧着一般，乔木的花朵如火一般鲜红。尽管身边的状况令人毛骨悚然，他还是感受到了上帝创造的世界的永恒美丽。

我父亲说，特别是在感到抑郁而又孤独的早晨，他会常常快乐地回忆在英国国教会时唱查尔斯·卫斯理众多赞美诗的情景，并用赞美诗来祷告。

我常常用来祈祷的赞美诗是《基督的荣光布满天空》，其第二段是这样的：

沮丧而又阴沉的哀叹，
不与主同在。
孤寂周而复始，
直到我望见了主那仁慈的光芒。
我继续祈祷。
请看我的灵魂吧！
冲破晦暗的罪恶与哀叹。

渐渐地，这个世界的重负离我远去，我被指引来到上帝的面前，一天天得到上帝赐予的、足够支撑我活下去的力量与平安。

八个月之后，父亲得到了解救，由樟宜转移到宝云道收容所。他是少数几个活着接受转移的人员中之一。不久，我的父亲恢复健康，伤口痊愈。他常把他在那段日子里与日军宪兵队员之间的对话讲述给友人们听。

战争结束

日军投降后，我的父亲威尔逊主教在新加坡滞留数月后回到了澳大利亚。自 1942 年与家人分别，父亲终于和我们团聚了。

不过，在他离开新加坡之前，他把福音主义者、东洋学研究所会说日语的海蒂女士召唤到了新加坡，托她给人们教授和讲解和解的福音。于是，海蒂女士与日本战俘和战争的罪人一起度过了不少时光。威尔逊主教还拜托蒙巴顿总司令释放小川，让小川回日本（当时，小川在苏门答腊成了战俘）。可是，释放的通知几个月都没有传到看押小川的人那里。

威尔逊主教这样写道：

> 我 1946 年回到新加坡的时候，了解到海蒂女士表现非常出色，并且还有很多人正在做接受基督教洗礼的准备。
>
> 1947 年，我们为那些准备好的人在圣堂举行了受洗仪式和坚振礼。为此，我还为那些即将被带去刑务所的刑犯们申请了许可。
>
> 在接受洗礼、接受坚振礼的人里面，有几年前负责审讯我的宪兵队员。就我所知，一个人发生这么大的变化是绝少有的。他被判监禁十年，然而他表现一直很温和、很友好。不久后，他在刑务所从我的手中接受了圣餐。

我感受到，我的父亲绝对没有执着于那些宪兵队员曾经拷打过他的经历，那些经历还在心灵深处启迪我父亲思索基督教信仰的实质。

战争结束后，父亲经常接到约他谈论自己经历的邀请。这时，他总是把话题集中在讲述和解的必要性，以及讲述指引我们宽恕那些残害我们的人的上帝恩宠的伟大之处上。

但是，父亲所受的伤和他的回忆仍然留下了痕迹。父亲的两脚内侧残留的伤痕实在是令人震惊，所以父亲从不在人前入浴——这我是清楚的。

父亲的一位秘书后来曾经对我说过这样一件事。那是在父亲就任曼彻斯特大圣堂的司祭长职位时的事情。一位牧师通报，有一位父亲认识的日本人来访，想见我的父亲。我父亲答道：

"可以啊！把他带到这个房间吧！"

然后，他一下子抓住了马口铁的垃圾箱，立即往里面呕吐起来。

"主教手杖"之事

不久，父亲作为伯明翰教区的主教，受邀主持英国皇家退役军人协会例年的追悼礼拜仪式。在礼拜仪式上，父亲决定不光追悼一下逝者就结束，而是继续阐述追求全球所有国家的和平与正义、共建一个和谐世界的意义。

因为礼拜仪式是电视直播的，所以普通大众即使不认识我父亲，也会感觉他似乎是在直接向他们呼吁。就这样，父亲成了全国的名人。对于此事，我总是感到很意外。要说我们一家人的反应如何，事实是对于这位了不起的人物的非凡的勇气和境界，我们在最近这二十年才深刻认识到。

而我的母亲当初不得不只身带着三个孩子在澳大利亚开始新的生活。在我看来，她的这份勇气似乎一直以来被我们一家当成了理所当然。但是，母亲当时是在几个月都没有收到父亲任何音讯的情况下，在澳大利亚生下一个婴儿的。

几年前，日本圣公会的教会就日本人发动战争和犯下的罪行做了谢罪。我的妹妹——时任牧师且拥有博士学位的苏珊·科尔·金被他们的谢罪感动，给当时领导圣公会的竹田主教写了一封信，信中说了父亲威尔逊主教的经历。于是，竹田主教邀请我妹妹在 1998 年的 8 月 6 日——广岛原子弹爆炸纪念日，同时也是基督易容显光日——那一天，在朗伯斯会议上进行布教。

负责那天圣餐仪式的是日本圣公会。妹妹向我们兄弟三个人都发出了帮忙的请求，邀请我们也参加那天的仪式。竹田主教同意了这一邀请，所以我们一家认为和解成功达成了。

不久，我就搬到了莱斯特教区。莱斯特教区是唯一一个与日本圣公会有交流的教区。在一位名叫格雷戈里与子美的曾为英国政府工作过的日本女性的帮助下，我们组成了一个由莱斯特教区20人组成的访日代表团。

我想把我父亲曾经使用过的木制的、纯银装饰的主教手杖赠送给日本圣公会的教会。那根主教手杖是在二战结束后新加坡和马来亚的中国人团体赠送给父亲的。1970年我父亲过世后由我保管。

这次访日在时间上正好可以安排，所以我想倘若能完成赠送仪式就好了。而且，我感到这件事由我个人是不可能完成的，因为这根主教手杖实际上并不属于我，而是属于父亲。不过，我的家人都赞成我的想法。

我全心全意地祈祷着此事的成功，更加深刻地体会到了主耶稣“托付给上天吧！我们的圣父”这一祷告带给我的启示。主的祷告认可了我们人类是一个大家族，我们大家都必须相互宽恕。因为，生活在广岛、长崎以及日本其他地方众多的基督教徒的家庭都遭受了原子弹爆炸的伤害，而正是我们的祖国帮助发明了原子弹，才使无数孩童和男女蒙难。

当我们祈祷“托付给上天吧！我们的圣父”的时候，我们不仅仅是在祈祷赐予自己今天的食物，而是在祈祷世界上所有人都能够拥有食物。我为把父亲的主教手杖赠送给日本圣公会这一正确的决断能够顺利实现而祈祷。并且，我似乎看到一个幻想的景象，即我的父亲及其他众多人与所有那些曾经拷问、虐待、残酷折磨他们的人在“天堂”一起友好地生活着，他们在上帝面前，在耶稣的十字架前和解了。

最后我衷心地感到，能够将主教手杖赠送给他们，是主赐予我的特殊权利。

日本之行

讲述父亲的故事是我此次访日安排的一部分。莱斯特教区访日团的所有人给予了我许多支持。

2000年，我们在东京的圣安德鲁斯大教堂举行了一个以和解为主题的特别礼拜仪式。在那次仪式上，我亲手向东京教区的首席主教竹田主教赠送了父亲的主教手杖。

那位日本军官安德鲁小川也出席了礼拜仪式。当时他已经是立教大学的神学教授。由于脑梗发作的后遗症，已经年逾九旬的他是坐着轮椅出席的，没有开口说话。但是，对于能有此机会邂逅彼此，他和我一样非常激动。

那是一个与新的千禧年非常相衬的庆贺典礼。

不久，我的哥哥蒂莫西与惠子·霍姆斯一起，继续着寻求和解的旅途。那些从英国来加入她的旅程的人们的故事让我哥哥感慨颇深。虽然他们中间还有些人至今依然为受到的深重伤害感到怨恨和心痛，但受到日本东道主们的热情接待，大家都非常感动。

记忆与宽恕

我本人的经历教会我，宽恕是主赐予的礼物，是通过为他人祈祷而获得的。

既然我们是人，就很难轻易宽恕。

但是，如果没有宽恕，我们就会彼此杀戮，永无止境。

困难的是，用头脑理解了的事情如何能为心灵所接受。

一个来自莱斯特教区和我一起访日的女子说了这样一件事。她曾受到一个仍然对日军虐待英国战俘怀有强烈愤怒的男人的威胁，那个男人试图说服她放弃日本之行。

不久之后，那个男人听说了我父亲的经历和我的说教。于是，他向她道歉，并说道，知悉了我父亲的故事之后，他已经无法再憎恨日本人了。那个女子对我说：

> 他看起来好像是从长时间震怒的沉重压力下解放出来，他的面容变得异常平和。可以看出，他获得了心安。

（小菅信子/译）

［译者附记］

也正如本文中所述的那样，威尔逊的父亲约翰·莱昂纳多·威尔逊牧师于 1941 至 1947 年担任新加坡主教。二战中，他被日军关押在羁押人员收容所。约翰·莱昂纳多·威尔逊把他当时的经历写进了自己手书的手记之中，本文即依据他未公开出版的手记而写成。

“和解才是最后的胜利”
——英国退役军人之考察

菲利普·马林斯
（前军人、和解活动家）

英德和解与日英和解

在距离第二次世界大战爆发近七十周年的今天，2009年9月1日，作为一名曾经与德军和日军交战过的退役军人，我想就战后英国与日本之间和解进程迄今的情况以及今后应该采取的行动简单地做一个考察。

造成约2500万人死亡的第一次世界大战结束后，并没有进行和解，从而造成21年后第二次世界大战爆发，致使约5500万人丧生。我们英国人从中吸取了经验教训，为德国人和日本人在废墟中重建国家提供帮助。自那时起的64年间，全球再也没有发生过世界大战，而且我想连再次发生世界大战的危险也不用担心了。

英国与德国之间的和解相对来说是比较简单的。虽然存在少数例外，但总体上德国对英军战俘的处置还是比较恰当的。甚至有人在战俘集中营里接受了英国大学的教育，或通过学习取得了职业资格。德国籍的战犯被处以刑罚或是关进监狱。鼓吹否定屠杀了约600万犹太人的纳粹大屠杀（Holocaust）论调的人，在德国会被定罪。在柏林，国家建起了铭刻着大屠杀受害者名字的纪念碑群，这些都在告诫所有德国人——尤其是年轻的一代——不要忘记那段历史。

1963年，法国的戴高乐总统与德国的阿登纳首相共同签署了关于两国合作发展的《德法合作条约》（《爱丽舍条约》），给包括

1870 年普法战争和第二次世界大战在内的两国漫长的斗争史画上了休止符。

根据舆论调查，第二次世界大战之后很长一段时间内，德国人对自己的国籍都深感不安。因此，在 1985 年的德国投降纪念日，当时的魏茨泽克总统强调了德国在世界大战中的责任问题。以此为契机，承认挑起两次世界大战的战争责任并力图悔过的运动在德国全面开展起来。当今的德国已经成为培养友好国民的一个重要的民主国家，全世界均认可他们不会再发起威胁世界和平的战争。

英国与日本的和解是最难的。其原因可以追溯到日军虐待英军战俘的历史，以及日本人很久之后才向在第二次世界大战中受到他们虐待的战俘和当地人民谢罪，并且日本人并无意愿将虐待战俘的真相告知他们的下一代。

第二次世界大战在欧洲是由德国发动的，在亚洲则是由日本发动的。这次大战的背后有军国主义和种族主义的肆虐。由德日发动的二战使无数人遭受了巨大苦难。为了避免重蹈覆辙，将真相告知下一代是极其重要的。

对前战俘的补偿和援助

在第二次世界大战中成为日军战俘而又幸存的人，会收到对于他所蒙受的苦难的一点补偿。具体来说，根据 1951 年缔结的《旧金山和平条约》的第 16 条规定，每个人大约可获得 75 英镑的“补偿金”；到 2000 年，英国政府给予幸存的英军战俘、普通百姓中的被羁人员以及逝者的遗孀每人 10000 英镑的特别慰问金。

此外，每年英国退役军人协会为前战俘及其配偶乃至长期照顾他们的护理人员、前战俘的遗孀提供在英国退役军人协会下辖的酒店免费休假两周的福利，此外，该协会运营的一般福祉基金还为前战俘提供资金上的援助。前战俘们还享受着国民保健制度下的特别优待治疗。综上，我们可以认为，理应给予他们的合理待遇都已给予了。

当英国政府为这些前战俘们发放特别慰问金的方针确立下来

后，我和日本大使会面，提出日本是不是也可以考虑自发筹资。此外，我还向英国外交部提出了同样主旨的中间人调停申请。但是，日本政府的回复是，这个问题已经在1951年的《旧金山条约》中有定论，英国外务省也持同样立场，所以我希望日本政府筹资的愿望没有能够实现。

按照《旧金山和平条约》的规定，如果日本政府进行这样的筹资，他们必须也对其他国家的战俘和普通百姓被羁人员给予同样的补偿，其金额将会是一笔天文数字。考虑到几乎所有战俘和被羁人员都已过世，所以日本政府的追加补偿其实并不真正构成一个问题。我想，真正的问题在于，日本政府在实施其援助计划时，应该考虑为那些遭受过日本侵略的亚洲各国给予特殊照顾。

前战俘的愤怒和日本人的谢罪

日本过了很久之后才就虐待行为向英国的前战俘谢罪，对此，前战俘们感到非常愤怒。在日本战俘集中营里死去的英国士兵比例达到了25%(50016人中的12433人)。与此形成对比的是，在德国集中营中，英国士兵的死亡率仅为5%。这些士兵自始至终都面临死亡恐怖的威胁。他们身处死刑、拷问、殴打、疾病、饥饿以及强制劳动至死的境遇。而且他们还要亲眼目睹战友的死亡并亲手埋葬他们。在《远东国际军事法庭庭审记录》中留存着日军准备在联军反攻之际对战俘做“最后处决”的书面证据，其中还有战俘作证，他们被迫为自己挖掘坟墓。另外，那些试图从集中营逃走的人也受到处决。几乎所有战俘都怀着能否活着回家的忧心度过了三年半漫长的岁月。而许多战俘的家人就连他们是否活着都一无所知。

2004年，我曾经与英国退役军人协会的成员们一起发起了重走山打根至兰瑙共160英里，即所谓“婆罗洲岛的死亡行军(1945年)”的巡礼之行。据兰瑙的纪念碑记载，在那次事件中，大约2000名澳大利亚军战俘和750名英军战俘中，成功逃脱、免于一死的仅仅6人。我们还见到了当地一位据说曾在11岁时亲眼目睹日军处死战俘的老人。因此，绝大多数成为日军战俘的人至死都憎恨日本人，也不是不能理解。

日本人迟迟不愿谢罪，也许是因为他们有讨厌因承认耻辱而丢掉面子的久远传统，也许还有他们因为遭到原子弹爆炸而认为自己成了战争受害者的因素。我们英国人、德国人还有其他很多国家的国民都认为，坦诚地承认错误、为此谢罪才能够得到心安，也能够促进他们与受害国家修复关系。

直到 1995 年，才迎来一个巨大转机。当时的村山富市首相第一次就日本的殖民统治以及侵略给许多国家的国民带来了巨大伤害这一行为，勇敢地表达了自责反省的思想，发自内心地表达了谢罪之意。

1999 年 8 月 15 日第二次世界大战停战纪念日那一天，驻英大使林贞行(当时)在考文垂大教堂进行演讲，呼吁和平与和解。

> 在与日本的战争中受到伤害的人们心中，对此事件的记忆十分深刻。我们日本人对在这场战争中所发生一切，深受良心的责备，我发自内心地为此谢罪。此外，我们不会让当时发生的事件再次发生。当我们回想起卷入战争的各国国民遭受的悲惨至极的死亡时，我们不允许任何人对这场战争带来的悲剧视而不见。

其他一些日本政府的要人也进行了同样的谢罪。我认为，日本对于英国做出了充分的谢罪。

下一代对战争灾难的传承

此外，如前所述，我们认为日本人应该告诉下一代，他们那时是如何变得纵容军国主义统治，以及在第二次世界大战前至二战中给日本现今最大的贸易伙伴——中国还有其他国家的国民带来了多大的灾难，这也是非常重要的。

就像法国与德国那样，中国与日本结成友好邻邦在世界范围内也是非常重要的。即使不能够答应赔偿要求，那么像德国那样，日本如果能在历史教材中正确描写日军在战争中的行为及其造成的牺牲,两国关系就能大大改善吧。

如果做不到这种程度,那么日本也有必要先对中国以及其他国家由于他们的侵略行为而深受影响的事实展开实际考察,公布结果,如同英国在学校中讲授英国参与造成数百万非洲人死亡的奴隶贸易的历史那样,将之传达给下一代。

2005年,在伦敦的帝国战争博物馆举办的以"从敌人到朋友"为主题的日、英国际研讨会上,东京女子大学教授,同时也是本书编者之一的黑泽文贵先生为我们报告了一份统计,即沦为日军战俘的欧美联联军将士共132134人中,大约27.1%,即35756人在羁押期间死去了。这份统计对战俘死亡人数和比率的统计与英国方面的统计基本一致。这证明对英军战俘牺牲人数的研究结果是一致的,对此,我本人给予高度评价。

这样,一系列战前及战争中可怕事件的责任人几乎都已去世。对于当时尚未出生的日本人来说,并不会让他们蒙羞、影响面子。前战俘以及曾经参与这场对日作战的英国人几乎都已年过85岁,也许不久就将离开人世,目前大体实现的日英间的和解,到我们这些亲身经历过第二次世界大战的人离开人世的时候,就应该离全面实现不远了吧。

战后日本生产的汽车第一次出口到英国的时候,人们为了抗议日军对战俘的虐待,发起了砸坏车辆、拒绝购买的运动。也就经过几年的时间,日本产的汽车就由于其高度的安全性、省油节能和低廉的价格等受到好评,与日本制造的摩托车、照相机和电视机等电器产品同样大量出口到英国。

时至今日,在英国国内已有本田、丰田、日产这三大汽车制造商的制造工厂,特别是日产的工厂在欧洲产量第一,其产品的70%出口到外国,为提高英国的贸易收入做出很大贡献。日本发达的工业技术水平还对英国技术水平的提高起到了积极作用,日本人的经营能力也受到很高评价。在这些过程中自然诞生了日本人与英国人的相互交流。日本人住在英国得到款待,英国人也到日本工作或是频繁造访日本。从英国到日本,航空仅需12个小时,并且英语教育也在日本普及开来,两国之间可以进行即时通信,日本再也不是遥远的、神秘的国度。

中国与日本的和解

就世界范围内而言，第二次世界大战之后遗留的最大问题是中国与日本之间的和解问题。我们希望不仅为了中日两国，也为了全世界，两国应当付出最大努力，达成像德法之间那样的合作条约。

为此，日本必须主动承认二战前和二战过程中对中国在人力和物力上带来的巨大伤害。日本人没有必要担忧那会使自己蒙羞或者丢掉面子，而应该直面历史，并且积极行动以推动两国之间的友好关系和相互理解的发展，这样的行动会给日本带来好评。

日本有必要再次审视靖国神社的问题。由于靖国神社里供奉着甲级战犯，所以日本首相参拜靖国神社被看成对军国主义的赞美，招致中国人的强烈抗议。迄今我参观过靖国神社两次，是与为实现彼此和解而努力的英国缅甸作战同志会以及日本全缅战友会的会员同行的。

我们一直参观到大殿的最里面，在那儿向如今已经去世的我们的战友和所有国家在战争中牺牲的国民献上了我们的告慰。对于日本前军人来说，与其说那里是悼念战争的场所，不如说是缅怀战死者的极其令人感动的一处地方。

另一方面，由于靖国神社里，将甲级战犯与其他在战争中牺牲的人一起供奉着，所以中国人强烈抗议日本首相参拜靖国神社，这其中的心情也是可以理解的。我提议一个解决方法，即将甲级战犯和其他在战争中牺牲的人分开，从而使在战争中丧命的人在靖国神社得到平等的供奉，将靖国神社作为一个政府管理的神社，不是为了讴歌战争，而是为了让其成为包括首相在内，所有人都能够参拜的地方。

第二次世界大战之后，日本转变成了一个爱好和平的国家。不再行使军事权力，这一方针贯穿在日本的外交政策中。日本已经充分具备了担任联合国安全保障理事会常任理事国的资格，而英国也强烈支持日本的加入。日本作为世界第二大经济体，已经表明了它担任安保理事会常任理事国，更加积极地发挥其建设性作用的意愿和实力。然而,还是由于中国的反对,无法完成此事,这也显示了日中全面达成和解的重要性。

在亚洲太平洋地区,中国和日本发挥着主导权和领导权的作用。亚太地区是未来世界发展的中心。如果在不忘日本给中国带来的战争灾难的前提下,日中两国合作成功、两国人民的友谊得以加深,这也有利于整个世界的发展。世界人民都祈祷日中两国及其他所有国家都不再遭受第二次世界大战所经历的那种苦难。

"和解才是最终的胜利"

日军的"战阵训"中训诫日本军人要一直战斗到临死前的那一刻,其中写到敌人也会那样做。能够得知当临近人生的最后时刻时,敌人是和我们怀有同样想法的人,这是非常好的体验。每一次访问日本,我们都受到日本国民热忱的接待,我们亲身感受日本是最安全的国家之一,日本人民正直,接受着高水准的教育,有才能、宽容、勤勉又友好,这些丰富了我们的人生。

我们英国的同志会以及日本的战友会共同合作,加之热情支援这些组织的年轻人和各位媒体人的努力,都为日英两国的和解做出了有意义的贡献。我们这些老兵即将不久于人世,维护和平的责任就将落在现在的年轻人及其下一代人肩上。他们的责任是维护国际和平与世界人民的友谊,不辜负我们以往做出的牺牲。只有和解,对于曾经敌对的两国才是最后的胜利。

(杉野明/译)

通往和解之路
——记前战俘杰克·卡普兰

惠子·霍姆斯
（和解活动家）

与日本“重逢”的前战俘们

万里无云的碧空下，富士山耸立在湖对面。

从酒店步行不远便来到船只停泊处，我们乘上了观光游轮。湖面倒映着碧蓝的天空，泛着青色的波光，观光游轮在浪花中前行。

杰克从轮椅上下来，走到临近窗户的座位坐下。

眺望着倒映在宽阔湖面上的红枫和银装素裹的富士山，杰克陷入了沉思。

喜欢高谈阔论的杰克表现得如此安静，实在少见。

杰克周围，和他一起来日本的前战俘们正喧闹着，忙着拍照、摄影。

不过杰克的目光并没有朝向他们。

“多么安宁的景象啊！”也许他正在心里窃窃私语吧。

那一天是2002年10月15日。

这就是我们“无偿的爱——治愈心灵的和解之旅”途中的情况。

这次从英国赴日访问的共有25人，他们是二战时成为日军战俘的人及其亲友。这一天也是我们抵达日本的第二天。

下了观光游船，在回酒店的路上，杰克从轮椅上下来，自己走了起来。

除了杰克外，这次还有几个前战俘也是坐轮椅来的。二战时他们还很年轻，现在都已上年纪。不过，现在他们都离开轮椅自己步行起来。

抵达日本后不断受到热烈欢迎的前战俘们，似乎逐渐从某种情绪中解放了出来。

烧毁太阳旗的“反日人士”——杰克·卡普兰

过去的杰克，是众所周知的强烈的反日人士。他住在英国的坎特伯雷，每月都要为当地的报纸写稿，并引起了轰动。在英国，曾经是日军战俘的人被称作 FEPOW——Far East Prisoners of War(远东战俘)的略称。杰克是在建设臭名昭著的泰缅铁路中被奴役的战俘之一。建设那条铁道的时候，他住在泰国的丛林里。

在当地报纸上反复刊登的杰克写作的文章，都是讲述他成为日军战俘后的悲惨经历。那是杰克对于那些惨无人道的日本军人满怀仇恨的控诉。

但是，杰克的反日情绪并未因此得以平复。

1998 年 5 月，日本天皇和皇后两位陛下访问英国。两位陛下是乘马车驶往白金汉宫的，街道上摇旗欢迎的群众熙熙攘攘，挤得水泄不通。与此形成对比的是，为数不多的老人组成了抗议示威的游行队伍。抗议的老人们就是 FEPOW。FEPOW 们隶属的全国性组织“远东战俘协会”作为一个团体组织，做出了“对女王的客人不得无礼”的决定，但是一部分拒绝和解的 FEPOW 仍然强烈反对天皇陛下的这次访英之行。

杰克就是强烈反对这次天皇访英的前战俘中的一员。

他等待着，到两位陛下的队伍经过时，在众目睽睽下点燃了日本的国旗。这一行为被众多媒体报道，成为热点新闻在全球传播开来。

来自杰克的电话

就在日本国旗被当街烧毁数天之后，我突然接到杰克打给我的电话。

“我是杰克·卡普兰，惠子·霍姆斯是你吗?”

在此之前，我从未见过杰克，所以对于他是如何得知我的，我一无所知。

“没有一个 FEPOW 不知道你。大家都知道你的事情。”

杰克接着说道。

“我想见你，想和你谈一谈。烧掉日本国旗的原因我也想谈一谈。不过最近我已经不能出远门了。我的腿脚不好，去伦敦对我来说路途太遥远了。”

幸好，碰巧我在那个月的最后一个星期天接到来自杰克居住的坎特伯雷的英国国教会的邀请。他们邀请我在他们教会的晚礼拜上谈谈由我担任代表人的“无偿的爱”——一个为了达成日英和解而努力不懈的团体开展的活动。

由于是我儿子丹尼尔开车载我们去坎特伯雷，于是，我们决定在去国教会之前先去杰克家拜访。

杰克热情地迎接了我们这对初次登门的母子。

他看上去对我们的拜访感到很高兴。

“最近我的腿脚不太好，外出不方便。你们能来太好了。你叫丹尼尔吧？是你开车的吧？路上堵吗?”

杰克亲切地问丹尼尔。

真是出乎我们意料之外的和蔼。

我们母子被带去的房间的桌子上，放着几份当地的报纸。每份报纸的头版都刊登着杰克的大幅相片。杰克举着燃烧着的太阳旗旗的照片也赫然在目。

“由于烧了日本的国旗，我在我们的小团体中成了英雄。”

杰克说着，拿出很多剪报给我们看。

杰克频繁接受当地报纸的采访，讲述他成为日军战俘的经历，以此发泄他的情绪。

成为日军的战俘

杰克告诉我们，他的双亲是出生在立陶宛的犹太人。后来他们移民到苏格兰的格拉斯哥，在那儿生下了杰克。

“所以我是地道的苏格兰人。”

杰克自豪地说。

他 25 岁自愿服兵役，两年后被派往新加坡。

当时，英军的大多数计划是要加入中东和近东的战场，所以他们接受了沙漠作战等训练。然而就在杰克和他的战友们乘坐的战舰穿过好望角的时候，发生了日本偷袭珍珠港的事件，他们接到命令，让他们“立刻直接驶往新加坡”。

由于原计划是奔赴中东和近东战场的，所以杰克他们的军装都是为在炎热的地带作战准备的。他们对于丛林的气候、那里的生活方式和作战方式几乎一无所知。此外，他们中的大多数人毫无战斗经验。在杰克和他的战友们抵达新加坡大约两周后，驻守当地的英军就向日军投降了。

历史上，日本曾经在日俄战争时虏获俄军将士，并在第一次世界大战时虏获德军将士，当时他们对待战俘的做法非常富有人道主义精神，甚至受到了全世界的关注和称赞。特别是第一次世界大战时，在四国的板东战俘收容所里，德国战俘又是烤棕榈油蛋糕又是演奏贝多芬的《第九交响乐》，和日本人相处很融洽。也就是说，那时战俘们和日本人之间开展了温馨的文化交流。

英军将士知道日本人优待战俘的事情，所以他们以为向日军投降，就算是做战俘，日本人也会遵照国际法保护他们。

谁知这份期待，转眼便破灭了。

在泰缅铁路上强制劳动

杰克才二十岁过半就成为日军战俘，他不得不与接连不断地袭向他的屈辱、饥饿、干渴、酷暑、严寒、疾病、孤独、绝望，以及疯狂的日本军人的暴行还有文化差异做斗争。

杰克他们被塞进了运输家畜用的挤得像沙丁鱼一样的货车里。清晨从新加坡出发，抵达泰国的丛林时已经是夕阳西下的傍晚了。在运输家畜的货车里面，他们没法坐下，也没法上厕所。白天要遭受炙烤般的炎热，晚上要经受令人瑟瑟发抖的严寒。

他们抵达丛林之后没有进集中营，而是露宿了一夜。第二天，他们不得不自己砍下附近生长的竹子，搭建起他们今后生活的小屋子。

行李都被日军没收了，杰克他们没有换洗的衣服。许多战俘几乎是赤裸着身体，在浓密的草丛中一边遭受疟蚊的叮咬一边干活。

“结婚戒指啦，手表啦，钢笔等，落入日军眼里的东西全部都被他们抢去了。一旦抗议，就会招来毒打……”

杰克情绪激动，站了起来，他握着拳头继续说下去。

他讲述的情况和其他许多战俘给我讲述的经历有不少地方重合在一起。

例如，在泰缅铁路建设现场的日军的集中营里，破伤风、霍乱、疟疾、脚气、腹泻、黄热病等疾病不断蔓延，据说许多人得了热带溃疡而不得不截肢。截肢，就是在那丛林中，让也已沦为战俘的军医在没有麻醉的情况下把腐烂的腿脚切掉。

此外，收容所的监视员们经常毫无理由地对战俘们暴力相向。

对于战俘们来说，恐惧无时不在。

英军的规定是“成为敌人战俘的话就逃”，然而，从日军的集中营逃走的人一旦被抓获，就会被日军处死。

我静静地倾听杰克滔滔不绝的讲述。

据说日军之中也有善良的人，也有行为比较人道的日本士兵和监视员。这与我从其他前战俘们那儿听到的情况也是一致的。

例如，有豁出性命参加战俘们举行的基督教圣餐仪式的日本士兵，也有在和战俘仅两个人独处的时候说道“趁我转过身的时候，能拿多少药品就拿多少药走吧！”，随后转过身去的日本军官。

前战俘们直到现在也难以忘记那些曾经残忍地对待自己的日本士兵。与此同时，那些曾经关照过他们的军人，他们也绝对没有遗忘。前战俘们说，他们知道那些日军将士到底是在遵从上面的命令行动，还是在依据自己的感情行动。因此，当战争结束的时候，前战俘们高度评价那些曾经竭力以人道主义对待他们的勇敢的日军士兵和军官的行为，前战俘们还写信，努力为他们争取在审判战犯时能得以免罪。

"杰克,实在是对不起。请原谅我们曾经虐待和伤害丢掉武器、处于弱势地位的你们。我为日本军人丧失人性的行为,真诚地道歉。感谢上帝让您平安归来。"

我道歉时,因激动而站起来的杰克坐了下来,他柔声道:"惠子,这不是你的错。战争才是最可恶的。战争,没有赢家。"

我的儿子丹尼尔谈起了"无偿的爱"正在实施的"治愈心灵的和解之旅"项目。这时,为我们端上饮品的杰克的夫人克劳迪娅也和他一起专心地听我们介绍。克劳迪娅是法国人,反应敏捷,很能开玩笑。

我们聊着,欲罢不能。但是,我们接下来还有安排,所以不得不告辞。这时,杰克朗声道:"惠子,为了和解,我也要和你们一起去日本。相互理解是非常重要的。"

"不允许烧掉日本国旗的人踏上日本国土"

数周之后,我收到杰克的来信。信中写道:"我像个孩子般期盼能够为了和解而访问日本,可是我的主治医生说,两周的旅行会影响我的健康,劝我放弃旅行。"

而实际上,阻碍杰克为达成和解而实施访问日本的计划的,并不仅仅是他的主治医生。

在此不提及具体的姓名,在那些一直为日英和解努力的前日本军人中,有人坚持主张"不允许烧掉日本国旗的人踏上日本国土",他们强烈反对杰克来访日本。

外务省的人士通知我,有一部分前日本士兵强烈反对杰克访日。并且,外务省对我传达了坚决不要让杰克加入访日代表团的希望,尽管这是非正式的请求。

当时,日本外务省对"无偿的爱"的活动表示了理解,也给予了帮助,但是立场有所不同,在杰克这件事上我们也意见相左。

我只能一心一意地祈祷。

我们"无偿的爱"的成员都衷心祈祷。

愿上帝庇佑。

但愿杰克能够顺利访日,能够从以往经历的桎梏中解放出来,与日本人达成和解。

上帝似乎听见了我们的祈祷。

四年半后，杰克终于不顾主治医生的劝告以及前日本士兵的警告，坐轮椅踏上了日本国土。

从仇恨中解放出来，杰克对此异常渴望。

在广岛

离开箱根后我们奔赴广岛。

我们与参加“无偿的爱”的广岛人一起在和平公园举行了追悼仪式，参观了原子弹爆炸资料馆，观看以原子弹爆炸为题材的朗诵会，我们还与“无偿的爱”的成员、前战俘，以及原子弹爆炸的受害者和他们的家属进行了很多交流。

“我们原来尽想着日本是战争受害者了。见到前战俘们，我们才知道日本也是加害者。”

带领我们游览广岛的人，大多数都是原子弹爆炸的受害者或相关人士，他们一边讲述着，一边推着前战俘们的轮椅。

“我们知道原子弹爆炸。但是我们不知道还有普通百姓受到过那么残酷的伤害，而且现在还在忍受原子弹爆炸后遗症的痛苦。投下原子弹的是我们西方人，请原谅我们。”

访日的前战俘们这样回答。

我感到在广岛人与前战俘们之间似乎有一种特别的关联，也许因为他们都是尝尽了战争苦难的人吧！

在参加“无偿的爱——治愈心灵的和解之旅”并与原子弹爆炸的受害者们展开交流的前战俘之中，有一位名叫弗兰克·斯塔基的先生，他也是坐着轮椅访日的。为弗兰克推轮椅并带他参观了原子弹爆炸资料馆的，是原子弹爆炸受害者的家属，他们二人以这次相识为契机展开了交流。之后，他们又在伦敦相会了，那位日本人与弗兰克的家人也开始了交往。他还来到弗兰克一家所在的欧洲留学一年，学习语言。

话题回到杰克身上。离开原子弹爆炸资料馆，能明显从杰克的表情上看出他深受震动。加上那些原子弹爆炸的受害者们还向他就战争道歉，所以他似乎受到了双重冲击。在那天晚上的欢迎晚宴上，杰克始终沉默着，他看上去感触颇深。

“入鹿男孩”

第二天，我们游览了向岛和因岛。在那儿，我们参观了战俘收容所的遗迹以及纪念碑等。

在向导的教堂里，我们品尝了他们悉心亲手制作的各式料理。

接着，我们去了三重县熊野市的纪和町。在那儿建有十六名年轻英国战俘的墓碑。纪和町还是我的故乡，所以有很多人帮助我们。尤其是“无偿的爱”三重的成员们，他们热情欢迎我们，还招待我们在他们各自的家里住了一晚。我们在山中的旅馆瀞流庄住了两晚，瀞峡水从眼前流过，颇有雅趣。

“无偿的爱”的活动始于大约二十年前。在“无偿的爱”开展的各种的活动中，具有代表性的“治愈心灵的和解之旅”始于1992年。自那以后，每年都有来自英国、澳大利亚、加拿大和荷兰等国的前日军战俘或是他们的亲友在这家旅馆下榻，它是纪和町唯一的旅馆。

这个旅馆，客房里没有浴池，只在二楼有个干净的大浴场，分别设有男性和女性的浴池。这儿还有个露天浴池，身处此中，可将云雾环绕的逶迤群山尽收眼底。山下，瀞峡蜿蜒流淌。这里位于熊野川的上游。

前战俘中，有人为只能在大浴场里洗浴感到不知所措，但杰克毫不介意。

换上浴衣，先来大厅等着集合的杰克说道：“我从前是打橄榄球的，所以习惯了这样洗澡。”

瀞流庄的晚餐别具一格。

这次，我的儿子克里斯与我同行。克里斯和我一桌又一桌地教战俘怎么吃天妇罗、日式牛肉火锅和生鱼片。菜肴之中也有英国人不太习惯的食物，不过，总体说来大家很愉快地享用了这顿晚餐。

我们在纪和町最大的活动是为“入鹿男孩”——二战中被羁押

在纪和町(当时叫入鹿村)的300名战俘中死于此地的16名——举行追悼会。追悼会的筹备以“无偿的爱”三重的成员为中心,也得到了当地人的帮助。

当时年仅15岁并与前战俘一起参加过劳动的“勤劳动员生”们也出席了追悼会,受到杰克和其他前战俘们的特别感谢。追悼仪式举行的时候,赞美诗的歌声在山间回响。出席追悼会的人唱着赞美诗,内心忧伤、喜悦和希望交集在一起。牧师讲话结束后,前战俘代表也做了发言。

就在我们大家被感动得哽咽、流泪的时候,不知不觉就到了献花的环节。我们一个一个来到墓碑前奉上献花,向这些已逝的战友表示我们的敬意。最后由我做了感谢致辞,向大家介绍了几位原“勤劳动员生”,追悼会结束。

追悼会结束之后,负责招待前战俘们住到自己家中交流的“无偿的爱”三重的成员们带着各家的客人踏上了回家的路途。

杰克和参加这次旅程的“缅甸之星”的领导人——查尔斯·皮儿一起住到了我弟弟家。

那天晚上,“无偿的爱”的成员们按照惯例为我们举行了送别晚会,杰克和查尔斯是和我弟弟一家以及他们的朋友一起参加的。

杰克再三邀请我的外甥们去坎特伯雷旅行。

有个女人抱着一个一岁左右的小男孩来到他们那一桌。

杰克让那个小男孩坐到了他的膝盖上。

小男孩很快就和杰克熟络起来,满脸满足的神色。不知不觉,小男孩摸起杰克的胡须,还抚摸杰克的脸颊。围着桌子的一圈人都大笑起来,杰克也笑呵呵地放任小孩抚弄。

接着,按惯例上演了和服秀。身着和服的女孩子们边展示着和服边进入会场,登上舞台。大家都齐刷刷地开始拍照。

接着是来自英国的客人们当起了模特。教大家穿和服的老师们带来了许多和服,帮所有的客人都穿上了和服。

杰克也在蓝色的和服外面套上短外褂,一边摆着姿势一边登上了舞台。蓝色的和服与满头白发的杰克十分相衬,看上去他对于自己穿和服的模样也十分满意。

快门声不绝于耳,拿着摄像机的人甚至撞到了一起,大笑声不绝于耳。之后，卡拉 OK 开始了，有些大家意想不到的人也拿起麦克风唱起歌。

会场上，笑声此起彼伏。

这些都要感谢“无偿的爱”三重的成员们率真的人品。大家都从心底爱着这些老爷爷们，真心期待他们的来访，并全心全意地欢迎和接待他们。

与前日本士兵的和解

下一站我们访问了京都。在京都的安排我们筹划了好几个月，结果非常棒。在京都，我们在“无偿的爱”京都成员的带领下浏览了京都市的风光，还观摩了时代祭，与成员们的家人交流了半天时间。我们访问了同志社女子大学和同志社国际高中，在那里与学生们进行了讨论和交流。

日本的学生那么关注自己，这让 FEPOW 们格外高兴。

仅这一点就足以让人感到欣慰。

学生们围坐在杰克身边，他十分心平气和，非常享受地和学生们交谈。

在京都，也有许多人向 FEPOW 们致歉。

杰克和他的同伴们接受了道歉，表达了宽恕。

下一站我们到了东京。日本外务省在王子酒店招待我们午餐。和政府高官们同桌边用餐边交流，这对于前战俘们来说也是和解过程中重要的一环。

在东京，我们计划在久远教堂举行和解的礼拜仪式。

前战俘们走下包车一抵达教堂，就有很多人满面笑容地上前迎接。这份热情的迎接，让我们大家都敞开了心扉。

礼拜结束后，我们一起边吃着简单的午餐边进行交流。此时，前战俘们也派代表做了发言。虽然出现了翻译听不懂老爷爷们说的笑话的情况，但就是这种听不懂的时刻大家也仍然非常快乐。大家在教会友人的爱的包围之下笑得十分开怀。

那天晚上，有一个前日本士兵寻访来到了杰克下榻的酒店。这个日本士兵在二战时，与杰克同样在泰缅铁路上待过。杰克与这个前日本士兵开怀畅谈，并达成了和解。

在日本的最后一天，英国大使馆招待我们，举行了午餐会。大使夫妇和驻扎于此的武将以及其他英国政府派遣在此的高官们，都被前战俘一行人率直的言行打动了。

随后，在位于神奈川县保土谷的英联邦战死军人墓地，我们和英国大使馆一众，以及日本学生、普通民众一起举行了追悼仪式。

在从保土谷回酒店的路上，我们从汽车上看到富士山耸立在布满晚霞的天空中，非常壮美。

杰克参加的2002年“治愈心灵的和解之旅”，就这样在经历了充实的行程之后顺利结束了。

在整个旅途之中，杰克·卡普兰倒是有些沉默寡言。

那个在坎特伯雷的家中，在丹尼尔和我面前对日军的野蛮行径慷慨陈词的他，去哪儿了呢？

或许是因为包括前日本士兵的道歉在内的、令杰克短时间内无法完全消化的东西太多吧。

“日本人真热忱啊！那份热忱不是为了打赏。在英国的酒店我们也受到热情对待，那儿的人的热情肯定是为了小费。但在这儿不是这样的，人们是发自内心地热忱。”杰克说道。

“我真是傻瓜。惠子你邀请我的时候，我应该立刻启程来的，在我更健康的时候。”

我答道：“要是和克劳迪娅一起来就好了。”

“我怕如果团里有两个人都坐轮椅的话，会给大家添麻烦的。”

“这完全不碍事的，大家都很乐意帮忙推轮椅呀！”

“是啊！真的是这样的。”

两星期的结伴旅行之后，我有了这样的想法：杰克虽然有时比较冲动，但正因为如此，他的感受力很敏锐，或许他是个内心很温柔的人。

“我们共同的敌人”

等待着回到英国的杰克的，是一众新闻记者。

杰克给予的回答，在他尚未离开英国和回到英国时完全不同。

接受犹太人报纸《犹太电讯》的采访时，杰克做了如下回答。

> 我很早以前就一直想问问旧日的日本军人，为什么要对毫无反抗之力的FEPOW们施以那么残酷的刑罚，把人当成蝼蚁一样对待。由于以前烧毁过日本国旗，我成了全世界都恶名在外的FEPOW，我甚至担心会不会被日本狂热的爱国主义者杀掉。后来我想，我已经活到87岁了，人生比较圆满了，就算现在被谁杀掉也不算太惨。这么一想，我就参加了日本之旅。在日本我受到的热情款待超出我的意料。接待我们的日本人都非常具有人情味，很真诚。
>
> 很多人为了见我排队等待很长时间，有的人和我合影，还有的女性边流眼泪边说希望我宽恕日本过去犯下的错误。我说，我们共同的敌人是战争，我们要小心，不能再让政治家把我们引进战争的泥潭。
>
> 还有人问我会不会再次来访日本，我回答说，虽然我有重病，但我还是想要再来。

杰克接受过两次心脏手术，需要静养。

杰克的想法完全改变了。他在日本的经历用语言无法表达得一清二楚。他并没有忘记过去。战争中的经历他仍记得清清楚楚。但是，客观冷静地审视现在的状况之后，他改变了自己对于日本人的看法。

经过与日本的“重逢”，杰克的仇恨对象转变为把人们卷进战争的政治以及战争本身。杰克终于从悲伤的往事中解脱出来，终于抛开了对日本人的仇恨而还以心灵自由。

据说，访日结束回国之后，杰克仿佛变了一个人，他不再谈起曾为战俘时的悲惨经历。他经常从日本人那儿收到来信，也经常写回信。有很多的“无偿的爱”的成员去他那儿拜访，他都留人家住在自己家里，全家一起和他们交流。

他夫人克劳迪娅对我说：“我丈夫的房间里现在摆满了日本的物件。”

2004年，杰克·卡普兰去世了。

现在，虽然杰克不在了，但是我们“无偿的爱”的成员仍然经常与**克劳迪娅**以及杰克其他的家人互相拜访，我们仍然保持着温暖的友谊。

我们衷心感谢给予我们帮助的各位，衷心感谢上帝。

［**附记**］

今年秋天，杰克的女儿瑞琪儿和她的丈夫斯图尔特再一次来到杰克本人也非常喜爱的熊野县。在那儿，他们又一次与“无偿的爱”熊野的成员们相聚，并住到他们家中体验生活。

战俘集中营的记忆与和解

杉野明(前外交官)

英军战俘皮特·罗斯

距今大约三十年前,笔者担任驻伦敦的日本大使馆文化宣传中心所长的时候,有一天,一位名叫皮特·罗斯的英国人在一个日本女留学生的陪伴下来探访我。

罗斯原为英军士兵,太平洋战争期间,他在新加坡沦为日军的战俘,其后被转移到日本,在九州的煤矿上被迫做了两年苦役。尽管他的身材就一个英国人而言本来就比较小,然而据说获得解放时他的体重仅仅37公斤。

即便是在复员以后,罗斯在很长一段时间内也总是梦见被日本班长追赶,很是困扰。然后他想到,为了摆脱这个噩梦的困扰,或许他只能与那个班长再见一次,达成和解。于是,他开始自学日语。当他的孩子长大成人,生活比较从容的时候,他来到驻伦敦的日本大使馆,讲述了事由,拜托大使馆帮他寻找那位班长。

大使馆通过日本政府调查之后,发现这个班长还健在,现任当地消防局局长。于是他们通过书信联系,商量再会事宜。趁1970年大阪召开世界博览会之机,罗斯与妻子一起访日,他们在福冈再次相见。

当地整个小镇一起参与了欢迎会的准备工作。当时收容所的相关人员一个接一个前来寒暄,以至于罗斯都没有时间用餐。从前煤矿的宿舍还是老样子,但在广场上,孩子们在玩耍嬉戏,完全看不到一丝过去可憎的影子。罗斯他们被邀请到前班长家里做客，在那儿还受到了很多过去的矿工和他们现在同事的欢迎。据说，如此这般，总算镇住了长久以来折磨罗斯的噩梦般的亡灵。

罗斯与前班长再会的这一幕在日本的广播和电视上播放，也在英国和澳大利亚等海外媒体上播出。这一事件引起了极大反响。罗斯收到许多来信。据说，这些来信主要可以分为三类。来自过世了的战俘的母亲以及他们的遗孀的信件，无一例外都是批判罗斯的，其中甚至有人口出秽言；而来自前战俘们的信件，则全都饱含善意，还称赞罗斯的勇气。

还有一类信件来自日本民众，其中有很多高中生。罗斯决心通过与那些高中生交流来加深与年轻一代日本人的相互理解，因此，后来他在自己家里招待了好几位日本留学生，对他们加以关照。

本文以在新加坡沦为战俘的联军士兵的日记和回忆录为蓝本，记叙了他们被迫从事苦役的状况，以及罗斯本人为摆脱那段噩梦般的回忆所付出的努力。

战俘集中营与劳役

皮特·罗斯原为英国陆军炮兵队的测量兵。第二次世界大战爆发伊始，他应征赴前线，在日英即将开战时被派遣到马来半岛。在那儿的战斗仅打响两个半月后，他便在新加坡沦为了日军战俘。新加坡被英国夸耀为易守难攻的要塞，可是就这样轻易地被日军攻下了，就连英军士兵们也难以相信。即便如此，由于日本在日俄战争中对战俘的人道主义对待已经广为流传，所以据说当时英军的将士们对于成为战俘并没有任何担心。据罗斯称，他自己也是这样，虽然对将要做几个月战俘思想上已有所准备，仍然乐观地期盼在当年的圣诞节前被遣送回英国。

联军的战俘们被集中关押在位于新加坡岛东北部的樟宜刑务所和那附近的英军的军营里。一开始，日军对他们的监视并不是很严苛，许多战俘对日军的行为记录道，“讲道理”“很守纪律”“对我们很尊重”。

但是，一旦违反规定，他们动不动就会受到打手心的责罚，这激起了没有这种体罚规矩的英国人的极大愤慨。根本不给辩白的机会，不由分说一律责打手心——不仅对于战俘，对日本士兵也同样如此。见到这种情况，英国战俘们也明白了这是日本不同于他们的惯例。不过，可怜的瘦小的罗斯，总是由于芝麻大的事情而沦为日军动手发泄的对象。

超过五万名战俘的粮食供给也成了迫在眉睫的问题。大约在关进集中营一周后，日军开始配发米、盐、白糖、茶叶和食用油等。米的配给量是每人 15.85 盎司(约 450 克)，据说这与日本国内给成人的配给量大致相当，但是换算成热量的话，才达到英军补给标准的一半。

此外，也配发牛奶和香烟，不过很不稳定。副食方面，不定期地会提供猪肉和牛肉罐头等，可是不到一年存货就空了，后来就只供给煮小鱼干了。蔬菜方面，主要供给红薯、菠菜等绿叶菜还有豆类等，就这也面临不足，所以战俘们只能自己动手在集中营里面的土地上耕地种菜，饲养鸡和鹅等，还要从当地人那儿购买粮食来补充。据说做菜和派饭是由战俘们自己来做的，但是对于不习惯吃米的英国人来说，想要维持营养均衡比较困难，所以不断有战俘得脚气。

从新加坡全境集结起来的联军士兵，在两个半月后被分散到岛上各地设置的劳役营地，被安排从事各种劳作。在新加坡港从事搬运作业这一劳动，由于某种程度上能够自由地从市里弄到生活物资，所以这一调派倒可算是受欢迎的。

自 1942 年 6 月左右开始，战俘们被分成几个小队，陆续被遣送到海外各地，如中国台湾、日本，或是婆罗洲岛、西里伯斯岛，或是印度支那、泰国和缅甸，从事各种劳役。其中最为人所知的是建设泰缅(泰国—缅甸)铁路工程。这个工程据传闻几乎是“一条枕木，一条人命”，无数人为之牺牲。

(1) 泰缅铁路建设工程

泰缅铁路从泰国(当时叫暹罗)领地清迈经桑卡拉武里至缅甸领地丹彪扎亚，大约 415 公里。建设这条铁路是为了从陆地上为对印度的军事作战运输士兵和军事物资。这条铁路横贯丛林，跨越国境线上的山路。建成时，完工时间比预定工期缩短了两个多月，只花了13个月，简单计算一下，其速度就是一天铺设1000米。

实际上，英国也曾经考虑过建设这条铁路的计划，但是由于技术上极其困难所以放弃了，而这么困难的工程，日军几乎光凭人力就完成了。要完成这个工程当然必须投入大量劳动力，于是除了“现地人劳务者”（当时的用语），日军还调派了大量战俘投入工程。

关于当地劳动力的总人数，几乎已经不可能找出正确的统计数字了。不过，据曾经是随军人员（翻译）的永濑隆记录，他从相关人员口中听说，这一数字达到30万人以上。关于调派的战俘总人数，也没有一个准确的统计数字。不过，据英国皇家军事科学院的C.吉维克根据英国帝国战争博物馆保存的资料推算，大约是英军3万余名、澳大利亚军人1.3万名、荷兰军人1.8万名，总计大约6.2万人。

当初被调派参加泰缅铁路建设工程时，战俘们事先并没有被告知这次转移的目的地以及目的，日军仅仅告诉他们要去一个“新的、舒适的集中营”。因此，连钢琴、风琴在内的所有生活用品都被打进了行李，生病的战俘也被带上了。一直到他们抵达建设工程营地清迈时，才被告知此行的目的。在长达一年的工程期间，没有一个战俘从当地被带回新加坡。从这一事实我们也可以看出，日军做了完全的准备，以防止泰缅铁路建设工程的相关情报传到战俘集中营。

派去的战俘被安置到规划的铁道沿线的劳役营地里。当一个区间的工程结束后，除了重症病人之外，所有士兵又被转移到更为内陆的地区。铁道的铺设工作是由称为“铁道连队”的日军工程兵部队负责的，战俘们和当地劳动力被指派主要从事整地、运土以及给桥梁打桩等基础工程。除了开辟花岗岩地质的山地工程外，他们做的活儿大抵不算特别重，但是他们的劳动时间非常长，经常不得不从早上干到半夜，长达12小时以上。

随着战局变得紧张，工期必须缩短，于是，一方面当地劳动力人数大幅增加，另一方面战俘的调派也变得更加严苛，一旦工程兵部队要求说，“今天要给我们300个人”，那么不容分说，就算是衰弱至极的腹泻病人和由于高烧而发抖的疟疾病人也会被派去做苦役。

饮食上倒是考虑到了重体力劳动的需求，每两三天就会供给一次少量的肉或鱼干，不过，标准的饮食供给是：早饭是米饭和白糖，午饭是米饭团，晚饭是米饭与一点番薯和南瓜做的味噌汤。丛林深处营地的粮食供给尤其不稳定，以致他们有时会陷入一人一天只有 100 克米饭这样粮食严重不足的窘境。于是，丛林里能捕获的小动物，甚至包括蜥蜴、蛇、蜗牛、蛞蝓等，所有的东西都被用来充作粮食。

最严重的问题是医疗设备不完善和医药品不足。除了疟疾和白喉、登革热之外，细菌性痢疾和阿米巴痢疾也蔓延开来，此外，霍乱频发，即使做预防性注射也不起作用，再加上营养不足带来的脚气和结核病，这些导致了很多人生病和死亡。关于医药品的缺乏，据马来义勇军 P. H. 罗姆尼记录，比泰缅铁路建设工程在医药品供给方面状况好得多的**西贡**的劳役营地里，总共 1118 个人的队伍，在一个月内仅仅供应了 3 英寸宽的绷带 4 卷，纱布一箱，阿司匹林 20 粒，奎宁 40 粒，碘酒 0.5 品脱(1 品脱约 0.57 升)，酒精 0.5 品脱，吗啡一剂，木馏油药丸一瓶，磺胺制剂软膏少量。光凭这些，平均每天需要医治 60 名住院病人、200 至 250 名不住院的重症病人，还有大约 400 多名患皮肤病和有外伤的病人。

预防疟疾的药品奎宁在热带是必需品，虽然在巴达维亚(现在的雅加达)就有生产，然而这个药的供给总是非常迟缓，几乎所有战俘都罹患疟疾，饱受折磨。等到停战后，日军追加发放了许多奎宁。

众所周知，在泰缅铁路建设工程中，被遣送到与缅甸交界附近的桑卡拉武里的部队牺牲的人数最多。据英国军人 C. 威尔逊在日记中记录的详情，1943 年 5 月他们的队伍抵达当地营地后仅仅三个星期，1600 个人的队伍中就有 160 人死于登革热、疟疾和霍乱。其后平均每天有 5 个人病死。结果到 8 月末的时候，写日记的 C. 威尔逊本人也感染了重度疟疾而被送到野战医院，日记中断。日记中断前的三个半月，加上后来增援的小队在内总共 2043 人的队伍中，死了 603 人，约占 30%。

据这支队伍的参谋军官 G. 英格尔菲尔德说，牺牲人数已经超过了幸存人数，最后死亡率达到了 61%。据东京审判中的报告记载，在远东的英军士兵总共51600人中，12433人死去，相当于总人数的约25%。

更让人怜悯的是当地的劳动力。据说，他们是被报纸广告上的高薪诱惑而来的，大多是在战争中失业的橡木园工人。他们和战俘们不一样，形式上是独立自由的，但是在粮食供给等方面，实际上他们处于日军的管理之下。就饮用水而言，战俘们还能得到少量的供应，但是这些人则没有，他们只能喝污染了的河水和池水。医疗设备也几乎没有提供给他们的，据说有的营地所有人都因感染霍乱病而死。

(2) 皮特·罗斯的劳役

联军的战俘从1942年年末开始被陆续送去日本充作劳役。日本国内，在函馆、仙台、东京、名古屋、大阪、广岛和福冈这七处设置了收容所总部，这些总部管辖着120多处劳役营地，分配劳动力从事煤炭和施工等作业。据统计，截至二战停战时，被收押的战俘人数为32418人。

罗斯于1943年5月被从新加坡转移到日本，分派到日本福冈县水卷町的高松煤矿上做劳役。他抵达时，那儿已有760名荷兰士兵在做劳役，加上罗斯所在的部队合计约1000人。起初的10天里，他们被强制反复练习喊口令、点名以及敬礼的方法。一旦敬礼的方法不对，就会遭到毫不留情的殴打。日军对煤矿劳作的事项也进行了说明，并对工具的使用方法进行了指导，然而他们一旦言语说不通就马上挥起竹刀殴打战俘。有一个战俘忍无可忍，抗议说“不好意思，我听不懂日语”，结果被宪兵队带去审问，还被押进营地的仓库关了几天。罗斯说，由于此事，他时时提醒自己绝对不在日本士兵面前说他后来学会的日语。

就这样，罗斯他们被安排从事地下的煤矿作业。三班倒，每班工作8小时。每班由12名战俘和一名充当监视员的日本班长组成。日本班长一开口就是“快、快”，不断地催促战俘。

收容所的饮食只有米饭和蔬菜汤(味噌汤)，带去矿上的便当也只有米饭和切成四片的腌萝卜干。在做了20个上午班和几个夜班后，罗斯突然腹部剧痛，从坑道里被抬了出来。这是由于缺乏维生素而患上了烟酸缺乏症，其症状为腹泻不停，人迅速衰弱下去。因为当时药品几近消耗殆尽，所以无法给罗斯治疗，连荷兰军医也束手无策，只能说“罗斯，努力吃点东西!”。不过，大概是受到这些温暖的目光的鼓励，罗斯本来非常严重的腹泻竟然慢慢有了好转，几个月后，他痊愈出院了。虽然病人粮食的供给量也遭到了削减，但是做厨子的炊事兵想方设法弄到了面粉，给病人们做面包，拯救了大家。罗斯刚到日本时体重是50公斤，生了那一场病后竟然只剩下32.5公斤了。

7月，由于营养不良，罗斯的溃疡恶化，又发起高烧再次住院，直到8月他才回到原来的劳动岗位，那时他体力明显衰退，都推不动手推四轮运料车了。于是他到了日军的值班室做杂役。也许是看骨瘦如柴的罗斯好欺负，日本士兵几乎天天殴打他。后来罗斯想到一个装傻的办法，反复做出精神异常的人的行为举止。慢慢地，他被起了“戴眼镜的傻子”的外号，成为大家嘲笑的目标，不过被殴打的情况倒是少了。

1945年4月前后，日本地方上的城市也遭到美国空军飞机的袭击，人们隐隐感觉到距离停战的日子不远了。到了7月的某一天，所有战俘被集结起来带去后山。山腰上有条隧道，日军司令官解释说，那是预备遭到空袭时给战俘们避难的防空洞，命令战俘们全部进入隧道。包括病员在内的大约1000名战俘像沙丁鱼一样挤在隧道中。当时罗斯在队伍的尾巴上，所以他听见了司令官问煤矿的负责人“怎么把出口堵上”，还看见那个负责人指着入口的墙壁上挖开的洞，比画说要在那里填上硝甘炸药来炸掉出口。

即使日军严令禁止，战俘们还是偷偷组装了短波收音机，用来收听BBC等海外的广播电台，随后口头传播各种消息。虽然口头传播有时也会出现误传的情况，但是总体上战俘们还是正确地把握了当时的局势，就连8月15日日本投降的消息，战俘们也比日军知晓得早。罗斯在7月前后也听说了快要停战的消息，所以8月15日那一天，当他在后院劳动时，听到在厨房干活的炊事兵说“正午战争结束了”时，并没有感到惊讶。

战争结束后，罗斯在煤矿附近的折尾搭上了满员的列车来到八幡町。罗斯在被破坏得面目全非的八幡町转了一圈，让他感到意外的是，从街道上人们的表情上看不到一丝敌意。罗斯口渴，走进饭馆讨水喝。人们听懂了他的日语，有个女孩子一边吃吃笑着一边给他端来了水。罗斯给周围的日本人递上香烟。有日本人问他："你是美国人吗?"罗斯答道："不，我是英国人，是战俘。"听到他的回答，问的人一脸疑惑，低下头说："哦，是么。"罗斯试着跟他们聊了一会儿，又在日本人真挚的"再会"声中，走出了店门。与日本市民的这初次邂逅永远印在罗斯的记忆中。

那时，流传着绝对禁止前往长崎的命令，理由是那儿被投掷了新型炸弹，所以地面上到现在还残留着"电"。9 月 18 日，罗斯离开收容所，踏上归国的旅途。那天，在折尾车站，收容所的日军司令官独自给他们送行。列车驶入长崎的时候，大家首次目睹原子弹爆炸可怕的破坏力，都惊讶得目瞪口呆。据罗斯说，想到他在八幡町邂逅的市民们的率真的笑脸，想到许多像他们那样善良的日本人也成了战争的牺牲品，他也不是不心痛，然而，一想到他在收容所长期受到的虐待以及日军对新加坡普通市民所施的残暴行为，又不禁觉得那是他们应该受到的报应，这一想法占了上风。

"伤痕会留下"

新泻县青海町收容所的英军士官 S. 艾伯特在笔记里记下了他在停战后，应邀去曾经从事过劳役的日本工厂的工人家里做客，受到友好而礼仪周到的款待一事。他还记下了一个总是穿着皱巴巴的西装，绝不穿"国民服"的日本翻译说："战前的日本人穿的不是这样的衣服，而是穿得潇洒俊美。希望你们明白，战争中的日本表现出的样子并不是真正的日本。"战后的英国涌起了反日情绪，艾伯特认为必须讲述自己的亲身体验来把日本人善良的一面告知大家，于是他参加了 1947 年 8 月 BBC 题为"日本人之谜"的节目，还参加了皇家国际问题研究所的日本研究会，并成为伦敦的日英协会的会员。

在战犯审判法庭上，许多军官和士兵被判为乙级和丙级战犯，不过在法庭上受到问责的，主要还是前线的司令官和士兵们。日本军人受到的教育一直是"上级的命令就是天皇的命令"，对于他们来说，那些残暴行为也不过是遵从上级的最高指示而已。有战俘尽管自己曾经遭受过酷刑，却在对当时担任宪兵队长的日本军人的审判上，为他辩护："他只不过是忠诚于日军的规定，责任不在队长个人。"

这种靠意志来克服个人仇恨的人毕竟只是个案，1998 年日本天皇陛下访问英国之际，前战俘掀起反对这次访问的运动，并非毫无理由。

进入 20 世纪 80 年代，日英关系变得紧密，前战俘们接触日本人的机会也增多了，然而令他们最难以忍受的是，年轻一代的日本人对于新加坡战俘集中营相关的情况一无所知。因此，他们怀疑日本政府是不是想故意隐瞒历史，于是发起运动，要求日本谢罪并给予赔偿。以远东战俘协会（FEPOWs Association）为中心的这一运动，以 1989 年昭和天皇驾崩和 1995 年对日战争胜利五十周年纪念日等为契机多次发生，并在 1998 年发展成为一个影响天皇亲善访问的大问题。

由于日英两国政府的全力调解，该战俘团体的态度总算变得温和起来，放弃了赔偿要求并取消了抗议活动，转而要求由天皇进行公开道歉。尽管如此，仍有一部分战俘在游行队伍面前烧掉日本国旗以示抗议。罗斯说："我们知道天皇是反对战争的，但是日本的战争行为都是以天皇的名义进行的，因此我们反对菲利普亲王参加裕仁天皇的葬礼。明仁天皇没有任何责任，我们欢迎他来英国访问。"

人类史上，战争不断，可以说，没理由仅仅只有日本被称作侵略者。此外，就是同盟国这一方也存在残暴行为。区别只在于，是在城市街道上的无差别爆炸还是投掷原子弹。对于残暴行为的记忆，即使加害者忘记了，受害者也决不会忘记。只要受害者仍然怀着仇恨之心回顾战争，那么他们与加害者之间的和解就永远不可能达成。罗斯通过把过去的日本与新日本区别开来而找到了和解之路。罗斯于 2009 年逝世，但是他的女儿说："通过父亲我认识了许多日本人，我想继承父亲的遗志。"

所幸的是，前战俘们基本都怀有不要将仇恨之心延续到孙辈的心愿。甚至有在日本工作的英国人主动地（向日本人）搭话说

“我的叔祖父也在马来半岛战斗过”。历史成为镜子才有其意义。向世界人民呼吁不要忘记广岛和长崎的同时，日本人自己也有必要正视战争的历史，而这将会成为对前战俘们和解之心的回应吧！

记忆、历史、和解

——路易斯·艾伦与日英和解

菲力达·巴维斯(NPO法人"链接日本"代表)

关于路易斯·艾伦

路易斯·艾伦是一位伟大的法国文学家,与此同时,他还精通日语,是最早消除日英两国在第二次世界大战之后彼此间怀有的敌意、促成两国相互理解与和解取得成果的桥梁式的人物之一。艾伦是在二战时期的1943年加入英国陆军,接受日语教育的。1944年后,在审问对缅作战中俘获的600名日军战俘的过程中,他对日本军人的思考方式和行为习惯的理解得到了深化。由于这些经历,他主动要求主持这项课题。不过,除他以外恐怕也无人能胜任这项工作。艾伦非常清楚,除了他,只有极少数人"既能与战俘对话,又能阅读日语文献,能够直接与日本士兵开展并保持沟通",处在"能够了解缅甸战场上的敌人"这一特别的位置。他"好几个月都在收容所与战俘们同吃同住,一起生活,并且交流战争中的情况。通过这段经历,艾伦得以了解从日军角度看到的缅甸战斗的真实面貌"①。

由于这段战时的经历,艾伦在弄清日本与西欧相互指责的事实背景的同时,逐渐感到有必要将日本的优点介绍给西欧,因此,之后他倾其一生,致力于相互理解与和解的事业。他心中立下坚

① Note to Peter Stollard about 'Burma: The Longest War' in Louis Allen Papers, Special Collection of Durham University Library.

定的志向，不能让自己与日本士兵直接接触交流的经历以及通过工作实践在当地学到的日语知识白白浪费。

路易斯·艾伦与《阿弄集中营》

将日本介绍给英国人，得到英国人的理解——以此作为终生事业的艾伦，理所当然地与石黑秀(当时在利兹大学和伦敦大学研究生院攻读哲学专业)一起接受了翻译中央公论社 1962 年出版的畅销书、会田雄次(京都大学教授)所著《阿弄集中营》的工作。

关于他在二战结束后作为日本投降军人(Japanese Surrendered Personnel——以下简称 JSP)被关押在英军的阿弄集中营的经历，会田批判说，那是对日本被羁人员实行冷酷的人种欺凌的行为，是比对肉体施加暴力更严重的问题。对此，他在书中有如下阐述：

> 我们不禁感觉到，我们得以略窥到只有我们才了解的英国人的真实面目。(中略)那简直是非常可怕的怪物。这个怪物几百年来都在支配着几乎所有亚洲人。而这也是所有亚洲人一直以来所有不幸的根源①。
>
> (中略)
>
> 英军不怎么殴打或是脚踹战俘，也绝少杀人，就是说他们几乎没有所谓的“残暴行为”。但是，他们真的是以贯彻人道主义和理性的态度来对待我们的吗？并非如此。岂止如此，他们甚至将受极端幼稚的复仇欲控制的行为加诸我们身上。(中略)英军自始至终都很冷静，没有“发怒”而是非常冷静地施加了这些行为。从某种角度来看，他们的确并不残暴。然而，换个角度来思考的话，这难道不是人对人所能施加的最残忍的行为吗？②

---

① 会田雄次《阿弄集中营》(中公新书，1962 年)，前言，第 3 页。

② 同上，第 67—68 页。

“比起怀有恶意的人在仇恨的驱使下的虐待，被冷冷地虐待更让人难以忍受”①——会田的这一主张得到日本人的广泛认同。关于这一点，艾伦在1965年给负责出版该书的新月社（Cersecn）的一封信中写道：“这本书的有趣之处恰恰在于，它为日本人共同的心情代言。”

有关《阿弄集中营》的英译本（1）——艾伦与会田雄次

在石黑与艾伦的合作（共同翻译和验证）过程中，不仅这两位，还有出版社及原著作者会田雄次以及其他相关人员，在1964年至1966年间都参与了大范围内的讨论。遗憾的是，讨论最终没有能够成功调和意见上的对立。

艾伦对会田的观点一一加以严格验证，结果发现很多观点都违背了事实，因此，艾伦主张在前言中对此加以说明（后来写进了后记）。然而，会田对此却表示日本人“尽管具有较高的素养和感受力”，但由于“英国人一百年以来对无数日本人显露出的轻蔑和高高在上的姿态”而产生了“病态的过敏性反应”②。京都大学相当于会田教授后辈的横山俊夫教授（在哈佛大学留学期间与艾伦会过面）也解释说，“一流学者家庭出身的会田拥有的知识储备，是受不同于普通日本人的文化感受力所支配的”③。

艾伦在1964年4月与时任文艺复兴时期欧洲史教授的会田见过面④，当时，会田不得不承认他的记忆在不少方面有点模糊。据说，艾伦对于会田作为历史学家却缺乏更加缜密、综合并精确地探究自己经历的能力这一点感到非常吃惊，并感到有必要在会田的书中追加“现在的会田对于1945至1947年的自我评价”这一章。另外艾伦还写道，我认为“对于日本战俘的问题，相对而言英国负

① Preface by Ishiguro Hide to *Prisoner of the British* by Aida Yuji.

② 这些翻译的评论，均出自杜伦大学收藏的石黑与艾伦之间的往来信函。

③ 2003年10月在牛津大学与横山俊夫教授的访谈。

④ 艾伦与会田有过三次不同契机的会面。

有的责任较轻”[①]，并且，“我本人添加上了叙述自己翻译会田该书经过的后记，其目的是要指出我认为那些被视为英军故意虐待的行为，实际上可能是基于（会田作为 JSP 所处的）极端的困境中的误解”。

有关《阿弄集中营》的英译本（2）——艾伦与石黑秀

艾伦与石黑秀的误解，似乎起源于一部分打印书稿的遗失。由于这个事件，石黑秀认为艾伦擅自将“否定该书要求英国人反省的这一主旨”的前言强推给出版社，同时斥责艾伦想要利用会田的书为“英军的立场辩护”，并且“作为总是嘲讽军队的日本知识分子阶层的一员，很难相信会有人这么热心地为军队的礼仪和公正进行辩护”。

对于石黑斥责的“相对于自己的反对意见仅止于批评”，艾伦的意见“非常卑劣”这一点，艾伦感到十分受伤。石黑如此激烈反对的原因，我怀疑是**因为**黑田受到了这样的警告，“如果认为艾伦翻译出版会田书的意图是为了主张英国对于战俘的处置是尽心尽力的，会田所感受到的所谓痛苦只不过是出自他自己的幻想和误解，那**绝不是建设性的意见**”，如果帮助这种“目的在于揭露会田愚昧的出版**活动**”的话，黑田在日本就会遭到“不仅来自会田和中央公论社，还有整个日本的知识分子阶层的排斥”。

艾伦尤其是被会田批评“（表面）装作偏袒日本，却是典型的反日分子”之说伤害了感情，而且他怀疑石黑在他们共同的友人那里到处散播艾伦反日的论调，对此他写道，“没有比这更加胡乱的猜测了”。

在艾伦看来，会田的观点作为一种声音，得到了部分日本人的认同，这当然是有必要告知英国的读者的，但是，他不想放任这种事实上错误的认识存在。艾伦结合他自身在会田描述的收容所生

---

① Letter to Ron Dore in Louis Allen Papers, Special Collection of Durham University Library.

活过的经历提出，“伙食的确是不好，但是和英军士兵的比起来并没有坏到哪里。的确是有日本兵被迫从事严苛劳动的事实，但是联想到1942年日军侵略给缅甸的城乡带来的破坏性惨状，那也不能说是过分的行为”，“并不存在像会田声称的那样非理性的杀伤行为”①。

然而，石黑和会田都感到，若是加上艾伦主张的那种说明的话，会削弱甚至模糊会田遭受到的残酷对待的印象。石黑提议让会田针对艾伦的前言写一篇反驳的文章，可是艾伦以时间不允许为理由驳回了石黑的这一提议，倒是建议由石黑把他写的前文按照会田的观点加以修改润色。于是，应艾伦的提议，石黑写道，“由于复仇的欲望和误解以及心理上的思想准备不同，有时大家彼此都很受伤。此外，有时无知和自满的行为会带来和故意虐待几乎差不多的伤害——会田这样警告我们”。这就是石黑要为会田向英国的读者传达的信息。

JSP问题与艾伦的态度

艾伦与石黑二人的这一番激烈的交锋正戳中有关JSP议题难点的核心之处。这不仅对于艾伦一个人，对于在二战后时过六十年后的今天，与被日军逮捕的战俘(POW)处置有关的英国人来说也是比较恰当的。伦敦大学东洋非洲研究所(SOAS)的查尔斯·费希尔在他的现代亚洲研究相关的著作的评论中写道：“得知日军虐待战俘事实的英国士兵，使用在军事法规许可范围内的所有手段来宣泄他们的憎恨之情，他们这包含在一定自制力之中的冷酷比起在那三年半以前，日军对英国战俘随心所欲施加的暴力行为更加令人难以承受——会田这么认为是他的自由，但这种想法，想来并不是众多英国人能接受的。”诚如其然，那种观点并不能使艾伦信服。

艾伦终其一生与日本人结成了深厚的友谊。他一直怀有一种真挚的情怀，想让自己国家的国民理解他对日本人怀有深深敬意

① Postscriptby Louis Allen to *Prisoner of the British* by Aida Yuji.

的原因，但这绝不意味着他支持日军对待英军战俘的方式。而且，他最终也未能赞同日本言论界和他战友会的朋友们所认为的，英军与日军是为相同的政治动机所驱使这一思想倾向。

艾伦还很赞同费希尔的观点——“日本人比起英国人来自尊心更受伤，因此他们一旦成为战俘就会感受到比英国人强烈得多的屈辱感。不过，这种国民性大抵可说是由于不少西方人长期以来有意或无意间所表现出的对于有色人种在种族上的傲慢和轻蔑所导致的”。但是，同时，艾伦也了解如镇压法占中南半岛的安南（现越南）反政府分子时的军事动员等场合下，JSP受到了许多不公正的对待。

日本人经常提出的控诉，不仅有英军士兵对JSP的一般虐待行为还有个人的复仇行为，艾伦对每一起控诉都认真确认到底是否有真实的依据。在1980年英国日本研究学会（British Association of Japanese Studies——BAJS）的讲演[①]中，艾伦援引家永三郎的观点，“根据《史实记录战争审判（英属地区）》，英军对待作为战犯的日本被告人似乎极为冷酷”，他对此反驳道，“从我自己的经历来看，关系疏远、从事的劳务是重体力劳动，这些可以承认属实，但是这些在当时那样的状况下也不能说是异常的”。如此这般，他对许多类似的控诉一一进行验证。

关于《缅甸：最长的战争》的日译本
——艾伦与前日本军人

众所周知，艾伦为日英两国就战时相关的经历达成相互理解所做出的最大功绩是《缅甸：最长的战争》（*Burma：The Longest War*）[②]。该书是艾伦根据1945年以来与日英双方从士兵到将军的众多人进行广泛的对话和交流所获得的资料、他在战场上学到的具体知识而写成的实录，迄今一直受到极高的评价。[③]

---

① ‘Not so Piacuiar：a Footnote to Ienaga on Malaya，’ *Proceedings of BAJS*，1980 Vol. 5，pp. 111－126.

② Louis Allen，Burma：*The Longest War*，Dent 1984.

③ 同上条注（纸版）的封面。

停战时，艾伦的第一个任务便是告诉那些逃到山里的日本士兵战争结束的消息，并把他们集结到收容所里。这个任务告一段落后，他被派遣到仰光的战俘集中营，在那儿听取了日军第十五师团(祭)与第二十八军(策)的参谋将校讲述日军整个师团作战计划的制定过程。[①]

此外，作为依据日方有关东南亚作战的资料进行历史记录的编辑工作的一部分，艾伦还收集了除缅甸之外的泰国、法属印度以及新加坡等东南亚各处的收容所中日本士兵生活状况的信息，还为准备开展战争犯罪搜查工作做了预备性审问工作。他盘问日军的那些高级将领[②]，记录下他们参与作战的详细情况并翻译成英语[③]，他还将那份报告书的一部分誊写了下来[④]，并且保留了提问表中的一部分，共达77页之多。这大概就是他很早就下定决心要比较日英双方的观点，执笔写作一部统一且决定性的对缅作战相关报告的版本的又一个理由。

艾伦与他审问过的日军军官在工作结束之后也保持着联系。“1946年他们被送回国后，我和他们的联系有的是零散的，有的是连续的，不过后来我到日本拜访了他们。他们中有人把日缅战争的一些情况写成了文章，我又得以被引见给写作文章的那些人。”“我一点一滴地累积谈话资料并收集文献，尽量使日方的看法能够汇集成一本书，并尽可能地将它与英国方面的观点进行比照。无法比照时，我就尝试将它与站在英国立场上写就的关于对缅战争情况的文献一起列出，于是两方面都不断有新的事实清晰地浮现出来。就这样，以对缅甸当地生活环境的知识、对已公开文献的不断研究，以及持续四十年或直接或靠通信手段培养的与旧日本军人的人际关系为材料，我把这些事实集结成为一本书。”[⑤]“我并没有要偏袒某一方的想法。我只是想详尽地了解历史，从双方的立

① Oba Sadao, trans. Anne Kaneko, *The Japanese War*, Folkestone 1995.

② 如原第五十五师团长花谷正中将、第十五军司令官片村四八中将。

③ 如第五十五师团的8号作战、振武兵团迈作战、陆军航空作战、第五十五师团的31号作战、第五十五师团的平定缅甸作战(1945年11月金边)。

④ 这些报告书的原稿收藏在杜伦大学。

⑤ Note to Peter Stollard about ‘Burma: The Longest War’ in Louis Allen Papers, Special Collection of Durham University.

场来讲述那场战争。但事实上这项工作并非易事，在工作中我树了不少敌人。”[①]艾伦长年累月，花费了大量时间去收集调查，他的调查对象不仅有防卫厅保存的图书，还包括诸如各个连队的会刊等个人自行制作的资料。

在审讯的同时，艾伦与日军将领结成了长久的深厚友谊，并且他一生都对此十分珍惜。其中一例是绰号“发怒的鲁滨孙·克鲁索”的海军少佐堤新三。很多年后，他赴伦敦任职时与艾伦重逢，在那之后他竟然晋升到三井物产的副总经理。此外，艾伦与第二十八军的参谋官，即后来对他的研究工作给予帮助的土屋英一少佐，以及由横山俊夫在牛津大学留学期间介绍给他认识的F机关的藤原岩市少佐(后来担任自卫队的陆军将领)都保持着联络。艾伦的母语是法语，1946年他两次被派往法属印度，负责当地日军残余部队的遣返工作。在这项工作中紧密配合他的福山少佐也成了他的朋友，艾伦每次赴日都会与他相见，并且他们还通过交换贺年卡等保持联系。

在众多日本友人的帮助下，加上英语、日语的日记、报告、记录文书等大范围的第一手史料，艾伦分阶段地详尽描述了对缅作战中日军进军缅甸，以及“各个民族在密林和山岳、沙漠和海洋以及其他差异显著的气候条件下，出于各自的动机与日军进行战斗”这一段历史。[②] 日本进军马来和菲律宾的目的，在于驱逐控制着荷兰属东印度的石油供给和海上运输线的两股列强势力，通过进军缅甸，日军逐步实现了他们的这一目的，艾伦的这一观点受到广泛认可。

艾伦判断“把印度从英国人手里夺过来，把英国势力从东洋彻底赶出去，这是牟田口中将的梦想”，但另一方面，他未能充分考虑到日本的战略与苏联的关系。作为英国对缅作战的目的，艾伦举出的是“确保支援中国的线路安全并把日本的陆军师团牢牢咬定在缅甸战线上，防止他们被调派到别的地区”。艾伦指出，从想要在对日作战取得终极胜利之前先行取得陆地战胜利的这一意图无

---

① ‘From Interrogator to Interpreter (interview),’ *Japan Digest*, October 1990.

② Louis Allen, Burma: *The Longest War*, Preface p. xx.

法指望的那一刻起，英国的命运便发生了巨大转变，艾伦追问谋求这样的胜利其目的是什么，胜利的意义是什么。因为"一方面英国的印度军人为了英国勇猛果敢地进行战斗，取得了一定战绩，而另一方面，英国却被逼陷入即将在印度和缅甸失去大英帝国统治权的窘境"。

《缅甸：最长的战争》(*Burma*：*The Longest War*)一书由平久保正男译成日语，并由原书房出版发行。参与过缅甸战事的平久保长年住在英国，是日英之间和解运动的日方主要领导人。艾伦认为平久保历经艰辛，付出颇多。平久保为了日英双方达成和解而将两方旧敌聚集到一起，集体凭吊死去的战友，以推进悼念工作的开展，对他这种坚定不懈的努力，艾伦表示尊敬，并一直给予着支持。这个集体凭吊工作现在也仍然定期开展。平久保说："艾伦这本基于日英双方的回忆，并用花费四十余年光阴收集的记录和证词而写就的著作，对于告诉日本的退伍军人以及年轻一代缅甸战事的真相起到了很大作用。"①

天皇驾崩与英国的反日情绪
——艾伦的苦闷

艾伦在二战后不久便深刻认识到了和解的重要性。他认为，为了达成和解，日英双方都必须为促进相互理解而不懈努力。1953年日本皇太子为参加伊丽莎白女王的加冕仪式访问英国时，艾伦特意邀请皇太子到他自1948年开始教授法国文学的杜伦大学，其目的也在于此。当时距二战结束还不是很久，国民"情绪高昂，战争带来的冲击犹有残痕，反日情绪显然仍然存在"，所以大学当局"极其担心发生不合时宜的事件"也是理所当然的。②

时至1988年，昭和天皇驾崩前夕，英国国内依然不断爆发强烈的抗议运动。看到这种情况，艾伦不得不承认"不仅仅是参与战

① 1988年6月平久保正男写给McGregor-Cheers少佐的书信(杜伦大学收藏)

② Louis Allen, 'Japan: The Reconciliation, Old Soldiers Never Die,' a lecture to the Japan Society, 26 April 1990.

争的那一代，在其他的英国国民心中，反日情绪依然存在”[①]，这令艾伦感到非常遗憾。“战争中，日本军人的道义感荡然无存”这是毋庸置疑的，但是艾伦认为必须弄清，“这是不是仅仅局限在军队中？如果是的话，为什么会变成那样？当时是不是无法防止那样的情况发生？”[②]据说，他在1945年《日本周报》报道的畑俊六元帅的发言以及三笠宫崇仁殿下的言论中找到了答案，前者说道：“现代战争的形式是动员所有国民参战的全民总作战。（中略）若部分队伍做出不光彩的行为以及虐囚行为，则只能认定是由于全体国民的道德伦理水平降低了。”**后者则指出**：“一只乌鸦在一百只白鹭中非常抢眼。为什么日本军队会在第一次世界大战结束后仅仅几十年的时间内变成残暴无道的军队呢？日本国民必须认真反省这个问题。”[③]

艾伦理解的“日英和解”——探究史实和相互理解的必要性

艾伦一边著书写作，一边很早就开始推动英国方面发起以和解为目的的互访，以此作为增进日英之间相互理解的实际努力的一环。这一努力始于他个人从战争中到战后与日本军人的接触以及1964年他应日本政府之邀访问日本。他的努力为曾参加缅甸战事的日英老兵之间实现和解，以及双方第一次互访计划的制定和实现发挥了重要作用。

1984年首次，曾参加过科西马战斗的日本部队——五八军的团队在团长西田将的带领下访问了英国，艾伦邀请他们参观了杜伦。1989年6月，曾经在北缅甸做过参谋将领的牛山才太郎担任团长的访问团到访英国，艾伦邀请他们参观位于约克的“英帕尔兵营”并热情地接待了他们。在那一年的下半年，英国的缅甸战友会在日英协会的玉山和夫先生的帮助下访问了日本。艾伦当时正好

① Louis Allen, ‘Japan: The Reconciliation, Old Soldiers Never Die,’ a lecture to the Japan Society, 26 April 1990.

② 同上。

③ 同上。

在日本做旅行讲演，他也参加了该访问团的多个活动。访问团所到之处受到了特别是日本的全缅甸战友会的热忱欢迎，报刊对此事做了大量报道。

这些访问也促进了此后同样交流的开展，并且在给两国老兵带去和解与心灵抚慰的同时，也为打消那些批评的声音做出了贡献。艾伦认为，这些以促进两国战友会和解为目的的交流——1990年后由缅甸作战同志会(Burma Campaign Fellowship Group)延续——其目的以及成果在于，当这些曾经的敌人重逢时，不是“互相陈述偏见”，而是共同探讨和阐释历史，促成彼此对军人的行为和战争中出现的各种现象的了解。

有关英军战俘受到的虐待，流传的竟然只是说那不过是战俘被迫吃米饭而受到文化冲击罢了——对于这种非理性的辩解，艾伦当然发过怒。他对英国方面的无知也同样进行了批判。战后，艾伦自己不断体验到彼此再次面对以达成和解的重要性，所以，增进相互理解是艾伦毕生奋斗的目标，在这条道路上艾伦留下了丰功伟绩。

距离二战爆发已近七十年的今天，在许多方面，真正的、普遍的相互理解尚未达成。由于时间的流逝，拥有亲身经历和记忆的人变得越来越少，这使日英两国面对二战问题的仇视情感有所减弱。但是，面对困难的问题，不是逃避，而是坚持不懈地推进调查和研讨——艾伦的这一努力，无论何时对于战后的和解都具有重要意义。艾伦为日英和解所做的努力对于尚未经过同样的洗涤(感情的净化)的日中两国之间的和解，也未尝不是一个有益的参考案例。

(杉野明/译)

第Ⅲ部分

围绕历史的对话与和解

〈历史交流与和解〉

日中历史共同研究
——成果与课题

波多野澄雄

1 “日中历史共同研究”的意义

由两国政府大力支持的日中历史共同研究，发端于日本首相安倍晋三与时任中国国家主席的胡锦涛2006年10月在北京进行的会晤。前首相小泉纯一郎在任的四年半期间，由于2001年和2005年日本《新历史教科书》通过审查，以及2001年至2006年日本首相六次参拜靖国神社等问题，日中关系降至冰点。尤其在2005年，日本申请成为联合国安理会常任理事国，加之东海气田开发问题，日本驻华大使馆（位于北京）和日本驻上海、香港总领事馆周围不断发生反日游行，其态势甚至蔓延到成都等地。

在这种形势下，由安倍新政权提出的日中历史共同研究被认为是修复两国关系的重要一环。不过，历史共同研究最初是日方在小泉内阁时期发起的提案。2005年4月，在反日游行范围不断扩大的情况下，日本外相町村信孝与中国外交部部长李肇星在北京举行会谈。据日本外务省的记录，二人当时谈及了历史问题。李肇星部长指出“日方的历史认识问题以及教科书通过审查严重伤害了中国人民的感情”。对此，町村外相提出“由于各种教科书编写的立场不尽相同，国家之间要形成对历史的共识将愈发困难，但重要的是为达成共识而做出努力。（他在提到日韩历史共同研究时还说道）还应探讨日中两国间进行历史共同研究的可能性”，李肇星部长回应道“中方对此非常重视。希望今后双方能积极探讨”①。

在京都举行的东盟与中日韩领导人会议上，町村信孝与李肇星再次会面，町村希望推动两国间历史共同研究的进展，他说“此前的外长会谈中提出的历史共同研究，我希望在年内确定具体内容”，李肇星回应“无论是中日两国的历史共同研究，还是中日韩三国间的共同研究，中方都持赞成态度”。之后，随着安倍内阁的诞生，日中历史共同研究逐渐具体化。

纵观以上过程我们可以了解到，与日韩历史共同研究相同，日中历史共同研究的契机之一仍然是教科书问题。此外，不可忽略的是，作为对日方提案的推进，日本驻华大使馆(位于北京)采取了积极的“公共外交”，即大力宣传日方对历史问题的见解。②

总之，虽然共同研究正式启动于安倍内阁，但至2006年11月中旬，麻生太郎外相和李肇星外交部部长就“日中历史共同研究实施框架”达成共识时，其宗旨所涵盖的范围似乎更加广泛，即共同研究的目的在于“通过对历史的共同研究，加深对历史的客观认识，从而增进相互理解”，研究的时期则定于“日中两千多年来的交流史、近代不幸的历史、战后六十年日中关系的发展”，写明了研究的范围并不局限于战争时代。

此次历史共同研究对日本而言有以下四点意义。第一，历史问题形成了在政治及外交层面进行争论的事态，并将舆论卷入其中，阻碍双方在贸易投资、金融、资源、食品安全等重要问题上的交流，为了避免这些事态的出现，应该将历史问题交给专家讨论，即历史问题的“非政治化”。

第二，虽然不强求两国拥有相同的历史认识，但对于某种特定史实及历史事件的理解与解释，共同研究能够通过排除或纠正由于误解、成见和偏见带来的错误以及被夸张报道的史实，从而避免不必要的摩擦。另外，让双方了解两国对历史的解释与认识的不同究竟来自何处也十分重要。这表明，我们期望共同研究的“目的

① 服部龙二:《中日历史认识》,东京大学出版会,2010年,第294页。

② 服部龙二:同上,第290—293页。

并不在于达成共同的历史认识，而是在整理、确认两者之间分歧的基础上进行讨论，以缩小一直以来的差异[①]”。

第三，不局限于两国的“不幸历史”，而是通过回顾战后六十多年的两国关系，冷静地重新审视包含前近代在内的两千多年的交流、发展的历史，来确认日中两国在东亚地区的历史性的存在意义及其不可分割的联系。实际上，日本政府也希望将“不幸历史”所处的时代“相对化”。

最后，将共同研究的成果广泛公开，不仅是历史学家和政府，社会各阶层的人都需要理解在历史问题上双方的解释方法和理解方法存在哪些不同、哪些相同，由误解和偏见造成的错误是什么、应该探讨的是什么等。

2 对共同研究的期待

笔者曾在二十年前即1987年出席了“卢沟桥事变五十周年国际会议”，当时的与会人员大多是围绕“日本的侵略与中国共产党的抵抗”一味地进行教条式的议论，与“交流”和“相互理解”相去甚远。据同一时期主办日中学术会议的卫藤沈吉回忆，中国与会者大声叱责“日本是加害者，中国是受害者，日中两国的历史研究首先必须就此达成共识，否则无法开始共同研究”。日本学者则反驳道，“这或许会成为我们最后的研究结论，但怎么能刚开始研究就对此加以断定呢”，会议最终未能达成共识。[②]

但是，近十年来中国学者们的态度发生了很大的变化，他们开始积极参加国际会议及共同研究，并且更多地在中国以外的学术杂志及媒体上进行发表。越来越多的历史学者赴日留学并获取学位，活跃于日本各种学会，同日本学者一争高下。此外，他们活动的舞台变得更加宽广，研究的内容也逐渐发生着变化。

变化之一即为，即便针对只限于日中战争时代的研究，中国也开始关注第三方，尤其是日美英和中国台湾地区的研究状况。此

① 北冈伸一：《以日中历史共同研究为起点》，载《外交论坛》，2007年第5期。

② 卫藤沈吉：《序论》，载《从共生到敌对》，卫藤沈吉编著，东方书店，2000年。

外，在中国，实证主义研究成为主流，学者们不再只将本国的史料奉为金科玉律，还开始考虑日本与中国台湾地区的史料。主题也变得多样化，不仅有对地方政权与都市兴衰、人的交流与人类迁徙、艺术和教育领域内的交流等内容的相关研究，还有对伪满洲国遗产的重新核查等可以上升到国际学术讨论层面的课题。

此外，还出现了一些显著的变化，如描述上不再只强调共产党的作用，而是更多地提及政策选择的可能性，并积极评价国民党在国家建设与抗日战争中发挥的作用。对历史人物的描写也变得多样化，过度的"个人崇拜"逐渐消失。卫藤在上述国际会议的报告中告诫道："尊敬国父孙文，这一点我也十分赞同，但他的言行并非全都无可挑剔。孙文也是人，在不断探索中经历过失败。毛泽东也同样如此。个人崇拜应有限度。"

这虽然表明真正意义上的"学术交流"的基础得以完善，但无法否定的是，仅就日中战争的时代而言，中方注重的是日本侵略意图的一贯性、计划性，以及责任问题，而日方注重的是多样化的局面与多样化的选择以及可能性，这两种叙述方法基本上是"非对称性"的。举一个最近的例子，有一部日中韩三国学者共同执笔的历史教材，名为《开创未来的历史》[①]。这本书的内容为日中韩三国的近现代史、相互关系史的通史，第Ⅲ章"侵略战争和民众的受害"由中国学者执笔，其特征在于，编写者自始至终都站在——尤其是1927年东方会议之后——日本对中国的侵略以及中国人民的反抗这一角度，花了大量笔墨描述日本"对中国民众的残暴行为"。

基于对该研究状况的认识，为了与中方委员进行会面，包括笔者在内的日方委员曾多次事先进行交流，作为负责研究日中战争时期的一名委员，笔者有以下想法。

从日方来看，与《开创未来的历史》相同，"侵略和反抗"历史观的缺点在于，几乎没有涉及两国外交、政治关系的转变过程，并且缺乏经济与文化的相互交流这一视角。如果战争是政治、外交的延长线，那么"侵略和反抗"中就应该存在"外交"，缺乏"外交"的近代国家

① 日中韩三国共同历史教材委员会：《开创未来的历史》，高文研出版社，2005年。此为日文版标题，中文版标题为"东亚三国的近现代史"——译者注。

关系史则十分片面。因此日方提议重点对以下三点展开研究。

第一点，重视外交、政治关系。就 20 世纪 30 年代而言，1938 年 1 月之前日本承认并派遣外交使节常驻的是蒋介石国民政府，1940 年 11 月以后则是汪兆铭的“南京国民政府”(即“汪伪国民政府——中文版编者注”)。在汪兆铭政府成立后日本立即派遣了特派大使。对中国而言，汪兆铭政府是在“日本侵略中国政策”中承担了部分工作的“傀儡政府”，日本的历史学界也同样采用了这一评价，不过，如果对照当时的实际情况，虽说汪政权建立于日本的占领区内，但包括上海、南京等主要城市在内，仍有很多日本人及企业、政府机构在开展活动，许多相关记录还保存在外务省及政府机关中。进一步说，从政治关系这层意义上看，政府与广东派(广东国民政府)和西南派搞好关系也很重要。此外，自日中战争开始后的 1938 年 1 月起，日方与不再是“敌人”的重庆政权(国民政府)展开了和谈，并希望尽可能多地了解中方对此事的反应。

第二点，在军事对立愈演愈烈的这一时期，贸易投资的扩大与经济交流的作用并不明显，进一步而言，它们并未带来很大的影响。但即便如此，仍有必要探讨文化及学术界开展交流活动的意义，例如，以对中文化项目(东方文化事业)及合作项目为舞台的日中学术交流等。

第三点，预计通过共同研究会引发争论的南京大屠杀事件、七三一部队及细菌战、强掳劳工、从军慰安妇等“负面遗产”问题，除去在死亡人数及责任问题上产生的极端见解，其他的都不必争论，重要的是考察导致这些悲惨事件的原因及背景。

总之，由于共同研究的最后期限为 2008 年，要想通过大规模的调查来发掘新的资料、运用最新的历史理论十分困难，以传统的外交史和军事史的实证研究成果为基础来进行共同研究应该更为恰当。基于中方的研究倾向，为使双方的探讨达成一致，可以设想最好还是采用这种传统的研究方法。

3　共同研究的实际状况

初次会谈就共同研究的推进方式进行了讨论。首先就大致的时间区分达成了一致。近现代时期为鸦片战争以后，第一部分截止到“九一八事变”，第二部分截止到日中战争结束，第三部分则为战后迄今。进而，每一部分又分为三章(共九章)，日中双方委员在各自负责的章节中对中、对日关系先行编写草案，并以此为基础反复展开讨论，根据讨论结果，各自撰写通史性的最终论文。双方当时确定了每一时期必须涉及的历史事项，即“关键词”。例如，如为日中战争时期，则必须涉及“卢沟桥事变”“南京事件”①、汪兆铭政权及近卫声明，希望双方可以通过接触这些重要事件(重要史实)，来明确彼此在对特定史实的理解和解释上所产生的异同。

这些“关键词”很快就被公布了出来，可以说该共同研究非常重视成果的公布，加之政府大力支持并承担大部分的经费，所以更是如此。正因为是积累多年的课题，媒体和国民对此十分关注，《外交蓝皮书》中也明确记载了2008年的成果公布。

关于公布方法，后叙的“日韩历史共同研究”所采取的方式为，两国委员在各自负责的时期内，基于各自关心的问题撰写单篇论文，并对对方的论文进行点评。日中的公布方法同时兼顾了两个角度，即从日方角度出发的对中关系，以及从中方角度出发的对日关系。

另一方面，在本次共同研究中，双方达成了以下一致意见。即基本上将日中战争优先理解为日中之间的问题，将两国的国内状况与国际关系动向以及在它们的相互作用下影响两国关系的多种因素作为次要问题。

因此，关于日中战争，共同研究虽然也涉及了直接影响两国关系的战争及外交、政治接触这些内外因素，但并未提及交战与外交交涉背后的国内动向，尤其是中方的国内动向。从日本的对外政策及外交史研究中可以看出，对外政策与军事政策很大程度上取决于对内政问题的考量及国内政治力学。例如中国对日政策的变化，战前确实受到国民党和共产党合作与对抗(国共合作与国共对立)的影响；战后在对日政策上也有所体现，即共产党与国民党政府在国内建设上的矛盾，以及在领导权上出现的纠纷，这些可以通

① “南京事件”为原著提法，中国称为“南京大屠杀事件”，下同。——译者注

过《人民日报》等分析间接得到确认。但共同研究对这些课题并未做深入探讨。

如上所述,九十年代后,日本及欧美在研究日中战争时,重心逐渐从日中两国间的战争及政治外交问题,转移到两国经济、社会的变化与文化互渗。方法论也开始多样化,不过,新的方法论并未体现在共同研究中。笔者所期待的为达到经济交流与文化、知识交流而共同合作的局面,最终也并未反映在书面成果中。

虽然无法详细介绍讨论的具体内容,但与设想相同,中方对20世纪30年代日中关系史的论述方法建立在“日本的侵略和中国的反抗”这一框架上。与此相对,日方则以重视政策决定的过程及交涉过程的传统外交史和军事史的手法为基础,特别是一方面承认其“满洲事变”①后的军事侵略倾向,另一方面承认在具体到政策选择时,简而言之,较之“和平解决路线”,更看重“军事解决路线”。

尽管日方的这种研究方法时常受到批判,如被称为“非结构性历史观”,被认为无视历史事件的因果关系而倾向于强调事件之间的“非连续性、偶然性、外因性”,不过争论并未升级到更高层次的方法论上。②

此外,日中方法论的不同之处还体现在对个别历史事件的解释上。例如,在评价20世纪20年代的日中合作关系时,中方认为这是日本在签订“二十一条”后“对大陆扩张政策”的持续,日方则以此为扩张政策的衰退。又如,撰写二十年代日中关系(第一部分第三章)的服部龙二认为,虽然应当尊重中方站在对立面上所做出的解释,但“日本的对中政策受到多股势力的影响,在日本国内,政策上的矛盾愈发严重。……支持田中的国内基础格外脆弱,而且也未能与其后的昭和军阀做好衔接。不仅是第一部分第三章,当中方轻易就将日本外交看成一个庞大的整体时,我感觉到双方对事件的基本解释存在差异”。③

不仅如此,对于从“九一八事变”到日中战争这段时期的日本对中政策,究竟是连续的还是割裂的,双方仍存在很大争议。虽然

---

① “满洲事变”为原著提法,中国称为“九一八事变”,下同。——译者注

② 步平:《如何共有历史认识》,载《世界》,2007年第8期。

③ 服部龙二:《中日历史认识》,第306页。

从“九一八事变”到“卢沟桥事变”这段时间内日中关系相对稳定，没有军事冲突，但另一方面当地日军又将华北一带从中国分裂出去，并将其置于日本的管理下，日方对此也进行了长时间的探讨。

“卢沟桥事变”的第一枪是否由日军打响，日方强力推出“偶发说”，对此中方也进行了探讨。之后中方将其理解为这是“九一八事变”后日本有计划地侵略中国政策的延续。具体解释即为在“卢沟桥事变”爆发的一年前，于日本参谋本部策划的“昭和十二年度对支作战计划”中，已经写入了对上海、南京的占领计划，事件爆发后，日军基本上依照了这一计划来行动。根据日方的研究，“对支作战计划”是日本陆海军每年都会制定的“陆海军年度作战计划”的一部分，在对中关系紧张的情况下，虽然预料到会同中国发生战争，但当时参谋本部对此并未达成一致，这一计划只是为获取军备预算而撰写的“文章”，实际上卢沟桥事件并非是据此来谋划的。

另一方面，虽然卢沟桥开枪事件是“偶发的”，但不可否认，政府和媒体都认为当地日军(北中国方面军和关东军)及陆军中央的“扩大派”趁机将打倒蒋介石政权与占领华北的意图(非计划)化为现实，将其看作通过军事力量弄垮蒋介石政权的好机会，并推动在当地完成此事。只不过无论是当地日军还是“扩大派”都并未打算与中国展开全面战争。

以上事例表明，中方的叙述方法注重日本侵略意图的一贯性、计划性、责任问题，日方的叙述方法注重多样化的局面、多样化的选择以及可能性，两者间存在着根本上的差异。例如就“南京事件”，日方指出国民政府在南京防卫体制上的缺陷，蒋介石和唐生智在南京防卫作战上的失误，及其放弃指挥统领、保护民众的错误，并认为死亡人数增多的部分原因也在于中国。不过这些争论仅限于学术层面，要想获得中国人民的理解十分困难。因为在他们看来，这种解释不过是为了回避日军的责任而已。

顺便说明一下，双方就“南京事件”达成一致，认为重点并非在于死亡人数，而是事件的背景和原因。关于死亡人数的计算方法及资料依据，由于避开了严密的历史学探讨，所以只是将各自内部普遍认同的看法记载下来。此外，在探讨大屠杀是否是有组织、有计划的事件之时，也采用相同的记述方法。中方称其为“南京大屠杀”，将其作为日中战争一系列“暴行”(强掳劳工、化学武器、细菌战、从军慰安妇、“三光”作战等)中的一个，最近尤为特别的是，中国似乎将“南京大屠杀”作为中国人民共同苦难与民族团结的标志，使其成为“爱国主义教育”的基本材料，对它格外重视。①

中方究竟如何认定日中战争(“抗日战争”)的性质，这一点也得以明确。特别是太平洋战争爆发——日本开始发动对英美的战争，由于中国明确成为联合国一员，在世界“反法西斯战争”大潮中担任重要角色，并在“反法西斯统一战线”中处于重要地位，消耗了日军大量的兵力与资源，才实现了“反法西斯战争”的胜利，这些都成为固定的历史画面。因此，除了中国之外，有关其他国家对抗日战争胜利所做贡献的描述少之又少。抗日战争本身也是如此。正因为中国人民自始至终都在反抗日本的侵略，才打下了当今国家的基础，国民统一的历史观也就难以动摇。② 这种历史观也反映在历史研究中，并与日本和欧美形成对比，它从历史现象的“结果”出发，并不重视过程。

日本和欧美学者对日中关系史的理解方法发生了很大变化。他们不再仅仅讨论两国之间的关系史，还将东亚整体的“近代化和内发性”纳入框架。此外，方法论也变得多样化，如将日中关系史理解为国家建设、国民联合的形成及其相互作用的结果。不过，若是要求中方学者也采用多样化的研究方法，或许有些操之过急。

以上虽然只突出了日中之间的差异，但较之笔者在二十多年前参加的卢沟桥事变三十周年学术论坛，还是有必要指出，关于各个单独史实的解释和理解框架，双方在学术层面上共有的范围确实扩大了很多。正因为如此，如何使学术层面上达成的一致理解也能成为两国国民的共识，就变得尤为重要。

---

① 杨大庆：《南京大屠杀》，载《跨越国境的历史认识》，刘杰主编，东京大学出版社，2005 年。

② 与以下观点有相通之处：赢得日本侵略战争的胜利成为“权力正统性的根据”(冈部达味，《日中关系的过去与将来》，岩波书店，2006 年，第 224 页)。

4　历史研究与历史教育

不过，这已并非是日本政府首次支持“历史对话”。日韩两国同样也是基于首脑会晤上达成的共识，自 2002 年开始由“日韩历史共同研究委员会”着手进行共同研究，首批研究结束后，于 2005 年公布了研究报告。研究的范围与日中共同研究相同，不仅涵盖日本殖民统治时期，还包括古代、中近世、近现代等漫长的日韩历史。日韩历史对话启动的契机是，2001 年“新历史教科书编纂会”编写的历史教科书通过审查所引发的争议。

历史教科书应是国家进行国民教育的手段，某种程度上反映了国家的发展过程和政府的思想。但是，“编纂会”编写的教科书并未考虑邻国的感受，将殖民统治和侵略战争正当化，还缺乏对“负面遗产”问题的反省与谢罪，这表明日本社会中存在着根深蒂固的极端“本国中心主义史观”。此外，“编纂会”不仅编写教科书，还展开实际行动，因而引发了各种形式的抵制活动，并推进了共同教材的编写。[①] 日韩两国的历史对话逐渐发展为日中韩三国的对话，三国的历史学者聚集于“共同历史教材委员会”，以近现代史为焦点多次交换意见，出版了上述《开创未来的历史》。不过，三国的学者虽然立场相同，即“日本的侵略与中韩的反抗”以及“加害与受害”，但对于建立在各国主流学术研究基础上的历史观也只是采用了并列记载的形式，因此很难说这本教材是日中韩三国的学者经过反复的批判性探讨而得出的结果。

如此一来，从首次报告中也可以看出，在民间历史对话进展良好的同时，政府支持的日韩历史共同研究却难以推进。一名韩方委员在报告中写道：“虽然委员会的成立起因于日本的教科书问题，但要想直接讨论教科书中所出现的历史问题是不可能的。……因日本教科书歪曲历史而成立的委员会，却尽力不去触碰教

① 井出弘人：《东亚历史对话的目标与课题》，载《东亚的历史政策》，近藤孝弘编著，明石书店，2008 年。其成果为由日本历史教育者协会和韩国全国历史教师协会编著的《日本·韩朝历史面对面》（青木书店，2006 年）的发行，以及日韩两国的教职员组织在教材开发上所做的努力。

科书中的争议点，这恐怕谁都无法理解。”还有其他的韩方委员写道：“尽管历史教科书的表述和历史教育很可能成为此次研究及探讨的对象，但由于日方强烈反对，最终无法进行，实在令人遗憾。”①

从报告中可以看出，日方试图撇开历史教科书问题来进行共同研究，而韩方则欲将探讨教科书表述的对错作为研究前提，双方的立场截然不同。日方主席三谷太一郎一方面承认委员会成立的起因是历史教科书问题，另一方面又认为委员会的任务应该是“对历史教科书问题的实质，即日韩两国共同的历史问题进行研究”，因此将研究目的定位为“通过共同研究，在历史领域建立跨国界的‘学术共同体’”。他还说，无论是本国历史还是国际关系史，历史学对民族主义的形成都有所贡献，尤其在日韩关系史中，日本曾经是“朝鲜民族主义的绝对压制者”，要想建立“学术共同体”十分困难，这才需要借助共同研究的力量。②

总之，从报告中可以看出，韩方委员难以接受日方割裂历史研究与历史教育的主张。从殖民地解放以后，韩国始终认为，在恢复国家主权概念上旨在回归本国与本民族历史的研究与传达研究成果的历史教育是不可分割的。韩国设置国家直属的历史编纂机构“国史编纂委员会”，并使其参与国家指定教科书的编纂，就足以证明这一点。③

上述日韩历史共同研究表明，在东亚地区探讨历史问题时，广义上无法与“历史教育”问题分割开来。中国也有国家出面保护历史研究和历史教育的传统，即便现在已经不完全是由国家来指定教科书，但一定程度上教科书仍然处于国家控制下。在历史教育作为“爱国主义教育”的中流砥柱占据着重要地位的同时，因为受到社会多元化的影响，教科书也逐渐走向多样化。但在教学大纲中，初高中要求必修“帝国主义者的侵入和中国人民的反抗运动”这一课题，并要求必须有相应的教育。关于战后日本，有的将它描述为成功发展的典型，也有的提到日本为了谢罪与和解而做出的

---

① 《第一期日韩历史共同研究委员会报告》，2005 年 3 月。

② 《日方主席 序言》，载《第一期日韩历史共同研究委员会报告》，2005 年 3 月。井出弘人：《东亚历史对话的目标与课题》。

③ 井出弘人：同上。

努力与经济上的合作，但这些只是作为选修的教材，并未被纳入教学大纲的必修范围。①

总之，这些教科书的内容来源于中国正统的历史研究。因此，若是通过政府支持的共同研究来变更“南京事件”的死亡人数，就意味着变更历史教育的内容，也许还会动摇爱国主义教育的根基。参加日中历史共同研究的中方委员全都是来自位于北京的北京大学和社会科学院的学者，从上述的视点来考虑倒是颇有启发性。这表明，欲在官方层面上推进为达到东亚“清算过去”而进行的历史对话和历史和解，日本有必要关注中韩历史问题的研究特质，即历史研究和历史教育二者密不可分。

官方的历史研究成果直接关系到历史教育。如果从这一观点出发，历史共同研究的成果如何公布，公布到何种程度，对中国来说就尤为重要，最终阶段的进展之所以稍显缓慢，就是为了要在公布方法上力求慎重。研究的最后，中方要求在各篇论文中加入日本是侵略战争的加害者、中国是受害者这一基本判断，所以即便各篇通史性论文展开了非常细致的讨论，但如果不能从中明确读取这一基本判断，中方大概也无法公布。2009 年 3 月后，报告内容才大致确定下来。

5 代结语

2010 年 3 月上旬，《人民日报》②刊登了一篇关于共同研究的总结性长文。就其中所涉及的内容来看，作者可能是共同研究的中方委员。作者认为，在近现代史课题组中，“双方的研究方法和思维方式存在很大差异”，文章写道：

> 中方学者重视近代中日两国之间发生一系列问题的原因及本质，日方学者则倾向于探究某一问题发生的过程。换句话说，在讨论研究题目的时候，中方委员认为研究历史的必然

① 关于中国历史教育的现状，请参考克劳迪娅·施耐德《改革开放后中国的历史教育》，近藤孝弘译，载《东亚的历史政策》，近藤孝弘编著。

② 《尊重差异，增进理解》，2010 年 3 月 2 日《人民日报》。

性、历史事件的性质更重要；日方则习惯于研究历史的偶然性，比如某一历史细节对历史的影响。

但是，文章作者认为尽管双方存在这种研究方法上的差异，但“比起以往，彼此都能在一定程度上理解对方”，文章这样陈述：

> 针对双方最为关注的中日战争问题，双方委员对战争的性质进行了充分讨论，在各自的论文中都明确指出：1931—1945年的中日战争是日本对中国的侵略战争，在战争的侵略性质问题上达成了比较一致的认识。中方委员在论文中深刻阐述了侵略战争给中国人民造成的巨大伤害与损失，表达了谴责侵略战争和维护和平的愿望。日方学者在研究成果中明确承认了日本军国主义对中国的侵略和给中国人民造成的巨大伤害，认为战争中因日军的种种非法行为导致了大量中国平民的伤亡，造成了深刻的战争伤痕，是构筑战后中日关系的障碍。

随后文章又进一步论述道：

> 日方学者理解了中方学者高度关注侵略战争对中国产生巨大伤害的原因，而且注意到这并没有使他们的学术研究流于情绪化；中方学者肯定日方学者实证研究的成果，也注意到日方学者并未因此否定加害的责任。

这一论述也许是文章作者希望传达给中国民众的信息，但从中也可以窥见，中方最重要的目的在于，让日方认同日中战争的本质是“日本军国主义发动的对中侵略”，并承认给中国人民带来巨大伤害的“加害责任”。

日方虽已事先察觉到中方的这一目的，但从未想过也从未准备要就战争的性质和本质挑起论战。

尽管是官方支持的共同研究，但日方并没有意图代表学界和政府来达成成果，他们就自己所负责的研究时期，与中方交换意见，并以各自的历史观和分析方法为基础来描绘一幅历史画面。

如果要问参加共同研究的日方委员有何共同点的话，答案应该是，他们不会就特定的历史观来争论是非对错，也不会展开大胆的历史结构论和历史理论，而是尊重可信的历史资料以及建立在其基础之上的个案研究成果。中方也许会认为这模糊了侵略战争这一基本性质，但若以上述姿态来参加共同研究，在讨论如下问题时，就能站稳脚跟——如，历史解释和历史认识的方法及理解的方法有何差异、差异从何而来，有何共同之处、误解和偏见会引起何种错误，应当讨论什么。同时也能实际体会到持续进行历史对话和共同研究的必要性，其中还包括广义上历史教育的应有方式。

共同研究结束后，中方主席步平在日本最近的研究报告中强调，对于东亚的历史问题，有必要将“政治判断、国民感情及学术研究三个不同的层面”作为相互关联的角度来进行把握。[①] 尤其提醒双方注意，学术层面上的问题与政治判断、国民感情紧密相连，中方希望在这一点上获得理解。

刘杰指出，历史和解必须要跨越的障碍在于日中双方“历史感”的差异。“以己度人是一种傲慢”，能否达成和解“在于能否理解并敞开心胸接受国境彼端对方的历史感”。[②]

为了培养对历史问题的这种宽容性，就如此次共同研究所创造的有利于双方学者冷静对话的环境，政府的支持必不可少。除此以外恐怕还需要政府的领导力。历史问题对双方而言实际上是“国内问题”，这在共同研究中也有所体现。自细川内阁以来，日本政府的官方立场是，即便存在“侵略战争论”，但如果接受这一论断，则是对战亡者的冒犯与亵渎，遗族会及支援团体、支援政党的主张便会成为政治压力，并颠覆“不战决议”[③]。内阁成员之所以不考虑国际感受，仍然参拜靖国神社，大多是因为考虑到国内的反

① 步平：《东亚在历史问题上的对话空间》，载《报告资料集》，早稻田大学亚洲研究机构“第七次国际论坛”，2010 年 10 月 23 日。

② 刘杰：《历史认识如何跨越国境》，载《东亚的历史政策》，近藤孝弘编著，第 172—191 页。

③ 波多野澄雄：《遗族的迷失》，载《记忆中的珍珠港》，细谷千博主编，Minerva 书房，2004 年，第 256—272 页。

应，这也是“历史问题”爆发的根本原因。

但是，国内“历史和解”存在困难，并不表示对外和解政策有所停滞。如果“外压”能有效缓解并消除国内历史摩擦，那么，就可以将“外压”转化为自身的力量用以处理“历史问题”。其中一个例子即为在教科书审查时对“近邻诸国条款”的积极运用。[①]

进而，正如研究欧洲历史和解的近藤孝弘所指出的那样，战后德国的民主主义中加入了官方政治教育，这种民主主义该如何存在，与此相关的建议还是值得一听的。[②] 这里的“政治教育”，可以说它是为了使国民形成特定的政治价值观及世界观，不过其真正的目的还在于“帮助每个人自主地形成政治立场，促进其民主主义能力的发挥”。这种意义上的政治教育具有两个优点。第一，由于官方机构的介入，它可以与否定人权及民主主义价值的团体和个人教育活动相对抗。在全球化不断发展的社会中，这样可以保证高度公开的政治教育，防止社会的激进。

第二，在现实性上，拥有政治教育这一手段，就能同历史政策相通的邻国改善关系。反过来说，因为日本存在高度“依赖市场”的民主主义，所以不具备这一手段的日本，要想实行有效的历史政策便会困难重重。

总之，除了要保护学者和教育者的“表达自由”，究竟如何才能实现广义上的历史教育，即建设性地构建与东亚邻国的关系，我认为是时候该由政府拿出具体对策了。

---

① 船桥洋一：《提倡制定清算过去的政策》，载《当下应如何解决历史问题》，船桥洋一编著，岩波书店，2001年，第147—206页。

② 近藤孝弘：《东亚的历史问题和欧洲的历史政策》，载《东亚的历史政策》，近藤孝弘编著，第230—253页。

共有历史认识的尝试

——关于法德共同历史教科书

剑持久木

前　言

“法国与德国早已和解。”①在谈到东亚的历史认识问题时，人们经常用这句话来提及欧洲的先进性。但在2010年8月，有位令人意想不到的人物也说出了这句话。她就是法国的极右政党、国民阵线领导人让·玛丽娜·勒庞，当时她作为欧洲右翼政党代表团的一员赴日。这是她在8月14日访问靖国神社回答记者提问时说出的一句话。其发言当然是按照招待方日本的要求，反驳了将靖国神社参拜问题政治化的人对供奉甲级战犯的批判。“重要的是，为保卫祖国而献出生命的人的善意。”②

历史认识问题早已成为东亚的政治问题。在进入21世纪该问题变得愈发尖锐的背景下，勒庞颇有默契地所维护的日本首相对靖国神社的正式参拜及“新历史教科书”问题，使得2005年夏季于悉尼召开的国际历史科学大会上新设了“历史教科书”会议。笔者偶然作为一名听众出席了该会议，主办者西川正雄所做的总结性发言令笔者印象深刻，即“虽然可以共有历史事实，却无法拥有

① 2010年8月15日《朝日新闻》。

② 2010年8月15日《产经新闻》。

相同的历史认识"[①]。

在这一分会上，日本的报告人虽然批判了当时悬而未决的修正主义历史教科书出现的问题，但仍说到在战后日本民主化进程中所诞生的世界史教育是有一线希望的。不过，偏偏在一年后的2006年秋季，当时的"世界史未履修事件"浮出水面，清楚地反映了日本历史教育状况的严重性。[②]

总之，至少在2005年至2006年期间，日本确实认识到了历史教育、历史教科书问题的重要性，但同时国内也蔓延着一种悲观的情绪，认为拥有共同的历史认识简直是痴人说梦，更何况是共同的历史教科书。在这一氛围下，笔者发现了2006年春季的一则短小的新闻，出自笔者三月份居住在法国时偶然看到的《世界报》，新闻内容是德国与法国正在编写共同的历史教科书。[③] 这对我们日本人来说，至少亲眼目睹了一年前还根本无法想象的事情已经在欧洲进行，于是我们开始着手共同研究，并关注作为共有历史认识实验的法德共同历史教科书。

在欧洲，尤其是德法两国的历史教育对话早在两次世界大战期间就已展开，名古屋大学的近藤孝弘通过一系列的研究对情况

---

① 虽然西川正雄率先致力于东亚的历史对话，但对共同教科书构想却一贯持批判的态度。西川正雄：《历史学的妙趣》，日本经济评论社，2010年，第336—337页。

② 川喜田敦子：《参加"教科书——从国民的叙述到市民的叙述"有感》，载《历史学研究》第815期，2006年。Hisaki KENMOCHI，'L'affaire du sekaishi au Japon: Un cours d'histoire universelle remise aux oubliettes,' *Historiens & Geographes*, no. 403，2008.

③ 法德共同历史教科书，现已出版第一卷（现代史）和第二卷（近代史），其中第一卷已发行日文版。Guillamue Le Quintrec，Peter Geiss，Daniel Henri，(sous la drection de)，Histoire/Geschichte，L'Europe et le monde du congrès de Vienne à，1945，Nathan/Klette，2008，Guillaume Le Quintrec，Peter Geiss，(sous la drection de)，Histoire/GeschichteL'Europe et le monde depuis，1945，Nathan/Klett，2006. 福井宪彦、近藤和彦监译《法德共同历史教科书（现代史）》，明石书店，2008年。2010年5月30日召开的日本西方史学会（别府大学）小论坛Ⅲ"法德共同历史教科书的射程"，本文的基础即为笔者当时所撰写的报告。

进行了介绍，欧洲共同历史教材《欧洲史》也立即被译成了日语。[①] 不过，尽管称作共同教科书，事实上却完全不是那么回事，毫不夸张地说，这至少是2006年之前的普遍看法。

究竟是否可能形成超越国界的历史共同认识呢？本文以对该问题的回答作为最终目标，以笔者此前在科研中所从事的共同研究[②]，以及一直以来在实地调查等方面给予支持的法德学者的工作为基础，考察作为共有历史认识实验的法德共同教科书的现状及未来。

本文同时将加入共同教科书诞生之际历史学家间的合作、东亚的现状、法德教育现场对共同教科书的反应以及外部的批判等内容。

1 教科书诞生背后法德历史学家间的合作

首先来看与共同教科书诞生直接相关的背景。法德两国于1963年签署《爱丽舍条约》，其后又根据该条约成立了法德青年社[③]。在2003年举办庆祝条约签订四十周年纪念仪式时，法德青年社主办了当时的青少年议会。

法德青年社，是法德两国青少年交流的官方机构，在青少年议会成立前还承担着与欧洲青少年政策相关的所有制度的顾问角色，如以欧洲所有高等教育机构的学生交流项目而闻名的伊拉斯莫计划(ERASMUS)、产学合作项目可米特计划(COMETT)，以及“欧洲青少年”项目[④]。此外，青少年议会还通过了法德编写共同教科书的提案。

① 近藤孝弘:《德国现代史和国际教科书改善》，名古屋大学出版会，1993年。近藤孝弘:《国际历史教科书对话》，中公新书，1998年。德鲁什·弗雷德里克统合编辑，木村尚三郎主编，花上克己译《欧洲的历史(第二版)》，东京书籍，1998年(第一版译文于1994年刊登)。

② 2007至2010年基础研究B“历史认识共有的实验”(研究合作人为西山晓义、川喜田敦子)。

③ 关于法德青年社，参照汉斯·曼弗雷德·博克:《欧洲文化关系中的法德青年社(DFJW/OFAJ)》，载《欧洲统一的半世纪与东亚共同体》，广田功编，日本经济评论社，2009年。

④ 同上，第211—212页。

不过，尽管“议会”召集了两国五百名高中生，却属于不具备任何法律效力的模拟议会。在其通过的十五项决议中，不仅有“废除原子能发电站”这样不切实际的提案，还有“设立法德共同工会”这种混淆市民社会和行政概念的提案。除了共同教科书外，能够反映现实政策的就只有法德和解纪念日的制定。不过在议会的最后一天，高中生代表向当时在场的法国总统希拉克和德国总理施罗德发出了“提议”，两国首脑都表示赞同，这就是编写共同教科书象征性的起点。①

签署《爱丽舍条约》的虽是法国总统戴高乐和德国总理阿登纳，但是，值得注意的是，随后两国首脑如施密特与吉斯卡尔·德斯坦、科尔与密特朗之间都建立了密切的合作关系。当然，在确定编写共同教科书时，法德两国正处于伊拉克战争这一国际背景下，双方关系因此再次密切起来，但在东亚，不仅日中两国，甚至日韩也不曾有过类似法德首脑之间的信赖关系，两者在这一点上存在巨大差异。②

接着我们来看在法德共同历史教科书诞生的背景下，德法两国历史学家之间的交流。1928 年在奥斯陆举行的国际历史科学大会上，著名的历史学家马克·布洛赫(Marc Léopold Benjamin Bloch)倡议“通过历史达成各国国民的和解”，这一声明作为“奥斯陆宣言”广为人知。作为将“奥斯陆宣言”具体化的一个尝试，1932 年所谓的“不战条约”在法德两国登场，即当时被称为“学术界凯洛格(Kellogg)”的“法德关系史指南”这一构想。

首次尝试虽在 1933 年纳粹政权建立时遭遇挫折，但两国历史学家并未放弃交流，1935 年为改善两国的教科书提出了三十九条建议。值得注意的是，虽然这些建议无法在当时付诸实施，但第二次世界大战后，在 20 世纪 50 年代再次展开的历史教科书对话中，

① 参照剑持久木：《法德共同历史教科书的范围》，载《历史认识共有的角度》，剑持久木、小菅信子、里奥内尔·鲍比茨编，明石书店，2009 年，第 15 页。

② 当然，这并非是说任何时期的法德首脑都拥有十分紧密的合作关系。即便在共同教科书中，也附有象征性的照片来说明阿登纳的下一任，即“大西洋主义者”艾哈德就曾疏远法国。《共同教科书》，第 298—299 页。

又反映出了该建议的实质性内容。①

第二次世界大战后，德国仍处于同盟国占领下，从这一时期开始，历史学家们便在法国的占领地施派尔再次展开交流。法德关系史研究权威人物科琳·德夫朗斯(Corine Defrance)等人指出，这与第一次世界大战发生后的情况大不相同，当时德国的历史学家在国际上受到排挤。② 正因为两次世界大战期间存在交流，才使第二次世界大战后两国得以再次迅速地展开对话。

此外，这一交流还关系到美因茨欧洲历史研究所(1953 年)和巴黎德国历史研究所(1958—1964 年为德国历史研究中心，1964 年后为现机构)的设立。历史学家们在施派尔再次展开交流，也成为历史教科书对话重新进行的契机。法国历史地理教员协会的爱德华·布鲁利(Eduard Bruley)与后来建立国际教科书研究所的格奥尔格·埃克特(Georg Eckert)成为教科书对话的主导者。如上所述，第二次世界大战后法德和解的象征即为 1963 年签署的《爱丽舍条约》，但我们应当注意到两国的历史学家早在此前就已达成和解。当然，在《爱丽舍条约》签署以后，两国的交流愈发频繁也自不待言。

自那时起至 2003 年青少年议会设立的这段时期，在 20 世纪 70 年代，尤其是 80 年代以后，法德两国在高中教育上的相互关联也逐渐制度化，如设置法德高中、AbiBac 学习班③、欧洲学习班等④。进而如设置大学教育层面上的共同学位、博士课程，法德两国最为有力地推进欧洲一体化在社会层面上的深入。德夫朗斯还

① 关于共同教科书达成之前的经过，参照剑持久木、西山晓义：《历史认识共有的可能性》，载《历史学研究》第 840 期，2008 年 5 月刊。

② 法德历史学家的交流被记录在科琳·德夫朗斯与乌尔里奇·法伊尔的共同演讲会(2009 年 11 月 25 日，日法会馆，未公开刊登)中。Ulrichi Pfeil, 'Les relations entre historiens francais et allemands entre nouvelles orientations politiques et processus de mutations scientifiques jusuqu'aux annees 1960,' Corine Defrance, 'Convergences scientifiques et projets communs des historiens francais et allemands des annees 1970 a nos jours.'

③ AbiBac 是德语高考 Abitur 与法语高考 Baccalauréat français 的缩写词，即考生可以同时取得法德两国中学毕业文凭。——译者注

④ 关于欧洲学习班、AbiBac 学习班，参照西山晓义：《跨越国境的教科书》，载《欧洲统一的半世纪与东亚共同体》，广田功编，第 168—169 页。

指出，现实状况并不总是能跟上制度的步伐，获得法德共同博士学位的人走上研究岗位不过是最近几年的事，而且高中课程中排在英语之后的第二外语也已经被西班牙语所取代。

法德历史学家的合作成果并不仅仅是共同历史教科书。2009年访日时德夫朗斯指出了最近的三项重大成果。第一项即为共同历史教科书。第二项是现在正在发行的法德史全十一卷通史，虽然目前只有德语版，但这是德法两国的历史学家分别撰写的通史，内容从卡尔大帝涵盖至今。① 第三项则为2008年出版的第一次世界大战法德共同通史。② 这部通史，由两国代表性的泰斗让·雅克·贝克（Jean-Jacques Becker）和盖尔特·克鲁迈希（Gerd Krumeich）共同撰写，而非分别撰写，2010年还出版了德语版。③

除了书的内容外，我们还应注意其完成的背景。这两位学者是1992年设立的第一次世界大战历史博物馆（Historial de la Grande Guerre）的中心成员。博物馆位于帕罗纳，与凡尔登相同，该地以第一次世界大战的发生地而著称。笔者有幸参观了该博物馆，认为它与此前的战争博物馆大不相同。

具有代表性的战争博物馆无非是伦敦帝国战争博物馆、巴黎荣军院军事博物馆，一般都是称赞本国国民参与的战争，站在肯定战争的立场上建造而成。可以说日本靖国神社的"游就馆"也是如此。在帕罗纳博物馆建立时，参与其准备工作的有法国、德国以及英国的学者J.云特，该馆的展品跨越了国境，其角度是战争的社会史及市民眼中的战争。共同教科书上所记载的第一次世界大战的相关资料中也引用了帕罗纳博物馆的展品。④ 帕罗纳博物馆、共同

---

① Miche Werner, Gudrun Gersman, (ed.) WBG Deutsch-Franzosische Geschichte, Bd1-11, Wissenschaftliche Buchgesellschaft, 2005 - 2011.

② Jean-Jacques Becker, Gerd Krumeich, La Grande Guerre. *Une histoire franco-allemande*, Tallandier, Prais, 2008. 日译本（剑持久木、西山晓义译，《第一次世界大战 法德共同通史》，岩波书店）预计于2011年出版。

③ Der Grobe Krieg, *Deutschland und Frankreich im Ersten Weltkrieg 1914 - 1918*, Marcel Kuster, Peter Bottner(Ubersetzer), Klartext Verlag, Essen, 2010.

④ 帕罗纳博物馆收藏的法国士兵表达憎恶敌兵的书信登载于共同教科书第二卷。Peter Geiss, Daneil Henri, Guillaume Le Quintrec, *L'Europe et le monde du congres de Vienne a 1945*, Nathan, 2008, p. 203.

通史以及共同历史教科书正是由于共同的概念连接在一起，其中最具象征性的是帕罗纳博物馆被选为2006年春季共同历史教科书法国的报告会场。

2 东亚的现实状况

最初在考虑东亚历史认识共有的可能性时，就应思考“东亚”究竟指什么，是地理位置上的东亚，还是经济概念上的东亚共同体，抑或包含东盟各国在内的十三个国家，若指近来在历史认识问题上引发关注的东亚，大体可以限定为日中韩三国。当然，如果是历史意义上的中华、汉字文化圈，就应包括蒙古、越南，但若将前提限定为“解决历史认识问题是该地域必须探讨的课题”，那么该地域即指近代以后处于日本直接或间接的统治下，从这一负面意义上而言有着相同经验的地域。本文原则上讨论的即为这一狭义的“东亚”。

我在开头提到，2001年历史教科书问题的起因是《新历史教科书》的发行、审查通过。在肯定侵略战争，不考虑民众感受等诸多侧面，该教科书在国内外受到强烈批判。除此之外，日中韩共同教材委员会还将其作为反面教材，出于“能否将与亚洲拥有共有历史认识的教材落到实处”这一意图编写了日中韩三国共同的历史教材《开创未来的历史》[①]。

就如“以日本对亚洲的侵略为主题”这一撰写方针所示，该教材的立场十分明确[②]，可以预想到它会遭到保守派的批判，因为他们支持的是与此截然不同的《新历史教科书》。但值得注意的是，即便是希望东亚达成共同历史认识的阵营，也提出了批评，因为东亚所指的范围出现了问题。正如副标题“东亚三国的近现代史”所示，教材仅仅写出了日本、中国、韩国的近现代史，并未包含整个东亚区域，因而受到批判。

---

① 此为日文版标题，中文版标题为“东亚三国的近现代史”。——译者注

② 日中韩三国历史教材委员会：《开创未来的历史》，高文研，2005年。关于该书的编写经过，参照斋藤一晴：《中国历史教科书与东亚历史对话》，花传社，2008年。

就这一点，出现了一种严厉批判的声音，称“这反倒强化了民族史”[1]。事实上，《开创未来的历史》编委会成员之一的斋藤一晴也反省道：“跨越国境的历史认识对话反倒在（日中韩）三国与亚洲其他国家之间划出了一条新的界线。”[2]

尽管如此，与处在欧洲联盟（EU）这种融合过程中的欧洲不同，虽然东亚曾经也存在中华文化圈一体性，但相比迟一个世纪才开始进行的东亚近现代史研究，19 世纪欧洲国民国家的形成过程具有其理所当然的一面。虽然教材描写了日中韩三国民族主义的对立，但若因此而谴责它则略显苛刻。正如斋藤自己所说，比起教材带来的结果，《开创未来的历史》最大的成果在于跨越国境不断进行探讨和交流的过程[3]，由此，我们也应该对教材给予好评，即市民社会打开了今后交流的大门。

共同教材《开创未来的历史》本身即为一项巨大的成果，除此之外为了推动共有跨越国境的历史认识，更令人期待的则是日中、日韩政府间的历史协议。日本和韩国已经开展了两期共同研究，第一期从 2002 年到 2005 年，第二期从 2007 年到 2010 年。日本和中国则在 2006 年到 2009 年间开展了共同研究。当然，此处的政府间协议虽不是以编写教科书为目的，但韩方、中方的政府委员中也有《开创未来的历史》及日韩共同教材的编写人员，斋藤一晴也指出“各自不同的经验会在民间和国家这两种交流方式的差异中重新得到审视”，这也暗含了一种期待，即希望民间的经验能够活用到国家层面的实践中去。[4]

笔者必须坦言，特别在日韩历史共同研究第二期完成之时，听闻成立了教科书委员会，曾对此十分期待。教科书的编写确实不可能在短期内完成，但至少法国、德国以及德国、波兰之间曾经实现了关于教科书改善的相互建议[5]，要写出这样的报告还是有可能的。

---

① 成田龙一：《〈东亚史〉的可能性》，载《东亚历史认识的元史学》，小森阳一等编，青弓社，2008 年。今野日出晴：《从东亚史出发》，载《岩手大学文化论丛》第七、八期，2009 年 3 月。

② 今野日出晴：同上，第 150 页。

③ 斋藤一晴：《中国历史教科书与东亚历史对话》，第 15 页。

④ 斋藤一晴：《中国历史教科书与东亚历史对话》，第 115 页。

⑤ 参照近藤孝弘：《德国现代史和国际教科书改善》，第 145—221 页。

但事实却完全背离了斋藤和笔者的期待。众所周知，2010年1月和3月日中、日韩的历史共同研究报告相继公布(日中仅公布一部分)。[①] 从公布的日韩共同研究报告(教科书委员会)中，笔者只看到双方的相互攻击，与一致的意见相差甚远。[②] 对此有报道称[③]，日方委员从第一期开始就换为安倍晋三当政时期任命的人，而韩方是卢武铉当政时期所任命的，双方立场截然相反。如法德两国的事例所示，要使历史对话顺利进行，需要自上而下的主导及自下而上的行动，两者缺一不可。日韩两国的情况或许可以说，上层的决策从一开始就相互背离。

不过，正因为日韩将报告、论文乃至相互的评论完全公开，我们才得以了解具体情况，而日中共同研究不仅没有公开评论部分，甚至完全没有公开其战后部分的论文，因此有人认为日韩共同研究要更胜一筹。但不管日韩的历史对话履行了多么民主的程序，如果呈现出来的报告让人怀疑双方之间并不存在信任，那么也许可以说两国的历史对话还处于20世纪30年代法德关系之前的阶段。

当然，就如上述《开创未来的历史》及多本日韩历史共同教材[④]到确立为止所经历的过程那样，市民社会层面上的历史对话交流确实存在。此外，《开创未来的历史》编委会的中方代表和政府间历史共同研究的代表是同一人(步平)。也许有人会将此作为中国不考虑市民社会意见的证据并加以批判，但这并不表示韩国和日本国内存在的历史认识对立就值得称赞。官民完全一体是不可能的，但好不容易有了日韩交流基金这一桥梁性的组织，至少提供了一个可以交换建设性意见的场所。

---

① 日中、日韩相应的报告请查看以下网址：http://www. mofa. go. jp/mofaj/area/china/rekishi_kk. htmlhttp://www. jkcf. or. jp/history/second/index. html。

② 日方委员对韩方委员论文的批评具有象征性意义。“历史共同研究虽然长达两年半……但有一点是明确的。那就是，日韩历史共同研究毫无意义。”[《第二期日韩历史共同研究(教科书委员会)》，2010年3月，第211页]

③ 参照《每日新闻》，2010年3月28日早报社论。

④ 《日韩历史教材 日韩交流史》，明石书店，2007年。《日本·韩朝历史面对面》上下，青木书店，2006年。

3 法德共同教科书的现状

包括笔者在内的共同研究科研小组，迄今分别在2008年3月、9月、2009年7月、2010年3月三次考察共同教科书使用地，包括法国四所、德国六所共计十所高中。地点分别是法国的斯特拉斯堡、兰斯、巴黎、巴黎郊外的马尔梅松，德国的柏林、波恩、慕尼黑、萨尔州地方（萨尔路易、萨尔布吕肯）。在选择考察地时，为了能看到不同地域之间的差异，我们十分重视首都和主要城市、边境地区（阿尔萨斯、萨尔州），不过由于使用共同教科书的学校有限，因此很多选择都成了必然。

调查的详细情况将另行撰文说明，在此谈一下整体的印象并做若干补充。[①] 正如制定说明书（Cahier de charge），也称为共同教科书大纲的专家委员会成员罗夫·维登布拉克（Rolf Wittenbrock）所指出的那样，共同教科书基本上获得了实际使用者高中生们的好评。[②]

问题是使用该教科书的学校十分有限。单看发行量，在2006年秋季引进该教科书后，立即在法德两国分别卖出三万册，数量不算少，但这其中还包含笔者这样的局外人所购买的量，单纯就学校使用的册数而言，出版社缺乏底气也是可以理解的。2008年笔者在法国、德国所视察的班级，大半是AbiBac学习班、欧洲学习班以及维登布拉克担任校长的法德高中。此外，所有使用该教材的学校都并非像原先期待的那样使用本国语言进行阅读，而是将其作为对方国家的语言教材加以使用。

在德国格奥尔格·埃克特国际教科书研究所的合作伙伴——法国历史地理教员协会（APHG）的全面协助下，我们寻找了在普

---

① 关于一线调查报告，参照剑持久木：《法德共同历史教科书的范围》，西山晓义：《跨越国境的教科书》。此外，从高中教育一线角度出发的视察报告，请查阅松井克行：《〈法德共同历史教科书〉的编写过程与实际应用》，载日本国际理解教育学会《国际理解教育》第16期，2010年。

② 罗夫·维登布拉克在2010年5月举办的日本西洋史学会小论坛上发表主题演讲。

通班级使用该教科书的案例。2008年视察的唯一一个“普通”班级是艺术班，并且该班将此教科书作为其他普通历史教科书的辅助教材加以使用。总之在法国，对优先准备高考(Baccalauréat)——普通高等学校招生全国统一考试(高中毕业资格)的普通班级来说，使用该教科书是十分困难的。2009年7月视察的慕尼黑、但丁高中也只有AbiBac学习班使用。

2010年3月，我们由APHG的介绍再次进行了视察。地点是巴黎近郊马尔梅松的黎塞留高中，对象是AbiBac学习班。实际上当天视察的是该班级使用德语共同教科书的历史课。之后我们与校长进行恳谈，得知不仅是AbiBac学习班，该校其他班级也在使用共同教科书。一瞬间我们不禁感叹真是巧遇，但实际上是有原因的。担任该班历史老师的正是共同教科书编委会的法方委员之一(本尼迪克特·托西布弗女士)。

在此前的实地调查中，笔者除了与维登布拉克等编写教科书的专家委员接触过，与其他大部分编委会成员也都有过接触，不过托西布弗女士在法国委员中算是一个例外，她只是普通的高中老师，而非高中教育机构中的预备级教授。笔者对此有些不明就里。因为笔者存在一个先入之见，即以彼得·盖斯(Peter Gais)为首的德国委员都是高中(德国传统中学)教师，即便如此仍赞成使用共同教科书，而法国委员全都是预备级教授，作为教师的他们并不赞成使用该教科书。①

由于这一意料之外的“偶然”，次日我们又重新出发，视察普通班级的共同教科书使用情况。马尔梅松位于因拿破仑妻子约瑟芬的宅邸而闻名的巴黎东部郊外，即所谓的布尔乔亚地区，黎塞留高中的学生让人觉得他们大多来自有教养的家庭。托西布弗女士非常自信地表示，即使在普通班级，共同教科书也能充分应对法国高

① 实际上，除了托西布弗女士之外的法方编写者，法国国立高等学校的两名教师(Mathieu Le Petit, Gabriel Gross)也认为可以使用该教科书。其他五人皆为预备级教授(Daniel Henri, Guillaume Le Quintrec, Henrich Leon, Bernadette Garou, John Marc Wolf)。预备级classe preparatoire是名校附设的精英学院应试预备班，在教育制度上被定位为高等教育，而非中等教育。完成预备班课程后，即便未考上精英学院，也可插班到大学三年级。

考。不过我们最好将此看成特殊事例，因为这里不仅有高质量的学生，还有担任共同教科书编写委员的老师。

这种一线情况似乎使那些对法德教科书最为期待的乐观人士也开始感到不安。2010 年 9 月，在法国南部城市阿维尼翁举办的法德友好协会大会上发出了一份紧急声明①。“(该协会)认识到法德历史教科书是《爱丽舍条约》最为期待的成果之一”，在教育方面也是划时代的成果，高度评价教科书是两国共有历史的象征，并忠告“对两国的学校未能充分利用法德教科书表示遗憾，并感到难以理解”。同时，协会认为其原因在于“对 2003 年 1 月 23 日召集到柏林议会的青少年的期待，以及 2006 年 3 月 14 日法德阁僚会议上表明的雄心，两国的教育当局并未做出相应的行动”，针对该教科书“应在法德两国的历史教育中占有相应的地位”，协会面向两国的相关机构发出呼吁。这一使用法德两国官方语言发表的声明背面，还登载着 2006 年 3 月 14 日阁僚会议所发表的文章副本。这直接表明两国政府并未充分发挥当初约定的“自上而下”的主导作用。

如前所述，为了普及该教科书，除了自上而下之外还应配合使用自下而上的方法，即对教育一线的要求也必不可少。在“历史认识的共有”上，最为领先的法德两国也同样前途未卜。

4 对共同教科书的批判——波兰与韩国

共同教科书的内容在受到高度评价的同时，也成为学者们专门分析的对象。虽然不乏严厉的批评，但大多属于建设性的意见。② 在最近的分析中，我们先看两个来自外部且备受关注的观

---

① Resolution en faveur des Manuels d'Histoire Franco-Allemands, Congres des Associations franco-allemandes, Avignon, le 18 septembre 2010. 关于声明文本，维登布拉克先生经由西山晓义先生转交给我。在此特别感谢二位。

② 从专业角度对共同教科书内容做出的分析，以及第三卷发行时所做的介绍，参照剑持久木、西山晓义：《历史认识共有的可能性》。对每一卷的详细分析，请相应参照以下内容。'Dossier: Gemeinsames Geshitsbuch,' Dokumente 62/5, 2206, pp. 53 - 102.(第一卷：现代史)。第二卷的分析登载于格奥尔格·埃克特国际教科书研究所的网站上。http://www.gei.de/de/publikationen/eckert-dossiers/europa-und-die-welt/leurope-et-le-monde.html.

点。如果考虑到今后历史认识共有的范围，那么这两个见解都来自十分重要的地域。一个是同属于欧洲的波兰，另一个是东亚的韩国。虽然它们未必是本国具有代表性的观点，但也同样发人深省。

先来看一下波兰人的评论。评论者是曾在“团结”工会时代秘密出版历史书的经济学家、现担任欧洲议会议员的沃伊切赫·罗舒科夫斯基(Wojciech Roschkowsky)。他开头就断言“共同教科书的出版是失败的”，并指出《欧洲和世界历史》这一共同教科书的标题本身就是挂羊头卖狗肉，因为第二卷(近代史)中63%的内容都是法德历史，第一卷(当代史)中法德史也占到了47%的篇幅，他还对教科书的内容进行了具体的批判。

首先是第二卷。因为是以法德史为中心进行的叙述，所以不仅是美国历史，连19世纪在欧洲占有重要地位的奥地利、匈牙利和英国也遭到忽视。他批判“使用这本教科书的学生，甚至无从得知宪章运动和英国的政党制度”[①]。此外，较为受人关注的是教科书对法国第三共和国的描述，教会和军队所支持的保守及民族主义被打败，教科书对此的描述十分“片面”。尤其是对政教分离政策，“教科书并未提及埃米尔·孔布内阁时期一万所宗教学校被关闭”，这也表明了罗舒科夫斯基明确的天主教倾向。“(共同教科书的)编者们甚至根本不打算隐藏对天主教会的敌意。”

其次，针对成为19世纪欧洲特征的民族主义，他对教科书没有区分排他性的民族主义和“对故乡自然而然的热爱这种爱国主义”表示不满，甚至认为历史教育、历史学整体带有偏向性，这也看出罗舒科夫斯基十分鲜明的保守立场。更具象征性的是，教科书从肯定的角度描述了法国人民阵线，罗舒科夫斯基对此批判道，它并未提及“苏联所支持的政党(共产党)史上首次宣传革命和极权主义，还共同统治了民主国家”。

在评论第一卷(现代史)时，罗舒科夫斯基指出该卷虽然胜过

① Wojciech Roszkowski, ‘Opinion on French-German secondary school history textbook. Histoire/Geschichte. Europe und die Welt vom Wiener Kongress bis 1945(vol. 1)and Histoire/Geschichte. Europa und die Welt seit 1945(vol. Ⅱ),’ (www. euroclil. eu/download/2009/Wojciech Roszkowsk-Criticism of New History Textbook. pdf).

第二卷，却将其反共主义的矛头首先指向了苏联。如第十七页引用了苏联外相莫洛托夫的演说，他指出这仅仅强调了“使欧洲脱离了法西斯的魔爪”，并未提及莫洛托夫是《苏德互不侵犯条约》的签订者，甚至指责教科书“歪曲历史”。接着，关于第一卷中得到高度评价的第二章“铭记的责任”，罗舒科夫斯基也对其恣意的选择进行了批判。特别是对美国漫画《鼠族》的引用似乎触怒了他。漫画中犹太人被描绘成老鼠，纳粹被画成猫，而对于将波兰人描绘成猪，他紧紧追问“作者们难道没有给予任何谴责吗?”。他还批判教科书很少提及身为波兰人的罗马教皇约翰·保罗二世和“团结”工会。关于第114页上插入的欧洲文化遗产分布图，他认为图上并未标注古希腊、古罗马的遗迹，反而强调了伊斯兰教对西班牙南部及巴尔干的影响，因此断定此为“该教科书最大的耻辱之一”。对其中引用的使女性终止妊娠合法化的法国政治家西蒙娜·韦伊的演说，他认为在教材中宗教被恶意当作反面角色。总之，罗舒科夫斯基认为这一做法是道德的相对主义，它从学生手中夺走了“价值判断的基准”。

最后他得出结论，即共同教科书的编写者希望将法德共同的记忆植入年轻一代的大脑中，未让他们关注欧洲其他国家，并使他们认为“只要克服了德国与法国的民族主义，欧洲的问题便全部能得到解决”，他将教科书贬低为“接受这种教育的学生，不仅在欧盟，在整个世界都是无可救药的”。

罗舒科夫斯基的看法确实带有亲天主教、反共产主义这一色彩，或许未必能代表波兰知识阶层的见解。但如若思考共同教科书将来跨越法德，继而成为欧洲共同教科书的可能性，他的意见则为我们指明了彼时的障碍与课题，在这一点上还是令人深思的。

下面看来自韩国的观点。众所周知，韩国在历史认识问题上十分敏感，它跟踪作为东亚典范的欧洲在历史认识问题上的展开，其热衷度远超日本。当然也不难想象它对法德共同历史教科书充满期待。共同教科书韩语版①译者是庆尚大学的金新宇，他在对法

① 《독멀 프랑스 공동 역사교과서: 1945 냔 이후 유럽과 세계》, 김승렬 등역(金新宇)译，휴머니스트, 2008年。

德共同教科书的详细介绍中，使用了大量篇幅叙述其优点，并将教科书所受到的批判单列成一章。该章前半部分介绍了上述波兰人的批判，后半部分则是作者从东亚史的角度出发所进行的批判。

文章首先指出教科书叙述上的错误，即“反人道罪”被用于东京审判[①]。具体举出了东京审判并未对发动细菌试验的七三一部队做出审判这一事例，批判教科书没有写明东京审判远不及纽伦堡审判彻底。

作者还认为，相比德国纳粹，共同教科书对日本显得“手下留情”，这一批判针对的是教科书对村山谈话的引用。“在距今不久的一个时期内，我国错误的国策使日本走上了战争道路，使日本国民陷入了存亡的危机。由于推行殖民统治和侵略，给许多国家特别是东亚各国人民造成了极大的损害和痛苦。……再次表示深刻的反省和由衷的歉意。”[②]作者认为问题在于，同一页中的“学习辅导”对这一引用进行了提问，即“自战争结束以来，日本是如何看待自身过去的”。他批判，这一提问具有诱导性，会使学生自然而然对日本产生正面的印象[③]。

最后，针对教科书将第二次世界大战中日军的残暴程度描述成与纳粹不相上下，作者虽然表示了肯定，但仍批判其并未说明第二次世界大战后日本在历史和解方面做出的努力远不及德国。

共同教科书编入了 1985 年西德总统魏茨泽克的演说与法国总统希拉克的演说，前者呼吁未经历过战争的一代必须铭记历史，后者承认法国迫害犹太人的加害责任，同时又引用了村山谈话，有观点认为这样引用缺乏平衡，倒可以理解。不过坦白说，笔者作为一名教育工作者，认为在向下一代传达“铭记的责任”时，共同教科书是极为有效的手段。

① Kim Seungryeol, ‘International History Textbook Work from a Global Perspective: The Joint Franco-German History Textbook and Its Implications for Northeast Asia,’ *Journal of Northeast Asian History*, Volume 6, Number 2, December 2009, p. 90.

② 《共同教科书》，第 33 页。

③ Kim, *op. cit.* p. 92.

结语——展望

最后，笔者根据自己的思路对该教科书能给东亚带来的启发进行了整理。回到最初的问题，即历史认识的共有是否可能，或者说是否应以共有为目标，笔者认为至少部分是可能的，并且应该以共有为目标。或许可以反过来说，完全共有是不可能的，也不能以百分之百的共有为目标。不过，这绝非是对现状感到悲观，我们不应害怕在教科书中写入不同的观点，因为学会尊重相互之间历史认识的差异也十分重要。当然，如果全都采取并列记载的方式，它也算不上是历史教科书，甚至连历史书也算不上，但如果急于勉强使用相同的表述，结果编出的书谁都不会满意。

因此，东亚共同的历史教材《开创未来的历史》是一个巨大的挑战，因为其采取的形式并非各自编写，而是共同撰写，走到今天这步必定经历了千辛万苦。但它究竟会不会成为未来的共同教科书，坦白说前面的路还相当漫长。对此，正在着手准备的三国共同研究通史作为下一个阶段的工作则备受关注。据斋藤所言，关于撰写方法，形式上虽是共同撰写，但实际上是分别撰写。①

因为报告人关心着法德共同研究的最新成果，所以笔者认为无须拘泥于共同撰写，对同一主题以分别撰写的形式编成的历史书在日中韩三国被阅读本身即具有很大意义。② 前面已经提到，只有进行过多年的历史学家交流、历史对话的法德两国，才能通过真正的分别撰写完成研究通史(全十一卷，仅有德语版)，完成首部第一次世界大战共同通史。关于第一次世界大战，法德两国在历史认识上的对立基本得以消除，令人颇感意外，但尽管完成了共同通史，实际上即使连法国国内也无法说已完全消除历史认识上的对立。③

① 斋藤一晴先生给笔者的指点。

② 从这一观点出发，从正面解决历史认识问题，并且是日中两国共同合作，同时出版的下述书籍具有很大的开创性意义。刘杰、三谷博、杨大庆编：《超越国境的历史认识》，东京大学出版会，2006 年。

③ 关于第一次世界大战，围绕着士兵忍受了四年的总体战究竟是“自愿”还是“被迫”，近年来法国国内出现争论。参照松沼美穗：《士兵们为何能坚持》，载《历史评论》，2010 年 12 月刊。

虽然历史教科书和研究书的对象和内容都不同，但不得不承认，现在的东亚还处于法德签署《爱丽舍条约》之前的阶段。首先应该实现同时记载双方观点的研究通史，并且还应倾听彼此对教科书的批判，这也正是20世纪50年代的法德教科书的相互建议。对于现在世界各地进行的历史对话、共同历史教科书(教材)的编写，笔者将其分为和解结果与和解手段两种类型来进行考察。[①] 笔者认为，如果处于将历史教科书作为和解的手段，或者说将其作为出发点的阶段，能够完成教科书编写的可能性就非常小，而如果将其作为和解过程的结果即终点来看，完成的希望则大一些。

对此，笔者认为相对法德教科书而言，预计2011年后出版第一卷的德波教科书构想对东亚更具参考价值。尽管法德两国存在长年的交战，但在第二次世界大战后、冷战终结前，两国成为欧洲一体化的核心力量，是平等的合作伙伴。此外，两次世界大战期间双方就已开始和解，因此，共同历史教科书被定位为法德和解最终达成的结果。

与此相对，虽然德国与波兰过去也有相同的交战经历，但它们是一方侵略并占领另一方的不平等关系。加上德国由于冷战被分为东西两块，所以和解的过程格外漫长。在这一过程中，共同教科书以及先前的教科书对话无疑也就成为和解的重要手段。不用说，包括日本在内的东亚，其战争时代的情况相较于法德关系更接近于德国、波兰这种非对称关系。

在当今欧洲，如其现状所示，法德共同教科书的前途未必光明，但这一接力棒正努力传递给德国与波兰。我们在关注法德共同教科书今后动向的同时，也将关注即将开始编写的德波共同教科书。[②]

---

① 剑持久木：《法德共同历史教科书的范围》，第39页。

② 德国波兰共同历史教科书以前期中等教育(初中)为对象，第一卷预计在2011年发行，不过仍存在很多不确定因素，比如现在已经到了2010年11月，但大纲还未制定。

http://www. gei. de/ed/research/the-european-schoolhouse/europe-and-the-national-factor/german-polish-history-textbook. html.

日中及德波的历史与“和解”

——以两者的共同点和差异性为中心

庄司润一郎

前　言

以1985年5月里夏德·冯·魏茨泽克总统战后四十周年的演讲为契机，就第二次世界大战中的历史和解，日本屡屡被拿来与德国对比，国内有言论称日本应学习德国。但不久后这种随意的对比受到批判，近年来开始出现较为冷静的分析。①

战后五十周年，即1995年前后中国也出现了这种主张。例如，1995年6月，新华社在评论日本战后五十周年决议时指出“日本与德国对战后问题的处理可谓天差地别。②”同月，江泽民主席对海部俊树（时任新进党党首）说道“德国对战争的认识值得肯定”，这表明他认为日本做出的努力还不够充分。③

甚至有人以德国主导的国家间“和解”为例，分别列举德波、德法与日中、日韩进行对比。但众所周知，即便在世界范围内法国与德国仍属于相对特殊的关系。法德教科书委员会法方委员长让·克劳德·阿兰（Jean Claude Allain）指出：“法德委员会所做的工作

① 最近的例子有佐藤健生、诺伯特·弗雷编：《致力于并未消失的过去 日本与德国》，岩波书店，2011年。

② 《日中关系基本资料集 一九四九年—一九九七年》，霞山会，1998年，第1189页。

③ 《朝日新闻》，1995年6月25日。此外，还载于《谢罪与翻案 德国和日本对第二次世界大战侵略罪行反省的差异及其根源》（彭玉龙著，解放军出版社，2001年）等文献中。

不过是建立在法德关系这种特殊情况的基础上，并不能成为其他国家的范本。[①]”另一方面，最近德国与波兰（以下简称德波）围绕历史问题争执不休，能否“和解”也成为一个未知数。

因此，本文将以日中与德波两组国家为对象，首先指出对比前提的异同，即相应国家及国家之间情况的相同点与不同点，之后将以比较考察为目的来看主体“和解”的主要因素，即谢罪与历史对话。

1　日中与德波——不同点与相同点

（1）日本与德国

日德两国是引起第二次世界大战爆发的主要原因，造成无数人死亡，这已是不可辩驳的事实。在探讨两国为“和解”做出的努力时，不仅应该建立在其相同点的基础上，还需要关注两国情况的不同之处。

共同点即为两国都存在“加害”与“受害”重叠的问题。由于遭受了原子弹爆炸带来的影响，日本人的受害者意识屡被提及。德国原本由于自身的加害者形象过于深入而忌讳谈受害者一词，最近也因“驱逐”（后述）、德雷斯顿遭遇空袭、德军战俘受到虐待等问题而愈加倾向于强调其受害者形象。[②] 一位波兰记者对此表示警惕：“过于强调德国人的受害者形象，会使人忘记究竟谁才是真正的加害者。[③]”

在第二次世界大战中，同一个国家、社会可能同时存在“加害”

① Andrew Horvat and Gebhard Hielscher, eds., *Sharing the Burden of the Past: Legacies of War in Europe, America, and Asia* (Tokyo: The Asia Foundation, Friedlich-Ebert-Stiftung, 2003), p. 26.

② 关于近年来德国对“受害”的重新审视，参照 Bill Niven, eds., *Germans as Victims: Remembering the Past in Contemporary Germany* (New York: Palgrave Macmillan, 2006). 朝日新闻采访班《面对历史 2“清算过去”与爱国心》，朝日新闻社，2007 年，第 117—127 页。

③ 《重新审视战后史的德国 从反省中隐现受害者意识》，载《朝日新闻》，2003 年 12 月 10 日。

与“受害”的情况，但由于这容易使“加害”得以相对化而招致批判，所以究竟应该如何对待过去的记忆成为一大难题。说到底，人类一般更容易将自己认定为受害者(牺牲者)。

两国的不同点在于，德国在战后遇到的问题并非针对战争的罪行，而是犹太人大屠杀这一“人道上的罪行”。此外，人们对大屠杀的认识是基于否定纳粹“集团罪行”的“反纳粹共识”，并非是德国普通民众的“罪行”。[①] 这样一来，即使德国与波兰在其他方面的历史认识有所不同，但在纳粹“绝对邪恶”这一基本认识上达成一致，“和解”便有了可能。例如，在后叙“德国、波兰历史教科书对话”所提出的“建议”中，记录了“可喜的是，波兰的教科书将德国人与‘希特勒、法西斯’区分开来，我们希望它在对待德国的反抗运动时，也能像对待波兰的反抗运动一样，将其作为欧洲伟大的反抗运动的一部分，进行更加详细的介绍”(第二十项建议)。不过，这同样引发了质疑。[②]

另一方面，因为日本不存在类似纳粹的团体，所以在谈到“罪行”和“战争责任”时，想要明确区分犯罪者(组织)与普通民众就显得相对困难。此外，由于日本受到“国内冷战”这一意识形态对立所带来的强烈影响，在历史认识上出现了十分严重的分裂，这种情况传播到国外又引起巨大的排斥，继而陷入恶性循环。因此，国外指出，东亚未能达成“和解”的核心在于“在历史问题上，不仅东亚没有达成一致，甚至连日本国内也未能达成共识”，认为有必要对此做出应对。[③]

但是，最近通过展览会等渠道，下述事实逐渐得以显现：当初德国国防军也主动参与了犹太人大屠杀。围绕德国国民与大屠杀的关系，德国国内进行的争论使舆论一分为二[④]，2010 年 10 月外务省设置的历史学家委员会公布了德国外务省当时积极参与大屠杀

---

① 清水正义：《何谓战争责任》，鸭川出版，2008 年，第 129—133 页。

② 近藤孝弘：《国际历史教科书对话》，中公新书，1998 年，第 93—100 页。

③ Horvat and Hielscher, eds., *Sharing the Burden of the Past: Legacies of War in Europe, America, and Asia*, p. vii.

④ 关于议论内容，参照西川正雄：《现代史的读解之法》，平凡社，1997 年，第 294 至 311 页。庄司润一郎：《对德国“战争犯罪”诸问题的考察》，载《战史研究年报》第六期，2003 年 3 月。

的报告[1],此外,还有观点指出德国国民"主动"参与了纳粹体制[2]的建立。

这样的讨论也如实表明,从某种意义上而言,在战后日本人必须面对自身问题的同时,自始至终都在否定"集团罪行"的德国人要将战争视为国内社会的整体问题来面对是十分困难的。

一位波兰记者批评道:"应如何看待国防军犯罪展所引起的骚动?战后半个世纪过去了,德国这个国家仍未认识到他们违背了那段史实。[3]"

(2) 中国与波兰

中国和波兰的共同点首先在于,两者都在第二次世界大战中蒙受了巨大的损失。据说波兰在二战中死亡率最高,死亡人数为600万左右,约占总人口的20%。

第二个共同点即为,尽管两国遭受损害,却未能像美国和苏联那样获得百分之百的"胜者"地位。

东亚的这场战争,终结的形态十分独特。它由昭和天皇颁发"圣断"得以结束,即由日本"终战"。因此,虽然日本在太平洋方面节节败退,但战争结束时仍有一百多万日军滞留中国大陆。最终由于军事上的胜利、对对方国家的占领,以及未能充分表现出的战争结果——"胜者"崛起和"败者"衰退,所以反倒是日本"惨胜"[4]。可以说这正是妨碍两国在心理层面上和解的主要因素。[5]

---

① Eckart Conze, Norbet Feri, Peter Hayes, Moshe Zimmermann, *Das Amt und die Vergangenheit* (Munchen: Karl Blessing Verlag, 2010).

② 在最近的研究(翻译)中,有罗伯特·盖拉特莱(根岸隆夫译):《支持希特勒的德国国民》,みすず书房,2008年。弗兰克·巴约尔、迪特尔·波尔(中村浩平、中村仁译):《骗局:对大屠杀毫不知情》,现代书馆,2011年。

③ 木佐芳男:《何谓"战争责任"》,中公新书,2001年,第77页。

④ 冈部达味:《日中关系的过去与未来》,岩波现代文库,2006年,第15页。

⑤ 以下所举之例或许有些极端,中国著名军事学者、现任的空军上校说道:"由于(中国)不是依靠自己的力量单独战胜日本,所以,最后并没有取得占领日本、改造日本的全部或大部权力,甚至没有收回琉球等中国故土。这是一个巨大的战争后遗症。(中略)中日历史上最大的不幸就在于谁也没有彻底战胜对方,否则一切都一了百了了。"(戴旭著,山冈雅贵译《C形包围》,德间书店,2010年,第111至113页。)

波兰战后也因为从东部向西部移动而损失了约20%的国土面积，并且本应得到的物质赔偿也被苏联征收，导致在冷战格局下又受到苏联的“统治”。德国政府并未邀请波兰代表参加于柏林举行的战后五十周年典礼就真实地反映了这一点。[①]

在不同点上，首当其冲的则是历史。除了近代的一个时期，自古以来中国不仅是欧亚大陆中的大国，还是“华夷秩序”的中心。其结果即为，一方面中国怀抱中华思想，另一方面以日本为首的列强在近代对它的分割给其留下巨大的伤疤，成为中国一大“国耻”。

另一方面，从15世纪至16世纪，波兰在雅盖隆王朝迎来黄金时期，其国土甚至蔓延至乌克兰，在经济、文化、艺术等方面也极为繁荣。但到了18世纪末，它的国土曾三次被邻国俄罗斯、普鲁士、奥地利瓜分，丧失主权，受到其他国家统治。甚至连日本军歌《波兰怀古》也咏叹了它的悲哀。在第一次世界大战后的1918年，波兰终于恢复独立，却又因为第二次世界大战的爆发再次被德国和苏联分割，在战后的冷战格局下则依附于苏联的强大势力圈。

第二个不同点是当前国力的不同。中国不仅拥有众多的人口和广泛的领土，政治（联合国安理会常任理事国）、军事实力也十分强大，经济上是世界排名第二的大国。而波兰地处欧洲大陆中央，即便现在也因处于德国和俄罗斯中间而受到很大影响。

（3）日中关系与德波关系

两者的共同点在于，在第二次世界大战中虽然都相对处于“加害一受害”关系，但战后胜利者和失败者的地位比较模糊。即虽然胜者相对败者更占优势，但这两组国家由于冷战相互隔绝，在进行战后处理之前败者比胜者更加富足。结果，败者并不死心，将反省抛在脑后，胜者也没了“雅量”，有人指出“这造成了心理上巨大的隔阂”。因此，时至今日，有关战争责任的争议仍不绝于耳。[②]

不同点首先是国力的均衡度。日中同为大国（日本＝经济、中

---

① Bill Niven, *Facing the Nazi Past*: *United Germany and the Legacy of the Third Reich* (London and New York: Routledge, 2002), pp. 109－110.

② 高坂正尧：《为使日本不衰亡》，载《高坂正尧外交评论集》，高坂正尧，中央公论社，1996年，第358—362页。

国＝政治、经济、军事)，两者大致处于同等地位，而德波两国则是“不对称”的关系。一位波兰记者说：“德波关系属于‘大象和蚂蚁’这种非对称性关系，波兰与大国陆地接壤，总与大国对立对其绝无好处，所以和解十分必要。更贴切地说，波兰有必要思考实际的对策。”①

第二点是相互之间的国民感情。关于日中关系，在传统的华夷秩序下，日本是长期处于中国文化圈的周边国家，结果作为“某种无意识的历史意识”，中国人形成了中华大国和岛国“小日本”这一“记忆之前的记忆”②。然而，由于近代以后日本在现代化道路上取得成功，两国关系发生逆转。因此日中之间出现了优越感和自卑感这一“矛盾心理”，对双方心理造成影响。对中国人而言，这是诸如“‘弟子欺师’、‘恩将仇报’等来自遗憾和悔恨造成的心理。这种心理会通过受害者及其子孙，通过战争所留下的伤痕和遗迹长期存在下去③”。

因此，与英国和俄罗斯发动的侵略不同，日本自古以来只是周边的“附属国”，却“侵略”了处于中心地位的中国，这令中国人对日本记忆深刻。④ 同时，这种矛盾的心理纠葛也是日本人讨厌中国的主要原因之一。

进而，与法德不同，历史上日中两国并无作为大国并存的经验，这就加深了相互之间的竞争意识。国外有识之士也指出，两国围绕过去的对话“实际只是表面现象，其深处隐藏的真正对立是围

① 对亚当·库谢尔宁斯基(政治周刊《政治报》解说委员)的采访(2007年10月19日，于华沙)。

② 沟口雄三：《中国的冲击》，东京大学出版会，2004年，第52页。

③ 鹿锡俊：《日中关系中的心理问题》，载《东亚的历史对话》，三谷博、金丰昌编，东京大学出版会，2007年，第221—222页，234—238页。尚会鹏：《儒家的战略文化与中国人日本观的深层》，载《“意”的文化与“情”的文化》，王敏编著，中央公论新社，2004年，第241至265页。Peter Hays Gries, *China's New Nationalism: Pride, Politics, and Diplomacy* (Berkeley: University of California Press, 2004), pp. 39 - 40, 71.

④ 王锦思：《中国“反日”活动家的证言》，孙秀萍译，河出书房新社，2011年，第60页。

绕亚洲的主导权”。不可否认这使两国的“和解”变得愈发困难。①

另一方面，令很多日本国民记忆深刻的是，“大东亚战争”是日本对美国发动的战争，尽管日本从很久之前就开始对美作战，但很少想过加害（侵略）中国，这一点无法否定。就如竹内好做出的评价，“如果算上潜在的感受，对中国发动侵略带来了超乎想象的痛楚”②，事实上战后以知识分子为中心，一部分日本人对中国心怀愧疚。

现在很多日本国民都意识到战争是对中国的侵略，舆论调查显示，“日中战争是侵略战争”（68％）、“日美战争不是侵略战争”（44％）、“日美、日中战争同为侵略战争”（34％）。③

关于德波关系，德国人认为波兰“东部只是殖民地，是文明程度较低的未开化之地”，是受“鄙视”和漠不关心的对象。④ 例如，对杂志《明镜》的问卷“德国优于哪个民族”，回答是“波兰”的人数排在第一位（87％），接着是土耳其（74％）和俄罗斯（63％）。⑤

此外，德国所指的“清算过去”主要以犹太人为对象，并未将俄罗斯、波兰等东欧国家看作战争的牺牲者。德国在占领波兰时对波兰人展开的杀戮行为，并不会经常浮现在德国人的脑海里。倒不如说德国人逐渐认为波兰人才是加害者，是“敌人”，而他们自己才是受害者，冷战引发的意识形态对立又促使这一想法得到加强。波兰在战后立即将德国人“驱逐”出他们的故乡（这一过程导致200万人死亡），其主要原因就是奥德—尼斯河国境问题。

著名的俄罗斯问题学家沃尔特·拉克尔（Walter Laqueur）指出：“在杀戮数百万犹太人一事上，德国受到了良心的谴责，并认为应该做出物质赔偿，但对俄罗斯人、波兰人和捷克人却毫无负罪

---

① 克劳德·迈耶：《金融危机后的亚洲》，橘明美译，时事通信社，2010年，第214至215页。谢淑丽：《中国：危险的超级大国》，德川家广译，日本放送出版协会，2008年，第296—298页。

② 竹内好：《关于战争责任》，载《日本与亚洲》，竹内好，筑摩书房，1993年，第236页。

③ 《读卖新闻》，2005年10月27日。

④ 吴伟·利希塔：《希特勒的魔影》，石川求等译，三元社，1995年，第101至104页。

⑤ Der Spiegel，38/1994（19/9/1994），S. 68. 法国（20％），美国（11％）。

感。(中略)东欧各国在战争中是德国的敌国,他们报复德国人,将数百万德国人驱逐出故乡,掠夺了他们所有的物品,并在这个过程中进行了杀戮。[①]”

另一方面,就如《明镜》在做德波关系专题时所加的标题“恐怖、嫉妒、尊敬”一样,波兰人对德国是一种复杂扭曲的感情。[②] 此外还可以看出德国是波兰“谈不上喜欢但不得不尊敬的邻居,让人依赖却又无法完全预测其行为的邻居”[③]。

在这种关系中,对波兰来说处理好与东西两边大国的关系十分重要,正因为它们对自身构成威胁,所以才有必要找到平衡并维持友好关系。尤其对于德国,可以说波兰带着政治、实用性目的做出了现实主义上的处理,如西部国境线(奥德-尼斯河)的确定、经济支援,以及最近加入欧盟。另外,波兰不仅与德国,在战前、战中甚至战后都与俄罗斯(苏联)之间存在“过去”的问题,尤其是因为战后苏联的统治,加上传统的对苏感情,波兰对俄罗斯的厌恶感、不信任感甚至超过了对德国的厌恶,不可否认这使它对德国执着的恨意也得以“相对淡化”[④]。比如,波兰人认为其与德国的“过去”并不是大问题,与德国“和解”也是有可能的。[⑤]

① Walter Laqueur, *Russia and Germany: A Century of Conflicts* (New Brunswick and London: Transaction Publishers, 1990), p. 295.

② Der Spiegel, 36/1991(2/9/1991), S. 48.

③ 吴伟·利希塔:《希特勒的魔影》,石川求等译,第 104 至 105 页。正因为两国关系复杂,所以涉及德波关系的著作多数也会在德国出版。最近的一个例子即为,Heinz Nawratil, *Die Versohnungs-Falle: Deutshe Beflissenheit und polnisches Selbstbewusstsein* (Wien: Universitas, 2011)。

④ 关于波兰人对德国、苏联的认识,参照松川克彦:《1989 年的体制转换及波兰对俄罗斯人、德国人的意识变化》,载《京都产业大学论集 社会科学系列》,第 24 期,2007 年 3 月。国家记忆院研究员帕维尔·科辛斯基对比德国与俄罗斯,说道:“一般来说人类为了忘记他们所做的极恶之事,会倾向于做出更罪恶的事情。”(2007 年 10 月 19 日,于华沙的采访)

⑤ 在被问道“和解”是否可能时,68%的波兰人,76%的西德人(旧),81%的东德人(旧)回答“可能”(Der Spiegel, 36/1991, S. 48.)。

2 谢罪与赔偿(补偿)

(1) 日本

常有人指出要想“和解”,谢罪必不可少。另一方面,从世界范围来看,几乎从未有过对殖民统治和战争的谢罪[①],后叙的德国也不例外。对于日中战争,经常有观点指出,日本对中国的谢罪和反省并不充分,但据说日本实际已经进行过二十多次的谢罪和反省。[②]

关于“侵略”,1985 年 10 月中曾根康弘作为日本首相首次承认日中战争为侵略战争,其后几任首相也贯彻了这一认识,表态最为鲜明的是细川护熙首相在 1993 年 8 月的发言:“我个人认为这是侵略行为,是错误的战争。”

另一方面,在《中日联合声明》(1972 年 9 月)、《中日关于建立致力于和平与发展的友好合作伙伴关系的联合宣言》(1998 年 11 月)中,也多次提到了谢罪和反省。最为深入“道歉”的是 1995 年 8 月村山富市首相的战后五十周年谈话。谈话中提道:“我国在刚过去的一个时期内,错误的国策使日本走上了战争道路,使日本国民陷入了存亡的危机。由于进行殖民统治和侵略,给许多国家特别是东亚各国人民造成了极大的损害和痛苦。(中略)再次表示深刻的反省和由衷的歉意。”

由靖国神社参拜问题招致议论的小泉纯一郎首相也在首次参拜两个月后的 10 月 8 日,继 1995 年村山首相之后访问了“中国人民抗日战争纪念馆”(卢沟桥),并说道“怀着对因侵略而牺牲的中国人民的歉意和哀悼参观了展览。通过认真学习历史,使这一反

---

① 2008 年 8 月,意大利因殖民统治向利比亚谢罪并做出赔偿,欧洲震惊地对此进行了报道。

② 杉本信行:《大地的咆哮》,PHP 研究所,2006 年,第 328 至 329 页。中国也令人意外地出现了“新思考”的马立诚,他指出日本已经进行了 21 次谢罪,历史问题已得到解决(马立诚:《日本已无须再向中国谢罪》,箭子喜美江译,《文艺春秋》,2004 年)。

省在将来发挥作用”，比起没有特指对象的村山谈话，小泉首相的讲话更加明确地表明了反省。

但是，日本的部分内阁成员犯了政治家常犯的“失言”的错误，加上靖国神社参拜和教科书问题，最终抵消了反省和谢罪的效果，这一点也不可否认。

“失言”频繁出现的主要原因有以下几点。第一，对方国家究竟如何看待自身与日本的过去，日本对此缺乏理解。①

第二，“失言”是对日本国内外谋求“侵略”认知和“谢罪”这种动向的反作用力。这表明确实存在与公开承认“侵略战争”唱反调的人。但也有人指出，这一部分政治家和知识分子的言行是对“大东亚战争肯定论”衰退的反击，是危机意识的表现。

2007年4月，访日的温家宝总理在日本国会演说上说道，“日本政府和日本领导人多次在历史问题上表明态度，公开承认侵略并表示深刻的反省和道歉。对此，中国政府和人民给予积极评价”，同时也指出“衷心希望日方以实际行动体现有关表态和承诺”②。

另一方面，有观点指出谢罪存在的问题。有批判称很多日本人过度谢罪，“一直以来从事日中关系工作的有心人士认为，动不动就要谢罪的这种关系离真正的友好还很遥远”③。虽然中日两国已经签订联合声明，但日本因为被频繁要求谢罪而产生抵触心理，因此造成“失言”。

此外，国外有些人士也提出“为什么急于谢罪、急于要求谢罪”这一问题，有人谈到是否在于日本与欧洲不同，存在“国民之间的等级制度——谁在上，谁在下”。另外还有人问道：谢罪不是单方面的，需要有接受它的土壤，即必须要有双方的理解，而东亚是否尚不具备这个条件？④

近年来还有观点指出谢罪带有危险性，即无论哪个国家查证

① 冈部达味：《日中关系的过去与未来》，第65—68页。

② 《读卖新闻》，2007年4月12日晚刊。

③ 冈部达味：《日中关系的过去与未来》，第65—68页。

④ 武者小路公秀主编：《亚洲太平洋的和解与共存》，国际书院，2007年，第89，97至98页。此外，国际上也有对日本特殊的频繁谢罪问题的分析，如Jane W. Yamazaki, *Japanese Apologies for World War Ⅱ: A Rhetorical Study*(London and New York: Routledge, 2006)。

本国曾经的残暴罪行,试图谢罪,都会导致国内舆论的分裂。因此,现实中政府每次谢罪都会引发国内的反抗、否定,反而加深了对方国家的不信任感,结果产生更大的负面效果。① 这不仅直言了东亚的困境,也再次表明了谢罪的困难。

此外,战后出生的年轻人出现了一种积郁情绪,即"谢罪何时才能结束",并萌发出受害者意识,他们本身并未经历那段历史,却一味遭受责难。伊恩·布鲁玛(Ian Buruma)指出:"如果拿过去发生的事情来攻击他国,也许会滋生新的'仇恨'。若是一直怨恨侵略者的子孙后代,迟早有一天他们的子孙会认为自己才是受害者。"②虽然正视"过去"十分必要,但对于并非加害、受害当事人的年轻一代,不要因为其特殊的身份去伤害他们。可以说究竟应该如何传达"负面历史"成为难题。③

在"国内冷战"的政治对立格局下,战后日本围绕着历史认识所进行的争论带有极其浓厚的意识形态色彩。尤其是与谢罪相关的争论,据说其中一部分甚至被"政治化""道德化"④。关于道德(moral)的问题,哲学家大卫·克罗克(David Crocker)以"道德问题总是阴魂不散"这一表达,指出只要存在道德问题,就不可能实现长期的可持续的和解。但是,尽管"在谈到历史和解时总是容易进行过于理想的、道德的争论",我们也不能断定它对"和解"毫无用处,或者倒不如说"积极的现实主义"十分必要。⑤

---

① Jennifer Lind, *Sorry States: Apologies in International Politics* (Ithaca & London: Cornell University Press, 2008).

② 伊恩·布鲁玛:《忘记过去的仇恨吧》,载《日本版·新闻周刊》,1997 年 2 月 26 日刊,第 33 页。

③ 三谷博:《展望未来的历史对话》,载《东亚的历史对话》(三谷博、金丰昌编),第 17 至 18 页,22 页。

④ 面对战争责任问题,90 年代之后参与"亚洲女性基金"的大沼保昭指出,存在"有时基于错误的事实认识,一味强调日本现代史的负面问题这一倾向",尤其在"慰安妇"问题产生之后,又出现了"过度的伦理主义",以及"只认可自身主张的独善与浅薄"(大沼保昭:《东京审判、战争责任、战后责任》,东信堂,2007 年,第 186,356 页;大沼保昭:《何谓"慰安妇"问题》,中公新书,2007 年,第 210—216 页)。

⑤ 船桥洋一编著:《如何思考日本的战争责任》,朝日新闻社,2001 年,第 307 至 309 页。

(2) 德国

一方面,德国在战后并未进行明确的“谢罪”。就如那句特别著名的“无视过去,最终也看不到现在”所象征的那样,魏茨泽克总统在战后四十周年演说中强调的是“回想”和“正视历史”。在考虑纳粹所犯下的滔天罪行时,承认“法律责任”意味着无限的赔偿,而为了回避这一点,德国没有“谢罪”,而是自始至终摆出一副人道主义的姿态。[①]

在与波兰的关系中,比如1970年12月为签署《华沙条约》访问波兰的维利·勃兰特总统,在华沙“犹太隔离区起义纪念碑”前跪下的身影感动了全世界,中国也将其作为德国的典范多次附带照片进行介绍。[②] 犹太隔离区起义纪念碑是为了纪念被德国隔离在犹太人区的人们难以忍受残酷的劳动和饥饿而发动的起义,勃兰特总统向犹太人下跪,并在晚宴演说上说“贵国国民所遭受的巨大苦难,以及我国国民必须经受的惨重牺牲,勾起了我悲伤的回忆”,其中不仅没有提到“谢罪”,甚至还说到了德国人的牺牲。[③]

一方面,波兰统一工人党担心下跪行为会使国内对冷战格局下本应是“敌人”的西德印象转好,于是其宣传机构潜伏在普通国民中,所以事实上下跪并未对“和解”产生帮助。[④] 另一方面,华沙之跪在德国也遭到“太过出格”的批判,德国国内对此也有意见分歧。[⑤]

当时赋予德波“和解”更大意义的是在两国拥有巨大影响力的天主教会。1965年11月波兰的天主教基于因“驱逐”所导致的德

① 佐藤健生:《德国对“历史”的处理》,载《国际问题》,第501期,2001年12月,第52页。近年来,约翰内斯·劳总统与罗曼·赫尔佐克总统进行了更为深入的发言《以德国百姓为名,乞求原谅》(同上,第53页)。

② 前述彭玉龙著《谢罪与翻案 德国和日本对第二次世界大战侵略罪行反省的差异及其根源》,其封面与扉页使用的就是这张照片。此外,在同一处却使用了参拜靖国神社的右翼照片来代表日本,说明了中国学者在对比日本与德国时存在片面性。

③ 木佐芳男:《何谓“战争责任”》,第145至167页。

④ 船桥洋一编著:《如何思考日本的战争责任》,第250至251页。木佐芳男:《何谓“战争责任”》,第166至167页。

⑤ 根据1989年《明镜》的调查,认为该行为恰当的有57%,认为不恰当的有42%[Der Spiegel,15/1989(10/4/1889),S. 156.]。

国人死亡，提倡由“我宽恕你，也乞求你的宽恕”这一相互原谅达成“和解”，但波兰政府强烈指责这种方式是绥靖的姿态、不爱国的表现，并且违反了国家利益。[①]

如上，在欧洲的“和解”中，“宽恕”具有十分重大的意义。德国前总统赫尔穆特·施密特认为，法德和解并非是因为德国谢罪，而是受害者法国首先向德国伸出双手，所以韩国不应将日本逼到死角，而应主动宽恕。他与韩国的有识之士围绕这一顺序进行了热烈讨论[②]，将法德与东亚进行了对照。

近年来，受害国也有部分人认为，“和解”达成的关键在于受害者一方，即“切断暴力循环的应是受害者，（中略）只有受害者表示出了应有的气量，同时加害者具备了应有的恭谨，才有可能达成和解”[③]，这一点值得我们关注。

德国对波兰首次正式谢罪是在1994年8月举办的华沙起义五十周年纪念仪式上。罗曼·赫尔佐克总统坦率地说“对于德国人对波兰人所做的一切行为，我乞求得到宽恕”，对过去残忍的行为进行了谢罪。翌日波兰广播对此做出评价：“他说出了五十年来，所有波兰人都在等待的一句话。”[④]

另一方面，上述勃兰特总统的下跪行为在全世界都受到好评（之后他因为对“东方政策”的贡献，被授予诺贝尔和平奖），他也的确得到了与“谢罪”行为相称的褒奖。更贴切地说，就如该事例所显示的那样，人们之所以认为相对于日本，德国已承担起战争责任，一个原因就在于政治家们的姿态加深了其承担“道义责任”的印象。即“德国的特征为，通过正式场合的公开发言来完全确立起它的主张。这些主张又通过政治家和媒体的意见领袖被推向社会”[⑤]。

---

① 伊东孝之：《世界现代史27 波兰现代史》，山川出版社，1988年，第250页。

② ‘Northeast Asia and Korea’s Unification (A Dialogue with Chancellor Helmut Schmidt),’ in *Real Success, Financial Fall: A Reassessment of the Korean Dynamism*, Jang-Hee Yoo, ed. (Seoul: Ewha Woman’s University Press, 1999), pp. 197 - 200.

③ 朴裕河：《为了和解》，平凡社，2006年，第220，232页。

④ 木佐芳男：《何谓“战争责任”》，第225至227页。

⑤ 佐藤健生：《德国对“历史”的处理》，载《国际问题》，第501期，2001年12月，第59页。

最后，我再简单论述一下与谢罪紧密相连的赔偿（补偿）问题。由于旧金山媾和条约，日本就战争中的行为进行了“国家间赔偿”。而德国由于战后被分成东德与西德，未能缔结和平条约，结果重点“补偿”的对象并非战争，而是犹太人大屠杀等“纳粹的非法行为”。此外，虽然波兰在战后立即得到了物质赔偿，却被苏联悉数征收，另一方面由于苏联的意向，又放弃了对东德的赔偿要求。

因此，统一后的德国不得不与所有的交战国签订和平条约，但因为“2＋4条约”采取了十分模糊的形式进行战后处理，所以一般认为“第二次世界大战德国的赔偿问题依然未能得到明确的解决”[①]。此外从涉及多方面的战争受害角度出发，所有观点都指出日本和德国的“赔偿、补偿”不够充分。[②]

德国将重点放在对犹太人的补偿上，如《联邦补偿法》《卢森堡协议》，且由于冷战，并未完成对东欧各国的赔偿。但德国统一后，在1991年正式与波兰设立了约五亿马克的“和解基金”。波兰的基金负责人认为，基金设立的时间过迟、数额太少，而且德国没有谢罪，严厉地批判其“只不过是装出和解的样子”，还说这使人强烈感觉到是政治、经济上的强国对弱国进行了“施舍”。[③]

日中的情况则是，中国在1972年的《中日联合声明》中放弃了对日本的战争索赔权。另一方面，尽管日本政府明确区分对中贷款和对“过去”的反省，但1979年决定提供贷款的大平正芳首相对于中国放弃战争赔偿心存感激，对中贷款某种程度上也是战争赔偿的替代品。[④]

① 佐藤健生：《德国对“历史”的处理》，载《国际问题》，第501期，2001年12月，第50页。

② 参照矢野久：《赔偿与补偿》，载《岩波讲座亚洲·太平洋战争8 20世纪的亚太战争》，岩波书店，2006年。朝日新闻战后补偿问题采访班：《何谓战后补偿》，朝日文库，1999年。

③ 对达赖厄斯·帕格沃希（外务省波德和解基金所长）的采访（2007年10月19日，于华沙）。朝日新闻采访班：《面对历史2“清算过去”与爱国心》，第134至135页。

④ 时任中华人民共和国外交部部长唐家璇的发言：《对中ODA是战争赔偿的替代品》，《产经新闻》，2000年5月13日。

3 历史对话

（1）共同点

“德国、波兰历史教科书对话”（以下简称“德波对话”）于1972年在联合国教科文组织的推动下开始进行，1976年发布了包含二十六条建议的《德意志联邦共和国和波兰人民共和国对历史地理教科书的建议》。经过1989年波兰民主化和1990年德国统一，两国于2001年编写了教师手册《20世纪的德国与波兰》。此外，两国政府还就编写用于前期中等教育课程的共同历史教科书达成协议，预计于2012年发行第一卷（中世——近代初期）。[①]

另一方面，据说“日中历史共同研究”（以下简称“日中共同”）是以德波对话作为典范之一，由2006年日中首脑会谈所达成的协议发起，2010年1月公布了最终报告，第一期业已完成。[②]

可以看出两者具有以下几个共同点。首先，在波兰政治转型之前两者都是自由主义国家和社会主义国家之间的对话。在“德

① 有关“德波对话”的详细情况，参照近藤孝弘：《德国现代史与国际教科书改善》，名古屋大学出版会，1993年。近藤孝弘：《国际历史教科书对话》；西川正雄：《超越本国历史的历史教育》，三省堂，1992年，第Ⅱ部，第Ⅲ部；阪东宏：《战争的背影》，彩流社，2006年，第二章，第三章；藤泽法暎：《德国人的历史意识》，亚纪书房，1988年，第六章；Kawate Keiichi, 'Historical reconciliation between Germany and Poland as seen from a Japanese perspective: the thoughts of a Japanese historian and their development,' in *Designing History in East Asian Textbooks: Identity Politics and Transnational Aspirations*, Gotelind Muller, ed. (London and New York: Routledge, 2011)等。西川整体上评价了对话的意义，也指出了其中的问题，不过如果希望了解更加具有批判性的观点，参照西义之：《西德〈教科书论战〉》，载《诸君》，1998年10月刊；三好范英：《复兴的“国家”与“历史”》，芙蓉书房，2009年，第二章。

② 有关“日中共同”的详细情况，参照北冈伸一：《和解的尝试》，载《日本：国际社会的一员》，北冈伸一，NTT出版，2010年；波多野澄雄：《谋求日中间的“历史和解”》，载《枥木史学》，第二十三期，2009年3月；川岛真：《从日中之间的历史共同研究来看教科书问题》，载《历史认识共有的角度》，剑持久木等编，明石书店，2009年；庄司润一郎：《回顾日中历史共同研究》，载《日中历史认识—面向不了解战争的国民》，笠原十九司编，勉诚出版，2010年；庄司润一郎：《〈日中历史共同研究〉的展望》，载《防卫研究所新闻》，第127期，2008年12月，于防卫研究所网站主页。

波对话”中，围绕如何对待苏德互不侵犯条约、“卡廷森林事件”、斯大林主义出现对立，对话难以继续，甚至濒临破裂。而最终得以免于破裂的原因则在于，作为加害国的德国对波兰所处的艰难位置做出了理解、让步，在未涉及这些事件的情况下完成了对话。波方委员言道：“对德方心存内疚，尤其无法否定，德国在冷战时期对波兰意识形态上的制约做出了让步与妥协。”①

“日中共同”也存在同样的情况。研究结束的时间比预期推迟了大约一年半，就删除战后史，即删除涉及中华人民共和国成立后的第三部分达成协议。② 北冈伸一主席回忆道：“与像中国这样的国家进行探讨，我深切地感受到其中的不易。但比我感受更深的是步平等中方委员。他们顶着各种压力，不辞辛劳地致力于共同研究。”③

当然，为了使对话能够继续进行，不可否认有必要将政治上受制约的事项排除在外。但时任格奥尔格·埃克特国际教科书研究所所长的沃尔夫冈·霍普肯(Wolfgang Höpken)忠告：“把微妙的问题推迟处理，从长远来看绝对不会取得任何成果。”④

(2) 不同点

1972 年，“德波对话”启动，同年日中邦交正常化。这说明了两者的历史差异。

这种状况来源于两者在各方面的差异。首先，对话的契机与背景。勃兰特总统推行“东方外交”缓和了紧张局势，“德波对话”应运而生。尤其是 1972 年签订的德波《两国关系正常化基础条约》(即《华沙条约》)虽是临时性的(德国统一后保留协议的解释权)，却属于正式承认奥德-尼斯河国境的划时代条约。“相对于谢罪和反省，如何正当化在领土问题上所拥有的权利”才是两国“最为尖锐的冲突”，该条约消除了两国关系中存在的“根本性障碍”，

① 对泽尔茨·霍赛尔(华沙人文大学教授)的采访(2008 年 10 月 19 日，于华沙)。

② 关于当时争论的过程，参照北冈伸一：《和解的尝试》，第 201 至 205 页。

③ 北冈伸一：《和解的尝试》，第 205 页。

④ 《读卖新闻》，2001 年 4 月 24 日。

使对话成为可能。[1]

另一方面，时任日本首相的小泉纯一郎参拜靖国神社导致日中关系恶化、“政冷经热”，“日中对话”在此背景下开始进行。当然，安倍晋三、胡锦涛首脑会谈虽然希望打破日中关系僵局，但前景并不明朗。加上依然存在钓鱼岛、东海气田等领土问题，可以看出日中与德波两者存在很大的不同。因此东亚与欧洲并不相同，除历史问题外还存在着与民族感情紧密相连的领土问题，是“和解”的巨大障碍。

其次是两国委员立场上的差异。在“德波对话”中，选择的都是学界具有代表性的人物，所以即使政治转型后也并未更换委员。此外，会议上出现的不同意见并非由于各自国籍不同，而是出于各位学者自身不同的历史观。

例如，德方委员认为“委员会遭受内部分裂并不仅仅是因为委员们对国家的忠诚，有时也在于跨越国境不同的政治、学术立场”[2]。此外，波方委员也指出“政治家们当初似乎把委员会当作足球赛场，拼尽全力让自己所在的团队多得分，哪怕一分也好。但实际上历史学家的想法与此完全不同。（中略）双方都了解在使用‘我们’这个词时并不能以国家为基准，这是思考历史的基本条件。[3]”

在“日中对话”中，中方委员全都来自北京的中国社会科学院及北京大学，并没有最近开展独立研究的上海等南方地区的学者。此外，中方主席步平还说道，对中国的学者来说，“保护国家利益是学者的职责[4]”。

德国国际历史教科书对话的核心人物、时任格奥尔格·埃克

---

① 韩云锡：《德波历史教科书合作对韩日为达成历史和解所做的和平教育带来的启示》，载《围绕历史教科书进行的日韩对话》，历史学研究会编，大月书店，2004年，第214页。

② Michael G Mueller（哈勒-维腾贝格大学教授）：《（基础报告）德波国际教科书研究成果（1972年至1999年）》，载《和平教育研究年报》，第27期，1999年，第10页。

③ Wlodzimie Borodziejr（华沙大学教授）：《如何与过去妥协》，载《立命馆和平研究》，第一期，2000年3月，第34页。

④ 步平：《如何拥有共同的历史认识》，载《世界》，2007年8月刊，第208页。

特国际教科书研究所副所长的福尔克·品格尔(Falk Pingel)指出:“东亚的教科书对话在任何情况下都与政治关联得过于密切。(中略)没有一位学者、教育者与政治保持距离并以一名学者的身份进行自由发言,而且这种状态仍在持续。”[①]这表明欧洲与东亚在国家和学术环境上存在着巨大差异。

其三,是对话的对称性。就如上述德国在不涉及政治禁忌这一点上做出妥协所象征的那样,当初波方强烈要求德方应该出于加害者的“负疚感”对波方进行关照。不过此后双方仍展开了平等的探讨。另一方面,在此前日中两国进行的民间历史交流中,日本人的历史认识被经常指出存在问题,甚至有人认为“日本能在多大程度上接近中国的单方面主张,才是日中之间历史认识问题的本质[②]”。

最终,关于历史认识问题,由于日本存在“道义上”的负疚感,所以形成了日本尊重中国主张的“非对称性”结构[③]。最近,以历史认识的共有为目的,日中韩三国学者编写的初中历史教材《开创未来的历史》[④](第二版,高文研,2006年)以三国语言同时出版。一方面该教材被认为是民间水平上的学术交流成果,另一方面有观点认为它在内容上仅仅强调了日本的加害行为,过于片面[⑤]。

这种关系与“德波对话”大不相同,时任格奥尔格·埃克特国际教科书研究所副所长的品格尔做出如下忠告[⑥]。

> (在东亚)日本的教科书坐在被告席上,韩国和中国的教科书则受到免遭议论的待遇。只要片面地要求变革,似乎就

① 福尔克·品格尔,近藤孝弘:《对NHK未来的建议 福尔克·品格尔》,日本放送出版协会,2008年,第27页。

② 家近亮子:《历史认识问题》,载《面临十字路口的日中关系》,家近亮子等编,升洋书房,2007年,第17页。沟口雄三:《中国的冲击》,第64至65页。

③ 井尻秀宪:《日中关系》,载《现代世界与国民国家的未来》,田中浩编,御茶水书房,1990年,第1141页。

④ 此为日文版标题,中文版标题为“东亚三国的近现代史”。——译者注

⑤ 三谷博:《填补“记忆之穴”》,载《论座》,2007年9月刊,第57页。林雄介:《读东亚共同历史教材》,载《历史评论》,第695期,2008年3月,第61至70页。

⑥ 福尔克·品格尔:《教科书研究会对和平教育有所贡献吗?》,载《关西大学人权问题研究室纪要》,第56期,2008年6月,第28至30页。

不可能构筑一种开放的关系,即包括本国的历史在内,各自在所有方面进行批判性的探讨。

“平等关系”是对话中不可或缺的,即便是对方的批评也应侧耳倾听。但是,近年来即使在东亚,受害国的学者也逐渐指出,单方面的关系是“要求受害者自身闭上眼睛。民族主义无条件的宽容,是无视并赦免隐藏在其中的无数矛盾-欲望、权力化,以及语言引发的暴力”,并指出其中存在的问题。① 此次的“日中共同”并不同于与此前的民间交流,相对来说双方进行了平等的探讨,不过日中两国的委员也必须经受住随之而来的“痛苦”。

(3) 政治转型带给波兰的变化

最后必须指出两者最大的差异乃是政治、外交状况的变化。1989 年在波兰的自由选举中,“团结”工会获得压倒性的胜利,波兰统一工人党政权垮台,政治转型进程开始,另一方面德国在 1990 年得到统一。随后两国于同年签订了《关于确认现行国境的条约》,于 1991 年签订《德波睦邻友好条约》,最终划定了奥德-尼斯河国境线。这样一来,“德波对话”的障碍,即政体上的差异和领土问题就完全消除,该对话得以进行,并促成共同教科书。

其象征性的例子即为对“驱逐”问题的处理。在 1976 年的《建议》中,由于波兰的反抗,使用了“居民迁徙”这一表述,并列记载了自主“疏散”和“避难”的德国人,以及由于同盟国之间的协议被“强制移居”的德国人两种表述方式。但为了对“驱逐”进行详细的讲解,2001 年的教师手册中明确记载了“无数人死于驱逐,几百万人受到压迫、饥饿、屈辱”,波兰的教科书也开始使用“驱逐”这一表述。②

促使这一转变的是政治转型以后波兰历史学界出现的显著变化。比如奥斯威辛集中营的死亡人数问题。根据集中营“解放”后立即成立的苏联调查委员会的结论,死亡人数为四百万。这一数

---

① 朴裕河:《为了和解》,第 239 至 240 页。

② 三好范英:《清算战后的“禁忌”》,亚纪书房,2004 年,第 135—147 页。

字长时间被视为官方数字，国际上也一直通用。但从一开始不仅西方国家，连波兰的学者也认为数字被夸大了，对此持有疑问。波兰政治转型之后再次展开调查，最终将死亡人数正式更改为约一百五十万。进行奥斯威辛集中营死亡人数再调查的负责人指出[①]：

> 对于死亡人数的再调查，我心里存在一些抵触。历史学家们对于探求并无确证的新评价是踌躇不决的。他们害怕被指责所有的变更都是为了试图低估犹太人大屠杀的罪行和奥斯威辛集中营中的罪行。但是现在，按照纳粹罪行的相关研究须具备客观性这一学术要求，先前的数字逐渐被要求在更大的范围内受到验证。

另一方面，这一变化并非突如其来，在波兰的“自由”风气下，它已成为潜在趋势，这一点不容忽视。比如，在1981年“团结”工会所提出的历史教育提案中，不仅要求重新审视苏联主导的“解放”、华沙起义等历史，还记载了“不能忘记德国人的移居问题”[②]。

此外，现在波兰甚至正在逐渐面对自身的“负面问题”。即处于德国占领下时，波兰几乎将犹太村民赶尽杀绝的“杰德瓦伯纳事件”。政治转型后，波兰政府的“国民记忆院”对该事件进行调查，制定了一份报告承认该事件为波兰人而非德国人的罪行。对此，2001年7月亚历山大·克瓦希涅夫斯基总统在事件发生六十周年的祭奠仪式上正式谢罪。[③] 此外，教科书的辅助教材也提到，正因为“波兰的教科书将其国民描述成勇敢的并且毫无污点的民族，其国民也确信了这一描述”，所以对此表示震惊并进行反抗的国民也不在少数[④]。这也再次，对人类来说，尤其对于战胜国和受害国表

① Franciszek Piper, 'The Number of Victims,' in *Anatomy of Auschwitz Death Camp*, Yisrael Gutman and Michael Berenbaum, eds. (Bloomington: Indiana University Press, 1994), pp. 66 - 67.

② 加藤一夫：《简报 波兰的“教科书问题”》，载《Reference》，第33卷第1期，1983年1月，第97—99页。

③ 以杰德瓦伯纳大屠杀为代表，有关波兰政治转型后出现的历史问题，参照近藤孝弘：《邻居的记忆》。

④ 《读卖新闻》，2004年12月4日。

明，直视自身的“负面遗产”十分困难。

(4) 对话的效果

可以说“德波对话”是极少数成功的例子，它能取得成果并得以持续是由于特殊的条件，尤其是政治上的好条件。实际上同一类的尝试中也有失败的例子，例如德国致力于与苏联、东德、捷克斯洛伐克和解的项目，全都因为意识形态的影响而遭遇挫折。

波方委员说：“不要错认为通过相对成功的典范就可以找到解决与其他国家之间问题的特效药。(中略)我认为德国、波兰教科书委员会成功的前提很难转移到其他国家身上。[①]”

一方面，德波对话在包括冷战在内的长时间内进行，并对两国(波兰为政治转型之后)的历史教科书也产生一定影响，它在这方面可以说是“成功”的，但在“德波对话”的目的，即消除两国国民尤其是年轻人相互之间的偏见这一方面，它的实际效果究竟怎样呢？

波兰人尤其是年轻人对于德国的态度由于相互交流的进展和欧洲一体化、稳定化的潮流而逐渐得到改善。而德国人对波兰却依然不愿知道、不想关心，依然残留着陈旧的偏见。

例如，越是年轻人对纳粹了解越少，二十四岁以下了解犹太人大屠杀的人仅占 51%，只有 49%的人知道第二次世界大战中最先攻击波兰的是德国。根据舆论调查，在德国的九个邻国中，德国人好感度最低的国家即为波兰，三分之二的人没有去过波兰，85%的人对波兰的作家一无所知。对这样的结果，有人指出“从制定建议(出自‘德波对话’，于 1976 年公开)距今已经二十八年了，现在常有人诉说德国国内重新审视历史教育的极限和无力感”[②]。

另一方面，也有人说，波兰对德国好感度上升并非由于“德波对话”或对话带来的历史教科书内容的充实，而是青少年交流等广泛进行的社会事业取得的成果。

“德波对话”波方主席罗伯特·托拉巴(波兰科学院柏林历史

---

① Wlodzimierz Borodziej：《1972 年至 2007 年的德波共同教科书委员会》，载《关西大学人权问题研究室纪要》，第 56 期，2008 年 6 月，第 37—41 页。

② 参照《读卖新闻》，2004 年 12 月 1 日。《朝日新闻》，2005 年 6 月 6 日晚刊。此外，上述第 237 页的《明镜》舆论调查。

研究所所长)说道:“对话只是象征性的,由此促进的学术交流才是最大的成果。”[①]德方委员罗伯特·迈尔指出:“此前的教科书对话是为精英们设置的项目。今后更重要的是在历史事实和人们的记忆之间搭起桥梁。”[②]

近年来,德波关系曾因“驱逐”问题变得紧张,波方委员指出:“最近两国紧张的关系表明教科书委员会并非万能药。”[③]

德方委员也说道:“谋求‘和解’是正确的。但国家间的对话十分困难,不能对其抱有太大希望。我们必须承认德波关系即便到现在也算不上友好。两国仍然在文化上抱有根深蒂固的偏见,尤其是对人种的偏见。”[④]

格奥尔格·埃克特国际教科书研究所代理所长埃克特·富克斯坦率地说到,从该研究所的经验出发“仍存在很多无法回答的问题”,如“历史教科书真能在和解过程中起到作用吗”,“共同教科书究竟能带来何种效果”等[⑤]。

此外,目前刚刚公布的“日中共同研究”报告,在中国仅公开了其中一部分,所以其效果还是未知数。

结　语

由于存在各种不同的条件和背景,所以对比日中与德波两组国家并非易事。从现状来看,相对于日本,某种意义上,德国在“和解”问题上更有可能取得成果。因为加害国德国在历史认识上与波兰达成了一定的共识,两国进行了“平等”的对话,当然最重要的

---

① 2008年10月16日,于柏林进行的采访。

② 朝日新闻采访班:《面对历史2“清算过去”与爱国心》,第229页。

③ Wlodzimierz Borodziej:《1972年至2007年的德波共同教科书委员会》,第43页。

④ Michael G Mueller(哈勒-维腾贝格大学教授):《(基础报告)德波国际教科书研究成果(1972年至1999年)》,载《和平教育研究年报》,第27期,1999年,第16页。

⑤ 埃克特·富克斯(Eckert Fuchs):《欧洲教科书改革、修订的新进展》,载《东亚的历史认识与孕育和平的力量》,“历史认识与东亚和平”论坛·东京会议编,日本评论社,2010年,第156页。

还是德波两国切合实际的处理，即不将历史过度“政治化”“道德化”。可以说这提供了历史与“和解”理想状态方面的经验。

但正如本文考察的那样，任何情况下都不能断言谢罪、赔偿(补偿)以及历史对话产生了巨大影响。

更贴切地说，德国与西欧各国的“历史和解”，虽然主要是由于安保和经济这些外部因素而得到促进的[①]，但在德波之间其他因素则更为重要，即国际环境，各国战略和国内情况(政治转型、经济发展)、领土问题等生死攸关的政治事件的解决，战争结束的形态，以及漫长的历史所带来的两国之间的相互认识。

虽然德国与波兰在这一特殊条件下取得了一定的“成功”，但近年来“驱逐”等历史问题又使两国关系紧张起来，事实上波兰有政治家断言道“德国为战后和解所做出的努力，只不过是单纯的伪善”。[②] 德国前总统赫尔穆特·施密特认为，日本和德国在第二次世界大战中的行为，“对近邻各国人们的意识带来了各种各样的影响”，并承认德国虽然是欧盟人口最多、经济实力最强的国家，但“所有近邻国家都不希望德国获得领导权”。[③]

在日本某个涉及历史和解的研讨会上，一位参会人员总结道：“很抱歉最后我要泼些凉水，但我认为历史和解是不成立的。也许在某个时间是成功了，但在下一个时代也有可能发生变化。”[④]

此外，针对自身被誉为世界“典范”的“清算过去”这一方面，最近在德国国内也就其实际情况逐渐出现了一些批判性的见解。比如，负责国防军积极参与大屠杀相关展览的学者认为：“尽管对这种政治上的启蒙(‘清算过去’)有积极的评价，但我仍有以下疑问：如果一个社会致力于研究自身罪恶的过去，它究竟能够在多大程度上忍受非正当化和不稳定化呢？在进行日德比较时，这一疑问

---

① 船桥洋一编著：《如何思考日本的战争责任》，第309页。

② 《欧洲也存在的历史认识问题》，载《公研》，2007年10月刊，第122页。

③ 赫尔穆特·施密特：“日本、德国及近邻诸国(柏林日德中心设立二十五周年纪念演讲会，2010年10月20日)”(http://www.tokyo.diplo.de/contentblob/2944500/Daten/968464/HelmutSchmidtVortrag.pdf)，第5页。

④ 朝日新闻采访班：《历史是有生命的》，朝日新闻出版，2008年，第347页。

尤为强烈地引起了我的注意。”①

并未“和解”但也构筑了良好关系的事例在世界各地随处可见。其代表即为德国与俄罗斯。虽然两国之间进行过“灭绝战”这种残酷的战争，但并未出现战后谢罪、历史对话等明确的“和解”，而且提到苏联，很多德国人仅抱有受害者意识。尽管如此，德俄关系在欧洲仍属于为数不多的友好关系，并且在某些方面其友好程度甚至超越德国与波兰。

德国学者认为其主要原因不仅在于这是两国战略上的要求，同时还因为在彼得大帝之后，俄罗斯人对德国愈发尊敬、亲近（这与德法不同，德国和俄罗斯除了两次世界大战之外并无其他大的战争），此外还有柏林沦陷所象征的第二次世界大战中“彻底的”胜利，以及随之其在战后跻身于大国行列，指出这就是日中与德俄之间的不同。②

俄罗斯问题学者拉克尔也提到了几个世纪以来德俄之间的“爱恨关系”，即没有哪个民族像俄罗斯人那样，一方面将德国人尊为“师长”“老师”，另一方面又俨然将其视为敌人。德国人对俄罗斯的感情也十分矛盾，混杂着鄙视与长期以来的恐惧。③

另外，在美国并未对越南战争进行谢罪、赔偿，美越也未进行历史对话的情况下，两国也达成了“和解”。④ 其背景是美国为使越南改革成功对其进行了经济支援，以及想要防范所谓“中国的军事威胁”这一战略上的主要因素。⑤

日本与美国之间虽然由于原子弹投放和战争，历史认识大不相

① Ulrike Jureit:《照片与战争犯罪》，载《战争与表象》，长田谦一郎编，美学出版，2007 年，第 422 页。此外，还指出“德国并非典范，也并非绝妙之例，对民主主义培养来说，至今为止德国所做的‘清算过去’究竟是否必要，日本有必要边学习边检讨”。(2008 年 10 月 18 日，于汉堡采访)。Jureit 最近出版了 Ulrike Jureit&Christian Schneider, *Gefuhlte Opfer: Illusion der Vergangenheitsbewaltigung* (Stuttgart: Klett-Cotta, 2010)。副标题“‘清算过去’的幻想”极具象征意义。

② 2010 年 10 月 12 日，与贝恩德·马滕（弗里堡大学教授）在东京的恳谈。

③ Laqueur, *Russia and Germany*, p. 25.

④ 关于越南对越南战争的记忆，参照今井昭夫:《是历史的力量抑或包袱》，载《挖开记忆的地层》，今井昭夫、岩崎稔编著，御茶水书房，2010 年。

⑤ 《社论 克林顿访越 中国牵制下的东南亚战略》，《每日新闻》，2000 年 11 月 20 日。

同，同时包括投掷原子弹事件在内，双方从未进行明确的谢罪、赔偿，也没有历史对话，却形成了“日美同盟”，并一直持续到今天。[①]

看了上述的案例，日中和德波属于例外，从某种意义上而言或许是“先进的”，但究竟应该如何评价日本和德国所做出的努力呢？对于历史与“和解”，人们往往片面地认为十分简单，但基于其复杂性进行探讨，耐心并且认真对待其中的纠葛，才是今后“和解”的课题吧。

---

① 近年来，围绕日美历史的分歧逐渐显现出来(长谷川毅：《右翼对原子弹爆炸的批判带来的日美同盟危机》，载《中央公论》，2007年9月刊)。长谷川指出，“必须直面阻隔双方的历史认识，为达成真正的共同理解而不懈努力”(同上，第199页)。

〈和解的国际比较〉

日韩与法国、阿尔及利亚

里奥内尔·鲍比茨

前　言

历史、和平、和解。尽管东亚与欧洲每年都会对这些课题展开大量研究，却很少有人比较这两个地域之间的异同。尤其对于日韩与法国、阿尔及利亚这两组国家关系，之前从未有过系统性的比较研究。本文的目的在于为今后两者的比较抛砖引玉，以及在研究日本和法国各自是如何面对曾经在朝鲜* 和阿尔及利亚进行的殖民统治时，提供一些考察线索。

人们常常对比日本与德国的战争记忆。两者被描述为，德国已经勇敢地正视历史，日本却仍在回避面对过去的罪恶。德国还被称赞真诚地致力于与过去的牺牲者进行和解，并且实施了基于内心悔悟的和平教育。[①]

与此相对，日本屡屡被认为拒绝承认过去的罪行，甚至不惜以政治家参拜靖国神社等不合时宜的挑衅行为得罪邻国。日本的和平主义教育还被指并非出于真正的悔悟，而是建立在自身是牺牲者这种感情基础上。即战争的主要牺牲者是日本民众，因为他们

① Lily Gardner Feldman, 'The Role of History in Germany's Foreign Policy of Reconciliation: Principle and Practice,' In *Proceedings of the 1st International Forum on Historical Reconciliation in East Asia-Opening Historical Reconciliation in East Asia through Historical Dialogue*. Seoul: Northeast Asian History Foundation.

经历了无比恐怖的原子弹爆炸。

将日本与德国做如此比较并非毫无根据。两国是第二次世界大战中的同盟国，无论是战前还是战中，两国的情况确实存在很多相似之处。此外，在战争结束后，两国都被占领并被解除武装，随后又取得快速的经济发展。

但是，这一比较恐怕也会招致误解。因为在1945年以前的日本近代史中不仅有战争，还有殖民统治。日本从1937年到1945年与中国处于交战状态，从1941年到1945年与美国也处于战争状态，却从未与朝鲜有过交战经历。朝鲜也从未对日本发动过战争。1910年到1945年之间，朝鲜半岛正式被日本吞并，事实上即成为日本的殖民地。为了支撑日本的战争，朝鲜半岛的居民和资源被调动起来，甚至有居民与殖民地当局勾结，将自己也当作日本人，并以这一身份参与战争。

此外，日本对朝鲜的殖民统治政策与法国对阿尔及利亚的统治政策虽然并不相同，却由类似的思想构成。无论是朝鲜还是阿尔及利亚，都被看作宗主国国土完整的一部分，而且总会被宗主国本土同化。日本对朝鲜的统治是殖民地经营，因此从非殖民化的角度来考察自1945年至今仍在进行的日韩和解过程是比较恰当的。本文将探讨法国与阿尔及利亚、日本与韩国在殖民地时期的异同，并考察这一历史状况对现今这两组国家关系产生的影响。

1 两种记忆

(1) 日韩合并一百周年

日韩关系、法阿关系至今仍受到历史和记忆的牵制，2010年或许是人们脑海中极具象征意义的一年。

在东亚，这一年因自1910年日本吞并朝鲜一百周年受到关注。表面上情况似乎正得到改善。东京和首尔借机举办了多次友好与和解活动。日本首相菅直人发表了明确而强有力的谢罪讲话："当时韩国人民因违背本意受到殖民统治，被掠夺了家园和文化，民族自尊受到了严重的伤害。”①这段话博得韩国官方和媒体的好感，两国的友好程度也得以确认。

然而，并不能高估讲话的影响力。实际上日本并非首次对朝鲜谢罪，可以说接连多次进行了谢罪。日韩合并一百周年之际菅直人首相的讲话，只不过是在一连串的谢罪上又增加了一次，它使很多日本人更加强烈地认为本国对韩、对朝（亚洲）政策是“谢罪外交”。②

此外，虽然讲话受到韩国官方欢迎，普通民众却并不待见。他们总认为讲话中那些饱含悔恨的语句不过是为了掩盖关键问题的烟幕弹。这里的关键问题，即1910年签署合并条约的日本天皇。虽然现在的明仁天皇确实多次对日本曾经向韩国及韩国人民带来痛苦表示谢罪，但他从未提及合并条约，也未提过签署条约的曾祖父明治天皇。

此外，尽管韩国政府多次邀请，明仁天皇也从未访韩，即便他曾于1992年到访过中国。2009年，韩国总统李明博曾借日韩合并一百周年之机邀请天皇正式访韩。③ 日本政府之所以不打算应邀，

---

① 《韩国合并一百周年首相讲话全文》，载《朝日新闻》，2010年8月10日。

② 有关日韩关系的过去与现在，请参考以下文献。Lionel Babicz, *Le Japon face a la Coree a l'epoque Meiji*. Paris: Maisonneuve et Larose, 2002. Idem., 'Japon-Coree: de vaines excuses?' *Raison Publique* (10) 2009, pp. 17 - 28. Idem., 'Japon, Chine, Coree: vers une conscience historique Commune?' *Ebisu* (37), 2007, pp. 19 - 46. Victor Cha, *Alignment Despite Antagonism: The United States-Korea-Japan Security Triangle*. Stanford: Stanford University Press, 2000. Alexis Dudden, *Troubled apologies Among Japan, Korea, and the United States*. New York: Columbia University Press, 2008. Hyeran Jo and Jongryn Mo, 'Does the United States Need a New East Asian Anchor? The Case for U. S.-Japan-Korea Trilateralism,' *Asia Policy* (9), 2010, pp. 67 - 99. Lind, Jennifer. 2008. Sorry States: Apologies in International Politics. Ithaca, NY: Cornell University Press. Gi-Wook Shin, Soon-Won Park, and Daqing Yang. *Rethinking Historical Injustice and Reconciliation in Northeast Asia: The Korean Experience*. London, New York: Routledge, 2007. Yamazaki, Jane W. Yamazaki, *Japanese Apologies for World War II: A Rhetorical Study*. London, New York: Routledge, 2006. 马克·皮蒂：《殖民地》，读卖新闻社，1996年。三谷博、金泰昌编：《东亚历史对话》，东京大学出版会，2007年。

③ http://world.kbs.co.kr/english/news/news_newissue_detail.htm?No=1353

大概是惧怕要就合并条约的合法性进行更深层次的谢罪。

实际上自1965年日韩邦交正常化以来，合并条约的合法性问题就给日韩关系投下了阴影。虽然与1910年合并相关的协议和条约被宣告“业已无效”，但这只是为了避免解决条约合法性问题而使用的模糊表述。对日本政府来说——这是日本官方的一贯立场——这些协议即便是应该谢罪的历史性错误，但做出如此宣告后其合法性就不容置疑。

因此，在菅直人首相发表讲话后，对合并条约的韩方正本和日方正本存在差异这一发现，韩国媒体大肆报道就并非偶然了。韩方正本中并无纯宗皇帝的署名和印玺，这就决定性地证明了韩国被强制签订的这份万恶协议是非法的。①

因此，在韩国和日本如今的亲密性中，还隐藏着这一令人记忆犹新的伤痕。日韩合并一百周年也许会标志着两国向和解迈出的巨大一步，但由于韩国政府已经不再邀请天皇访韩，所以日本政府错失了也许能够翻过合并与殖民地化这段历史的机会。

（2）法外之徒

2010年对法国与阿尔及利亚来说并不是有纪念意义的年份，但殖民时代的记忆也给现在的两国关系造成阴影，提供了一系列可供媒体讨论的素材。其契机即为阿尔及利亚裔法国导演拉契得·波查拉(Rachid Bouchareb)的电影《法外之徒》。

电影主题“塞提夫屠杀”是1945年5月法国人对发生在阿尔及利亚的民族主义者叛乱进行的残酷镇压。有八千至一万五千名阿尔及利亚人和一百多名欧洲人不幸丧生。事件发生的5月8日成为阿尔及利亚国祭日。这一日期与建国相关，塞提夫被作为一个巨大的伤痕刻在了集体记忆中。②

塞提夫对阿尔及利亚来说无疑标志着独立战争的开始，而法

---

① Lee Tae-hoon, 1910 Korea-Japan annexation treaty invalid. 08－11－2010.

② Benjamin Stora, France-Algerie: ‘La simple reconnaissance des faits commis est tres importante,’ *Le Monde*, 21. 05. 10 2010. 可浏览以下网址。http://www. lemonde. fr/web/imprimer_element/0, 40－0@2－3224, 50－1360924, 0. html.

国则希望尽量忘记这一事件。仅是电影公映的预告，便立刻引起了“记忆的战争”[1]再次爆发。一方面有人支持该影片，首当其冲的是阿尔及利亚的报纸，如《祖国报》称其为“引起反响的电影”[2]，另一方面，是作为阿尔及利亚回归者的法国人团体，他们指责该影片是“坚称历史事实”的 FLN(民族解放阵线)版的阿尔及利亚历史，是“虚伪的电影”[3]。

《法外之徒》事件如实反映了当今法国对阿尔及利亚问题的微妙性、两国关系的现状及历史问题的沉重感。与日韩关系相同，在法国和阿尔及利亚的关系史中依然存在后殖民时代的问题。“法阿关系虽然时好时坏，但感情绝非一般。”[4]阿尔及利亚总统阿卜杜勒-阿齐兹·布特弗利卡(Abdelaziz Bouteflika)于 1974 年说出的这句名言，依然能够表明两国关系的现状。阿尔及利亚专家让-弗朗索瓦·达居藏(Jean-François Daguzan)则将其表述为“永远的探戈练习”[5]，前进一步后退两步。世界报记者让-皮埃尔·特库尔(Jean-Pierre Tuquoi)认为两国是“地狱里的夫妻[6]”。

这些老生常谈让我想起在谈论日韩关系时会反复使用的一种表述，“既近又远的两个国家”。

① Yasmina Adi, Didier Daeninckx, and al, ‘Le film’Hors-la-loi’de Rachid Bouchareb: les guerres de memoires sont de retour,’ *Le Monde*, 05. 05. 10.

② *El Watan*, 29 Septembre 2010.

③ Abel Mestre and Caroline Monnot. Qui esta L’origine des manifestations conre le film ‘Hors la loi’?, 21. 09. 10 2010. 可浏览以下网址。http://droites-extremes. blog. lemonde. fr/2010/09/21/qui-est-a-lorigine-des-manifestations-contre-le-film-hors-la-loi/.

④ 引用了以下书籍。Nicole Grimaud, *La Politique exterieure de l’Algerie*. Paris: Khartala, 1984, p. 39.

⑤ Jean-Francois Daguzan, ‘Les relations franco-algeriennes ou la perpetuelle lecon de tango,’ *Maghreb Machrek* (200), 2009, p. 91.

⑥ Jean-Pierre Tuquoi, *Paris-Alger, couple infernal*. Paris: Grasset&Fasquelle, 2007.

2　殖民时代的相似点与不同点

（1）宗主国与殖民地的密切关系

如果不参照殖民时代，便无法理解日韩或法阿之间的相互关系。那么，两组国家在殖民时代的情况究竟存在哪些相似点及不同点呢？

两者最为突出的相似点即为各自关系的特殊性，以及殖民地与宗主国之间的密切关系。

1830 年至 1962 年，在长达一百三十多年的时期内，阿尔及利亚一直是法国的殖民地。与二十世纪才被征服、沦为法国保护国的摩洛哥和突尼斯不同，阿尔及利亚是移民迁入地，被划为法国的三个省。即阿尔及利亚是法国最早的殖民地，在战略上是其不可或缺的、最为重要的领土（阿尔及利亚是非洲、马格里布** 以及中东的要塞），并且它还象征着法国的强大。①

“阿尔及利亚属于法国！”法国内政部长弗朗索瓦・密特朗在 1954 年 11 月阿尔及利亚起义时发出这样的宣告。② 阿尔及利亚的确既不是塞内加尔那样遥远的殖民地，也不是突尼斯和摩洛哥那样的法国保护国。一百万名欧洲人，即“Pied-noir”③已有数代人在那里生活。原先阿尔及利亚也不在殖民地省的管辖范围内，而是与法国其他省相同，属内政部管辖。④

十九世纪进行的阿尔及利亚占领确实十分凄惨，导致了极大的伤亡，其程度根本不是日本统治朝鲜之时可以比拟的。1830 年至 1871 年约四十年间，统治阿尔及利亚的是法国军队。这一时期

---

① William B. Cohen, ‘The Algerian War and the Revision of France’s Overseas Mission,’ *French Colonial History* 4, 2003, p. 227.

② Benjamin Stora, *Histoire de la guerre d’Algerie* (1954—1962). Quatrieme ed., Paris: La Decouverte, 2006, p. 3.

③ 在阿尔及利亚的欧洲人，特指法国移民。——译者注

④ *Ibid*. p. 4.

阿尔及利亚的历史主要是部族和村落社会的叛乱史。[1] 为这种情况带来变化的是法国战败普鲁士以及拿破仑三世第二帝国垮台。从1871年开始,阿尔及利亚的管辖权被移交给民政,并被规定为法国在地中海对岸的延长线,被"法国化",即成为应被法国同化的广阔领域。[2]

朝鲜曾经也成了日本领土不可分割的一部分,即朝鲜半岛曾被日本吞并。虽然朝鲜并未被定为"殖民地",一般被称作"外地"或仅被叫作"半岛",但与法国人统治阿尔及利亚相同,作为日本人迁入地的朝鲜是近代日本主要的征服目标。两国关系可追溯到很久以前,朝鲜在战略上对日本也极为重要。从明治时期开始,日本一直将朝鲜的稳定看作本国安全的基本条件。朝鲜也是中日甲午战争(1894—1895年)[3]和日俄战争(1904—1905年)的焦点。毫不夸张地说,1910年的日韩合并是近代日本对朝鲜念念不忘的结果。

此外,日本也与统治阿尔及利亚的法国想法相同,认为自己承担着使朝鲜文明化的使命。拿破仑三世曾经试图通过逐渐使阿拉伯社会现代化而成为其救世主。[4] 日本则希望能将朝鲜半岛带上明治维新以来自身的成功之路。

(2) 两种人

两者之间也存在不同。日本向朝鲜输入了民族近亲性这一意识形态,即朝鲜人是日本迷失的兄弟民族,最后必定要回归到共同的文明起源地。在1910年合并之时就已登场的此类思想,构成了于1938年开始推进的皇民化政策的基础。

但民族近亲性并不适用于阿尔及利亚。对阿尔及利亚同化的达成经历了法国人(以及欧洲人)的迁入和当地精英阶段性的被"法国化"。在整个殖民时代,阿尔及利亚存在着两种人。一种是外部移民,即享有一切权利的法国市民(1870年还加入了阿尔及利

---

① Benjamin Stora, *Histoire de L'Algerie depuis l'independance*. Quatrieme ed., Paris: La Decouverte, 2004, p. 19.

② *Ibid*. p. 20.

③ "日清战争"为原著提法,中国称为"中日甲午战争"。——译者注

④ *Ibid*. pp. 8 - 19.

亚·犹太人)；另一种是当地原住民，他们一般被叫作“阿拉伯人”，根据1881年颁布的原住民法受到统治。[①]

同化即为对迁入市民的同化，作为伊斯兰教徒的阿尔及利亚人则不在同化的范围内。这些阿尔及利亚人传统的部族家族组织因为新的领土区分而遭遇解体。只要他们稍微表示出反抗，就会被严厉镇压。[②] 数百万公顷的土地被置于迁入者、国家和大企业的管理之下。[③]

即使殖民地朝鲜拥有阿尔及利亚所没有的民族近亲性一说，状况也大致相似。一方面存在遵从日本法律和明治宪法的帝国臣民，另一方面也存在朝鲜原住民。这些朝鲜人根本无法参与日本的决策过程，绝对不会被给予与日本迁入者同等的地位。这表明在两个殖民地中都存在相似的歧视结构。

朝鲜的地位在太平洋战争时期得到提高，开始有朝鲜议员被选入众议院，新的社会上升通道向他们打开，特别是在军队等级中也可以出人头地。不过，即便是这一小小的进步，也因为1945年日本战败而中断。

阿尔及利亚的地位得到改善是在第二次世界大战之后，不过为了处理1945年的叛乱，最终到1947年才真正得以改善。当时设置了“阿尔及利亚议会”。该议会是使伊斯兰教徒参与政策决定过程的谨慎尝试。议会由各有六十人的“相同人数代表”的议员团组成，一个代表法国市民和少数派伊斯兰教徒，另一个代表拥有(共计八百万人中的)一百五十万票投票权的伊斯兰教徒。因为阿尔及利亚人纷纷涌至这一突破口，殖民地当局只能后退，为了避免民族主义者取得压倒性的胜利，当局不得不在1948年的选举中使用非法手段。[④]

从日本的殖民统治下被解放出来的朝鲜在同一时期则处于冷战的最前线。朝鲜在1948年被分成两部分，之后还爆发了朝鲜战

---

① *Ibid*. p. 20，pp. 30 - 34.

② Claude Liauzu, and He le ne d Almeida-Topor, *Dictionnaire de la colonisation francaise*. Larousse. eds. ，2007，pp. 93 - 97.

③ *Stora*，2004，p. 23

④ *Ibid*. pp. 103 - 104.

争(1950—1953 年),其激烈程度远远超过在日本占领下所经历的暴力。

(3) 时间上的差异

时间上的差异恐怕是两组国家殖民地状况最重要的不同点。阿尔及利亚被殖民化的时间远远早于朝鲜(两者被殖民的时间分别为 1830 年和 1910 年),解放时间却迟于朝鲜(时间分别为 1962 年和 1945 年)。这表明法国和阿尔及利亚之间的关系远比日本和朝鲜紧密。在阿尔及利亚生活着几代迁入者,而很多迁入朝鲜的日本人一生中既经历过征服也经历过战败。

日本对朝鲜的殖民统治虽然相对短暂,但统治强度却相对较高。此外,与十九世纪上半叶成为殖民地的阿尔及利亚不同,日本直接向朝鲜引进了二十世纪的现代技术。日本人学习西欧的殖民经验,将已经在其他地方试验过的殖民统治方法直接导入朝鲜。

时间上的差异也是两者在去殖民化的过程中最大的不同。朝鲜的解放是第二次世界大战日本战败的直接结果。由于 1945 年 8 月 15 日日本投降,朝鲜恢复独立。而阿尔及利亚独立派于停战协议签署的 1945 年 5 月 8 日在全国各地进行了游行。塞提夫的残酷镇压事件即为一系列暴力的导火线,一百多名法国人和八千至一万五千名身为伊斯兰教徒的阿尔及利亚人惨遭杀害。①

真正意义上的"阿尔及利亚战争"始于 1954 年,随 1962 年的独立而结束。这是一场极其激烈的战争。法国士兵中有两万七千五百人战死,一千人失踪,还有六千五百多名法国普通百姓或死亡或失踪。阿尔及利亚官方统计的本国死亡人数达到一百五十万,实际数字大概在二十五万至五十万人之间。另外还有三万至十万名"哈基"(法国军队的伊斯兰教徒补充兵,法军编制的对抗 FLN 的阿尔及利亚人补充部队)在停战后遭到杀害。②

这场战争无论对阿尔及利亚还是法国都是一段"建国插曲"③。

① *Ibid*. pp. 85 - 86. 关于塞提夫大屠杀,参照上述《法外之徒》的影评。

② Le Monde, *La guerre d'Algerie*. Paris: Librio, 2003, pp. 109 - 110.

③ Benjamin Stora, 'La guerre des memoires,' *Maghreb Machrek*, 197, 2008, p. 14.

对于阿尔及利亚，战争可以使国家的存在正当化，而对于法国，丧失了本是自身领地的阿尔及利亚就如同经历了“一种切割手术”①。即使从制度的角度来看，阿尔及利亚战争也是延续至今的法国政体即第五共和国创立的起源。

无数人参与到战争中。一百五十万名法国士兵，无论老少全都在阿尔及利亚战斗，跟随法国军队的十万名“哈基”随后遭到抛弃。即便如此，仍有几千名“哈基”逃到法国，他们的存在至今仍是国民意识沉重的负担。战争结束时一百万名欧洲人（法国移民）离开阿尔及利亚，回到法国本土。即在今天的法国，有四百万至五百万人直接经历了阿尔及利亚战争——法国移民、“哈基”、士兵、阿尔及利亚移民。②

这一点至今仍然以可见的形式说明了两国之间存在复杂的人际关系。包括一百五十万阿尔及利亚人在内，法国存在着四百万至五百万马格里布人，此外还有一百五十万名从北非回来的归国者，他们大多来自阿尔及利亚。这导致“两国之间的一切都是冲动的、悲剧的③”。

3 去殖民化及对过去的忘却

（1）隐瞒与冷漠

即便是如此大规模的事件，法国官方直至1999年才首次称其为“战争”④。在这一年，根据法律，原先的表述“在北非进行的军事行动”被替换为“阿尔及利亚战争或在突尼斯和摩洛哥进行的战斗”⑤。此前使用的都是诸如维持秩序、平定、叛乱、事件这样的词语。⑥

---

① *Ibid*. p. 14.

② *Ibid*. pp. 14 - 15.

③ Daguzan, *op. cit.*, p. 92.

④ 例外的是，法国政府在战争开始时使用过这一表达，作家朱尔斯·罗伊（Jules Roy）在1960年也使用过。Stora, 2004, pp. 13 - 14.

⑤ *Journal Officiel de la Republique Francaise*. Numero 244 du 20 Octobre 1999, p. 15647.

⑥ Liauzu, and Almeida-Topor, *op. cit.*, p. 322.

因此，在阿尔及利亚独立之后，法国国内对战争加以掩饰也不足为奇。1990年本杰明·斯托拉(Benjamin Stora)出版了一本十分形象的书籍，名为《坏疽和忘却》[①]。他在书中分析，这场"无名的战争"一直是法国历史上的空白，法国社会的基础因此像坏疽一样被侵蚀。

阿尔及利亚对战争也有所掩饰，但情况有些不同。战争本身受到人们纪念，相当于建国神话，只是事件的实际情况被隐瞒了。人们称其为"革命"，并不提及在阿尔及利亚民族主义内部，民族解放阵线FLN与阿尔及利亚民族运动MNA之间发生的内战。此外，对独立之后屠杀"哈基"一事也同样保持了沉默。[②]

朝鲜的去殖民化过程与此完全不同。朝鲜的解放是由于日本投降，在1945年8月15日那天突然到来。当时事态极其混乱，伴随着大量日本人从朝鲜回到日本，以及朝鲜人从日本回到朝鲜，不过过程大致平安无事。暴力事件大多出现在朝鲜人之间，导致后来发生朝鲜战争(1950—1953年)。对日本来说，失去朝鲜的心理伤痕就在战败带来的精神创伤中得以淡化。

战败后的二十年间(1945—1965年)，日本对韩国与朝鲜漠不关心。这一异常现象是殖民时期双方的密切关系所引起的反作用。战争结束时，约有七十万日本人居住在朝鲜，两百多万朝鲜人居住在日本。三十五年的殖民统治中的确有过惨不忍睹的压迫和剥削，但日本人和朝鲜人也正是在这一时期亲密接触，同甘共苦，孕育了爱情和友情之花。

在经历了这种密切的关系之后，突然且彻底的冷漠则表明日本试图忘记朝鲜。1945年到1965年，朝鲜从日本人的意识中消失了。自十九世纪八十年代以来日本重点关注的这一邻岛似乎突然消失不见。在外交关系不复存在的情况下，人员往来、文化交流也减少到最低限度。朝鲜半岛发生的悲剧事件也很少有人关心。对捕获和驱逐侵入朝鲜领海的日本渔船这种与日本直接相关的事件，普通人也毫不在乎。而在日韩国人、朝鲜人受到的也只是冷漠与轻蔑。

---

① Benjamin Stora, 'La gangrene et l'oubli: la memoire de la guerre d'Algerie,' *Cahiers libres. Essais*, Paris: La Decouverte, 1991.

② *Ibid*, p. 9.

由于这种冷漠，在美国的压力下，于1951年开始的日韩邦交正常化交涉一直持续进行到1965年。日本出于自我意识，排斥韩国与朝鲜，为使伤口愈合并得到新生而选择躲在自己的世界里。

以上内容表明在殖民统治结束之时，尽管理由不同，但无论法国还是日本都存在同样的隐瞒现象。

(2) 日韩邦交正常化

1965年签订的邦交正常化条约虽使两国关系恢复正常，但在1983年之前主要是日本对韩国的单向关系。催生1965年协议的是来自关心地区安保问题的美国所施加的压力，以及日韩两国主要在经济利害上的一致。日本的投资家被韩国市场所吸引，韩国也渴望日本的资金。对朴正熙军事政权来说，日韩协定所处的背景即为与美国关系的加强——1965年韩国向越南派遣了军队，以及对在前一年成为核武器持有国的中国愈发警惕。

正因如此韩国才放弃了更加体面的条件。日韩基本条约中非常重要的内容是双方建立外交关系以及日本向韩国提供大量的经济援助。其他方面则存在分歧并含糊不清。

首先是在韩国政府的地位上表述模糊。韩国政府究竟是朝鲜半岛整体的合法政府(首尔的解释)，还是仅仅为朝鲜半岛南部的政府(希望向朝鲜打开大门的日本政府的解释)，条约中并未明确。

然而，该条约最模糊的部分还是历史。该条约认定日本和韩国在1910年8月22日以前签订的条约及协议全部“业已无效”。这一表述回避了明确定位1905年的保护条约和1910年的合并条约。据日本官方解释，这些条约均为合法签订，但合并条约的效力已随大韩民国的成立于1948年失效。对韩国来说，合并条约本身是被强制签署的，因此既不合法也不具有任何效力。

基本条约在形式上对日本有利，因为它可以免除日本对殖民时期的谢罪及赔偿。东京对首尔的捐赠和借款也只是以经济支援的名义进行，完全没有提及与过去的关系。但即便存在这种缺陷，1965年的基本条约仍然是重要的一步，它打开了日韩关系的新时代，并对韩国的经济增长做出巨大的贡献。

(3) 法国与独立后的阿尔及利亚

虽然战争的记忆被掩盖，法国和阿尔及利亚的联系却并未中断。尽管畏惧暴力和战争，但两国维持密切关系的意愿从一开始就十分强烈，着实令人惊讶。阿尔及利亚的独立并未引发日韩那般的两国关系断绝。①

但是，这并不表示法国和阿尔及利亚之间是纯粹的爱。事实恰恰相反。② 阿尔及利亚独立后，法国立即采取的对阿政策是"合作援助"政策，给阿尔及利亚提供了大规模的援助。这一政策显示了法国的愿望，即希望宣传其最新的对阿拉伯政策及其在国际舞台上独自发挥的作用。

在二十世纪七十年代以前，阿尔及利亚一直占据着法国合作援助政策中最大的预算项目。对于这种大规模的援助，法国内部曾有过激烈的反对，不过尽管其在移民所有地和石油产业等国有化问题上反复出现危机，对阿援助仍然持续进行。

1981 年，当时的法国总统弗朗索瓦·密特朗对阿尔及利亚进行了一次极具象征性的访问。他公开了法属阿尔及利亚相关的公文，签署了天然气相关的协议，并同意以高于市场价的价格购买阿尔及利亚天然气。此时的法国依然十分善意地对待阿尔及利亚。

4 后非殖民化时代及过去的再现

(1) 法阿关系的恶化及日韩关系的改善

1981 年，法国和阿尔及利亚的关系到达顶峰。随后两国关系逐渐恶化，虽然有过风平浪静的时期，也做过很大努力，但仍未能阻止这一趋势。关系恶化的起因即为经济。二十世纪八十年代，法国直面世界经济衰退，无法继续高价购买阿尔及利亚的天然气，在八十年代初希望能够修改双方签署的协议。紧接着在 1986 年

---

① Jean-Francois Daguzan, 'Les rapports franco-algeriens, 1962—1992. Reconciliation ou conciliation permanente?' *Politique etrangere*(4), 1993, p. 885.

② 以下叙述多数出自 Jean-Francois Daguzan 的研究。Daguzan, 1993.

法国发生了一连串恐怖袭击***事件，随后法国便决定要求非欧洲共同体居民提供法国入境签证。马格里布诸国，尤其是阿尔及利亚认为这项措施是对他们的侮辱，所以立即进行了报复（要求对方也提供入境签证）。[①]

日本和韩国之间也同样存在危机和紧张局势。不过自1983年中曾根康弘首相访问韩国以来，两国关系得到了明显的改善。

中曾根康弘首相确信日韩和解在战略上、经济上以及政治上是必要的。他首次出访的国家即为在1983年访问的韩国。那是日本首相首次正式访问韩国。中曾根首相承诺会对韩国进行大规模的财政支援。数月后，全斗焕总统访问日本，因此确立了日美韩保守派同盟。

正因为和解出现在1982年首次教科书问题之后，所以更值得我们关注。这一时期的教科书问题得以解决，是由于日本对修改未来教科书的承诺及其政府下达的命令，即教育一线要充分考虑来自邻国的批判。实际上在之后的几年中，遭到批判的教科书在内容上做了很多改动，使问题至少在官方层面上趋于缓和。

(2) 带着过去阴影的世界杯

1998年金大中总统和小渊惠三首相的首脑会谈，记录了日韩和解更为重要的一步。

此次会谈是为结束殖民时期的历史最具戏剧性的尝试。两国首脑首次在官方文书中谈及过去。二十一世纪即将来临，日本和韩国决定共同迎接未来，这一决定催生了一系列特殊的协议。

这一戏剧性的和解理由之一便是2002年世界杯的到来。1996年，国际足联未能在日本和韩国两者中做出选择，遂决定由两国联合举办世界杯。日韩关系的悲痛历史迫使国际足联做出这一特殊的决定。如果其中一方被选为主办国，就会严重伤害另一方的民族自尊心。

对于这一被迫做出的决定，两国或多或少有些抵触。不过在最初的沮丧过去之后，必须重振精神。1997年金大中总统的上任

---

① *Ibid*, p. 891.

使事态有所好转。因为他曾是反体制派，相对前几任总统，其对日态度更加灵活，确信日韩必须不计前嫌、迎接未来。

同时也存在巨大困难。首先世界杯的举办本身就成为使两国无休止对立的主要诱因。从大会的官方名称（日韩还是韩日，结果两者都予以采用，前者是在日本的称呼，后者是在韩国的称呼），到开幕式（韩国）和闭幕式（日本）的场地问题，双方都存在对立。但是，使世界杯本身陷入危机的是“编委会”的“新历史教科书”在2001年引发的第二次教科书问题。

不过，在世界杯即将开幕的时候，也出现了积极的具有象征性的举动。日本天皇甚至提到，他的远祖桓武天皇（780—806年）的母亲出生于朝鲜。不过天皇却放弃了曾经考虑过的在开幕式时出访韩国。这样一来便错过了本可发表符合形势的致辞的机会，以及可以翻过战后这一页的历史性访问机会。

2002年的日韩世界杯毫无疑问取得了巨大成功。这是两国首次共同举办如此大规模的活动。与此同时还出现了更好的局面，即2002年日本掀起了前所未有的韩国文化热。韩国突然引起了日本大众的好奇心。韩流现象此后似乎一直在蔓延，在各个领域都可以感受到这股热流。

（3）迎来去殖民化时代的终结？

日韩合并距今已有一个世纪，韩国解放也过去了六十五年，越来越多的征兆显示日韩去殖民化时代的终结。不过要使去殖民化时代完全结束大概还需要一段时间。去殖民化时代根深蒂固的原因之一在于历史的厚重。1965年的日韩邦交正常化条约未能解决历史问题，并使其一直拖延至今。即使在撰写本文的2010年，合并条约的合法性和有效性依然是激烈论战的对象。

虽然存在上述的失败，日韩合并一百周年仍然使我们认识到和解之路的意义。尽管两国过去存在殖民史，如今却是特殊的合作伙伴。于华盛顿签署的联合韩国和日本的安全保障诸条约，如其字面意思表示的是三国同盟。这一三国安全保障体制无疑是半个世纪以来东亚和平的基础。①

(4) 疾风骤雨中的阿尔及利亚与法国

另一方面,阿尔及利亚自 1988 年以来一直处于混乱状态,加上世界性的伊斯兰宗教激进主义的威胁,悲惨事件接二连三发生,其与法国的关系也严重受损。

简单回顾一下。1988 年阿尔及利亚军向游行示威队伍开枪,造成五百多人死亡。1991 年,伊斯兰救世阵线(FIS)在议会首轮投票中取得胜利,担心 FIS 在第二轮投票中也会获胜的政府军通过政变掌握了大权。1992 年后阿尔及利亚陷入内战。1994 年开始法国也成为一系列恐怖袭击的对象。

迄今为止,阿尔及利亚死于内战的人数已达到十五万。1999 年后暴力事件大幅减少。虽然 GIA(伊斯兰武装集团)被政府瓦解,但针对同样对法国构成威胁的伊斯兰马格里布基地组织(AQMI),阿尔及利亚政府至今束手无策。暴力事件的发生是慢性的,即便在现今的 2010 年,阿尔及利亚平均每月仍有二十至二十五人遭到杀害。暴力甚至蔓延到了法国,1994 年到 1995 年恐怖袭击波及此地,自此以后,居住在法国以及马格里布的法国人不断遭遇威胁。

二十世纪九十年代发生的激烈的暴力事件也使法国四分五裂。法国(面对责任在于阿尔及利亚政府的非法逮捕、拘留、失踪)在要求高度尊重人权和根除伊斯兰宗教激进主义恐怖行动之间摇摆不定。“谁杀害谁”这一争论②严重损害了两国关系。此外,阿尔及利亚当局立即将法国对其行为的批判理解为难以原谅的内政干涉。

不过,大的危机过去之后(1999 年开始,情况趋于相对稳定),法国大力推动具有象征性意义的关系重建。雅克・希拉克总统虽

① Hyeran Jo and Jongryn Mo. 2010. ‘Does the United States Need a New East Asian Anchor? The Case for U. S.-Japan-Korea Trilateralism.’ *Asia Policy* (9), 2010, pp. 67 - 99. Victor Cha, *Alignment Despite Antagonism: The United States-Korea-Japan Security Triangle*, Stanford: Stanford University Press, 2000.

② Daguzan, 2009, p. 94.

然未能实现这一点，但也致力于两国“友好条约”的签订。2003年，他果断对阿尔及利亚进行特殊的国事访问。这次访问虽然标志了两国关系一时的晴朗，却未能促成“友好条约”的签订。

2005年开始两国关系愈加恶化，历史和记忆这一课题摆在眼前。阿尔及利亚总统阿卜杜勒-阿齐兹·布特弗利卡将法国的“罪行”和纳粹罪行相提并论（指责其用石灰窑来焚烧塞提夫叛乱者的遗体是暗中的“屠杀”行为），并对法国严加指责。“文化屠杀”这一概念被阿尔及利亚当局代表人和一部分媒体广泛使用。①

代结语——过度记忆

2007年就任法国总统的尼古拉·萨科齐对于来自阿尔及利亚的控告及其希望法国发表悔悟声明的要求，采取了十分强硬的态度。萨科齐将自己看作与殖民时代这一过去毫无关系的移民之子，断然拒绝做出任何悔悟。他认为子女或是现在的法国没必要承担父母或是过去的法国犯下的错误，对过去的研究应该交给两国的历史学家，此外，也并无签订友好条约的必要。他认为，“因为两国现在关系友好，所以无须签订条约”，应该集中精力搞好两国具体的合作项目。

以下为2007年萨科齐总统在阿尔及利亚进行国事访问时表明的立场。②

> 的确如此。殖民统治根本不公正，它违背了我们共和国的三原则，即自由、平等、博爱。应当指出，即便是在这种完全不公正的体制下，后来被强行驱逐出境的人中仍有很多男女老少热爱着阿尔及利亚。是的。独立战争中所犯下的可怕罪行，造成两个阵营中无数人牺牲。今天的我与1962年7岁的我，希望对所有的牺牲者表达敬意。

① *Ibid*, p. 96.
② *Ibid*, p. 97.

与此同时，法国自2005年以来逐渐在官方层面上实践着曾经拒绝的悔悟。2005年法国驻阿尔及利亚大使在位于塞提夫的大学进行了历史性的演讲。他称："在这片土地上，一条由不理解而造成的深渊把共同体分割开来，只要它一直存在，恐惧、示威、相应的镇压、暗杀、屠杀也会持续不停。"

接着是2008年。2008年4月，同样在塞提夫，伯纳尔德·巴约莱(Bernald Bajolet)大使进一步加深了这种认识，他说道："可怕的屠杀是对法兰西共和国建立原则的亵渎，是法国历史上无法抹去的污点。"①

这些象征性的行为都是在一种带有复古倾向的气氛下进行的，即重新开始赞扬殖民时代。例如，2005年法国议会通过了"对返回祖国的法国人：国民的谢意与负担"相关的法律。

> 在阿尔及利亚旧法国省市及摩洛哥、突尼斯、印度支那，以及曾经处于法国主权管辖下的领土上，法国留下了一些功绩，法国国民对参与了这些过程的人们表示感谢。(第一条)

> 学校的项目尤其认可法国对海外，特别是对北非发挥的积极作用，针对在这些领土上出生的法军士兵，对他们的历史和牺牲给予应得的突出地位。(第四条第二节)

这些条文不仅针对阿尔及利亚，还适用于曾经处于法国管辖下的所有领土。该法律除了遭到法国国内一千多名历史学家联合署名②抗议，还在曾经的殖民地，尤其是阿尔及利亚引发了强烈的反对。布特弗利卡总统将该法律形容为"委身于否定主义和修正主义的精神上的盲目"③。

2006年，有关"法国在海外发挥的积极作用"的第四条第二节虽然在宪法评议会上被废除，但并未在议会上得到审议，遭到四十

① *Ibid*, p. 98.

② *Le Monde*, 25. 05. 2005.

③ http://www.rfi.fr/actufr/articles/071/article_40087.asp

名右派议员的抗议。[①] 同时，该法律第三条计划设立"纪念阿尔及利亚战争及摩洛哥和突尼斯战斗的基金"也决定暂不执行。但停止执行不过数年，2010 年法国在巴黎荣军院设立了 2005 年的这一法律所计划的基金[②]，这就表明再次出现了官方支持称赞殖民时代的倾向。[③]

正如上述回顾所示的那样，虽然在阿尔及利亚战争后法国立即陷入沉默并掩盖事实[④]，但如今状况已完全转变。如今已成为"过度记忆"的时代，更进一步说是"记忆的战争"时代。一方面存在着法国和阿尔及利亚之间的战争，另一方面还有法国和阿尔及利亚各自社会内部的战争。[⑤]

日本和韩国之间也同样如此。日韩在很多方面确实比法阿更为亲近。这种亲近感来源于政治、经济和社会体制上的相似，来自两国一起与美国达成的军事同盟关系，以及双方对朝鲜民主主义人民共和国(和中国)的警惕。但是它们也同样无法回避历史的厚重。因为过去的记忆给现在留下了阴影。

从上述考察出发，可以将法阿关系和日韩关系看作非殖民化的两种不同形式(异本)。这两组关系如今全都根据各自的战略、地政学情况及政治选择来进行定义。于是殖民时代的记忆常常被用作达到内政、外交需求的手段。但这些议论、争论、攻击，同时也是至今都无法愈合的伤口。无论是曾经的宗主国还是殖民地，至今都仍深深地受到殖民时代记忆的折磨。[⑥]

① Benjamin Stora, Thierry Leclere, and Armelle Enders. *La guerre des memoires: la France face a son passe colonial-Entretiens avec Thierry Leclere*, Aube poche essai. La Tour d'Aigues: Ed. de l'Aube, 2008, p. 19.

② http://www. gouvernement. fr/gouvernement/creation-de-la-fondation-pour-la-memoire-de-la-guerre-d-algerie-des-combats-du-maroc-et

③ (Geze and manceron 2010) Francois Geze and Gilles Manceron. 'L'eloge de la colonisation est de retour,' *Le Monde*, 10. 11. 2010.

④ Stora, 1991.

⑤ Benjamin Stora, 'Laguerre des memoires,' *Maghreb Machrek* (197), 2008, p. 13.

⑥ Christelle. Taraud, *La colonisation*, Paris: Le Cavalier Bleu, 2008.

［附记］

在撰写本文时，得到了韩国学研究生院（AKS-2010-R-48）以及悉尼大学人文学院研究支援计划基金（FARSS）的支持。此外，对收集资料时予以帮助的玛丽·纳斯尔（Mary Nasr）女士表示感谢。

（剑持久木/译）

【日文版译者注】

*关于原文中 Coree 的译文，原则上来说如果限定为 1945 年后的大韩民国，即译为韩国，1945 年以前则译为朝鲜。如果指代双方，也译为韩国、朝鲜。

**阿尔及利亚、摩洛哥、突尼斯等西北非国家的总称。阿拉伯语原义为“西方，日落之地”。广义上也包含利比亚、毛里塔尼亚。

***由于反对法国在伊朗与伊拉克战争中支援伊拉克，伊朗裔伊斯兰宗教激进主义集团于 1986 年在香榭丽舍大道等巴黎中心街道引发十余次炸弹袭击恐怖事件。特别是 9 月 17 日在雷恩路爆发的恐怖事件，导致七人死亡。

英国、爱尔兰的和解与日韩关系
——一名外交官的视角

林景一

前言——正视历史问题

作为一名在任外交官，笔者在英国曾直接面对英国战俘与平民羁留者的历史问题。在20世纪70年代后日英关系的进展中，这一历史问题曾被搁置了一段时间，其后又在1995年第二次世界大战结束五十周年之际再次爆发。在笔者上任的1996年，它已彰显为两国关系的巨大难题。虽然在法律层面上已经通过《旧金山和平条约》得到解决，但在感情层面上，逐渐走向人生终点的前战俘们要求谢罪与进一步赔偿的呼声越来越高。

日英两国政府一致认为法律层面上的处理已经完成，日本政府也已在所谓的村山谈话和村山书信中表达了"歉意"，在这里我们反而感觉到问题并未得到明确解决。寻找一条和解之路来治愈他(她)们内心的创伤，成为重要的课题。

民间已经采取各种行动致力于两国和解，如平久保正男和菲利普·马林斯等人领导的缅甸作战同志会举办的前日英军人和解活动，惠子·霍姆斯主导的悼念行动，玛丽·格莱斯·布朗宁和约翰·普里查德博士的太平洋探险项目，以小菅信子的勇敢行动为契机的剑桥和解行动，以及以考文垂大教堂为中心的和解礼拜等。日英两国政府对这些活动或是参与或是支持。

在这一背景下，笔者无论从外交官还是个人的角度都体会到和解行动的困难与复杂性。究竟是政府之间进行和解，还是由老兵等战争当事人进行和解，抑或连他们的子孙也包含在内，不仅在和解主体方面存在问题，还有其他各种方面的难题。不过笔者也了解到不忘过去、正视过去，以及广泛的相互理解至关重要。

同时笔者还深切地感受到“和解”在跨越历史问题、建立新型关系上的意义，并在离开英国驻爱尔兰期间再次思考了历史与和解的问题。当然，这并非指日本和爱尔兰关系（以下简称日爱关系）中的历史与和解，而是指英国和爱尔兰关系（以下简称英爱关系）中的历史问题，以及英爱和解。

1　爱尔兰的历史与和解

长达八百年的殖民史及一百二十年的合并与反英武力斗争史，使英爱关系变得十分复杂，也使原本就爱恨交织的两国感情变得更加杂乱。尤其是当被统治的爱尔兰人得知本国漫长且激烈的反英斗争史——数百年的屈从与贯穿一百二十年合并期间的暴政，以及多次叛乱、克服叛乱失败的独立史，使他们心里再次滋生反英情感。爱尔兰的历史教育必须是与反英斗争相关的教育，其中的原因之一，可以说就在于它是与宣传反英斗争的成果（即实现独立这一运动高潮）相关的知识及民族感情的传达手段。

北爱尔兰问题是英爱关系中最大的历史问题。爱尔兰虽然在1922年实现了国家独立的夙愿，但由于英国而被迫接受一个现实，即历史原因导致爱尔兰领土分裂、国民分离，以及北部六郡中少数天主教徒受迫害，随后爱尔兰展开了反抗这一现实的长年武装斗争。这即为北爱尔兰问题。

但在追求北爱尔兰和平的同时，爱尔兰也在以各种形式努力清算英爱关系中的历史问题。

比如，正当反英独立斗争达到高潮时爆发了第一次世界大战，在爱尔兰与北爱尔兰的天主教徒纪念英国阵亡士兵时，以英国军人身份战死的爱尔兰士兵却遭到忽视甚至轻视。2005 年 11 月，笔者作为日本大使参加了英国国教会在圣帕特里克大教堂例行举办的战亡者追悼活动。当时麦卡利斯总统明确表示，此刻，爱尔兰共和国应该认可第一次世界大战爱尔兰阵亡将士的全国追悼活动。

2006年7月，在纪念一战中规模最大的"索姆河战役"九十周年时，也同样举行了追悼无数以英军身份战亡的爱尔兰士兵纪念活动。① 在2006年6月27日的《爱尔兰时报》"索姆河战役特集"中，以"回国：遭遇敌意"这一标题刊登了一则说明参战人员在爱尔兰长期受到冷遇的报道。② 后叙考恩总统的演说也对此进行了介绍。

关于1916年爆发的复活节起义，虽然在英国统治层看来只是一场鲁莽且失败的叛乱，但多数主谋被立即处决这一悲剧性结果使爱尔兰国民情绪激昂，他们将这次起义推崇为孕育爱尔兰独立的英雄行为。2006年3月，爱尔兰举行了大规模庆祝起义九十周年的国家活动，但同时也出现了重新审视起义意义的言论，例如从所谓的修正主义观点出发，认为起义终归还是与IRA相同性质的恐怖主义行为。③ 此外，2007年5月，在纪念对英国（及爱尔兰）新教徒的胜利起决定性作用的博因河战役（1690年）的活动中，埃亨总理招待了民主统一党强硬派领导人伊恩·佩斯利（Ian Paisley）先生，并与他进行了历史性的握手。④

另外，反英斗争圣地克罗克公园竞技场在独立后虽曾被禁止用作举办发源于英国的体育比赛的场地，但这一禁在2007年2月令得以解除，并举办了英爱对抗橄榄球赛。⑤

于是，在由来已久的反英象征性行为中就出现了变化和新的认识。这些变化反映了爱尔兰政府与国民的转变，即从"英国＝万恶之源"、帮助英国即为背叛、抵抗和反抗英国的爱尔兰民族主义者才是正义人士这种狭隘且固执的观点，转变为更加客观、更加宽

① 有关爱尔兰首相府对索姆河战役的官方见解，参照以下网址。http://www.taoiseach.gov.ie/eng/Taoiseach_and_Government/History_of_Government/1916_Commemorations/Irish_Soldiers_in_the_Battle_of_the_Somme.html（上次访问时间为2011年5月28日。下同。）

② 《爱尔兰时报》"索姆河战役特集"的主打新闻"Why we remember"表明，爱尔兰民族主义派认为这场战役"本质上是英国的问题"，努力"有意识地忘记"。

③ 在从2006年1月31日《爱尔兰时报》"An Irishman's Diary"专栏中的Kevin Myers评论，到同年2月一系列的来信专栏中，进行了论战。

④ 2007年5月11日BBC电子版新闻，http://news.bbc.co.uk/1/hi/northern_ireland/6645119.stm

⑤ 林景一：《透过爱尔兰了解日本》，角川书店，2009年，第136—138页。

容的思维方式。

北爱尔兰问题的进展并非一帆风顺，其过程波动剧烈且十分漫长。但最近十年左右的进展表现得十分戏剧化。这不仅促进了英国内部民族主义派(Nationalist)和统一派(Unionist)之间的和解，还推动了整体的英爱和解——缓和了两国国民对彼此由来已久的憎恨与轻蔑。

在英爱和解进展的背景中，以下五点尤为重要。

第一，有两百万拥有爱尔兰国籍的人居住在英国(据说如果追溯到祖父母辈，爱尔兰裔英国人数量则有六百万)，这相当于爱尔兰人口的一半。每年有七百万人往返于两国之间。第二，两国存在牢固的经济往来基础，即爱尔兰在经济上对英国的依赖程度仍然很高。第三，基于以上事实，爱尔兰以与英国同等的地位成为欧盟一员，在很大程度上两国共有外交和安保，甚至结成了可作为欧盟军队共同作战的关系。双方由此不再认为对方对自己构成威胁，两国甚至已成为伙伴关系。第四，在经济上，爱尔兰的人均GDP已经超越英国，成为比英国更加富裕的国家。这种成就感成为爱尔兰精神上的慰藉。第五，在与英国的和解过程中，爱尔兰内部的和解十分必要，即北爱尔兰的新教势力和天主教势力之间的和解，或者说“北爱尔兰和平”。

这表明，在经历长达三十年、导致三千多人死亡的流血斗争后——有一种说法认为，从死亡人数占总人口的比例来看，这场战争是1970至2000年世界上最为暴力的纠纷——逐渐化解由流血加深的仇恨是十分必要的。虽然英爱两国数代领导人在政治上所做的努力都以失败收场，但由于美国的介入，两国终于在1998年达成和平协议。此后协议的实施又消耗了近十年时间。

这一严重的问题的解决耗费了大量时间，经历了漫长的交涉，最终取得成果，由此减少了爱尔兰及其国民对英国的敌视与憎恶。

2 英爱关系与日韩关系的比较

结束爱尔兰的工作后，笔者出版了《透过爱尔兰了解日本》(角川书店，2009年)。在该书中，关于历史与和解，笔者带着日韩关系是否可以借鉴英爱关系这一思考，尝试比较了英爱和解与英爱、日韩关系。[1]

作为探讨的前提，笔者就英爱关系与日韩关系的相似性整理了以下几点。第一，殖民历史给双方关系带来很大影响，长期以来彼此之间存在仇恨与蔑视。第二，历史上被统治方更为先进（兄被弟欺）。第三，被统治方在政治、军事上占据了统治方的战略利益。第四，双方在经济上存在很强的相互依赖关系。第五，在殖民地被解放后，被统治方的国土被分为南北两部分。第六，日本天皇访韩及英国国王（伊丽莎白女王）访爱至今仍未实现。

尽管两者存在相似性，但在英爱和解取得巨大进展的同时，韩国却对日本抱有深深的恨意。为什么动辄爆发历史问题？两组国家存在哪些不同？为推动和解，日韩可以从英爱关系中学到什么？笔者将对此进行考察。

如果对照日韩关系来看英爱和解的进展，可以列出以下几个尤为重要的课题，如相互依赖关系的深化、交流的快速发展、经济差距的消除、对地域性框架的参与。此外，为了达成真正的和解，如果能取得以下进展，或许韩国人从中获得的成就感、连带感会缓解他们的精神压力，为推动和解提供有利的基本条件。

具体来说，第一点即为两国相互依赖关系的大幅深化，达到无法断绝的程度，人员往来相比现在的水平更加频繁。第二点是在这一过程中，相对的经济差距得以消除，或者经济实力完全逆转。第三点是双方在广泛的地域性框架中成为平等的共同体伙伴，共同经历挥汗甚至流血的过程。第四点为各自内部的“和解”，即国内在过去的问题上步调一致。

关于这些基础条件，笔者认为需要做好心理准备，因为要达到这些条件需要花费相当长的时间。在纷争与对立的那代人去世之后，真正的和解会变得更加困难。不过爱尔兰问题涉及几代人，关于北爱尔兰的恐怖主义，当事人那一代还在世时就已实现和解，是十分幸运的。

另一方面，韩国至今仍存在“赶超日本”这种口号。除非让韩

---

① 林景一：《透过爱尔兰了解日本》，第 140—158 页。

国在面对日本时拥有优越感，或至少抱有平等的心态，让这种口号失去意义，否则必须要做好日韩两国很难在此之前就达到真正的和解的心理准备。但是，这种心理准备绝不是阻碍和解的绊脚石，而是在认识到困难后，仍然简化或是加快和解过程的各种努力——为达到相互理解，为了治愈伤痕，必须穷尽智慧，付诸行动，这样或许会产生更好的效果。

以上即为笔者在拙著《透过爱尔兰了解日本》中所尝试的探讨。在此基础上，本文将特别从历史与和解的角度出发，进一步尝试对英爱关系与日韩关系进行比较研究。

3 英爱、日韩关系比较的意义及其区别

1965年日韩邦交正常化后，韩国国民仍然抱有反日情感。历代政府都为改善这一情况做出了努力，尤其是1998年金大中总统访日之时在《日韩共同宣言》发布共同记者招待会上发表的言论："此次日本政府对过去的态度与此前大不相同，首先是以文件的形式进行了书面道歉，还点明了道歉的对象是韩国。日本希望对给韩国造成的损失和伤害表达反省与歉意。所以不管是在形式上还是分量上，我认为都与过去有所不同。"这似乎在很大程度上促进了历史问题的清算。[①]

但随后在卢武铉政权和小泉纯一郎政权下，日韩关系的复杂性和双方根深蒂固的不信任感再次彰显出来。在此期间，由于2002年两国共同举办世界杯足球赛这一壮举以及在电影、音乐上掀起的韩流热，日韩关系在某些方面也取得了进展。但因两国的领土问题、经济问题、文化问题错综复杂，历史问题动辄就会显现出来。

要想彻底解决这一难题，必须转变，消除由历史导致的隔阂、仇恨与蔑视，为此笔者建立了问题意识，即在英爱关系的进展中是否有我们应该学习的地方。

---

① 日本外务省主页：http://www.mofa.go.jp/mofaj/kaidan/yojin/arc_98/k_sengen.html. 日本官邸主页：http://www.kantei.go.jp/jp/obutisouri/speech/1998/1008nikkan.html

笔者认为英爱、日韩关系的相似性可能正是解决问题的一条线索。当然，这两组国家关系存在很大差异，但是，如果进行目标导向型的比较，获得可供参考的内容，就是有意义的。最重要的是无论日韩还是英爱彼此都是距离最近的国家，这是两者最大的共同点。在政治上、经济上双方对彼此都很重要，历史、文化、社会方面也有很深的关联。反过来说，也正因如此才会出现难题。如何处理邻国关系对国家决策者来说是很大的课题。所以在爱尔兰外交部，英爱关系局是最为重要的部门，在此当过局长的人都会成为有力的副部长候选人。

国际比较确实存在极限。从政策角度出发，也存在终结历史使命的比较——作为政策论的统治的现实状况、作为典范的抵抗的现实状况等。不过，通过认识差异来思考自身还应做出哪些努力这一论点更为明确也是事实。

从这一观点出发，将这两组国家关系的主要不同点再次列举如下。

首先，英国对爱尔兰的殖民统治始于八百年前，英爱合并持续了一百二十年的时间。而日本对韩国的殖民统治只有三十六年，即便从韩国沦为日本的保护国开始算起也不过四十年的时间，所以两者在统治时长上有很大差异。在英爱关系中，由于长时间的历史融合及经济上的必要性(移民或是外出到美国、英国打工有利于经济上、社会上的成功)，统治方的语言即英语成为被统治方爱尔兰的主流语言，尽管爱尔兰政府一再努力，但据说日常会话中使用原语言爱尔兰语(盖尔语)的人甚至不满一成。

另一方面，在日本统治时期受教育的韩国老一辈人中很多人都能说一口流利的日语，不过韩国年轻人一般不说日语。所以，英爱两国在文学、大众传媒、体育、电影及戏剧等文化上的融合度自然更高。而本是日韩共同文化基础的汉字在韩国遭到废除，儒教及佛教思想也逐渐衰退，日本的文化活动仍然受到限制。

但是，英爱两国的宗教(国教对天主教)由于英国的统治纠缠不清，而日韩几乎不存在宗教对立。

第二，英国结束对爱尔兰的统治距今已有九十年，而日韩统治关系结束才过去六十五年(也可以说仅是程度不同)。在形态上，韩国是由日本人直接统治的，而英国对爱尔兰则是通过英裔爱尔兰人进行的间接统治。

第三，英爱合并的结果为爱尔兰政党在英国议会中获得相当数量的议席，有时他们还通过掌握决定票来展开政治斗争以获得自治权。此外，英国在第一次世界大战中忙于战争，爱尔兰则在其国力消耗的过程中挑起独立战争，使武力斗争朝对自己有利的方向进行，最终双方地位平等的当事人进行了交涉，签署了《英爱条约》，爱尔兰因此赢取独立。

与此相对，韩国人并未成为日本国内的政治势力，虽然他们也发起了各种反抗运动，结果却相当于借助外力获得了独立（朝鲜的独立在法律上是由《旧金山和平条约》得到“承认”的，而韩国并非条约签署国），即同盟国对日作战胜利使日本帝国解体。

第四，北爱尔兰纷争这一暴力恐怖事件持续了三十年，造成三千人死亡，直至今日英爱之间仍然存在仇恨情绪。与此相对，由于竹岛①纷争及日本首相参拜靖国神社问题，尽管韩国不断发生反日游行，但并未出现有组织的杀人恐怖事件。不过这反而从侧面表明英爱之间倦于纷争，追求和平、和解的时机已经到来。

第五，均被统治方分为南北。不过，朝鲜民主主义人民共和国是一个独立的主体，而北爱尔兰是联合王国的一部分，两者地位有所不同。此外，南北朝鲜发生过战争，而北爱尔兰纷争主要是北爱尔兰内部或英国内部的对立。

第六，在国际关系中，韩国是半岛国家，与曾是大陆霸权国的中国接壤，历史上长时间从属于中国，与日本的关系也参照其对中关系而不断发生变化。另一方面，爱尔兰是岛国，虽说它曾希望通过天主教与大陆霸权国西班牙及法国进行联合，但政治和文化上并不存在从属关系。从战略上来看，邻近大陆的岛国（英国、日本）担心会受大陆霸权国的影响，从而增进了与邻国（爱尔兰、韩国）的关系，两者在这一点上是共通的。

还有人认为，如果从统治方的角度出发思考妨碍英爱和解的因素，那便是第二次世界大战时爱尔兰的中立。而对于日韩关系，

---

① “竹岛”为日方提法，韩国称“独岛”。——译者注

大战中很多韩国人作为日本帝国的臣民，支持(或被迫支持)日本的战争，甚至导致他们伤亡无数，并成为战争的罪人。

这些差异的确巨大，但更为重要的是这些差异都无法否定上述推进和解的基本条件——交流的快速发展，经济差距的消除，协助加入共同的地域框架，国民内部的和解进展。诸如上述文化融合程度上的差距，正好强调了日韩交流飞速发展的必要性。还有独立过程的差异，也正加强了对通过消除经济差距及协助加入地域框架来培养平等意识的探讨。

进而，由于今天的日韩关系并不像曾经的英爱关系那样蔓延着恐怖主义，所以两国缺乏紧迫感，尤其是日本或许还倾向于批评将和解作为日韩关系中的紧要课题。不过日韩间的历史和解仍然是当今一个巨大的政策课题。现实问题是，日韩虽是距离最近的邻居，但两国国民之间并未达成和解，通过比较英爱与日韩，从中学习到新的视点及政策，笔者认为是十分有意义的。

顺便提一下，英国与爱尔兰并不认为可以对照英爱历史来考察日韩关系。总的来说英国人和爱尔兰人都意识到英爱关系过于独特、深入与融合，所以根本无法与其他的国家关系进行比较。如果硬要将其与日韩关系进行对比，他们大多会强调两国关系的融合是如何进展的。此外，与已经成为历史的殖民统治不同，北爱尔兰纷争这一问题的当下性和紧迫性似乎还存在一些难以比较的要素。

4　关于“谢罪”

基于以上论述，我想将历史比较向前推进一步，从清算过去的负面遗产这一角度出发具体举出英国与爱尔兰为改善两国关系所做的努力，并对照日韩关系进行讨论。

英国首相布莱尔的首席助理乔纳森·鲍威尔在其著作 *What Did We Do Right?* 中，以标题为“新型英爱关系”的章节论述了最近三十年来英爱关系的巨大变化，即和解的达成与面向未来的合作。① 鲍威尔介绍了他在1979年进入外交部时，英爱两国的外交官对彼此的不信任，以及后来英爱关系的发展所面临的巨大困难。他还指出从2007年5月北爱尔兰自治政府成立，至当时的爱尔兰总理埃亨首次在英国两院联席会议中发表演说，这期间两国关系究竟是如何彻底转变的。他说道“这不仅解决了北爱尔兰纷争，还将英爱两国的关系建立在全新的基础之上。过去的亡灵被驱散，两国不再就过去何时谁对谁做过什么进行争论，而是携手面向未来”，并介绍了当时英国首相布莱尔的发言，即两国“最终从历史中被解放出来”。

笔者期待某天能看到日韩当局领导人发表如此讲话。那么，这一发言是如何产生的呢？

鲍威尔回答了以下三点内容。第一是爱尔兰的变化（奇迹般的经济发展及随之而来的国民自信），第二是英国的变化（20世纪70年代到80年代英国的经济萧条使其不再小觑发展迅速的爱尔兰，并开始就大饥荒、“血色星期日事件”进行谢罪，努力探寻事件真相），第三是北爱尔兰纷争的解决（在布莱尔首相和埃亨总理同时维持的长期政权下，两国构筑了密切的信赖合作关系，制定了一些大胆的措施，不仅是交涉结果，和平进程本身也构筑了超越北爱尔兰问题的信赖关系）。

爱尔兰的变化和英国对爱尔兰的改观基本上是由于两国经济差距的消除。同时，关于北爱尔兰纷争的解决，不仅结果本身极为重要，而且不容否定的是在解决过程中通过谢罪、明确并修正对事实的认识，也促成了英爱和解。

此外，他还指出通过这一过程两国签订了极为密切的协议，并论述了两国因此得以在欧盟等场合处理国际问题时站在同一战线。

从以上观点出发，笔者希望特别就“谢罪”这一问题进行思考。

鲍威尔所说的谢罪含义如下。首先，在与北爱尔兰问题不相

---

① M. J. O'Sullivan(*et al.*, ed.) *What Did We Do Right?*, Dublin: Blackhall Publishing, 2010, pp. 35 - 39.

上下的、成为两国巨大历史性隔阂的事件中，存在19世纪中叶爱尔兰大饥荒的责任问题，当时一百万人饿死、病死，一百万人被迫移居到新大陆。英国长期认为饥荒是由马铃薯烂根这一自然灾害引发的，并认为自身也采取了相应的对策，虽然并不足以充分应对这场灾难。

爱尔兰则强烈认为，英国当时信奉自由贸易，从爱尔兰进口谷物和奶制品时并未采取调配粮食和减免租税的措施，存在任由受灾者增多的不作为责任。

在《贝尔法斯特协议》[①]签订前的1997年，当时的英国首相布莱尔就未能充分预防大饥荒带来的损失进行了真诚的发言，可以理解为是坦率的反省，受到爱尔兰国民的高度评价。这件事本身在消除历史隔阂的层面上具有很大意义，同时它还使北爱尔兰的和平之路不再布满荆棘。[②]

另一方面，这些事例分别为对比英爱与日韩提供了论点。实际上，布莱尔首相关于大饥荒的发言并未使用"谢罪"或"遗憾"这类字眼，他也未曾想过要用赔偿来证明彼时的心情。

反观日本，以1995年村山谈话为首，国家高层反复就战争进行官方"谢罪"，但韩国却不断批判日本并未"谢罪"（以及并未进行相应的赔偿）。

村山谈话由日本历代政权继承至今，尤其是日韩之间，上述1999年金大中总统访日之际，日本在《日韩共同宣言》中所表达的谢罪意图（小渕首相回顾了本世纪的日韩两国关系，谦逊地接受日本在过去一段时间内由于殖民统治给韩国人民造成巨大伤害和痛苦的历史事实，并对此表示深刻的反省和由衷的歉意）极为明确，而很多韩国人并不接纳或并不打算接纳，在日本人看来这是极为严重的，某种意义上也是不可思议的。

与布莱尔首相的"反省"相比，很难说明日本政府的"谢罪"不被正常接纳的原因。不过，首先可以指出两者在时间上的差异。大饥荒问题在当时已是一百五十年前的那代人的问题，而日本的

① 《贝尔法斯特协议》的文本参照英国政府官方网站：http://www.nio.gov.uk/agreement.pdf

② 林景一：《透过爱尔兰了解日本》，第131—132页。

战争责任问题只经历了五十年，当事人都还健在，属于现在的问题，这造成两者之间巨大的差异。第二，布莱尔首相并非是为回应谢罪要求而发表的讲话，所以对方并未对此有所期待。与此相对，村山谈话则是在战后五十周年以及韩国总统访日之时，日本首相面对强烈的谢罪要求而做出的回应，背负着很大期待，所以两者在过程和环境上也存在差异。

2010 年 8 月 10 日《日韩合并条约》签订一百周年之际，菅直人首相就日韩关系发表讲话。从以上论述来看，可以说这次讲话抓住了历史性的机遇，为达成和解又加了一剂强心针，即沿用村山谈话“深刻的反省和由衷的歉意”，向韩国表达了谢罪。此外，首相还表示会归还《朝鲜王室仪轨》等来自朝鲜半岛的图书，这些言行都是为了抚慰韩国人民。此次讲话在法律上并未超出日韩关系的基本框架，却因表达了希望促进和解这一政治含义而受到韩国好评。

5 真相的探究及历史共同研究

鲍威尔举出了另一个论点，正如约翰·列侬及 U2 乐队也曾唱到的那样，“血色星期日事件”不仅是血腥的，还具有象征着英国政府的暴政与顽固这一政治含义。1972 年 1 月，在北爱尔兰的伦敦德里(德里)，非武装市民为谴责压制天主教徒人权进行示威游行，被动员警备的英国陆军部队对市民开枪，造成十四人死亡。

英国政府设置了以威杰里法官(最高法院长官)为首的调查法庭(tribunal)对该事件进行审理，在仅仅两个月后的同年 4 月法庭得出结论，认为英军是在所受命令的范围内出于自卫而开枪。[①] 英国政府表示接受，但北爱尔兰的天主教势力和爱尔兰舆论则强烈反对，长年要求探明事件真相。

历代英国政权并未打算回应，因此该问题也成为北爱尔兰和平的障碍。1997 年，由于新证据的发现再次掀起议论，爱尔兰政府也正式要求重新审查该事件。

---

① 有关威杰里法庭，参照以下网址：http://cain.ulst.ac.uk/hmso/widgery.htm

1998年1月，为了推动北爱尔兰和平，布莱尔首相做出决断，经由上下两院表决，决定对事件进行重新调查。布莱尔首相将调查的目的明确为“查明真相”，而不是为给某个人定罪，并说道“为了保证北爱尔兰人民美好的将来，这也是必要的和解”，强调了查明历史真相在清算历史过程中的重要性。

因此，在新设置的调查法庭（萨维尔委员会）中，不仅有萨维尔委员长（最高法院法官），还有国外专家（加拿大、新西兰法学家——后来换成澳大利亚法学家）。到2010年3月，历时十二年，耗费大量精力，以对事实的彻底调查及不会被用作诉讼证据为条件，进行了证词听取，最终认定英军部队开枪属于非正当行为，在阅读调查记录与参考资料的同时，编写了大量有关认责的报告。①

在政权更替后的同年6月，卡梅伦首相将此报告公之于众，并接受了报告的结论。对于当时四十三岁的卡梅伦首相而言，血色星期日事件是在其五岁时发生的，自身并无责任，但他在下议院中将英国士兵的“非正当”行为最终归于政府之责，说道“代表政府及国家”“对此表示由衷的歉意”，正式表达了谢罪。②

关于清算过去，查清历史真对于和解的重要性在南非种族隔离的历史清算过程中也可见一斑。即便没有对相关人员进行处罚且并未得到任何赔偿，但查明暗藏在过去的真相本身就能慰藉遗族与受害者。“血色星期日事件”同样如此，探明事件真相对遇难者家属和相关人员而言是巨大的慰藉。同时，1998年后英国政府再次面对二十六年前就已了结的事件，并努力查清事实真相，其态度本身无疑给清算北爱尔兰纷争这一更大的负面遗产带来十分正面的影响。

为了查明历史真相，日韩两国也于2002年开始了历史共同研究。这在达成国民间的和解方面是极具意义的尝试，是值得长期研究的课题。不过，就如日韩关系而言，历史研究本身具有很强的政治性，在这种情况下两国的研究人员就会被置于代表国家、国民

① 有关萨维尔委员会的报告，参照以下网址：http://www.bloody-sunday-inquiry.org/index.html

② 有关卡梅伦首相的发言，参照以下网址：http://news.bbc.co.uk/1/hi/northern_ireland/8742073.stm

的立场上，在表达自己的看法时或许会受到限制。

如英国采取的方式所示，在对难以达成一致的特定历史现象、事件进行解释时，除了两国的学者外还需要多名外国专家加入，这样可以提高解释的客观性。

例如，两国在《日韩合并条约》的法律效力上长年各执一词，韩国认为“因为签订时并非出于自愿，所以条约从一开始即为无效”，日本则表示“在日韩邦交正常化时日本就已经陈述过对此事的认识，条约在签订时是有效的，但现在已经失效”①。双方政府都认为彼此很难改变立场，但如果两国政府都能同意，也可以将事件真相的查明和重新审定交由调查彻底并愿意耗时的第三方来研究评价。

顺便提一下，1800 年的《联合法案》获得爱尔兰议会的赞成，英国通过正当程序进行了英爱合并，但现在可以明确的是，当时的英国政权对本就缺乏代表性的爱尔兰议会议员进行了收买和威胁。②

但是，爱尔兰独立后似乎并未因此将合并条约的有效性作为历史问题来探讨。

此外，英爱两国在达成独立协议时，爱尔兰也未要求英国赔偿。反倒是英国持有爱尔兰高额的民间债权，作为爱尔兰独立的条件强烈要求返还。爱尔兰接受了这个条件，在贫困中仍然返还了巨额的债务（对英独立斗争的战士德瓦莱拉成为总统后，单方面取消债务，英国因此对爱尔兰实施报复性经济制裁，使爱尔兰陷入巨大的困境）。

这种历史对比仍然是今后的研究课题，同时期待韩国也能进行此类研究。

结　语

时任爱尔兰总理的布赖恩·考恩在 2010 年 5 月发表了如下宗旨

---

① 有关日韩共同历史研究，参照以下网址：http://www.jkcf.or.jp/history/first 及 http://www.jkcf.or.jp/history/second/

② Nick Pelling, *Anglo-Irish Relations 1798 - 1922*, London: Routledge, 2003, pp. 12 - 13.

的演讲。他回顾了近年来英爱和解的进展,并期待能有更大的进步。

> 英国与爱尔兰、天主教与新教实际上拥有共同的历史,但它们却在寻找各自不同的部分。1997年(爱尔兰)诗人罗伯特·格里森说道"对于爱尔兰,尤其是北爱尔兰,过去的问题一直是无法卸下的包袱"。次年签订《贝尔法斯特协议》后,情况才发生变化。今后的十年间,我们将陆续迎来索姆河战役、复活节起义、独立战争等重要事件的一百周年纪念。在此我们有必要认识历史的全貌(to recognise the totality of the history)。……我们可以卸下历史的重担,面向未来,在全国展开推动和解进程的对话。①

可以说日韩两国的历史各不相同。虽然两国与南北爱尔兰的情况存在差异,但纵观历史长河,通过共有过去的历史可以描绘共同的未来这一点,应该同样适用于两者。

布莱尔前首相在2010年夏季出版的回忆录《旅程》(*A Journey*)中,专门用一个章节叙述了他引以为傲的成果,即北爱尔兰和平。因为是政治家的自夸,所以有必要打个折扣,但他在书中列举了十条实现和平的经验教训。概括起来即为:当事人在基本原则上的一致、长期不懈的努力、对详细情况的考虑与执着、灵活且具有创造性的对策、第三方的介入、认识到解决纷争并非是一个事件而是"旅程"、对干扰和障碍的心理准备、优秀的领导人、国际环境的好转、坚持不放弃等。②

解决纷争与和解本不是同一层面上的问题,但纷争的解决直接关系到了英爱和解,也多半可以促进日韩两国的和解。尤其是日韩两国的国民也许并未就两国关系的基本原则达成一致。文物

---

① 考恩总理演讲原文见以下网址:http://www. taoiseach. gov. ie/eng/Government_Press_Office/Taoiseach's%20 Speeches%202010/"A_Decade_of_Commemorations_Commemorating_Our_Shared_History"_Speech_by_An_Taoiseach,_Mr_Brian_Cowen_TD_Institute_for_British_Irish_Studies_UCD,_20_May_2010_at_11_00 am. html(下划线系笔者所注)

② Tony Blair, *A Journey*, London: Hutchinson, 2010, pp. 181 - 198.

及遗骨的归还虽是细节问题，但也要耐心地考虑周全。创造性、灵活性的必要程度更无须多言。现在的日韩两国基本不需要第三方介入，但从北朝鲜问题中看出，可以考虑使同为彼此同盟国的美国参与进来。

和解并不会因为某一件事（总统访日等）而得以实现，所以走在这条道路上需要耐心。和解的过程会因为个别事件而出现前进或后退，需要一个一个慎重地解决以防搞砸。

此外，布莱尔首相并未提及在英爱和解进展的背后还存在一个基础条件——他或许认为那是理所当然的——即两国同处于欧洲深化统一的大背景下。两国因此得以在共同市场这种极高的层次上展开交流，并加深相互之间的依赖关系和亲近感。在这层含义上，期待日韩能通过经济合作协议和东亚共同体等构想来促进经济交流与人员往来的快速发展。

上述英爱两国所采取的各种对策，特别是统治方英国做出的努力使两国清算了历史问题，对希望将日韩关系提升为真正友好关系的日本而言也是一种参考。即便单看语言的共通性这一点，英爱关系也远比日韩关系密切，所以日韩并不能直接照搬英爱两国的经验。但是，两组国家都有必要努力克服共同历史中根深蒂固的相互憎恶与轻蔑，这样彼此都能获得各种有意义的启发。

（※本文纯属笔者个人见解）

［附记］

本文完成后，2011 年 5 月 17 日至 20 日，伊丽莎白女王在爱尔兰独立后首次作为英国元首访爱，受到爱尔兰国宾待遇。女王以英国外交官的身份到达爱尔兰空军机场，该机场以在第一次世界大战中串通德国计划叛乱，被英以叛国罪处决的英雄罗杰·凯斯门特(Roger Casement)命名。女王身穿象征着爱尔兰的鲜绿色服装走下飞机，随后在追悼爱尔兰独立战争（即反英斗争）英雄的独立纪念公园献花（不过，这是国外重要人士在正式访问时的例行活动）。英国女王在曾被英国政府以叛乱罪处决的爱尔兰人纪念公园献花、行礼，象征着英爱和解。次日，女王在第一次世界大战中阵亡的爱尔兰战士纪念碑前献花后，又访问了反英斗争圣地克罗克公园运动场，当初英军特殊部队正是在此屠杀了正在观看体育比赛的无辜市民。女王在曾是英国总督府所在地的都柏林堡正式晚宴上进行演讲。在一开场她便出人意料地使用爱尔兰语发出呼吁的讲话中说到，两国的过去是“悲伤、遗憾的事实”，是“令人痛苦的遗产”。此外她还对牺牲者深表同情，并说道“依历史的后见之明，我们希望事情能以不同的方式发生，或者最好没有发生(With the benefit of historical hindsight we can all see things which we would wish had been done differently or not at all)”，这表达了她的历史认识，即英国对爱尔兰的统治存在令人遗憾的一面。她还高度赞扬北爱尔兰和平，期待通过两国国民之间的感情加强合作。虽然这些并非正面谢罪，却以平衡且精炼的表达对过去进行了总结，可以说是面向未来的和解演说。爱尔兰方面高度赞扬女王冒险访问一事，绝大多数人对其旨在和解的发言及种种态度表示肯定。虽然并不代表英爱和解的过程就此结束，但这一历史性的访问本身成为英爱和解的成果，而且可以说访问的成功也是推进和解的关键节点。

※女王演讲参照下述网址

http://www. rte. ie/news/2011/0518/queenspeech. html

http://www. royal. gov. uk/LatestNewsandDiary/Speeches and articles/2011/TheQueensspeechattheIrish StateDinner18May 2011. aspx

复仇与和解

菲利普·托尔

前　言

2009年8月，苏格兰司法长官肯尼·麦卡斯基尔(Kenny MacAskill)决定释放1988年12月苏格兰洛克比美国客机爆炸事件的男性嫌疑人，引发英美之间的外交纠纷。服刑者阿卜杜勒·巴塞特·阿里·迈格拉希(Abdul Bassett Ali Maglahi)因罹患晚期癌症被允许回国，他英雄般归来，在利比亚受到迎接。有报纸报道，在二百七十名遇难乘客的家属中有人指责这一决定加深了他们的痛苦。[①] 美国总统奥巴马也发声批判。阿里·迈格拉希真的是犯人吗？他的祖国利比亚是否参与了这一恐怖事件？情况异常复杂。

在流传的阴谋论中，有一种说法是此次事件为德黑兰对1988年7月3日美国巡洋舰文森斯号击落伊朗航空客机的报复。[②] 如果事实真是如此，那么威廉·罗杰斯(William Rogers)舰长不可原谅的错误不仅直接导致二百九十人死亡，其中大多数为伊朗普通百姓，还间接造成几乎同等人数的美国人因为伊朗人复仇的决心而遇难。

不管责任在谁，该事件都给美国遇难者家属造成了莫大的痛苦，即便过去了二十年，他们仍然无法原谅逐渐濒临死期的服刑

① 'Compassion for a bomber?' *The Times*, 20 August 2009.

② 'Dubious deals come with the territory,' *The Times*, 24 August 2009.

者。这清楚地反映了复仇冲动的无益性与强烈性，暴力和敌意是负面的连锁反应。

同样的暴力连锁事件还有2004年9月发生在俄罗斯别斯兰的惨案，车臣分离主义者对一百八十六名未成年人及一百五十八名成年人进行了屠杀。据说事件发生后一位别斯兰居民说道“他们让我们的孩子流血，我们必须复仇。这在高加索无可争议”，他明确表达了复仇之意。[①]

威胁要发动更可怕的暴力，这并非逞口头之快。2004年9月别斯兰学校袭击事件是数周精心策划的结果。车臣居民抵抗企图维持统治的莫斯科政府，俄罗斯军队试图对他们进行镇压，杀害了车臣人的孩子，此次袭击恐怕即为车臣人的报复。

该地域并不只有团体才会寻求复仇。北奥塞梯共和国建筑师维塔利·卡罗耶夫（Vitaly Kaloyev）在2002年德国上空发生的飞机事故中失去了妻子。两年后，卡罗耶夫制定了周密的计划，刺杀了一名事故发生时正在工作的航空管制员。复仇是高加索的传统。

复仇对牺牲者及其亲属、同伴、朋友来说也是自然的本能。实际上复仇的冲动是人类最强烈的欲望之一。如人类学家根据遗迹调查得出的结论所示，人类社会多数是极其暴力的[②]，原因之一即为复仇的冲动会引发暴力连锁反应。

反过来说，对于过去所遭受的非礼与痛苦，人类的本能反应并非和解，在看待自身和社会所受的伤害时，第一反应除了复仇还有悲叹、仇恨与愤怒。

复仇的各种动机可做如下分类。最常见的是向非礼自己、给自己施加痛苦的个人或团体实施私人复仇的欲望。其次是向侵犯或侮辱自己所在的共同体或同伴、家人、宗教的他人进行复仇的冲动。最后，针对他国或其宗教与国民犯下的实际或仅是想象中的侮辱及错误，国家与国民或共同体会产生复仇的欲望。

为抑制暴力，社会必须加强责罚抑制复仇，或者通过近年来普

---

① 'Mourners demand Vengeance,' *The Times*, 6 September 2004.

② Lawrence H. Keeley, *War Before Civilization*, Oxford University Press, New York, 1996, chapter two.

及的使复仇非法化并将复仇替换为法律手续的尝试，来抑制集团内部及共同体之间的复仇冲动。

一般来说，家族及共同体可以通过宽恕过去的侮辱及错误来大幅减轻自身的痛苦。国际社会也同样如此，一个国家必须保护它的国民，但即便这发展为国家之间的战争使彼此敌对，在面对新的危险时也必须鼎力合作。反言之，如果总是战败了就复仇，试图改变上一场战争带来的现状，那么就会损害外交的灵活性并导致国际秩序的不稳定。

1　个人的复仇

以威廉·莎士比亚为首的伟大的剧作家们在作品中反复讨论了个人复仇的问题。莎士比亚剧中饱受折磨的男主人公们为报自己和家人所受屈辱之仇，往往会在深思熟虑后采取可怕的行动。

与母亲再婚的继父对自己的生父犯下“残酷无情的杀人”之罪，被冠以复仇之名的悲剧主人公哈姆雷特犹如强迫症般地陷入了复仇的意念。① 另一位悲剧主人公威尼斯摩尔人奥赛罗，一心以为妻子苔丝狄梦娜不守贞操，为了复仇而将其杀害，最终才明白妻子受坏蛋伊阿古陷害。②《威尼斯商人》中的夏洛克说道：“你们要是搔我们的痒，我们不是也会笑起来吗？你们要是用毒药谋害我们，我们不是也会死吗?”以此反问来强调他们犹太人与常人并无区别。夏洛克还质问，如果基督教徒遭受痛苦就会复仇，那为什么犹太人不能呢?③

与莎士比亚同时代的法国作家蒙田也在《随笔录》中对复仇进行了论述，他认为在法律不甚健全的时代，复仇明显在人们的心理上占了上风。④ 后来伴随着法律的逐渐完善，复仇虽然仍会成为某些歌剧、戏剧、小说的主题，但与此前相比已大幅减少。

---

① 第一幕第五场第二十五行，以及第四场第三十二行。

② 第五场。

③ 第三幕第一场第六十九行。

④ ‘Cowardice is the mother of cruelty,’ *The Essays of Montaigne*, Oxford University Press, New York and London, undated, Volume 1, Book 2, chapter 11.

在当今最为发达的社会中，令人惊讶的是个人对于自身所遭受的痛苦几乎不再采取复仇行动。只有在巴尔干半岛及高加索这种险峻的山岳地带还残留着“复仇文化”。通常而言，在经过几个世纪的宗教教化及法定补偿后，人们已经不再同情卡罗耶夫在妻子死后所采取的悲剧行为。

如果自己的子女死于由驾驶员大意、超速、酒驾引发的交通事故，大多数人即使会对量刑太轻表示不满，也通常不会想到复仇。只有罪犯和恐怖集团才会想着向报警的人和下达有罪判决的陪审员复仇。抑制人类这种基本本能的强大力量，几个世纪以来一直明显地发挥着作用。

2 宗教与复仇

伟大的宗教大多努力营造安定的社会生活，并尽量避免复仇事件的发生。例如犹太教，神向摩西传授的法律对复仇加以限制，使复仇抑制在“以牙还牙”的范围之内。其目的非常明确，即抑制人们报复的欲望，并阻止这种欲望扩散进而被传达给子孙后代。[①]先知穆罕默德也同样言道：

> 信道的人们啊！杀人抵罪已成为你们的定制，公民抵偿公民，奴隶抵偿奴隶，妇女抵偿妇女。如果尸亲有所宽赦，那么，一方应依例提出要求，一方应依礼给予赔偿。[②]

当代伊斯兰教注释者做出如下说明：

> 伊斯兰教法考虑到，（中略）一般杀人是为了加害被害者家属而非反抗国家。因此伊斯兰教法承认亲属的权利及向被害者继承人与血亲支付罚金(blood-wit or fine)的合法性。[③]

---

① 《出埃及记》第二十一章第二十四至二十五节。

② Abdul Majid Daryabadi, *The Glorious Quran*, Islamic Foundation, Leicester, 2000, p. 61.

③ 同上，注 125。

在欧美社会中，几个世纪以来基督教一直拥有绝对的影响力，它强调在道德和精神上唯有和解优于复仇。在每次礼拜时咏唱的《天主经》中都会祈祷“求你宽恕我们的罪过，如同我们宽恕别人一样”。圣保罗在给罗马人的信中从心理学和神学两个角度列举了宽恕敌人的理由。

> 不要以恶报恶。众人以为美的事，要留心去做。若是能行，总要尽力与众人和睦。亲爱的弟兄，不要自己申冤，宁可让步，听凭主怒。因为经上记着：“主说：‘申冤在我，我必报应。’”所以，“你的仇敌若饿了，就给他吃；若渴了，就给他喝。因为你这样行，就是把炭火堆在他的头上”。你不可为恶所胜，反要以善胜恶。①

这种对敌人宽大处置的影响力，实际上与敌人如何评价和解的尝试密切相关。如果敌人认为这是对方出于恐惧而做出的尝试，那么它非但不会成为“以德报怨，羞愧对方”之行，还使暴徒理解为是对方哄骗自己的手段。只有让敌人明白，正因为相信这种尝试并非出于恐惧，而是属于合乎伦理的规范所以能自我救赎时，他们才会对自己过去的行为怀有负罪感。

但要让敌人理解这一行为的真意绝非易事。正如17世纪法国数学家、基督教詹森主义者帕斯卡(Pascal)在《致外省人信札》中所指出的那样，圣保罗制定了十分崇高的规范，教会本身对此屡屡妥协。帕斯卡引用了耶稣会会士的发言，即如果基督教徒的名誉受到攻击或仅仅受到威胁，他都会选择决斗或复仇，即便杀害敌人也无妨。帕斯卡嘲笑这一言论违反了基督教的规范。②

基督教教义在抑制个人复仇的活动中加入了国家。例如在英国，新设立的英国国教会在1547年出版《布道书》(Homilies)，鼓励教区神职者每周日向教区信徒布道。反抗政府与个人复仇同被视为有罪。

---

① 《给罗马人的信》，第十二章第十七至二十一节。

② Blaise Pascal, *The Provincial Letters*, Griffith Farran Okeden and Welsh, undated, letter number seven, dated 25 April 1656.

其典范即为将袭击自己的罪犯邀请到家里的雅典政治家伯里克利(Pericles)[①]。接受布道的农民与工匠或许不会被《布道书》中古典的引喻和逻辑打动，但教会和国家几个世纪以来始终共同施加压力，给他们带来巨大影响。

3 复仇与遏止

欧美作家从自身的历史及与其他社会的接触出发，对于复仇的冲动问题，认识到除了逻辑上的应对方法，还存在其他处理方法，而且它们未必会带来反效果。维多利亚时期研究宗教及道德历史的威廉·莱基(William Lecky)指出，“(西欧)在出现高效的司法行政之前，个人的复仇是抵抗犯罪的唯一防御壁垒”[②]。剑桥大学社会人类学家詹姆斯·弗雷泽爵士(Sir James Frazer)在以内容丰富为特点的《金枝篇》中写道，因为生活在太平洋诸岛的人们复仇欲十分强烈，甚至会延续到死后，胜利的战士深信在回到普通的村落生活前必须要接受杀敌后的清洗，否则会受到死者灵魂的折磨。因此猎头部族会绕着敌人的首级跳舞，并唱道：

> 请不要为你们的首级挂在我们这里而愤怒。我们如非侥幸，此刻首级也已曝置在你们村里了。我们谨向你们祭奠，愿你们的灵魂安息，不要骚扰。何必跟我们为敌？友好相处不是更好？如果过去彼此友好，你们就不致流血，也不致被斩首了。[③]

阿拉伯人共同体因对其成员的行为负有责任，所以创造出能制止复仇的系统，这常常给游历阿拉伯的欧美旅行家留下深刻的印象。1857年某位旅行家指出：

---

① *Sermons and Homilies Appointed to be Read in Churches*, Prayer Book and Homily Society, London, 1988.

② W. E. H. Lecky, *History of European Morals from Augustus to Charlemagne*, Longmans Green, London, 1911, Volume 1, pp. 41, 101.

③ Sir James Frazer, *The Golden Bough*, Wordsworth, Ware, 1993, p. 212.

> 在复仇遏止系统中最应注意且恐怕自古就有的即为“tha'r”，即血之复仇。这不仅可以制止个人复仇，还可以有效压制能灭绝野蛮部落的复仇欲望。这一可怕的惯例使执着的阿拉伯人在发生纠纷时几乎不会流血。它常常可以遏止人们出于愤怒和贪欲而可能会攻击同胞的冲动，并将所有成员置于一族监督之下。因为他们以一族之血承担起保护全族人生命的责任。①

当代政治学者提到了这种现象的价值。某位学者说道："这种复仇乍一看毫无道理，但实际处于年长者的监督与管束之下，作为正式制度的替代品一般是有效的。"②

如果在这种社会中无法遏止复仇，数年后出现向杀人者亲属复仇的情况便会引发巨大问题。③ 长期来看必须要解决的是，以遏止复仇为基础的社会必须要向以法律为基础的社会转变。否则，由于在全球化社会中所有人都被政治化，不管与敌人和批评者相隔多远，都必须时常警惕他们的复仇。此外，如下所述，至今仍存在一些地域很难产生这种重大且彻底的变化。

4 复仇、集团性犯罪、战争罪行审判

相比向社会内部之敌实施复仇，个人对民族之敌、宗教之敌的复仇毫无益处，反倒会带来相反的效果。1919 年三百多名印度人在阿姆利则遭英国军队杀害，尤迪姆·辛格为复仇，耗费二十年时间精心策划了暗杀旁遮普总督迈克尔·奥德怀尔（Michael O'Dwyer）的计划。虽然最后辛格在演讲会场成功刺杀奥德怀尔，

---

① 'Communication with India: Suez and Euphrates Routes,' *The Quarterly Review*, Volume 102, July and October, 1857, p. 379.

② Jack Snyder, *From Voting to Violence: Democratization and Nationalist Conflict*, Norton, New York, 2000, p. 49.

③ 有关黑山共和国详细的历史情况，参照南斯拉夫著名作家、政治家米洛万·吉拉斯的以下文献。Milovan Djilas, *Land without Justice*, Methuen, London, 1958.

但其政治影响却微乎其微。①

如果很多人都因为亲属在过去的战争或纠纷中惨遭杀害而决心复仇，那么世界会永远处于混沌状态，人们每天都将生活在恐惧之中。因此，西欧各国在法国革命前签订媾和条约时，鼓励通过赦免战争中的一切行为来达成永久的赦免。使国际法体系化的瑞士法学家及外交官艾默·瓦特尔(Emer de Vattel)在18世纪高明地指出，媾和条约必须基于妥协而非正义。

> 如果必须按照严密且严格的正义原则来制定条约，就无法实现和平。(中略)对于蒙受的损失，究竟能否做出正确的估计？流出的鲜血，失去的生命，给家人带来的悲痛，又能做出何种补偿？(中略)到头来我们必须坚信和平会再次到来，并为这一崇高的目标集中力量，坚持不懈。唯一可以依靠的是在双方的要求和悲痛中取得平衡，通过最大限度的公平一致达成和解。②

例如在1763年2月10日七年战争结束时，英国、法国、西班牙签署了《巴黎媾和条约》，在第一条就规定“此刻已告结束的战争前后正在进行的或已造成的一切罪行都应得到大赦”。这不仅是为了使国家元首和解，还是为了使臣子之间达成“相互友好与和谐”③。

1916年知名法学家科尔曼·菲利普森(Coleman Phillipson)写

① Alfred Draper, *The Amritsar Massacre: Twilight of the Raj*, Buchan and Enright, London, 1985, chapters 23 and 24. 时至今日，辛格在德国仍被视为英雄，2000年还成为德国电影的题材。Rajni Bakshi, ‘Resurrection of a patriot?’ *The Hindu*(Madras), 23 January 2000. 同一时代的评价参照：‘Outrage at a London meeting-Sir Michael O'Dwyer shot dead,’ *The Times*, 14 March 1940.

② E de Vattel, *The Law of Nations or the Principles of International Law*, translation of edition of 1758 by Charles G. Fenwick, Carnegie Institution, Washington, 1916, Volume 3, p. 350.

③ Charles Jenkinson, Earl of Liverpool, *A Collection of all the Treaties of Peace, Alliance and Commerce between Great Britain and Other Powers*, Debrett, London, 1784/5, reprinted by Augustus M. Kelley, New York, 1969, p. 179.

到，19世纪的媾和条约全都设置了大赦的条款。① 但实际上，由于法国革命和多数人被政治化，大赦这一思维方式开始变得薄弱。瓦特尔所普及的分寸很容易由于人们的愤怒而被打破。

拿破仑战败后被流放到厄尔巴岛，之后又被流放到圣赫勒拿岛，因为如果他留在欧洲大概会有生命危险。威林顿公爵(Duke of Wellington)让普鲁士指挥官布吕歇尔(Blücher)必须放弃在抓到拿破仑后立即诛之的想法。② 被法国新政府送上审判台的有五十七人，内伊元帅(Michel Ney)因在拿破仑逃出厄尔巴岛时背弃国王支持拿破仑而遭到处决。③ 被雅各宾党和拿破仑镇压的人向敌人实施报复，法国到处弥漫着白色恐怖。

在南北战争及两次世界大战后，胜利方应人们的要求审判战犯。这种超出传统的举措可以遏止将来的战争犯罪。或者说如果没有进行审判，失败者便有理由实施复仇。作为法官及自由党下议院议员的博凯特公爵(The Lord Birkett)于1947年3月在英国皇家国际事务研究所说道：

> 因为复仇的呼声非常高，为使情况不发生恶化，必须引导他们通过适当的程序进行复仇。(中略)否则我认为会引起欧洲大屠杀。④

简单来说，虽然伦敦空袭造成多人死亡，但英国人无法因此向德国人进行私人复仇。德国也未能因英国空袭汉堡和德累斯顿而

---

① Coleman Phillipson, *Treaties of Peace*, Fisher Unwin, London, 1916, p. 243 ff.

② Wellington to Sir Charles Stuart, 28 June 1815, Colonel Gurwood, *Selections from the Dispatches and General Orders of the Duke of Wellington*, John Murray, London, 1841, p. 870.

③ Harold Kurtz, *The Trial of Marshal Ney: His Last Years and Death*, Hamish Hamilton, London, 1957, chapter 20; T. D. Veve, *The Duke of Wellington and the British Army of Occupation in France*, Greenwood, Wesport, 1992; Charles Maurice Talleyrand, *Memoirs of the Prince of Talleyrand*, Volume 2, Griffith Farran, Okeden and Welch, London, 1891, p. 170.

④ Justice Birkett, 'International legal theories evolved at Nuremberg,' *International Affiars*, 1947.

实施私人报复。

战后立即出现了对个人的攻击。例如1945年，苏联士兵以及从强制劳动中被解放出来的人对德国女性大量实施强奸。[①] 关于1945年英美军队是否频繁故意虐待德国百姓和战俘，历史学家们在20世纪90年代展开了争论。多数记录强调英美军队采取了相对友善的态度。虽然很多战争时期的文件论述了战胜后对德国人与日本人过度友好的危险[②]，但也透露了战争末期进入德国领土内的大多西方国家士兵十分同情其贫困与窘迫。禁止"亲近"敌人的命令在人们的同情心前显得无力，即便发现死亡集中营的存在，人们的憎恶情绪也只是一时高涨。[③]

但是，20世纪90年代加拿大作家詹姆斯·班克(James Bacque)对此提出了异议，认为有几千名德国百姓和战俘被活活饿死。战后德国饥荒随处蔓延，在逃离东欧的德国人中间情况尤为严重。班克引用了一段曾目睹柏林难民窘境的加拿大军官之言。

> 他们的体力消耗殆尽，饥饿凄惨。孩子坐在乱成一团的毛毯上。那是个四五岁的小女孩，半睁着眼睛。(中略)旁边的女人应该是她的母亲，横躺在地，头枕在伸直的胳膊上。这是我至今看到的最为绝望、衰弱的可怕情景。[④]

某位了解当时情况的英国人就自己在战后德国的亲身经历做了如下描述。

① Anonymous, *A woman in Berlin: Diary 20 April 1945 to 22 June 1945*, Virago, London, 2006.

② Paul Einzig, *Appeasement Before, During and After the War*, Macmillan, London, 1941. 舆论再次要求苦涩的和平。Hadley Cantril, *Public Opinion 1935 - 1946*, Princeton University Press, Princeton, 1951, pp. 1113 and 1118.

③ Ursula von Kardoff, *Diary of a Nightmare: Berlin 1942 - 1945*, Rupert Hart-Davis, London, 1965, p. 200; Ulrike Johnson, *Conditions of Surrender: Britons and Germans Witness the End of the War*, Tauris, London, 1997.

④ James Bacque, *Crimes and Mercies: The Fate of German Civilians under Allied Occupation*, Little Brown, London, 1997.

我在1区来回走动，看到那些饿得发白的脸庞和倦怠的神情，似乎对一切都无动于衷、不抱希望。日子一天天过去，情况愈发严重。(中略)女人们在路上哭着乞讨面包。很多人蹲坐在路边。(中略)德国变成了悲惨之地，英国占领区比其他领区更为窘困。[①]

随着战争结束，数千万难民开始流浪。[②] 德国人逃出波兰和捷克斯洛伐克，从事强制劳动的人则准备回到自己的故乡，如俄罗斯、法国和乌克兰等。南斯拉夫人和哥萨克人被强制遣返，在其祖国被收押或杀害。为了英国占领区的人们，尽管对英国的物资分发被减少，但仍无法避免这样的灾难。[③]

因为"人工划定占领区，英国粮食不足以及美国的农业组织和船员工会施压而引发的各种问题"，情况愈发恶化。[④] 饥饿和贫困并非出于班克所说的报复，而是由于行政上的各种问题。因为原始史料中强调了士兵们认为德国人很像自己的家人，他们很容易带着理解去接触德国人。[⑤]

战后不久便考虑复仇，这在西方社会极其少见。战犯审判是否可以纯粹作为遏止复仇的手段而被正当化，仍然存在疑问。很多法学家、高级军官、政治家都表示无法接受，并强烈批判二战后

① W. Byford-Jones, *Berlin Twilight*, Hutchinson, London, Updated, p. 145. 呼吁更加合理地对待占领地的人们的相关情况，参照 Victor Gollanz, *Our Threatened Values*, Gollancz, London, 1946.

② David Mac Isaac (Editor), *Strategic Bombing in World War Two: The Story of the Strategic Bombing Survey*, Garland Publishing, New York, 1976, p. 88.

③ 有关南斯拉夫的强制遣返，参照：Sir Carol Mather, *Aftermath of War: Everyone Must got Home*, Brassey's, London, 1992.

④ Byford-Jones, p. 148.

⑤ 参照 Byford-Jones 及以下文献。Matthew Barry Sullivan, *Thresholds of Peace, Four Hundred Thousand German Prisoners and the People of Britain 1944 - 1948*, Hamish Hamilton, London, 1979, chapter one.

的纽伦堡审判和东京审判。[①]

关于复仇的次数并未做过统计,而且常常难以区分战后出现的个人暴力行为究竟是为了复仇,还是当事人错以为自己仍处于战争之中。对数年前结束的战争,如今和解的努力确实远多于个人的复仇。日英两国的老军人聚会多年持续进行,德国和英国的老军人们也举办了同样的聚会来追悼年轻时经历的战争。

5 国家的复仇

虽然战后个人的复仇几乎不复存在,但时至今日仍有国家会对他国的行为实施报复。因为国家在国际法中无法获得赔偿。几个世纪以来,西方思想家和神学家逐渐在"正义战争"论中引入对不法行为实施复仇这一思维。托马斯·阿奎纳(Thomas Aquinas)引用了圣奥古斯丁(Saint Augustine)的一段话:"正义的战争应被定义为处罚非法行为的手段。即一个民族或国家在疲于追究国民的非法行为,以及疲于返还非法贪污得到的物品时,被迫受到处罚。"[②]

后世的思想家们强调行使的权力必须要与所犯的罪行保持平衡。奥古斯丁希望在基督教教义和政府为保护国民而必做之事之间保持平衡。如果绝不能动用暴力,敌人就会越来越大胆,国民可能因此而全部遇害。

2001年,美国总统布什及其智囊团得出结论,认为以奥萨马·本·拉登为首的基地组织即为攻击纽约和华盛顿的"9·11事件"主谋。为使其接受审判,美国要求阿富汗政府交出本·拉登,西方舆论普遍认为,如果这一要求遭到拒绝,美国就获得了充分的理由发动对塔利班的战争。

---

① Viscount Maugham, *UNO and War Crimes Trials*, John Murray, London, 1950; The Rt Hon, Lord Hankey, *Politics Trials and Errors*, Pen in Hand, Oxford, 1950. 但战犯审判使人们发泄了愤怒和怨恨。参照以下文献。Yoram Sheftel, *The Demjanjuk Affair: The Rise and Fall of a Show-Trial*, Victor Gollancz, London, 1994.

② Harfiyah Abdel Haleem *et al.*, *The Crescent and the Cross*, Macmillan, Basingstoke, 1998, p. 39.

例如，在政府开始攻击阿富汗时，90％的美国人对此表示赞成，他们认为政府为了保护国民，自然拥有报复非法行为的权利。① 不过大多数美国人也并未将恐怖分子与阿富汗国民、恐怖主义与伊斯兰社会混为一谈。9％的人对阿富汗人很有好感，43％的人回答比较有好感，26％的人回答总体并无好感，另外14％十分反感。对于伊斯兰教徒，15％的人很有好感，51％的人回答比较有好感，16％认为并无好感，回答十分反感的人数占11％。

换句话说，大多数人在要求复仇时都希望能区分在九月份实施袭击的人与包庇他们的国家及其信仰。② 即便未能制止恐怖分子的袭击，其自身的军事行动也会得到支持。决定他们反应的与其说是预防恐怖袭击的动机，倒不如说是其惩罚欲求。③

或许国家认为必须要对侵略做出及时的反应，但长期抱有报复心态会出现反作用。要使政治家和外交官在追求国家利益时具有灵活性，就必须化敌为友。正因如此，德国与奥匈帝国在普奥战争后结成同盟，第二次世界大战后美国拉拢日本和德国，与它们结成同盟。

1871年阿尔萨斯-洛林的割让导致法国舆论激烈论争，法国和新德意志帝国因此形成对立，欧洲体制整体以此为中心展开。德国与奥匈、意大利、俄罗斯缔结同盟，甚至还与英国建立友好关系，但未能缓和与法国的紧张局势。于是两国之间的敌意决定了数代国际关系。④

阿拉伯评论家们指出，因为阿拉伯各国敌视以色列，所以中东也存在同样的僵化局势。突尼斯知识分子阿费夫-阿法达将此造成的自取灭亡的心理状况，与1945年战败时德国和日本的反应进行了对比。

---

① George R. Gallup Jr., *The Gallup Poll: Public Opinion 2001*, Scholarly Resources, Wilmington, Delaware, p. 226.

② Gallup, p. 233.

③ Gallup, p. 225.

④ 这给英国造成困难。Viscount Grey, *Twenty-Five Years*, Hodder and Stoughton, London, 1925, volume one, chapter one.

两个世纪以来，对于战败西欧各国和以色列，阿拉伯的政治精英和知识分子热衷并沉浸在实施军事复仇这种自大偏执的想法中，因此变得无能。（中略）狂热地执着于复仇，夺去了他们合理思考的能力。他们因此未能认识到真正的问题，也无法决定政治、经济、社会、教育发展的优先顺序。

阿法达论述了这种复仇欲给社会各个侧面造成的影响。

主要的推动力乃是扎根于（阿拉伯的）集团心理中的部族复仇文化。（中略）从（杀害女性）荣誉谋杀到部族与党派之间的争斗，这种文化萦绕在我们与他人及我们内部的关系中，即阿拉伯各国之间和阿拉伯各个国家内部的关系。①

在“9·11事件”和2004年9月“别斯兰事件”后，伊斯兰社会的知识分子中有人开始自我反省，感到有必要抑制复仇的冲动。约旦报纸*Al-Rai*的专栏作家法赫德·法内克（Fahed Fanek）说道：

我们理解车臣人拥有正当的理由。（中略）但他们不能因此而诉诸恐怖行动。将孩子作为人质是可憎的，与民族大义格格不入。（中略）这只会导致国际舆论反对这种正当理由。②

法鲁克·萨利姆（Farrukh Salim）在拉合尔出版的《星期五时报》中同样感叹，“伊斯兰到处充斥着恐怖主义”③。但令人遗憾的是这种批判并未传播开来。伊斯兰在西方的殖民主义、巴勒斯坦的苦难以及西方文化的优势面前软弱无力，这种感情大幅蔓延，阿拉伯社会中复仇的倾向愈发强烈，并导致伊斯兰恐怖组织出现。

与此相对，发达国家间的冲突变得极为少见。因为经济融合、

① ‘A Tunisian official on the Arab obsession with vengeance,’ Middle East Media Research Institute, Washington.

② ‘Jihad and Terrorism,’ Middle East Media Research Institute, Washington, September 2004.

③ ‘Saving Islam from terrorists,’ *Friday Times*, 15－21 October, 2004.

国际法的发展、政治家会晤的增多，逐渐难以想象冲突在它们之间发生。一些国家也开始对过去的错误表达歉意并进行赔偿。某位评论家对这一过程做如下描述：

> 赔偿成功的案例表明，国家的复兴以及和解中所表达的自责、悲痛、赎罪逐渐发挥着更大的作用，过去有过牺牲的团体也在追求新的权利。这使国家的精神创伤转变为建设性的政治状况。通过结束纷争、创造新的机会乃至新的权利来促进国家身份的转变，成为解决国际纠纷的强大力量。①

遗憾的是纷争背后的感情因素减弱，赔偿作为以前的优势只有在承认过去的错误时才能发挥作用。但也并非不存在迅速达成和解的例子，即便在最不理想的情况下，有时也可以达成和解。其中令人印象最为深刻的是南非真相与和解委员会，它前所未有地在国家内部取得成功。在数十年的种族隔离后，虽然难以想象在镇压者和被镇压者，即镇压南非主要群体黑人的人和镇压的牺牲者之间达成一致，但如今委员会似乎已大致取得成功。

在希特勒死后的1945年5月，德国外长克罗西克说道：

> 希望今天世界对德国的敌意可以被国家之间的和解精神取代。否则世界便无法复兴。②

即便第二次世界大战中存在无数惨剧，这一愿望仍得到实现，德国、意大利、日本随后再次被国际社会接纳，这的确是1945年后最伟大的政治成果之一。很多德国人对本国政府实施了犹太人大屠杀感到震惊，这也促进了国际社会对德国的接纳。在1945年12月的盖洛普民意调查中，70%的人认为纽伦堡审判中的被告全都

---

① Elazar Barkan, *The Guilt of Nations: Restitution and Negotiating Historical Injustices*, Norton, New York, 2000, p. 345.

② Jordan, *Conditions of Surrender*, p. 56.

有罪，55%的人认为审判结果合理，21%的人认为处置过于宽大。①在同盟国的审判结束后，德意志联邦共和国继续审判在犹太人大屠杀中有重大过错的罪犯。

结　语

复仇一般是破坏性的，和解与赔偿是建设性的，这种思维并非理所当然。但如果必须让全球化发挥作用，并使印度和巴基斯坦、阿拉伯各国和以色列、爱尔兰的新教徒和天主教徒、围绕塞浦路斯的希腊和土耳其之间的种种纷争得到解决，就必须要采取这种思维。

但是，由于大家都接受教育，开始了解本民族过去所遭受的痛苦，所以当下要在某种意义上达成和解变得愈发困难。巴勒斯坦人听说了 1948 年的种族清洗。巴基斯坦人了解到在 1947 年分离独立时，克什米尔的统治者是如何不顾民意固执地决定归属印度。塞浦路斯人得知了 1974 年的国土分割。爱尔兰人一直将十六、十七世纪所遭受的苦难铭记于心。同样在东亚，中国人、朝鲜人和韩国人也学习到第二次世界大战前及大战中本国所蒙受的损失。

很多事例表明，只有在学校教育更加强调和解与悔悟的必要性、受害者与加害者的后代不再计较过去的错误、牺牲者表示接纳的时候，双方才有可能着眼于当下，或者说只有所有方面达成协议才能改变现状。在北爱尔兰，新教徒和天主教徒必须要学会共同生存，塞浦路斯也同样如此，土耳其人和希腊人必须要共处下去，将犹太人驱逐出巴勒斯坦这类事情也是不被允许的。

创立基督教、伊斯兰教、犹太教几大宗教的圣人远比其接班人贤明。遗憾的是当今各国政府对赦免及其他宗教教义只有流于表面的尊敬，并允许甚至鼓励在教育一线的教师培养学生对其不妥协及憎恶的态度。

（黑泽文贵/译）

① Haldley Cantril and Mildred Strunk, *Public Opinion 1935—1946*, Princeton University Press, Princeton, 1951, pp. 1036 and 1037.

【日文版译者附记】

在翻译本文时所参考的文献如下。

莎士比亚著,W. 福田恒存译,《哈姆雷特》,新潮文库,1967 年

莎士比亚著,W. 福田恒存译,《威尼斯商人》,新潮文库,1967 年

井筒俊彦译,《古兰经》(改版),全三卷,岩波文库,1964 年

弗雷泽著,J. 永桥卓介译,《金枝篇》(改版),全五卷,岩波文库,1966 年

小菅信子,《战后和解》,中公新书,2005 年

山内进编,《"正义之战"思想》,劲草书房,2006 年

承蒙渡边知、上冈弘二、汤浅成大、小菅信子对本次翻译的协助,在此表示感谢。

反日与日韩的历史和解

金凤珍

前　言

日韩两国(以下简称日韩)之间过去的“不幸历史”,尤其是近代到战前这一时期日本的殖民主义历史所引发的问题,跨越了世纪,至今还以多种形式存在着。这些历史问题可以分为两个范畴。其一是“不幸的历史”及其残留物和情感记忆所引发的问题;其二是对历史认识问题如何理解。这一类问题派生出了反日、厌韩情绪,其中一部分又再次形成敌对共犯关系的要因。这一要因当然并不局限于历史问题,它还导致了日韩政治、外交、经济、文化上的摩擦,也包括竹岛(韩国称独岛)问题、朝鲜问题等。然而,可以说其根本原因在于历史问题。

这些历史问题的存在说明日本战后对问题的处理并不彻底,其背景主要是战后不久便形成的冷战格局和东亚分裂格局。在冷战分裂的格局中,日本对战后问题的处理在美国主导、包括韩国在内的诸多邻国被排除在外的情况下半途而废。其结果是,日本作为战争加害方的自我反省和责任意识被淡化,与别国历史问题的清算(以下称历史清算)和历史和解的达成被搁置。虽然战争责任问题被一再提起,但是最重要的问题在于殖民地统治的责任直到近年也无人问责。

战后日本加快了民主、改革的进程,这是事实。然而,近代以来的殖民主义、帝国意识的残渣余温尚存并开始死灰复燃,这一点也不可否认。[1] 现代主义以及作为其支撑的二元思维、二项对立思维、日本式东方主义、本国中心主义等也重新抬头。其中具有代表性的就是日本的保守民族主义。在一定程度上，韩国也是如此。不可否认的是，韩国在过去所经历的近代化实践、被殖民化以及解放后的现代化进程等一系列过程中，在殖民主义残存的同时，也产生了现代主义、韩国式东方主义、本国中心主义，其中也伴随着反日民族主义。

可以说，韩国与日本至今仍为现代主义所束缚。突破这种现代主义的束缚，进而批判、审视现代文明、传统文明是日韩两国共同的思想课题。[2] 这里所提到的文明包含作为其基础的物质与精神概念。所谓精神文明，不但体现在思想、制度、认识、言论之中，还体现在人的思维方式、生活方式、世界观、价值观、文明观之上。以下有些部分将现代文明简称为现代，将传统文明简称为传统。

进入20世纪90年代后，日韩两国之间的历史问题会因为某些具体的悬而未决的问题而间歇性爆发，如历史教科书、从军慰安妇、强征劳工等问题。在这样的氛围中，日本方面对殖民地统治责任的认识也在缓慢进步。新的认识主要体现在河野官房长官谈话（1993年）、细川谈话（1993年）、村山谈话（1995年）、《日韩共同宣言》（1998年）、《日朝平壤宣言》（2002年）中。特别是村山谈话，被誉为殖民地统治面向全世界首次公开谢罪的划时代宣言。然而在此之后，日本并没有承担起谢罪基础上的对周边国家进行回应的责任，没有将清算历史、走向历史和解付诸实践。

2010年是“日韩合并”一百周年。为迎接这一具有划时代意义的日子，5月10日发表了《日韩学者共同声明》，该声明呼吁认真对待日本殖民地统治责任并主张“日韩合并过程、条约一律非正义、非法”。其背景包括日本2009年9月政权交替之中民主党政权的诞生。在把握历史清算与历史和解的行动与实践的主动权方面，

① 关于现代日本的殖民地主义的形成和变化、战后日本存续的殖民地主义，参照小森阳一的《后殖民主义》（岩波书店，2001）以及岩崎稔、大川正彦、中野敏男、李孝德编著的《继续的殖民主义》（青弓社，2005）。

② 此分析考察参考金凤珍所著《韩日共同的共同课题》（《翰林日本学》第十四辑，2009年4月，韩林大学日本学研究所）。

民主党被寄予厚望。果不其然，菅直人首相在8月1日发表了讲话，内容包括：对殖民统治所带来的巨大伤害与痛苦，再次表示深切的反省与诚挚的歉意。[①]

菅直人的讲话与村山谈话一脉相承，但是以更为明确的他者认识为基础。首先，他在讲话中明确表示日本的殖民统治“违背当时的韩国民众的意志”，承认了其强制性。其次，他还说道“希望能抱着直视历史事实的勇气和理解历史的谦虚态度，反省自身的过错”，“加害方容易忘记历史事实，而痛苦的受害者则难以忘却”。这些内容折射出了自我批判、反省历史的决心，以及纠正忘却殖民统治责任错误的道德感悟。

另外，菅直人谈话中也折射出了日本政府将率先采取行动，并将清算历史、走向和解付诸实践的积极向上的意愿。为了将这种意愿体现在实际行动中，他表明“会在近期交还由朝鲜总督府经手，交由日本政府保管的朝鲜王室仪轨等来自朝鲜半岛的贵重书籍，以满足韩国民众的期待”[②]，并断言“以今后百年的发展为目标构建面向未来的日韩关系”，以此来回应那些反对这种意愿的保守势力。

菅直人谈话所主张的“面向未来”不仅仅局限于日韩关系。“日韩两国是21世纪共享民主主义、自由、市场经济价值的最重要、最密切的邻国伙伴”，“以构筑未来东亚共同体为目标，推动东

① 对于菅直人谈话，韩国政府也评价说“有意志开拓前途光明的关系”，基本上表示欢迎。李明博总统在8月10日菅直人首相打来的对谈话内容进行说明的电话中表明谢意的同时，提出“重要的是采取何种行动来将其付诸实践”。第二天，韩国主流媒体的早报对此发表了社论，并以头版头条的方式进行了报道。韩国《东亚日报》、《中央日报》等在社论中评价道“这是历代谈话中具有前进意识的历史认识”，并主张“如果没有相应的实际行动，那也只不过是一场空话”。另外，日本国内的评论是不一致的。自民党的保守势力等强调了对此的批判，认为这是“谢罪外交”“影响个别补偿”。同时，朝鲜平壤广播在8月10日“韩国合并”一百周年之际发表社论，再次强调“日本必须尽早对罪恶的过去进行谢罪、赔偿”。另外，中国国营的新华社于8月1日发表了评论报道，指出“历史和解必须注重实际行动”，表明姿态，将关注围绕历史问题的菅直人政权在今后的作为。

② 关于此处的“交还”（韩国称“返还”），正如韩国政府官员所指出的，“政府间达成一致、缔结返还协定，需要日本国会的批准，所以将耗费相当长的时间”。实际上，也确实会出现手续烦琐、曲折迂回的情况吧。不过，毫无疑问的是这种实际运作过程本身就能成为克服历史问题、走向历史和解的行动与实践的一步。

亚地区的和平安定、世界经济的发展，并解决核缩减、气候变动、贫困、和平构建等全球性问题，日韩应在这些广阔的领域中为地区与世界的和平与繁荣相互合作，发挥领导力，成为伙伴”，该主张将从东亚共同体的构建到地球规模的课题纳入了视野。在这一远大构想的前提下，菅直人谈话表示“为了打开两国关系的未来，决心不顾一切，付出努力”。

那么，日韩能否打破反日与厌韩的敌对关系，产生这样的共同意识，即摆脱过去的亡灵、近代的束缚和“以过去为人质的现在”，并致力于解决日韩共同的思想课题，从而打开历史清算和走向和解的大门呢？我怀着“可以”的信念，在以下章节分别就“如何理解反日、如何对待反日、和解是什么、为什么要和解、如何和解”等五个问题进行探讨。

1 如何理解反日

反日，产生于对“无法忘却的他者”日本（人）的怀疑、愤怒、仇恨等憎恶的情感。因此，它是两义性的，包含时常对立着的多种情绪以及逻辑。[①] 这些情绪源自自我与他者的联系中所发生的交流（通信、相似），它们不仅仅是怀疑和憎恶的情感，也包含信任与爱。也就是说，反日是从信任、怀疑与爱恨交错的情感中产生的。其逻辑的基础是道理。人们追求的是自我与他者共通的普遍性道理。这种对道理的追求与消除对他人的怀疑和憎恶、酝酿与他人的相互友爱的欲望紧密相连。总之，反日不是单义性的，它难以具体化，是产生出复杂的相互关系的“动态”。因此，我们有必要转换概念，“不要盯着手指，看看月亮”（别盯着脚踏板，看看远方），从追寻反日的语境出发，来追求情绪和逻辑。

我们有必要将反日分为两个大的范畴来看待。一个是“否定日本”的反日，全部从日本的负面因素、加害者属性出发看待问题，使得憎恶日本的情绪不断增长。要承受强烈质疑日本、持续憎恨

① 韩国人的反日情绪根子深、时间久。但是，其反日情绪大多是由日本帝国主义及其殖民地统治的历史和回忆而引发的，也受到围绕这些历史与记忆的日韩间认识的不对称性的影响。

日本的痛苦。这其中虽然也包含情绪和逻辑，然而它们是片面的，且伴随着自我矛盾。试图否定作为反日对象的日本，就会陷入无视他者的境地。接着，就会失去与他者的沟通，得不到任何回应并重复反日。结果就是伴随憎恶情绪的增长，要承受更大的痛苦。

另一个是“肯定日本”的反日，准确地说是给予“部分肯定与部分否定”的反日。一方面，审视日本的加害者属性等否定性要素，另一方面，也对其加害者属性表示理解，正面评价其肯定性要素。信赖日本（人）对道理的追求，期待能够激励他人。怀着对日本的爱和试图原谅日本的念头，希望能获得日本为打开清算历史、走向和解之门做出富有诚意的回应。其中孕育着这样的情绪和逻辑。[①]在此意义中包含一定程度的亲日情绪，反日与亲日之间的距离出乎意料地接近，有着很广的灰色地带。[②]

“否定日本”的反日在韩国至今仍然是根深蒂固的。朴裕河将这种情况列举出来，批判性地解读了韩国人的反日（情感、民族主义），并且在结论部分阐述道：“如果问题在日本人身上存在，那么我们在批判的同时，应该想一想是否在韩国人身上也存在同样的问题。”[③]他呼吁在批判他人的同时，也进行自我批判。他还指出：“人们有这样一种倾向，即仅仅因为与自己不同，就去排斥他人。”他还说道：“为获得共存，必须做的不是排除所有差异，而是培养接受差异的开放心态。”这些观点合情合理，但也有反对的声音。

如今，很多韩国人在批判“日本人的问题”的同时，也会对自我、本国的否定性因素进行批判。并且，他们怀有“接受他人差异

① 其中也蕴含着重视韩国的否定性要素，希望进行自我批判、省察的情绪和逻辑。

② 笔者认为亲日的反义词与其说是反日，不如说是无视日本（简称无日）。反日既是否定日本，也是肯定日本，因为“存在日本”。与此相关的，我想对反日和亲日的二项对立图示提出异议。因为反日在很大程度上包含了对日本的部分肯定（亲日）。也希望能够停止反日和亲日的说法，用例如“讨厌日本、喜欢日本”的说法来代替，如“讨厌日本的某些地方，但也喜欢日本其他一些地方”这样的说法。在韩国，“亲日＝卖国贼，反日＝爱国者”这样的图式至今为止还是通用的。为了打破这种现实，我认为有必要提出不同的图式。

③ 朴裕河著（安宇植译）《超越反日国家主义》（河出书房新社，2005年）第241页。

的开放心态”。他们的反日只在于排斥日本“令人难以接受的差异”[①],并不是以“只因为跟自己不同”的理由进行排斥。这种“差异”之中其实包含着理解正面因素的开放心态。近些年来,“肯定日本”的反日在韩国日益扩大,成了主流。换言之,很多韩国人正是因为信日本、爱日本才去反日的。正因为想要打开清算历史、走向和解的大门,才进行了反日。

反日的“反”不能归结为“否定日本”。“日”不是“日本的全部”,它意味着近代日本的殖民主义,存续至今的殖民主义,徘徊于现代日本的过去的亡灵和现代的束缚,依附于此的民族主义,日本人帝国意识的残渣,滋生出这一切的日本传统文化与其继承、隔世遗传,等等。总的来说,“日”代表涉及过去与现在的历史问题的日本的“负”。警示对这种“负”的批判、反省的不充分性,正是反日的根本所在。进一步讲,“日”也代表韩国的“负”。因此,批判性审视日韩各自的“负”并将逐渐解体的反日也包括到日韩共有的反殖民主义问题之中。

2 如何对待反日

反日的最终目标是“内部破除”。虽然反日是为了“内部破除”这种说法在语境上是矛盾的,但这也是反日的本质和其存在的理由。因此,反过来,内部破除反日的动因在于反日本身。反日的期望在于与作为他者的日本进行沟通,其内在逻辑在于追求自他共通的道理。反日的情绪和逻辑的最终目标就是自我的内部破除。

因此,如何对待反日,这个问题的答案就变得显而易见了。那就是不要将反日当作“问题”,而要将其当成一种“机遇”。在此基础上,积极回应反日,积极沟通,共同追求这种道理。在此前提下,较之“否定日本”的反日,更加真挚地对待“肯定日本”的反日,进行对话交流,由此来超越日韩历史问题及其认识的不平衡,达成共

① 实际上,朴裕河也是其中之一。因为她自己也以“应该被排除的差异和与此相关的问题”为题,提出了例如教科书、从军慰安妇等问题,同时批判了日本的态度(反日)。参照朴裕河著(佐藤久译)《为了和解》(平凡社,2006年)。

识。通过这一系列活动，迈向历史清算之路，这一过程本身也就是历史和解。

在对待反日的时候，要注意的是以下事项。首先，反日的根源在于日本过去的殖民主义和殖民统治，在于将其正当化的言行、认识、言论机制。因此，虽然反日的内部消除的动因在于反日本身，但是作为一种催化剂，需要日本政府、民众拿出主动的姿态。

其次，在辨别反日的爱恨错杂的情感的同时，要理解其道理性。简而言之，这种道理性代表不允许犯下“违反人道之罪”的决心，也包含“反对复仇”的意志。在此意义上，反日，反言之也是保障日本安全的护身符。为了充分利用反日的道义性，日韩有必要创造并共有共同认可的道德情感的“共鸣基石”。同时，也有必要开展日韩思想(史)的比较研究。第三，如果我们忘却了旧时的亡魂和近代魔咒的存在，则无法实现清算。也就是说，否定忘却(不忘记)才能更好地实现清算。[①]

第四，认清并打破日韩各自的过去及与其记忆相关的假象、谎言和对对方的无知和冷漠。为此，要将假象和谎言“关进笼子”，用智慧与关心代替无知与冷漠。在此基础上，我们必须树立共有“事实”与“真实”的目标。与此相关，我想指出日韩历史研究的两点问题。一是一国史观乃至本国中心史观。我们必须突破这个界限，加入地域史的观点。另一个是历史实证主义。我们要认识到“实证主义的谬误”，防止“一叶障目不见泰山”，有必要对近代史史料、资料进行批判性的解释。

最后，以“成果性”对话为目标。通过这样的对话，双方才能明确自己的位置，并实现自我定位。对话之前，双方不仅不清楚自己到底处于什么样的状态，而且都不在状态上。两者正是因为对话而存在的。另外，在对话的过程中相互学习，也能学到对话以外的东西。进而，双方可以体验到对立统一的他我。同时，可以体验到非我非他的第三者。从而，双方获得重生，拥有新的感悟。在这一

---

① 所谓“否定忘却”，希腊语是 a-Lethe，即对意味着“忘却、隐匿”的 Lethe 进行否定(前缀 a)。由此，作为“非忘却、非隐匿”而派生出了表示“真理、真实”的词 a-Lathe-ia。在希腊神话中，Lethe 是黄泉国中几条河流之一，喝了这条河里的水的人会将一切都遗忘。

过程中，如果能在日韩共同认可的历史知识的引导下克服“不幸的历史”，那么所有的反日都能实现内部破除。这一过程就是历史的和解。如果隔绝对话的话，话语者只能停留在自我内部的传递中，听者继续停留在自我封闭的状态中而无法了解自我。

3 何谓历史和解

历史和解是与历史清算共同推进的过程。[①] 这一过程犹如无限延伸的轨道，因此，不能轻易地将“和解”挂在嘴边。它既不是一次性的过程，也不是一口气就能抵达的终点。不过，只要往前迈出一步，就能搭上那趟列车，享受没有终点的旅途。

走向历史和解是行动、实践。准确地说，需要加害者（国）和被害者（国）共同付诸行动、实践。当然，和解不是仅仅依靠加害者（国）的谢罪就能完成的行为。谢罪只不过是走向和解的一个开端。而且，如果在这一过程中无视被害者（国）的声音和他们的内心，那么这种谢罪不仅无法开启历史和解之门，甚至连谢罪也算不上。只有采取积极的态度承担过去的罪责，向对方做出回应，获得对方原谅，谢罪方能成立。而且，只有双方同心协力将和解付诸行动和实践，谢罪才能发挥出真正的价值。

这样一来，历史和解就能终了吗？其实并不能。走向历史和解包含了以下的过程，即加害者（国）和被害者（国）为了不再重演过去的罪责历史，必须对这种历史根源进行批判、省察和粉碎。换言之，和解的“解”，意味着走向和平的“解决”，同时也表示解体过去阻碍和平的罪责、现在阻碍和平的事物。因此，在走向历史和解的过程中，加害者（国）和被害者（国）必须共同消除过去的罪责和现在的障碍物。（后述）

所谓和解的“和”，不是“同、同一化”的意思，而是类似于“和而不同”（《论语・子路》）的意思。这里的“和”其实包含着“异”。正因为有了“异”，才有了“和”。当然，无论是和还是和解，都无法通过追求“同”而成立。异质的他者将会共存、共生，并且相互依赖。

---

① 以下将历史和解简称为和解，也会将两者合用。

这种状态就是和，这个过程就是和解。因此，在和与和解的时空中，将会超越异与同的二元对立（图解/思维）。而且，自我和他者的二分法、二元论也会被超越。简言之，就是二元思维将被超越，取而代之的是异与同、自我和他者等作用于双方“相和”的三元思维。

二元思维是日常生活世界中不可或缺的基本思维之一。它在分析、理解世间事物的时候发挥作用。因为世间事物中双、对的概念被分成“两个”来看待的话就比较容易理解。然而，世事并不能完全归纳为二元思维，其中还充满了许多仅用二元思维逻辑无法解释的悖论。因为成双成对的事物虽然存在对立、相克，但同时也存在调和、相生。而无法解释说明这类现象、事实，就是二元思维及其逻辑所具有的局限性。即舍弃了双、对所产生的事物调和、相生并孕育新事物的这一现象和事实。从这一意义而言，它终究不过是“死的思维”。

为了超越这种二元思维，必须提出以和为基轴的三元思维（笔者造词）及其逻辑。所谓三元思维，举例来说，就是类似阴阳五行说的“生生化育”（自然的一阴一阳之道孕育天地万物并使其发展变化）。虽然我们通常用相生、相克的二元思维来解释说明阴阳五行说，但是有必要在此之间插入“相和”这个次元，作为三元论来理解。① 阴、阳在保持差异的同时，通过水木金火土实现相克、相和、相生。所以，阴阳属性乃至其关系就是“二而一、一而二”“不一不二”“不即不离”。

相和，在相克与相生之间发挥作用。人与自然的世界无法避免相克。然而世间万物既相克又相生。在此之间，相和作为第三次元发挥作用。相和成为相生和相克的媒介，使它们相互补充。由此，事物的双、对关系结成共媒关系。在这种共媒关系的作用

① 阴阳五行说是起源于中国战国时代，在汉代将阴阳说和五行说一体化后形成的学说。五行的木、火为阳，水为阴，土为中，通过观察其消长，对天地万物的变化、人间的凶吉等天地万象进行解释。根据五行说，相生就是木生火，火生土，土生金，金生水，水生木。相克就是木克土，土克水，水克火，火克金，金克木。在此需注意的是水木金火土相生相克，同时保持着整体的相互调和。所以，这种相互调和被称为“相和”。

下，双重否定、双面肯定等反论性逻辑得以成立。这些反论性逻辑不能仅仅通过同一律、矛盾率、排他率等西方古典逻辑学的三大原理来进行说明。

例如，“二而一、一而二”是双重否定的逻辑。这在英语中是基于 neither-nor 语法的逻辑。另外，“不一不二”是双面肯定的逻辑，并基于 both-and 语法。这种双重否定和双面肯定的逻辑违背了矛盾规律，同时超越了排中律，是一种“包中”逻辑，而且不能被归纳到西方古典逻辑学的三大原理中。作为非逻辑性的逻辑，它却能解释说明充斥着整个世界的悖论。为了解释这些悖论，必须借助被称为“共媒律”的跨逻辑的原理。以此原理为基础的思维即为三元思维。①

与二元思维一样，三元思维也是日常生活中不可或缺的基本思维之一。人是在相生、相克、相和的世界中诞生、生存的一种存在。因此，无论是谁，都必然会使用三元思维并将其运用到实际中。所以说，正因为有程度上的差异，三元思维和其逻辑才普遍存在于东西方所有的宗教、哲学、思想内部。尤其是包含东亚在内的东方传统思想，蕴含着丰富的三元思维及其逻辑、语汇②。由此，可以说历史和解是“启发东方传统中三元思维的一个过程”。

4　为何要历史和解

为了走向历史和解，有必要形成可供加害者（国）和被害者（国）共有的“横向的可通约的”道理乃至规范。相反，为了能共有这样的道理，也必须走向历史的和解。当然，历史和解与反日相同，都是追求加害者（国）和被害者（国）之间的自他共通的道理。

---

① 三元思维的“三”象征的是使所有成双成对的事物在中间状态共媒相和，世间事物“生生不息”过程的第三次元。如果冒着单一化的风险来说的话，下述解释是成立的。现代的二元思维如果指向一元思维的普遍性，那么后现代主义的多元思维指向多种特殊性。三元思维在一元和多元、普遍和特殊的中间相互联结合、联系、活用，在此意义上，指向于横断媒介性。

② 例如，佛教的“一即多多即一”“一中一切多中一”“不一不二”，道教的“道生一、一生二、二生三、三生万物”（老子《道德经》四十二章），程朱理学的“理一分殊”“二而一、一而二”“不相杂不相离”等，希望人们能对这些命题加以斟酌研究。

当这种道理实现共有时，就能达成反日的内部破除并且完成历史的和解。最终，可以说历史和解的终极目标在于“道理的共有”。[①]那么，如何定义这种道理的第一范畴呢？笔者想将其定位于“反殖民主义”。此外，也可以加上禁止被某个地区或国家独占的“人道正义”。

前面已经提及，所谓和解的“解”，意味着解体过去阻碍和平的罪责和现在阻碍和平的事物。在走向历史和解的过程中，首先应该解体的对象是殖民主义。因为，殖民主义和产生于殖民主义的支配—抑压的认识、言论机制是过去罪恶的根源。因此，历史和解也可以理解为“消解殖民主义的过程”。此时，必须认识到殖民主义绝不是过往已经消失的遗迹，而是至今仍然存在着的活体。而且，不仅是加害者(国)，被害者(国)也必须认识到这种活体还多多少少地存在着。

然而，在走向历史和解的过程中，应该解体的对象不仅仅是殖民主义。殖民主义解体的过程中还将伴随着应被批判、省察、超越的其他对象。其中包含着日韩旧时的亡魂和近代的魔咒、欧美中心主义、东方主义、本国中心主义等。因为它们至今为止还存在于日韩两国，还将死灰复燃，成为现在阻碍相互间的和谐与和解的重要因素。

历史和解的进程若得以推进，那么就有可能产生多种多样的成果。首先，将会体验到面向对手国时，从怀疑到信任、憎恶到喜爱、焦虑到安心的心理上的转换。而且，能从无视、蔑视转向正视，假象和谎言、无知和冷漠将会被打破。进一步，就能着手于日韩(进而发展到东亚)共同的思想课题，推动该问题的解决。进而，超越“不幸的过去”和“以过去为人质的现在”，形成创造“共同幸福的未来”的公共空间。进一步，包括日韩在内的东亚地域共同体的基础将得到巩固。此外，还可能会衍生出大量不可预计的成果。

① 日本的《民法》(第695条)规定，私法上的和解要素是“当事人之间存在争议、当事人相互让步、为和解进行协商”。如果将这些要素对应到历史和解中，那么历史和解的要素就是“存在过去的罪责和以此为中心的历史问题，当事人互相让步，通过为解决历史问题所进行的对话、政治决策等来达成一致意见”。但是，历史和解终究是以“道理的共有”为目标的。

在此，让我们试着将历史和解与反日联系起来。历史和解的目标就是将克服反日作为日韩共同的思想课题，内部破除反日情绪。因此，历史和解可以理解为“建立从反日到后反日的时空的过程”。“后反日”的空间轴，从字面上来看是“反日以后”的意思，但是，所谓的“以后”是指克服过去后得到的现在的结果。其中包含着促进走向未来的时机和势头。也就是说，历史和解是通过建立“后反日”的时空、构筑日韩关系的新历史的过程。

5 和解什么以及如何和解

（1）“灭韩”传统的解体

日韩之间的历史问题从古至今广泛存在。例如，日本自古就有“灭韩”的传统。① 这种灭韩的传统起因于日韩“古代幽灵”。这一古代幽灵的背景中包含着发生在古代却到现在也没有能解开的日韩历史事件之谜。尽管这是我的一家之言，这些谜团恐怕也需要通过超越日韩一国史和一国主义，打开地域史和地域主义才能解开吧。前面提到过的古代的幽灵和灭韩的传统中加入了现代的魔咒，以这种形式留存至今。我们必须清醒认识到这一现实，并将其瓦解。

自古以来，从日本的历史、文化、思想到日本的地名、生活场所，所有地方都留有“韩”之印记，残留至今。这些韩国的印记在日本人之间刻满了对韩国的憧憬和喜爱的心理。然而，这些心理被扭曲了，日本人之间也刻满了对韩国的仇恨、憎恶。也许由此便产生了要消灭韩国印记的所谓灭韩的传统吧。实际上，这种灭韩的传统一直绵延持续，逐渐在日本人的集团意识\无意识中沉淀下来，变成一种魔咒。然后，又与对韩国的蔑视和侵略思想相联系在一起，间歇性爆发。

历史上，日本至少三次侵“韩”。第一次是神功皇后的三次征伐，它迄今为止都被认为是捏造的神话，而不是事实。然而，很难

① 对此，韩国也有“灭倭”或“灭日”的传统。

说神话的亡灵已经从根本上消解了。因为对于神话的亡灵被创造、继承下来这一点,并没有任何让人信服的解释与说明。其背景包含一国史无法阐明的跨越古代日韩两个地域的文化、文明交流圈中消亡的地域史,还有被歪曲记刻下来的对韩印记,有古代日本人对韩的怨愤和为了消除怨愤而采取的灭韩行为。这些被认为是对韩蔑视、侵略思想的起源。

第二次是丰臣秀吉侵略朝鲜。丰臣秀吉以此为一种灭韩的实践,他依靠武力,实施了对韩的侵略。然而,对于这次侵略中朝鲜遭受的极大的灾难和残存至今的情感记忆,日本人并不清楚,也不在乎。第三次是"韩国合并"。从某种意义上来说,这可以说是灭韩的高潮。

"韩国合并"当时,在日本风靡着这样的言论,即"韩国合并是对神功皇后和丰臣秀吉丰功伟业的继承"。只要随手翻一翻当时的报纸、杂志,众多的事例就能得到确认。例如,"朝鲜的合并由来已久,可以说从神功皇后的三韩亲征之后就有了"(《日本实业界》的社论"我辈将贯彻主张推进日韩合并",明治四十三年九月五日),"神功皇后御驾亲征,扬武威于海外。……打响复仇战的是丰太阁的朝鲜征伐"(《经济》"日韩文明的关系",井上哲次郎,明治四十三年九月七日),等等,就是其中一些例子。

如此,古代以来的灭韩传统恐怕已经发挥了它的威力。在着手处理历史和解的时候,日本必须解除灭韩传统,同时,韩国也必须消除灭日传统。

(2)"韩国合并"相关条约的解释

日本政府采取的立场是"有效、不当"论,即,"按照条约缔结时的(国际)法律,是有效的,但是在韩国政府成立之后无效",另外,"道德上是不正当的"。站在这样的立场上,菅直人谈话最终承认了"韩国合并"的强迫性,但并不承认其违法性。对此,韩国政府始终认为"条约从缔结开始就不具有律法的有效性",即"违法"。两种不同的立场成了阻碍日韩历史清算和历史和解的第一要因。

然而,即使是仅围绕解释"有效还是无效"进行法学争论,也很难得出结果。或许现在、将来都很难有一个结果。比较具有现实意义的解决方案，只能是依靠两国政府的政治决断和立场上的妥协。为此，笔者想提出这样的解释方案，即“立足于反殖民主义，根源无效”①。

从这样的角度来解释的话，日本政府就不需承担法律责任。该解释的宗旨是不追究日本政府的法律责任，取而代之的是，再次明确日本政府、日本民众的反殖民主义意志，并将此明确地传达给韩国政府和韩国民众。换言之就是日本向韩国表明不忘却过去的殖民地统治罪责，承担被回避的责任。这样一来，韩国方面应该也会认可日本的这种态度，并会立即做出回应。那么两国间走向原谅与和解的行动、实践之路也会变得更加宽广。如果日本政府在官方场合公开这种解释，将会影响到日韩两国甚至全世界，并产生不可估量的效果。

(3) 殖民地统治责任的承担

日本通过 1995 年的村山谈话首次就殖民地统治问题向全世界公开道歉，这一点值得肯定。而且，通过菅直人谈话，日本政府率先取得主动权，向韩国“交还朝鲜王室仪轨”，向和解迈出了第一步。希望这第一步将会带动之后的第二、第三步，同时韩国方面也能配合这一步调，不断伸出“友好”之手，共同迈向和解。

今后，我将关注日韩为迈向和解所共同付诸的实践。在共同付诸实践之时，法律责任、赔偿和补偿方面的问题就是次要的了。因为，真正应该关心的是心灵的和解，并借此实现道理的共有。两国要用实际行动表明迈向和解的心愿和志向。这样的手段和媒介有无限多种。例如，建造两国民众都参拜的象征和解的纪念碑、以两国首脑为首的领导人在具有象征意义的纪念碑前举行跪拜仪式，共同设置和解委员会，编纂共同认可的历史教科书，共同设置将和解的含义明确化的节假日，举办公演和公开演讲，起草提倡用实际行动共谋和解的宣言、举行会议，等等。

---

① 虽然韩国政府也曾提倡“根源无效”，但是根据 1965 年的《日韩基本条约》，并没有质问日本政府的法律责任。因为除非修改条约，让日本政府承认其法律责任，否则无法问责。

(4) 消除南北分裂、打破冷战思维

日本人,除去其中的一部分,他们对朝鲜半岛的南北分裂(以下简称分裂)的现实抱着隔岸观火的心态,责任意识淡薄。当然,造成分裂的责任不能只由日本人来承担。因为无论是造成分裂的原因还是分裂状态持续的理由,都存在于朝鲜半岛内外的方方面面。但是,不能忘却的是,日本的殖民地统治和弃治的历史是分裂的起因。从过去的历史造成了分裂这层意思上来看,日本无法逃脱责任。现在,日本对造成南北分裂责任和殖民地统治责任的逃避是十分严重的问题。

在分裂问题上责任意识淡薄的背景包括战后至今存续的冷战格局,以及以此为支点的冷战思维。冷战思维是二元思维的典型例子,也是树立假想敌的二元对立思维。这种冷战思维持续诱发着对朝鲜民主主义人民共和国的敌视。敌视朝鲜民主主义人民共和国反过来又使得冷战思维得以存续,并且成了回避、忘却分裂责任的高明手段。现在日本的假想敌貌似是朝鲜民主主义人民共和国,而实际上是中国。此外,还制造朝鲜民主主义人民共和国威胁论(实际是中国威胁论)的假象,为了达到使冷战思维、本国中心主义、权力政治观等思想得以温存与合理化的目的而对其加以利用。我真心希望日本不要陷入"自己将威胁变成现实"的愚昧之中。

日韩两国都在日美同盟的庇护下以对抗"威胁"为名推动军备扩张。由此,东亚成了世界上为数不多的军备扩张竞争激烈的地区。然而,几乎没有谁尝试打破这种现状。这对于日本来说,可以说是颠覆了以往反省和批判过去战争罪责、爱好和平的国家形象。这也是引发东亚内部分裂、造成分裂状态持续的重要因素。

日韩不能再进一步沦陷于冷战思维中了,也不能听任东亚冷战格局持续下去,更不能借机行事。尤其是日本,应该重新考量对朝鲜的敌视,着手国交正常化。此时,也必须表明承担起对朝鲜的殖民地统治责任的态度(已在 2002 年《平壤宣言》中表达,此处为再次确认),并真诚地将其付诸实践。进而,为消除分裂,日本必须显示出自主的先导权,率先做出应有的贡献。如果不消除分裂,那么东亚的和平与安定就显然无望实现,很难构筑起东亚共同体。

（5）东亚共同体的构筑

近年来，东亚各国的现实状况在发生变化，地域化有所进展。例如，中日韩三国间的经济交流剧增，而且，从民众的交流来看，以韩流为首的日流、华流等大众文化的交流也在快速增加。这些现实的变化说明三国之间经济、大众文化的共同体已经成形。只是，这种态势的形成为时过晚，跟不上现实的变化。然而，在可以预见的将来，以经济、文化为首，构造政治、外交、安保等各部门的共同体组织的必要性将愈发突出。在此意义上，包括中日韩三国在内的东亚共同体的构建可以说“不是可选项，而是必选项”。

日本的民主党政权自成立起便提出了东亚共同体的构想，以此来呼应东亚地域化的进展。关于“建什么、怎么建”的具体措施，包括韩国、中国在内，各国必须开展与相关国家的协议磋商。实际上，除日本外，韩国、中国也分别以本国为基础，构思着东亚共同体，为东亚共同体的构筑进行着努力。

然而，三国间的共同体构筑进度缓慢，迟迟没有进展。原因之一是围绕东亚共同体的构筑，三国的战略之间存在差异，但又并不仅限于此。三国（共同体论者）之间，对东亚共同体构想的差异、相互间的不信任、存在包括历史问题在内的各种问题也是其中的原因。在此，我想围绕共同体这个词语的理解问题进行解说，再次阐释共同体的构想。

共同体这个词语在英语中翻译为 Community，所以这里面必然伴随着翻译的问题。与其他很多翻译语一样，共同体和 Community 之间也存在着概念、观念体系的差异。Community 的意思不仅仅是“共同”，还包含“共通、共有、普通、一般”等意思。共同体这个词语是以普遍文明化为目标的欧美近代的产物，是相继引发各种问题的概念。而且，这个词语中投射着日本的传统概念及概念体系。

在构想东亚共同体之际，首先映入脑海的可能是战前的“大东亚共荣圈”吧。然而，在研究未来的共同体的构想时，它被当成了彻底批判的对象。事实上，通过消解这种过去的构想、进行多层次开放，不就能打开崭新的视野吗？换句话说，就是不把国家当成唯

一、绝对的存在，而将其解体。超越国家的次元，从地球—区域—国家—地方多个层面来构想共同体，这应该称为“全球区域国家地方(global-regional-national-loal)”吧。在这里，国家、民族主义都成为“global-regional-national-loal”次元中的一个次元而被相对化。

接下来是共同体的“同”。这个字被公认为同质性和对外的闭锁性。排除异质的东西、割舍差异会加剧身份认同的单纯化。如果共同体的构筑只是使得“日本人”“韩国人”滑入“东亚人”的范畴，那么就是毫无意义的。与此相比，不如说更应该在保存差异的同时构筑“合力、共通的和谐体”。在此意义上，我想提倡“共働体[①]、共和体、共通体、公共体”的说法。或者，不要将东亚共同体当成固定下来的实体，因为我们有必要从不断变化的“动态”的意义上去理解，所以也可以使用“共働态、共和态、共通态、公共态”的说法。

然而，“共働”的“働”是日本式汉字，其他国家几乎都不使用。另外，“共和”可能与英语“republic”的翻译相混淆。所以，“共通体(态)”或者“公共体(态)”比较适用。我想特别指出，这里有着如之前所述的意象以及“和而不同”的意象。

要想构筑这样的共通体(态)，当然必须形成东亚固有的、共通的身份认可。同时，对东亚传统的批判性省察和比较考察也很重要。借此，重新评价传统的正面遗产，将其作为共有资产使其再生，创造出有利于共同体组建的共通的理念、思想。在这个过程中，应该能够形成区域内共有的、共通的身份认同吧。进而，就能孕育出拥有多种身份认同、能自由跨越区域内外的新一代。可以说，区域内各国的将来与每个国家能孕育出多少“东亚人”有着密切的关联。

后　记

19 世纪后半叶开始，受欧美近代文明的全球化浪潮影响，包括日韩在内的东亚地区迎来了“从传统到现代”的文明史的大转换时

① 作者在下一段落对日语汉语“働”进行了解释。——译者注。

期。由此，欧美、近代文明被当成了世界文明的标准。然而，这种现代的全球化伴随着国家主义、殖民主义在世界范围内扩大的过程。也就是说，它存在着既象征产业化和民主化、自由和进步，又肯定暴力与歧视、统治和压迫的矛盾的二重性。

因此，试图与这个现代的全球化相适应的日韩的现代化也带有相互矛盾的二重性。对欧美现代的“顺从和抵抗”就是其中一个例子。但是，这种矛盾在欧美、在现代的强大力量之下消解了。一方面，抵抗现代化的日韩传统势力逐渐失去了自己的舞台。占领空地的是欧美、现代和其代言人。而且，伴随着国家主义和殖民主义，现代主义和东方主义也逐渐渗透，作为其支撑的二元、二项对立思维也得到进一步扩大。于是，日韩一直陷于“近代尤其是负面性的魔咒”之中，并被这种认识和言论的再生产所控制。

当然，在现代化的进程中，传统并不全都是抵抗性的，也有顺从的。在此意义上，现代化就是传统和现代的异种交配的过程。在此过程中，日韩也曾尝试做过同时拥有各自传统和现代的“正的融合与负的克服”的试验。然而，这些试验也被欧美、现代的力量所压制，没能收获任何成果。于是，伴随着“传统是负，现代是正”的二分法、二元构图，对传统的歪曲进一步扩大。同时期，日韩之间比起协调、互助，反而衍生出了矛盾、对立。结果，“不幸的历史”被记录下来，感情的记忆被记刻在深层次的心理意识中，传递了下来。

不过，21 世纪的东亚在近代以来再次迎来了文明史的大转换时期。近现代文明在世界范围内扩大，然而出现了这样的说法，即，作为其起源的欧美、近代文明已经不能称得上世界文明的标准了。于是，始于 20 世纪的近代批判开始加速，甚至还会进一步加速吧。笔者充满希望的预测是，二元、二项对立思维和以此为基础的近代主义、自我本国主义将会被克服。国家主导的时代将要结束，世界各地的地方、民众主导的时代将要来临。殖民主义将会受到批判、省察。近代的魔咒将会清除，21 世纪将是反殖民主义与和解的世纪。

21 世纪还将是东亚复苏的世纪。在此过程中，东亚传统的优良遗产也将复苏并获得重生。其传统中的三元思维与以此为基础的相和的道理、共生·相生·共福的思想将会在世界范围内公共化、普遍化。东亚的复活将会变成改变文明标准的动力，借此，超越东西隔阂的崭新的文明标准将形成并全球化。当然，全球化的方向也将转变。在此过程中，“global-regional-national-loal”的公共视野会被打开。到时候，与此相应的崭新的地理学想象力将成为必需，人们多样的身份认同也将不可缺少。

为适应这种文明史般的大转换时期的变化，日韩两国人民必须不断将共同的思想课题纳入讨论研究，打开历史清算和历史和解的道路。并且应该主导为实现反殖民主义与和解的行动与实践，打开包括日韩在内的东亚的转换型视野，在此基础上构建东亚共同体。在此过程中，有必要批判、省察东亚传统，使有价值的遗产重新散发活力，并在全球进行公共化、普遍化推广。借此，纠正以欧美为中心的知识、权力的偏差，启发与日韩、东亚的现实性相应的公共知识，然后，打开东西知识性对话与融合的视野。在此意义上，可以说克服现代主义、超越现代的束缚将是决定着包括日韩在内的东亚甚至是全世界未来的“人类共同的思想课题”。

无视这样的文明史般大转换时期发生的时代性课题，并放任反日、厌韩的敌对关系发展的行为是万万不可取的。不能让下一代传承旧时的亡魂和“以过去为人质的现在”。日韩必须怀抱着这样的决心，早日打开解开现代束缚、走向历史和解的新视野。唯有如此，子孙后代才能记录下日韩间“共同幸福的历史”吧。

市民运动与中日历史和解

李恩民

前 言

近几年，东亚共同体作为能为亚洲、太平洋地区的持续性经济发展与和平安定做出贡献的组织之一，被寄予厚望，关于其可能性与具体形态的讨论十分热烈。然而，具备能为亚洲的地域性融合做出巨大贡献的经济实力和政治威信的中日两个国家，依旧在第二次世界大战中的“历史问题”上重复着政治、情感的摩擦。对中日两国来说，无论是政府层面还是民间层面，如何走向历史和解都是东亚共同体构想之上的重要课题之一。①

2000 年 11 月，中日之间民间层面的历史和解的尝试初步付诸行动，被称为东亚历史和解的基本范例，这一尝试就是在东京高级法院达成的花冈事件诉讼的和解（简称“花冈和解”）。

花冈事件诉讼案，是在二战中鹿岛组（现鹿岛建设株式会社）被强制带走、强制劳动而受到迫害的中国人首次要求伤害赔偿而提起的诉讼，也是首次追究企业的战争责任的诉讼。花冈和解进行了“信托方式”“基金方式”“整体解决方式”“民间方式”等四种战后补偿裁判中几乎没有先例的大胆尝试，备受世界关注。

此后，日本战后和解在花冈和解的基础上获得进展，被认为无法达成的中国被害人与西松建设的和解也得以实现（2009 年 10 月

---

① 本文在李恩民《中日历史和解可能吗》（北海道大学，《境界研究》NO. 1，2010 年 10 月）的基础上修改润色而成，但本主题是原来为该书准备的。

的西松和解与 2010 年 4 月的西松信浓川和解)。

本文将在探明花冈事件的历史缘由的基础上,探究从被害人与加害企业鹿岛建设的交涉到经过司法裁决达成和解的一系列经过,并就花冈和解包含的战后中日历史和解的意义与普遍性,即日本式历史和解范例进行分析。[①]

众所周知,中日之间的历史和解是在民间层面的摸索与争议中进行的,几乎没有积累下来的先行研究或是编集成册的现成资料。本文将依据对文献调查和实地调查数据进行审慎分析后所获取的史料,力图独创性地首次在学术视点上把握中日历史和解进程,重新发现日本社会中创造和解与和平的民众力量,并实证性地讨论其作用。

1 花冈事件与历史认识

(1) 花冈事件的概要

二战尚未结束的 1942 年 11 月,为了应对战时劳动力不足的情况,东条英机内阁做出了“输入华人劳工”的决定。之后,为了满足企业的需求,大东亚省[②]、外务省、日本军方联合起来,通过以北京的华北劳工协会的名义征集劳工,绑架扫荡后的农民,强行带走战俘等手段,将四万余中国人以劳工的身份带到日本各地的一三五事务所(三五企业)。他们所有人都被带到矿山、施工现场、港口码头等地充当劳役。

① 笔者将“和解”分为“判决上的和解”和“心灵上的和解”来对历史和解进行分析。所谓“判决上的和解”,是在诉讼提起前和诉讼进行期间,当事双方提出各自在权利和法律关系方面的主张,达成与此相关的一定内容的实体法上的合意,以及诉讼结束时达成的诉讼法上的合意。另一方面,所谓“心灵上的和解”,是为了消除由战争、纠纷导致的民族间、国民间心存芥蒂的感情上的摩擦和历史上的对立所做出的妥协,是为了正视过去走向未来的共生而发挥宽容精神的行为。本文所说的“历史和解”,以憎恨罪恶而不憎恨人为基本精神,意在抑制社会整体性的冲击性报复行动、消除因仇视和憎恶而引发的战争,这是高尚的社会行为。关于和解的定义,参照小菅信子著《战后和解》(中央公论新社,2005 年)。

② 大东亚省,下设官房、参谋、总务局、满洲事务局、中国事务局和南方事务局等 7 个局。

其中，从1944年8月到翌年6月为止，有九百八十六名劳工被强行掳至位于秋田县秋田郡花冈町（现大观市）的鹿岛组花冈矿山地方事务所。被强掳至此的中国劳工在严密的监视下被迫从事花冈市的修建改造和水利工程。在恶劣的卫生条件下，他们忍受着长时间超出体力和忍耐力限度的过苛的重体力劳动和监工对他们的施暴行为，饥饿、患病、受虐致死现象层出不穷。其间，有一百三十七名工人失去了生命。这一切使得工地现场被死亡的恐怖所笼罩。①

1945年6月30日深夜，无法继续忍受这种超乎想象的奴役的劳工，在耿谆、王敏的指挥下，为了死里求生发起了全员暴动。他们杀死了四名日本指导员以及一名协助日方的中国劳工之后逃亡。然而，暴动失败后藏在附近山里的所有劳工遭到了宪兵、警察、警卫队、当地老百姓等超过二万四千人的镇压，超过一百名劳工因当时的镇压及之后残酷的拷问等原因而死亡。

同年8月15日，日本战败，花冈作业现场的战时体制却没有立即改变。花冈暴动后被抓回的中国劳工依然被迫从事着重体力劳动，在仅仅两个月的时间里，死亡人数又增加了一百十七人。

9月，秋田地方法院判处耿谆等暴动发起人无期徒刑。然而在次月，美军确认了日方将中国劳工强行掳掠至花冈作业现场并强迫他们劳动的事实。美军在展开战争犯罪调查的同时，释放了所有幸存的中国劳工，让除去作为战犯审判的证人而留下的劳工以外的人先后回到了中国。

从花冈事件的结果来看，九百八十六名劳工中因武力镇压、暴力虐待、营养不良等原因死亡的人数约占42%，达到了四百十八名，死亡率相当高（中国人遭受强掳、强制劳动的平均死亡率约为17%，西伯利亚扣留事件中日本人的死亡率约为10%）。从死亡率高和死亡人数众多的角度来看，花冈事件从一开始就作为战中强

① 关于强掳中国劳工的历史事实，其代表性的资料集和研究书目如下所示。田中宏、松泽哲成编《中国人强制连行》（现代书馆，1995年）、西成田丰著《中国人强制连行》（东京大学出版会，2002年）、新美隆著《国家的责任和人权》（结书房，2006年）、杉原达著《中国人强制连行》（岩波书店，2002年）、刘宝辰、林凤升著《日本掳役中国战俘劳工调查研究》（河北大学出版社，2002年）。

掳、强制劳动的典型事件而受到各国人民的关注。花冈事件的相关战后补偿问题也受到密切关注。

(2) 事实确认与历史认识

花冈事件在2000年11月实现了判决上的和解,但是加害人与被害人之间"心灵的和解"目前还在进行之中。为实现和解所进行的努力实际上已经跨过了始于1945年的六十多年的岁月。以下,将此过程分成四个时期进行探讨。

第一时期(1945年战争结束到1989年冷战格局瓦解的四十四年)是"送还遗骨和查明真相"的时期。在此期间,GHQ针对强掳外国人、强制劳动和花冈事件等进行了调查,美国第八军战争犯罪法庭以调查所得事实为依据,对花冈事件中的加害人,即鹿岛组作业现场责任者下达了有罪的判决(即横滨判决[①])。外务省也要求使用外籍劳工的企业上交以作业现场为单位的报告书,并以此为基础总结得到"外务省报告书"[②]。

同时,鹿岛建设接受了宗教团体、当地市民、各地市民运动团体屡次提出的强烈要求,于1949年11月在信正寺院内建了"华人死难者超度祭奠塔"。从战争反省的视角来看,大馆市当地的市民在探寻真相的同时,通过定期举办追悼会、设立纪念碑(中国殉难烈士纪念碑与中日不再战友好碑),不断努力着将这些事实、真相告诉子孙后代。

在这个时期,有很多花冈事件殉难者的遗骨因大坝等的建造而被发现。在宗教慈善相关人士,尤其是日本红十字社和中国红十字会的协助下,从1953年开始,这些遗骨以及日本各地收集到的中国劳工的遗骨(四万人中的死亡人数为6730)被陆续送还到中国,至1964年全部完成,共计九次。通过这些市民活动,中国人遭

---

① 审判记录用英语写作,被翻译成日语。花冈研究会编《花冈事件横滨法庭记录》(总和社,2006年)。

② 《太平洋战争结束后在日外国人的保护与回国的有关事件、中国人关系、各华人劳务事务所的就业调查报告书》第十卷,外交史料馆所藏,分类番号k7-3-0,1-2-4。关于该资料的编写过程的隐秘性和发现的过程,参照NHK取材班《幻之外务省报告书》(日本放送出版协会,1994年),田中宏《关于中国人强制连行的"外务省报告书"》(龙谷大学《经济学论集》第四十卷第五号,2000年)。

到强掳的全部过程和花冈事件的真相逐渐浮出水面，成为中日两国共有的悲惨历史。历史事实的探究与确认是实现花冈和解的重要步骤。

特别要注意的是中日两国红十字会的参与。由此，大约四十年后，中国红十字会作为利害关系人成了花冈和解金的接收机构。

然而，根据已公开的中国外交秘密文书，在遗骨送还方面，中日两国有着各自的意图，且最初开始就有很大的隔阂。中国方面怀有强烈的警戒心①，他们认为，日本方面之所以站在人道的立场上开展和平运动、市民运动，可能是因为企图利用遗骨送还的机会顺势提出在华死亡的日本人遗骨问题。然而，这种疑虑后来逐渐消解，变成合作的意愿。

第二时期（1989 年至 1995 年，约六年时间）是“自主交涉”期。20 世纪 80 年代末，花冈事件的幸者在相互确认了主要成员的住所之后互相之间取得联系，设立了“鹿岛组花冈强制劳动幸存者和受难者遗属联谊准备会”（之后的“花冈受难者联谊会”）。后来，该协会从中日两国的历史学者、日本市民运动团体处得到了经济和法律上的支援。

1989 年 12 月 22 日，该联谊筹备会的会长耿谆、副会长李介生、干事王敏与张肇国向鹿岛建设株式会社寄出了公开信，提出了谢罪、在大馆市和北京市建造花冈殉难烈士纪念馆、支付每人五百万日元的赔偿金等三项要求。② 公开信由中文写成，内容如下：

> 我会决定，今要求鹿岛组必须做到如下几点：
>
> （一）鹿岛组应郑重向我罹难死亡烈士的遗属及幸存者声明谢罪，方可使此血债从血债簿上销掉。
>
> （二）鹿岛组应表达悔过之意，即当在日本大馆市及中国北京建立具有一定规模的花冈殉难烈士纪念馆，供游人参观悼念，教育后人，亦可表彰鹿岛组的忏悔风度，作悔过者之楷模。

---

① 《红十字会关于处理我在日本殉难烈士遗骨的请示》（1965 年），外交部外交档案馆所藏，编号 105－01758－04。

② 《中国人强制连行思考会报道》第一号，1990 年 1 月 25 日。

(三) 鹿岛组必须向我花冈受难者九百八十六人(死难者遗属及幸存者)每人赔偿五百万日元,以资补偿我受难者肉体与精神上遭受的苦难创伤和牺牲。

如果鹿岛组仍执迷不悟,置若罔闻,纵然千秋万代之下,我们的子孙后代,将会永远向鹿岛组声讨此笔血债。况花冈惨案,世人皆知,岂能掩饰得过。

上述所示公开信的寄送是自主交涉的开端,后来成了战后补偿请求的原型。这封公开信首次对战中企业进行问责,给予了日本产业界巨大冲击。当时,媒体也竞相报道了此事。接到信后,鹿岛建设虽然也有犹豫,但还是开始了自主交涉。据鹿岛方面的副社长说,鹿岛方面确认历史事实,将怀着对战中鹿岛花冈作业场死去的人们的深切哀悼和对幸存者们的尊敬之情进行对话、商议。① 正因为怀着这样的心情,抱有这样的历史认识,自主交涉才得以启动。交涉的结果是,双方于 1990 年 7 月 5 日发表了《共同声明》。②

1944 年至 1945 年间,在鹿岛建设株式会社花冈矿山事务所受难的中国劳工遗属、幸存者来到日本,访问了鹿岛建设株式会社,就以下事项进行了交涉并达成了共识,特在此声明如下:

一、中国劳工在花冈矿山事务所作业现场遇难事件是基于内阁决议的强掳、强制劳动引发的历史事实。鹿岛建设株式会社对此事件的真实性表示认可,并认识到作为企业也应该对事件负相应的责任。同时,对事件遇难者遗属和幸存者表达深切的谢罪之意。

二、中国劳工遗属和幸存者基于上述事实,于去年 12 月 22 日向鹿岛建设株式会社寄送了公开信。对此,鹿岛建设株

① 对鹿岛建设副社长河相全次郎的访谈(访问人今西淳子、李恩民),2001 年 10 月 15 日,于东京八重洲书籍中心。

② 该声明的署名人如下所示。花冈事件中国劳工幸存者与遗属代表耿谆,幸存者与遗属代理人新美隆律师、内田雅敏律师、田中宏、内海爱子、林伯耀,鹿岛建设株式会社代表董事副社长村上广春。双方在出席记者会的时候发布《共同声明》(1990 年 7 月 5 日。《中国人强制连行思考报道》第三号,1990 年 8 月 15 日)。

式会社认为，此事是必须由双方协商来努力解决的问题。

三、今后，双方本着上述内容及“前事不忘，后事之师”（周恩来语）的精神，继续通过双方的代理人进行协商，争取问题的早日解决。

上述《共同声明》的特征有三点。

第一，鹿岛方面承认强掳、强制劳动是历史事实，企业要负责任，同时也表明了对受害者的歉意。《共同声明》中“以内阁决议为基础”和“作为企业也应该对事件负相应的责任”的内容是按照鹿岛方面的要求加入的。也就是说，鹿岛方面认为主要责任不应该由企业承担，而应该由国家承担。

第二，就1990年《共同声明》的三项要求等内容，鹿岛方面表达了必须通过双方协商不断努力解决问题的认识。

第三，双方承诺怀着和解的精神，通过协议来达到尽早解决问题的目的。

这份《共同声明》是花冈和解的基础和前提。

然而，在这份《共同声明》之后，鹿岛建设没有采取行动。因为他们受到了战中涉及强掳外国人、强制劳动的企业“为何只有企业来承担责任”的指责。[①] 此外，参与《共同声明》的企业交涉负责人也在公司里遭到了围攻。[②] 因此，在此之后，鹿岛方面虽然表明以早日解决问题为目标，却没有进一步的研讨，就这样过去了六年。在这六年间，几位高龄的幸存者去世了。中方受害者对鹿岛建设的诚意表示怀疑，于是中止了自主交涉，对号称法治国家的日本提起了诉讼。

在当时的中国，在战后问题的处理上，据笔者调查，很多人连战后补偿、赔偿制度是否存在都不知道[③]，花冈被害人决定提起法

① 对田英夫参议院议员的访谈记录（访谈人今西淳子、李恩民），2000年10月15日，于东京田事务所。

② 原告方律师团首席律师新美隆生前谈《共同斗争的二十年》，强掳中国劳工思考会主办的《缅怀新美隆先生》（2008年12月20日）所发布的资料（未共刊）。

③ 李恩民：《中国人对战后中日关系历史的认识》（载《政经研究》第68号，1997年）。

律诉讼，大概是因为从与日本市民运动团体的交流中获取到了“在日本能够通过法律裁决维护权利”的信息，由此受到启发，并得到了法律支援吧。

2　被害人的选择
——从对簿公堂到判决上的和解

花冈和解历程的第三个时期（1995 年至 2000 年的五年）是从对簿公堂到判决和解的转换期。1995 年 6 月 28 日，从代表花冈事件被害人全体利益的受难者联谊会中选出的耿谆、王敏、张肇国、李克金、李铁垂、孟繁武、李绍海等十一名代表指名新美隆、内田雅敏等十五名律师为诉讼代理人（律师团），以违反国际条约、不履行债务（违反安全考虑义务）为由将鹿岛建设告上法庭，提起六千零五十万日元（算上律师费后每人赔偿五百五十万日元）的损害赔偿请求诉讼。① 这是首次由二战中国人受害者提起的诉讼。

当时，适逢第二次世界大战结束五十周年，然而关于如何推进战后和解，法律界对此有研究的专家很少。在这样的状况下，1997 年 12 月 10 日，受理诉讼的东京地方法院在没有经过任何人证调查的情况下就以除斥期间已过为理由，驳回了幸存者、遗属们的请求。据被害人一方的律师描述，“我们最初还以为能胜诉，没想到他们没有进行事实调查、原告询问就将我们拒之门外，实在令人震惊”②。

无法认同的原告团和律师团向东京高等法院提出了控诉。之后的交涉中虽然也反复出现了意见的对立，但当时的法官抱着历史和解的想法，想促成双方的和解。拥有平衡的历史感、富有历史知识教养的东京高等法院第十七民事部的法官在“着眼于当事双

① 原告诉讼代理人（律师团）由以下十五位律师组成：新美隆、内田亚敏、铃木宏一、芳勇克彦、清井礼司、上本忠雄、川口和子、丸山健、伊藤治兵卫、高桥耕、水谷贤、金敬得、川田繁幸、庄司昊、足立修一。强掳中国劳工思考会《鹿岛花冈中国人强制连行损害赔偿请求时间“诉状”》（《花冈 从矿石下站立起来》第六集）1995 年 12 月 6 日。

② 对原代理人新美隆律师、强掳中国劳工思考会代表田中宏的采访记录（采访者今西淳子、李恩民），2002 年 5 月 19 日，于东京日中友好会馆。

方自主协调的重要成果《共同声明》”的基础上，不局限于花冈事件特有的情况、问题点，关注“其他国家[①]在战后重建上所做出的努力的轨迹和成果”，运用“不局限于历来和解手法的大胆构想”，在权职范围内劝告双方达成和解。[②]

当时，双方是如何接受和解劝告的呢？据被告律师团表述，由于鹿岛方面有意愿表达哀悼之意，只要基本理念能被接受，那么就有希望达成和解。[③] 原告律师团最初认为一定能胜诉，因而并没有将和解纳入考虑范围。然而，当他们从支援者团体、律师团处了解到日本现行法律的框架、详细的制度、法院劝告的意义和重要性后，全员表示认可，花冈受难者联谊会通过决议，将和解协议的全权委任状交托给律师团。

这次交涉最重要的问题之一，是补偿金的数额以及由谁来负责将补偿金交给被害人。鹿岛建设的意见是，关注这些补偿金是否按照当初的意图进行了使用，公益机构对支出的管理是最重要的。

因此，原告方代理人新美隆律师、强掳中国劳工思考会代表田中宏、在日华侨林伯耀等考虑到了中国红十字会。因为该组织在20世纪50年代承担了遗骨送还事宜，站在人道主义立场上公正公平地完成了任务。

然而，这并非易事。中国红十字会虽然是民间组织，但其名誉主席是江泽民主席。如果中国红十字会公开参与战后补偿的相关事宜，那么就会呈现出中国政府支持民间的战后补偿裁决的态势。因此，中国政府不得不以谨慎的态度来面对。不过，在日本政治家和市民运动团体的谈判与耐心的交涉之下，中国红十字会在1999年12月16日通过中国驻东京大使馆正式表明以利害关系人的身

① 特指曾经的“同盟国”德国未解决强掳、强制劳动的被害人相关问题的考虑。

② 2000年11月29日下午2点，东京高级法院第82号法庭第17民事部新村正人审判长当庭宣布和解成立后朗读的“感想”(《强掳中国劳工思考会新闻》第60号，2000年12月6日)。读卖新闻社会部《文件审判官》，中央公论新社，124—126页，2002年。

③ 对鹿岛建设方代理人和田卫律师的采访记录(采访者今西淳子、李恩民)，2001年4月20日，于东京和田法律事务所。

份参加和解手续的签订。于是，花冈和解的实现成为可能。最后，中国红十字会的介入促进了实现和解的进程。

2000年11月29日在东京高级法院签订的《和解条款》标志着花冈和解的实现。主要条款如下：①

一、当事双方再次确认平成2年(1990年)7月5日的《共同声明》。另外，被告主张前述《共同声明》并不意味被告承认自己有法律责任，原告对此表示了解。

二、被告为了解决上述《共同声明》第二项记载的问题，为了向花冈作业点受难的人们(以下称：受难者)表达祭奠的意愿，向利害关系人中国红十字会(以下称“利害关系人”)信托五亿日元(以下称：本案信托金)。利害关系人接受此信托金，原告同意上述信托做法。

三、略。

四、利害关系人(本条款以下称：受委托人)将本案信托金设为“花冈和平友好基金”(以下称：本案基金)进行管理，依照如下条理进行操作。

1. 受委托人以正确管理、使用本案基金为目的，设置“花冈和平友好基金运营委员会”(以下称“运营委员会”)。

2. 运营委员会由控诉方选定的九人以内的委员组成，委员间互选出委员长，代表运营委员会。另外，当被控诉方希望提名委员人选的时候，上述委员中有一名可以由被控诉方指名。

3. 本案基金将充当站在中日友好的立场上，慰藉、悼念遇难者、资助遗属日常生活以及养育后代的资金。

4. 受害者及其遗属作为第二项记载的委托的受益者，可以在遵循运营委员会所规定条目的基础上要求获得本案信托金。

5. 受委托人在向受难者及遇难者遗属支付上述信托金的

---

① 《和解条款》2000年12月29日(记者发布会所发资料)《强掳中国劳工思考会新闻》第60号，1990年12月6日。

时候，要向对方说明本案信托金的委托者是被控诉方并告知本案和解的宗旨，取得信托金接受者承认本案和解的两份书面文件(含有本人签名或盖章)，并将其中一份交给被控诉方。

6. 接受本案信托金的遗属的范围由运营委员会按照遗属的实际情况进行确定。

7. 运营委员会在对受难者及遇难者遗属进行调查的时候要就本案和解的主旨获得其他机构、团体的协助，使调查周知彻底。

8. 本案的信托在达成目的之后根据运营委员会的决议来终止。剩余财产的处理方式由运营委员会定夺。

五、本案的和解力求解决花冈事件相关的所有悬案，包括原告在内的受难者及遇难者遗属要确认花冈事件相关的所有悬案都得到了解决，另外，今后无论是在日本国内还是在其他国家、地区都要放弃所有的诉求权。

如果今后出现原告以外的人员向被控诉方提出补偿等要求的情况，无论对方是否提交过第四项第五条的书面文件，都由利害关系人以及原告承担责任、解决问题，被控诉方不承担任何责任。

六、双方相互确认控诉方与利害关系人、被控诉方之间不存在本和解条款之外的任何债权责任关系。

七、一审、二审的诉讼费用及和解费用均由双方各自承担。

八、本和解以日语版为正本。

从以上的《和解条款》可以清楚地看到花冈和解有以下四个特征。第一，当事人双方再次确认1990年7月5日的《共同声明》。这是花冈和解的基础。针对过去的事实、历史，双方的认识是一致的，鹿岛建设方面也表达了谢罪之意。再次确认以上内容之后和解得以实现。然而针对第一项后半部分的“附言”(关于是否承担法律责任)，被害人中有人表示反对，也有人以此为理由拒绝和解。

第二点是鹿岛建设为了祭奠遇难者，向公益组织中国红十字会交付了五亿日元的信托。这些信托金不是由加害人直接支付给受害者的，而是由第三方中国红十字会进行操作。也就是说，第三方在接受信托金之后负责任地将其交给被害人。

第三点是将本案信托金作为“花冈和平友好基金”进行管理，其适用对象、使用途径都有详细规定。

第四点是和解的方式采取了整体解决的方式。本案的和解力求“解决花冈事件相关的所有悬案”，规定包括原告在内的被害人及其遗属“无论是在日本国内还是在其他国家、地域都要放弃所有的诉求权”。花冈裁决的原告是十一名，但是和解的对象、信托金的受益对象不仅限于十一名原告，而是所有被害的九百八十六名受难者。换言之，没有参与此次裁决的被害人也有接受补偿金的权利。然而，反过来，即使对和解的内容有所不满，也不能提起新的诉讼。

虽然代表九百八十六名被害人全体意愿的花冈受难者联谊会接受了花冈和解，但是很明显，此次和解并不能完全满足所有被害人的要求。花冈事件的受害者、诉讼代理人以及鹿岛建设的代理人连表示庆祝的手都没握一下。这么看来，很遗憾，这次和解可以说并不是“理想的和解”“真正的和解”。

拒绝花冈和解的花冈事件受难者（幸存者和遗属）、批判花冈和解的学者、律师、市民运动家们站在各自的立场上阐述了意见，概括如下。[①]

（一）否定鹿岛建设的法律责任的和解是让人无法接受的。这是对《和解条款》第一项的“附言”以及和解当日鹿岛建设发布的

① 根据是2009年8月23日—9月3日、同年12月23日—29日进行花冈事件被害者现场调查（中国华北各省市）之际对幸存者、遗属、支援者等的采访。

“花冈和解相关评论”的反对。[①]

（二）由于和解条约中没有直接写入表明谢罪之意的《共同声明》的词句，意义的深度降低了。

（三）虽然和解条约第五项代表的是九百八十六人份的和解，但是决不允许随意剥夺没有参加和解的人的权利（诉求权）。

（四）和解金额太低，只有最初要求的金额的十分之一。不二越和解中遭到强制劳动的韩国人获得了每人五百万日元的赔偿[②]，为何中国受害者必须忍受低额（每人五十万日元）赔偿呢？

反对意见被当成花冈和解的课题而遗留下来，在之后解决类似事件之际成了重要的参考。花冈事件的受害者和支援他们的市民运动团体为了在总结本次和解经验和教训的基础上，全面解决二战遗留问题，发起了面向真正的和解的新的行动。

3 从判决上的和解到心灵的和解

通常，判决上的和解的成立意味着“终结”，然而花冈和解必须通过之后基金的运营来具体达成和解。该和解进程的第四时期，

---

① 2000年11月29日，花冈和解达成当日，鹿岛建设负责人将“花冈事件和解相关文件”分发给记者，并将其发布在自己公司的主页上。这些文件记载如下：“昭和十九年至昭和二十年，基于当时的日本政府内阁会议通过的中国劳工输入政策，本公司的花冈事务所（秋田县大馆市）也输入了大量中国劳工。因为当时处于战时环境，提供给这些劳工的生活条件非常差，因而我公司也怀抱诚意，最大限度地进行了关怀。然而还是有很多劳工同志患病去世，对于此等不幸的事件，我们深表伤痛。（中间省略）高等法院提出和解方案，针对我公司被起诉的内容，我公司以无法律责任为前提，继续了协商和解。（中间省略）本基金的筹集不包含补偿、赔偿性质的内容。”（根据分发给媒体的评论）关于四百十八名死者因病去世这种轻描淡写的说法、不承认法律责任、筹款不是赔偿金等主张，有人认为这是鹿岛建设为解决“公司内部排挤”的对策，对此表示理解。但是，被害人和他们的支援者们仍旧对鹿岛建设的诚意抱有怀疑。由此，也很容易理解他们为什么会进行反抗。

② 花冈和解前的7月11日，围绕战时强制劳动，韩国受害人金景锡（74岁）、崔福年（69岁）、李钟淑（68岁）对富山县机械生产股份有限公司不二越提起的要求赔偿损害的“不二越诉讼”在最高法院得到了和解。这是最高法院干预的初次成立的审判上的和解，是将其他战后补偿引向和解的一大步。然而，不二越和解的三千几百万日元和解金不是面向全员的，只面向原告等九名相关人员，没有涉及对其他被害人的补偿，是不完全的和解。并且，被诉讼方也没有按被害人的要求进行道歉。

也就是2001年之后的阶段,被称为“向着心灵和解努力”的时期。

以原告耿谆等为代表的受害者最初提出的诉求是谢罪、支付赔偿金、建立纪念馆。从花冈和解的内容来看,谢罪和赔偿金支付的部分在某种程度上得到了实现,而纪念馆的建立方面完全没有任何进展。于是,日本支援者和花冈受难者联谊会,特别是花冈和平友好基金运营委员会在和解之后开展了几项新的事务。

首先,每年从中国派遣以幸存者和遇难者遗属为中心的访日团,开展追悼活动。遇难者有九百八十六名,其中有些人不知道自己的父亲在何时何地去世。访日团被带到花冈作业现场,由于必须向本人确认他们的亲人因遭到强制劳动而死亡的事实,这项事务因此而展开。从2001年到2011年,除去2003年非典肆虐期,每年都有几十人规模的代表团(最多的时候有八十名)被派到日本,参加大馆市主办的祭奠活动。当然,中国红十字会的主要成员和中国大使馆的代表也出席了追悼活动。这是第一项事务。幸存者、遗属在访日过程中,与日本国内其他提出战争补偿诉讼的人们联合起来进行游行,向内阁提交请愿书。除此之外他们还亲身体验了作为战后爱好和平的国家而成长起来的日本社会的真实面貌。

2009年8月,中日友好宗教恳谈会以及中国劳工强掳遇难者集体追悼会实行委员会在东京主办了“遗骨发掘六十周年 祈求世界和平 中国战俘殉难者追悼法事”,继承了1953年发端的中国战俘遇难者追悼会实行委员会设立的精神。

第二项事务是受难者(幸存者以及遇难者遗属)的调查、补偿金以及育英资金的交付。2009年12月,找到了九百八十六遇难者之中的五百二十名。其中,以接受和解的四百七十九名遇难者为对象的赔偿金(二十五万日元)和奖助学金(五千元人民币)已完成交付。有十多人拒绝和解,有二十多名遇难者没有近亲。

住所不明、本人是否在世不明、遗属所在何地信息不明的遇难者也有很多。[①] 但是,中国红十字会、花冈和平友好基金运营委员

① 对花冈和平友好基金管理委员会北京事务局会计责任人的采访,2009年12月25日,于北京。

会竭尽全力,利用《中国青年报》以及山东、河北、河南、山西、安徽等省份当地的媒体、网络进行信息的收集和对象的查找。可以说,通过官方机构的支持,取得了一定的成效。

纪念馆的建立是受害者的夙愿,因而得到了扎实推进,这也与五亿日元的和解金无关。花冈受难者联谊会、花冈和平友好基金运营委员会以及市民运动团体曾向中国政府及相关部门提议,在位于北京近郊卢沟桥的抗日战争纪念馆内或馆边建"花冈劳工纪念馆",然而只获得了在抗日战争纪念馆内进行展示(诉讼前的1993年6月开始的半年时间)的许可。

天津市政府于2006年4月,在郊外的烈士陵园中新建了"在日殉难烈士·劳工纪念馆",将20世纪50年代由日本送还的二百三十四名中国劳工的遗骨(包含花冈劳工的遗骨)安置于此。2008年11月,遗骨送还五十五周年纪念典礼在该馆隆重举行。

另外,在大馆市,当地市民团体于2002年6月设立了NPO法人"花冈和平纪念会",为了建立花冈事件的常设资料展示会场,向日本全国民众发起募捐。结果,截止到2009年6月,他们募集到了约4000万日元。利用这笔资金可以确保三百三十坪(1坪约3.3平方米)的土地。[①] 他们在2009年11月建设"花冈和平纪念馆",在2010年4月向公众开放。在纪念馆的开馆仪式上,花冈和平纪念会的川田繁幸理事长发表讲话,希望年轻一代能够认真面对过去的事实,并以此为机会思索今后社会的应有之态。[②] 讲话内容如下:

> 本花冈和平纪念馆可以说是在加害地对加害事实及其前后过程的记录。或许这在日本会被当成另类。(中略)所谓的花冈事件可以被称为中国人遭到强掳的典型事件,但是如果限定在花冈所发生的强掳事件上面,这是全国唯一一个对此

---

① 对NPO花冈和平纪念会川田繁幸理事长的采访记录,2009年6月29日,于大馆。

② 2010年4月17日,花冈和平纪念馆开馆仪式上NPO花冈和平纪念会川田繁幸理事长的演讲原稿(当日在大馆分发)。《花冈和平纪念会通讯》第21号(2010年春号)。

进行记录的场所。(中略)我们如果要正确面对未来,就必须认真面对过去的事实。怀抱着这样的开放型姿态,日本的年轻一代在思考二战中遭虐待或因此而死亡的人们抱着怎样的想法、思考事故发生的原因之时,会产生深刻的仁爱之心和正确的国际意识,或许也能获得今后社会发展的方向。从这样的意义上来看,认真面对过去发生的强掳事件也是我们所面临的课题。

花冈和平纪念会馆开馆的最初三个月内,从日本各地前来参观学习的访问者已经超过了一千五百人,颇为壮观。重要的是,当初完全不愿意提及"花冈事件"的当地老人在这之后也带着孙辈来到纪念馆,向孙辈们讲述事件的经过。这座纪念馆是借由日本市民运动的力量在事发当地建成的首座纪念馆,因此,在这里,被害人和加害人的历史认知取得共识,心灵上也达成了一致。

4 花冈和解的要因与普遍意义

一般而言,说到"和解",那就没有胜诉和败诉之分,是一种平局。然而,花冈和解不是因为达不成最佳结果的胜诉而只能退而求其次选择和解的"和解"。花冈和解意味着被害人和加害人双方就过去战争中不幸的事件达成一定程度的共识,在消除战争带来的仇恨的基础上合作起来向前发展,共同迎接光明的未来,走向历史的和解。笔者认为,审判的胜负可能会招致新的仇恨和不满,通过审判达成"心灵的和解"是很难的。加害人认识到被害人的痛苦、被害人怀抱对加害人的宽容之心而不是复仇之心,然后双方经常性地互相疏通意见,往前看,共谋发展,这样才有可能开始达成心与心的和解。这样的和解是理想的和解,是最佳的选择。

尽管花冈和解还达不到理想的程度,但具有划时代的意义。今后,国家或企业间在就历史问题进行交涉之际,或许能从花冈和解所展示的智慧中得到些许启发。例如和解方式、通过和解对历史问题进行整体解决的方式、信托或者基金方式、公益组织的介入等。花冈和解得以实现的原因有两个,一是日本民间人士的支援,二是鹿岛建设某种程度上有良知的应对态度。

众所周知，成为战争牺牲品的总是贫困阶层的民众。虽然如今实现了花冈和解，然而惨遭杀害的、饿死、病死的四百十八名遇难者却无法亲眼确认他们的赔偿。同时，幸存者和遗属也不得不长期忍受失去亲人、朋友的仇恨和怨念，继续着困窘的生活。

出生于华北农村的笔者在河北省农村做调查的时候第一次目睹了他们生活的贫困。他们没有任何积蓄，没有交通工具，也没有能在法律方面帮助他们捍卫自身利益的学者朋友。1994 年 12 月，遭到强掳的被害人家人曾叹息“我们只是一介草民，没有能力去追究（这个问题）”。如今十几年过去了，我依旧无法忘记这些话。[①]

在这样的状况下，他们如果没有法律、经济上的支援，那么不要说为了挽回自己尊严和名誉亲自提起诉讼，就连在国外上诉终究也是不可能的。所幸的是，无论是在中国还是在日本，能真诚地回想起遭遇强掳悲剧的家人的痛楚、体会到被害人悲伤的人有很多。他们是从一而终提供法律援助的律师团[②]、市民运动与和平运动的负责人、国会议员、大馆市市民和市民团体、在日华人华侨以及宗教相关人士。

强掳中国劳工思考会事务局表示，为了将被害人请到日本，并邀请他们参加追悼活动，很多会员捐出了大笔款项。有人捐出了一部分遗产（五百万日元），有人捐出了私人所经营的公司的部分收益（合计二千万日元）。[③] 如果没有他们无私的支援，那么花冈事件的审判与和解也无法实现吧。

加害人鹿岛建设的应对也是具有良知的。二战中日本企业为

---

① 对寺北柴村苏小为的采访记录，1994 年 12 月 25 日，三谷孝编：《中国农村变革和家族・村落・国家》（汲古书院，1999 年）154 页。

② 日本方面的律师费，以及其他到和解达成为止日本支援者所支出的实际费用（包括现场调查费、被害人来日的所有费用）都不从和解金发放。其理由为，这是历史的问题，并不仅仅是为了中国受难劳工，也是改变日本社会的运动。2009 年 11 月 23 日“北京西松安野和解中日民间座谈会”上内田雅敏律师的发言记录。（“当事人的心情应当得到尊重”2009 年 12 月 8 日补记。）

③ 对强掳中国劳工思考会事务局局长福田昭的采访记录，2010 年 1 月 16 日，于东京福田宅。对强掳中国劳工思考会代表田中宏的采访记录，2010 年 1 月 18 日，于东京新宿。

了供应军需给其他国家的人民造成了多么严重的伤害，他们是否具有直面这一历史事实的勇气？具体来说，是否怀有对那些被强掳赴日的劳工的怜悯之心，是否怀着悲其不幸的人性的感性和道德？近期出现了这样的一些质问。按照这样的标准来说，鹿岛方面的应对是不充分的。但是与其他公司相比的话，他们在某种程度上向社会做出了有良知的回应。

如上所述，鹿岛在收到公开信之前，就怀有对作业现场流血牺牲的被害人的深切哀悼之心，并认识到花冈事件是二战中发生的重大惨案，这类问题长年悬而未决也是很不幸的事。①

借辩护律师的话来说，鹿岛建设基本上不承认负有法律责任，只承认负有道义上的责任。② 例如，NHK 特别节目《虚幻的外务省报告书 中国人被强掳赴日纪实》于 1993 年 8 月 13 日播出后，鹿岛毫不犹豫地制作了中文版，向来访的中国人发放视频资料。③ 1999 年，接收到东京高等法院发出的“和解解决”职权劝告书时，鹿岛建设表示欣然接受，并坐到了和解谈判桌前。④

对此，鹿岛建设的辩护律师这样回答了笔者提出的问题：“经过长期交涉，企业方面也做出了很多努力，我认为企业方面没有决裂的想法，而是强烈希望解决这个长期悬而未决的问题。对于企业来说，因为必须向股东们提供金额支出依据的充分说明，调整金额方面的差异是比较麻烦的。企业方面虽然曾考虑过如果金额差异过大，是否就不可能和解了，但是从来没有放弃过和解。于是，逐渐达到了双方能互相理解的地步。”⑤

背负着失败的历史经历的企业诚实地面对历史事实，在自觉背负社会责任，直到最后也没有放弃和解，这一点可以获得很高的评价。

---

① 对鹿岛建设方代理人和田卫律师的采访（访问人今西淳子、李恩民），2001 年 4 月 20 日，于东京和田法律事务所。

② 同上。

③ 对鹿岛建设副社长河相全次郎的采访（访问人今西淳子、李恩民），2001 年 10 月 15 日，于东京八重洲图书中心。

④ 对鹿岛建设方代理人和田卫律师的采访（访问人今西淳子、李恩民），2001 年 4 月 20 日，于东京和田法律事务所。

⑤ 同上。

然而，就像前面所说的，花冈和解并没有满足所有的当事人的要求。坚信能完全胜诉的一部分受害者并没有将“和解”理解成美好的词语，而将其当成了诉讼抗争的“挫折”。因此，包括带头人耿谆在内的十几名受害者表示，在花冈和解的接受方面尊重花冈受难者联谊协会的总章，但作为个人不接受该和解，并宣誓不接受补偿金。①

现在，还有一些记者、研究人员不明花冈和解充满苦难的历程和其历史性现实意义，否定花冈和解甚至批判支援受害者的诉讼代理人、市民运动人士。从花冈和解的艰难就可以感受到中日历史和解的难度。

5 日本式历史和解的范例

花冈和解在日本国内现行法律体系下开创了先例，是一种具有带头作用的尝试。在此之后的大约十年时间里，关于二战中的强掳事件，被害人和相关企业的和解在缓慢进行。它们都以花冈和解为基本范例，揭示花冈和解的问题点，进而促成新的和解。以下是大规模的和解案件，即2009年10月的西松安野和解。本章以此为实例进行对比。

西松安野和解指的是，战时被强掳至广岛安野发电所遭受了过度残酷的强制劳动的中国被害人对西松建设提出诉讼，要求损害赔偿，以该公司为救济被害人而设立基金等方式达成和解。从和解条款来看，西松安野和解在以花冈和解为基础的同时也在几

① 2009年9月1日，居住于河南省定襄县的95岁高龄的耿谆在接受笔者的采访之时，对和解之后的进展进行了评价，但并没有摆出接受和解的姿态。2010年7月21日，推进了花冈和解的日本居住者代表林伯耀、田中宏、内田雅敏、谷地田恒夫等人时隔十年之后与耿谆再次会面，将和解达成之后的活动以及花冈和平纪念馆开馆的相关事宜以照片展示的形式向耿谆进行说明。耿谆对纪念馆的成立表示了衷心的祝福。“拜访花冈事件前大队长耿谆”(《强掳中国劳工受难者“联谊会联盟”支援协会通讯》第11号，2010年9月15日，第12页)。

个问题点的处理上有所进步。①

例如，与谢罪相关的条款中，西松建设对强掳中国劳工的历史事实“表示认同”，认识到作为企业所应承担的“历史责任”，对于幸存的中国劳工以及遇难者的遗属，表明了“深刻的歉意”(第二条)。这项条款虽然沿用了作为花冈和解基础的《共同声明》的语句，但是能将这些内容明确记录下来，是相对花冈和解的一个进步。

关于补偿，西松建设确认有义务支付三百六十名受难者总计两亿五千万日元的和解金(第四条)。这些金额除全体受难者的补偿外，还包括对不明人员的调查费用、纪念碑的建立费用、受难者故地访问费用和追悼活动经费(同上)。关于和解金，花冈和解是每人五十万日元，而松安野和解是每人约七十万日元。

针对受难者强烈希望建立的纪念设施，和解条目中明确记载着:建立强掳劳工事件纪念碑，“以帮助后世的教育”。安野发电厂厂区是强制劳动事件的现场，成为建立纪念设施的首选(第三条)。虽然花冈和解之中对纪念设施的建设也有讨论，但是这些内容没有明确记载在和解条目中。

然而，和解金的运营与花冈和解一样采用了信托方式。西松建设将和解金委托给社团法人自由人权协会，该协会将此信托金作为“西松安野友好基金”进行资金的操作(第六至七条)。

根据以上记叙，我们可以了解到，实现花冈和解约十年之后，在亚洲地区中能看到与德国不同的历史和解姿态，即“日本型和解姿态”。将其概括如下。

A 和解的要素——谢罪的表明、纪念与纪念馆的建立、覆盖全体受难者的补偿金或赔偿金的支付。如果能具备这三大要素，受难者基本上会积极考虑推进和解。

B 和解的方式

(一) 信托方式——和解金的支付不是原告与被告或者被害人

① “和解条款”“本和解相关确认事项”(2009 年 10 月 23 日)，强掳中国劳工思考会事务局提供，强掳中国劳工·西松建设审判支援会《强掳中国劳工·西松建设审判支援会新闻》第 49 号，2009 年 11 月 11 日，广岛市。田中宏《强掳中国劳工和西松建设之和解的地位》，《强掳中国劳工·西松建设审判:给予历史的正义于公道的胜利》，强掳中国劳工·西松建设审判支援会，2010 年 7 月。

与加害人之间的直接支付，而采用通过委托给公益机构（人道、人权活动的相关公益机构）进行支付的方式。在战时被强掳的人之中，有的被迫使用了假名，有的已经失联了。被害人的住所和遗属的确认方面，有必要进行大量的调查宣传活动。在以全员和解而不仅仅是原告和解为目标的和解中，秉持信托的法理进行处理的方式更符合法律性的要求。[①]

（二）基金方式——公益机构将和解金作为“和平基金或友好基金”，设置运营委员会，负责向受难者支付钱款、调查遗属等事务的运作方式。

（三）整体和解方式——与日本国内现行的法律中和解金只面向原告的规定不同，将受难者全员纳入和解对象范围，无论他们是否参加了原告团，都以全员立场统一解决这一历史遗留问题的方式。

（四）民间方式——不依靠政府力量，通过发起民间的市民运动来实现和解的方式。在日本，市民运动在推动历史和解方面发挥着重要的作用。

与德国相比，在日本，无论是企业还是国会，其历史责任意识都是落后的。因此，学者、市民运动家在谈论历史和解的时候，经常会按照德国方式，即德国与法国等周边国家的历史和解方式，对日本的应对方式进行批判。战时，作为日本的同盟国，德国的企业也跟日本企业一样，参与了强掳外国劳工、强制劳动，然而为实现和解所采取的行动也是由企业先导的。

1988 年，奔驰汽车公司（Daimler Benz）以编纂公司历史为契机，进行了对被害人的补偿，还设置了纪念雕塑。2000 年，统一后的德国认识到战中国家、企业两者政治和道义上的责任，谋求历史遗留问题的全面解决以及与各邻国的和解。为此，政府和企业平摊费用（合计一百亿马克），设立了“记忆、责任、未来”财团。截止到 2006 年，德国对纳粹时期遭受强制劳动、现在居住在世界九十八个国家的一百六十六万五千六百九十名在世的受害者支付了约

① “解决花冈事件补偿问题的请求”（中国红十字会写给新美隆的信），1999 年 9 月 21 日，中国红十字会总会所藏。

六千五百亿日元的补偿金。①

笔者所理解的德国方式的特征如下：

（一）不承认法律责任，承认“对牺牲者负有政治、道义上的责任”（前文“记忆、责任、未来”财团设立法）。

（二）政府和五千家企业共同筹集财团的资金，采取国家、企业共同补偿的方式。财团设立法中记载着“德国企业对参与纳粹时期奴役劳工的非正义活动负有历史责任，承认必须要实现正义”，鲜明地摆出了企业的姿态。

（三）向被害人支付的补偿金按照具体情况分为每人二十五至七十五万日元不等，补偿对象限于 1999 年 2 月 16 日，即内阁会议决定由德国政府设立财团法人，施罗德首相在记者会上发表声明之日为止，依旧在世的受害人及其继承人。②

（四）通过民间层次的历史教科书研究，尝试超越如德法关系一样的各自的对立关系，编写出真正的欧洲共通的历史教科书。③

（五）建立纪念碑、纪念馆，让更多人知道这段加害历史。1988 年，记者雷尔·罗施站在战争加害者的反省立场上，呼吁建立“不能忘却之警告的纪念碑”，得到了众多德国民众的支持。第二年，德国联邦议会做出了将警告纪念碑献给遭到虐杀的欧洲犹太人的决定。2003 年之后的三年间，德国联邦政府从国家预算中拨款二千七百六十万欧元，在首都柏林的勃朗登堡门附近建立了纪念遭屠杀的欧洲犹太人的碑林和信息中心，并于 2005 年 5 月 12 日开始向公众开放。二千七百十一座高级混凝土石碑在一万九千零七十三平方公里的面积上呈格子状矗立，成为名副其实的石碑广场(Stelenfeld)。地下信息中心设置有家庭房、名单房、现场房等，分别通过文本、照片、历史电影等方式向人们介绍 1933 年至 1945 年间纳粹的灭绝政策、大屠杀的过程、欧洲犹太人遭受迫害与虐杀的

---

① 梶村太一郎：《打破长城之壁的律师》（张国通著，李恩民译，《新美隆》，中国图书出版社，2008 年）。

② 梶村太一郎：《柏林岁时记（一）》（《中归联》第 16 号，2001 年 3 月 1 日），林伯耀《花冈和解是中日两国人民长期共同斗争的胜利成果》（《于矿底之泥起》第 8 集，2001 年 6 月 30 日）。

③ 关于共通教科书的研究和编集，德国的 Georg Eckert Institute for International Texbook Research 取得了瞩目的成就。

真实状况。德国承认虐杀犹太人罪大恶极,将此作为自我理解的一大要素,承认其历史责任的态度在这里得到了忠实的反映。

与这样的德国方式相比,以花冈和解为开端的日本式历史和解的确存在很大的差异,但并不比之逊色。尤其是在补偿对象方面,德国式和解中,据称超过一千二百万遭强制劳动的受难者中只有活着的人才能受到补偿(一百六十七万人,约占受难者的13.9%),对于在1999年2月16日之前逝世的受难人幸存者,不对他们的遗属支付补偿金。

与德国式和解不同,花冈和解、西松安野和解(西松信浓川和解)所代表的日本式历史和解谋求的是幸存者甚至受难者遗属全员都有可能得到补偿的整体性解决。与德国式相比,日本式历史和解对被害人的考虑深远得多,是使未来对遗属的补偿成为可能的史无前例的划时代方式。现在的日本型和解虽然采用企业补偿的方式,但是,将来如果日本政府承认其负有责任,并与德国一样设立财团、基金,那么符合企业补偿方式的人们获许能从日本政府手中得到个别的补偿金。

结　论

如今,世界各地所发生的对日本政府或日系企业提出的战后补偿诉讼案件层出不穷,这些诉讼主要由中国人和韩国人等发起。日本国内也有十几起与花冈事件类似的关于战时强掳和强制劳动的诉讼案件,例如"刘连仁遭强掳、强制劳动的损害赔偿请求诉讼"(于1996年3月向东京地方法院提起),"强掳中国劳工北海道诉讼"(于1999年9月向札幌地方法院提起),"日本三菱矿山中国核爆受害人及遗属损害赔偿请求诉讼"(于2003年11月向长崎地方法院提起),"强掳中国劳工的道歉赔偿请求/七尾诉讼"(于2005年7月向金泽地方法院提出),整体解决的情况约有五千人的规模。

在包括此问题在内的战后补偿问题的全面解决上,政府的力量不可或缺。如果不能实现被害人与加害人、政府和民间的整体和解,那么国与国、民与民心意相通的和解就不完整。因此,日本政府和企业必须进一步推动“日本式历史和解”，学习德国式和解具有参考价值的部分，谋求政治、道义责任意义上的战后补偿问题的全面解决，对应该做出的补偿进行严肃认真的研究。

21世纪的中日历史和解
——历史的终结?

卡罗琳·罗斯

20世纪后半叶,日本与中国之间的和解大体上可以分为两个阶段:1945年至1978年的第一阶段和1978年至20世纪90年代的第二阶段。21世纪之初,两国政府间的外交隔阂虽有加深,但从2006年开始出现了大幅改善的迹象。21世纪最初十年的现在,中日两国大凡面对"历史问题",所采取的姿态似乎都是维持现状。当然,现在提出"历史的终结"的宣言还为时尚早,但是一些结构性变化将会发生而成为达成和解的更牢固的基础。

本文将选取近年来中日关系上取得重大进展的几项事例,对其中特别具有先导性意义的举措进行评价、讨论。中日两国的政府在先导性举措基础上谋求关系改善的同时,总是循环地陷入历史争论之中,这是20世纪后半期屡次出现的模式。因而,本文还想论述能否回避这种模式上的倒退。首先,本文将对二战后中日关系的和解模式进行概要性说明。接着,将就小泉政权之后希望看到的几项进展,以及民主党政权下人们期待的进一步和解的可能性进行论述。

1 和解的过程

二战结束至1949年,由于持续的中国内战以及之后开始的冷战,中日之间一直没有构筑起直接的关系。在东京以及中国国内许多城市进行的战争罪犯审判起到了满足复仇心理的效果。另外,日本在联合国军最高司令官的主导下,承担起了在战争结束后立即向国民政府进行补偿的义务。

然而,美国的占领军当局认识到补偿有可能对日本经济的复兴产生负面影响,并且随着冷战的激化,改变了策略企图将日本拉入西方阵营,于是这项补偿计划在中途即被取消。

根据美日间的条约,使得日本与联合国的交战状态正式结束的《旧金山条约》(中国未受邀参加条约的签订)和 1952 年台湾地区当局和日本签订的《日华和平条约》,令中国本土和日本的关系陷入僵局,中国与日本持续中断二十年的国交。20 世纪 50 年代到 20 世纪 60 年代,准政府机关的友好团体以缔结民间贸易协定的方式再次确立非官方性关系,主办了一系列文化交流活动,而中日两国政府正式介入和解,始于 1972 年国交正常化。

这次和解的对策,首先是以 1972 年 9 月两国政府签署的《中日联合声明》为标志的。在该《联合声明》中,日本政府就在战争中给中国人民造成的巨大伤害表明了深刻的反省,中国政府表示放弃对日本的战争赔偿请求权。之后,日本的救援物资送达中国(有些人将该行为视为准赔偿),政府层面的文化、体育、年轻人的交流得到了促进。于是,两国的关系比较之过去变得更为友好。何忆南把国交正常化不久后的这个时期(1972—1981 年)称为以“浅议和解、改善关系”为特征的蜜月期。①

但是,中日关系在这个时期尽管从表面上看起来似乎得到急速改善,但是如果从更深度的和解方面去考虑的话,可以说错失了一个又一个机会。重点无疑是战略上的问题(例如,国际体系内相对的地位),两国的领导人没能认真地对待与战争相关的悲惨历史中的诸多问题。

于是,和解的第一阶段没有解决的问题凸显了出来。这些问题首先在 1982 年因“历史教科书问题”浮出水面。日本的历史教科书美化历史,淡化日本所犯下的残虐行为。针对这些内容,中国(以及亚洲诸国)政府和日本政府之间在外交上起了争端。不久,这一“历史问题”阶段性扩大,涉及了对日本总理大臣参拜靖国神

① He Yinan, *The Search for Reconciliation: Sino-Japanese and German-Polish Relations since World War Two*, New York: Cambridge University Press, 2009.

社的议论，自由民主党在南京大屠杀事件及“大东亚战争”上欠考虑的发言，以及日本对中国道歉时的措辞。

20世纪80年代的中国国内外关系网的构筑逐渐得到了实现，一些历史学家变成了积极倡导公共教育和补偿运动的活动家。

此外，作为爱国主义教育运动的一环，中国人民开始获得自由讲述战争经历的许可。通过最新公开的官方文件以及日本和欧美的历史学家们展开的新研究，遗失和被隐瞒的书目、报告书被重新发现。此外还获得了日本残虐行为的口头证词、残虐行为当事人的证词。通过这些证物，有些事实真相开始明朗化，同时与“官方”谈话对立的情况也相继发生。

20世纪最后二十年间的中日关系，其特征是在相对稳定的状态下夹杂着时而的关系良好与历史问题上外交关系的一度紧张。总而言之，这个时期是“浅交・摩擦”的时期。由于前首相小泉纯一郎多次参拜靖国神社，这种状态一直持续到两国外交关系显著恶化的21世纪初的前半期。首相多次参拜靖国神社的这类行为给很多中国人留下了日本政府长期不承认战争责任的印象。

2 小泉政权后的中日关系

然而，小泉政权之后，中日关系获得了很多积极的进展。关于历史问题，中日关系可以说是进入了比以前更加稳定的状态。从安倍晋三在任期间针对慰安妇问题所做的发言，以及将前首相麻生太郎的家族企业使用强制劳力所引发的诸多问题进行封存的举措来看，很显然2006年之后中日两国政府对历史问题选择了更加现实的对待方式。然而，这并不表示历史问题得到了解决。正如之后的阐述，这种方式实际上是对问题的暂时回避。因此，关于这种选择能否进一步促进和解，还要打上一个问号。

由于小泉政权最后的几个月里采取了友好的外交政策，为之后就任的安倍晋三打下了基础，其在2006年就任的第一个月里访问中国时受到了热烈欢迎。当然，安倍自身也表示出了修复关系的强烈意愿，2006年9月上旬参加自由民主党总裁选举之后，他就公开表明希望再次举行中日首脑会谈。

安倍在获选自由民主党总裁后，于2006年9月29日的国会主张表明演说中说道：为了能够把握未来、坦诚对话，日本有必要强化同中国（以及韩国）的信赖关系。另外，针对是否继续参拜靖国神社的问题，安倍采取了“战略性暧昧”，因而至少在这一点上似乎不会再次引燃历史问题，从而似乎使中国政府得到了满足。

2006年10月，安倍访华成功“破冰”，中日两国发表了联合新闻公报。其中，两国在构建“基于共同战略利益的互惠关系”上达成了一致。特别是在能源、环保、金融、信息通信技术、知识产权保护等领域的合作上达成了一致，追求共同目标。

此外，也在其他多方面达成了一致，将积极促进青少年交流，加深安保领域的相互信赖，开始中日两国学者的历史共同研究。这些目标在2004年温家宝总理“融冰之旅”的访日期间得到了更加详细的具体化，并与新追加的目标一起写进了《中日联合新闻公报》，表明了进一步合作、对话、交流的必要性。①

2009年9月民主党掌握政权后，中日关系的改善呈现良好势头。民主党的政权公约上记载了明确的外交政策目标，包括希望在努力构筑更为对等的日美同盟关系的同时与亚洲诸国建立更为紧密的信赖关系。新首相鸠山由纪夫表明了将立即发挥才能、直视历史的意向，并表示没有意愿参拜靖国神社。他还表示，针对日本军在战争中给亚洲人民带来痛苦这一问题，将继承1995年的村山谈话。因而鸠山不久便获得了中国方面的信赖和好感。

另外，2009年12月，前干事长小泽一郎为了促进民主党的“长城计划”，率领六百人以上规模的访问团访问中国，得到了热切关注。这也进一步表现出民主党对待中国的积极姿态。

与亚洲诸国构建更为紧密的关系的愿望集中体现在了前首相鸠山的东亚共同体构想（EAC）中。这一构想当初包含了一些暧昧的地方，但是要想实现该构想，其根本在于日本和中国（当然也包括韩国）要发挥最大的努力正面处理历史问题。就如何处理历史

① 2006年10月的《中日联合新闻公报》的翻译可以由 http://www.mofa.go.jp/region/asia-paci/chian/joint 0610.html 获取。2007年4月《中日联合新闻公报》的翻译可以由 http://www.mofa.go.jp/region/asia-paci/chian/pv 0704/joint.html 获取。（笔者于2007年10月22日访问了该网站）

问题，鸠山提到有必要通过制定相关法律来解决，例如承认慰安妇问题与旧陆军有关系的法律。[①] 另外，关于东亚共同体构想，国内外很多论坛都对其具体内容进行了说明。鸠山的想法是仿照欧洲的“模式”创建共同体，尤其是金融体系的构建。从这一点上来看，这强烈表现出了鸠山想要继承他的前任们（尤其是前首相小泉）构筑亚洲自由贸易圈的策略。

鸠山的东亚共同体构想受到了中国的欢迎。然而，由于前首相小泉曾企图在东亚地区孤立中国而给中国留下了根深蒂固的坏印象，所以消除这种印象[②]极为迫切。很显然，中国的首脑期待着中日关系能够焕然一新。2009 年 9 月，中国很多发言人都发表了积极的言论，强调从构建东亚地区深层合作关系的必要性来看，中国、日本、韩国之间的“共同理解”很重要。[③]

为了定期举行中国、日本、韩国的首脑会谈，强化东亚地域联合措施以及推进健全的东亚地域主义，更为稳定的制度化体制被纳入提案，以此作为构筑不可或缺且更为融洽的三国关系的基石。实际上，很多中国学者将中国、日本、韩国举行的三国间会谈视为近年来的成功案例，并认为这是未来从经济、政治、环境、开发问题到安保关系的所有层面构筑合作关系的好兆头。ASEAN＋3“模式”作为信赖关系的构筑方式、最终实现自由贸易和货币统一机制的引入手段而受到了支持。然而，大家一致认为它的实现确实存在很大的障碍，而且需要经过一段十分漫长和缓慢的历程。[④]

中国学者对前首相鸠山 2009 至 2010 年间的外交政策的分析中几乎没有涉及曾被认为非常棘手的日本历史问题，而且对于日

---

① James Przystup, ‘Japan-China Relations: Cathering Momentum,’ Comparative Connections January 2010. http://csis. org/files/publication/0904qjapan_china. pdf

② Liu Changli, ‘“Geshan gouxiang” yu ZhongRi gongtong tuijin DongYa gongtongti,’ *Riben Xuekan*, 2010. 1, p. 39.

③ Liu, p. 40

④ 例如，可以参考 Liu; Long Zhongping and Wang Guangtao, ‘ZhongRi guanxi xindong xiang yu “DongYa gongtongti gouxiang,”’ *Riben Xuekan* 2010. 1; Lian Degui, ‘“DongbeiYa hezuo xin shidai yu ZhongRi guanxi” guoji yantaohui songshu,’ *Guoji Guanxi*, 2010. 1。

本对中国更进一步的友好姿态以及战略互惠关系的推进做出了颇为肯定的评价。民主党在2009年的大选中胜出，其对外交政策的调整受到了肯定。例如，关于前首相鸠山对中政策的概要，虽然有学者认为暗含“政治问题”，但问题没有被认定为特定的某一个，而是将焦点放到了东海领土问题和台湾问题上。针对在野党自民党党内执着于“错误的历史观”的保守派根深蒂固的认识所带来的危险性、执着于大东亚战争史观的右翼群体和个人至今还存在的事实，有一些论文进行了论述并发出了警告。然而，对于日本的外交政策，21世纪前半期的中国学术文献中经常用到的“警惕日本、警惕日本军国主义复活”之类的语句现在几乎看不到了，由此可见，历史问题至少在当下将被暂时搁置。

这样一来，表面上，2006年以后的日中关系是积极地朝前发展的，历史问题似乎也从外交议题中被剔除。只要是跟日本的民主党政权有关，那么2009年主要的问题就是东海油气田问题和毒饺子事件(2009年3月中国的犯罪嫌疑人被逮捕，事件得以解决)这两点。此外，虽然日本多次借机表达对中国军队现代化的担忧，但是2009年末的民意调查反映出了这种总体上积极向上的外交氛围。怀抱友善的人数量不多，但在上升。①

3　遗弃化学武器的销毁、历史共同研究与补偿运动

中国外交部的官网上登载的中日关系七个“微妙的问题”中，历史、战争赔偿、遗弃化学武器三个问题是与战争直接相关的。②为了对迄今为止的进展进行评价，我想以这三个问题为焦点进一步详细分析。

与近年来其他问题相比，与日本战时遗弃在华的化学武器相关的问题并没有被政治化。从20世纪50年代开始，中国就陆续发

① Przystup.

② http://www.fmprc.gov.cn/eng/wjb/zzjg/yzs/gjlb/2721/2722/t 15974.htm. 其余四个问题是指台湾问题、钓鱼岛领土主权问题、光华寮问题、日美安全保障体制。

现了被遗弃的化学武器，这恐怕就是日本企图发动生化战争的铁证吧。中国和日本遵照国际法(《禁止化学武器公约》)，为问题的解决合作起来采取对策。包括共同挖掘、收集遗弃化学武器，建设遗弃化学武器的安全废弃设施。经历了多年的交涉和准备后，终于在2010年9月开始了遗弃化学武器的安全废弃处理。关于进程的最后废弃处理阶段，《中国日报》特别给予了肯定的评价，评论中提到"由此可以看出日本希望采取具体的行动来补偿战争行为的意愿"[①]，这反映了中国媒体友好的态度。

站在中国政府的立场上，要想解决历史问题，日本人必须"正确理解历史"。目前为止，围绕日本历史教科书内容和日本政治家粗暴的发言，发生了数不清的外交冲突。这是因为两国国内主流的历史认识存在分歧，而且中国认为日本政府不承认战争责任。

2006年以后，作为关系改善的举措之一，安倍晋三和胡锦涛主席达成一致意见，启动历史共同研究。该研究的最终报告书于2010年1月发表，然而关于其内容是否能称为巨大的进展，还有待商议。这份报告书虽然被两国政府以温和的姿态接受了，但是没有受到引发进一步讨论的主体即关注战争记述的媒体的欢迎。在用"侵略"二字来表示日军在中国的行动这一点上，中日两国虽然达成了一致意见，但是在南京事件[②]中死亡人数的问题上，两国意见依旧是对立的。由此，报告书的内容可以说是在可预测的范围内开展的。

另外，有很多人批评该项目没有按照当初计划的那样在学者们紧密的合作下进行。实际上，由于两国的队伍之间存在意见的分歧，会议也未能圆满举行，使得措施的施行变得很艰难。这份报告书与其说是历史各时期的"共同"说明，倒不如说是双方各持己见，以双方意见共存的形式进行了妥协后的产物。参与共同研究的学者们也认为，绝不能低估这个项目所带来的困难。中国方面的会议负责人步平强调，与具体的结果相比，恐怕"过程"更为重要。

---

① *China Daily*, 3 September 2010, http://news.xinhuanet.com/english2010/indepth/2010-09/03/c_13476411.htm.

② 南京事件：为原文表述，中方称"南京大屠杀事件"。——译者注

历史共同研究目前进入了第二阶段，民主党，尤其是前外务大臣冈田克也积极提议韩国、中国、日本三国参与共同历史教科书项目。由此可见，一定程度上存在着这样的政治意图，即摆脱导致过去很多问题的片面的历史研究的方法论，寻找机会构筑跨国历史研究法。

战争中的日本残虐行为的受害者（前面提及的“慰安妇”、生化武器的被害者、遭强制劳动的人们）向日本政府和企业要求补偿和道歉的补偿运动从20世纪90年代前半期开启。由于日本政府没有对明治宪法之下的行为进行问责，或者因为已经过了二十年的除斥期间，大部分诉讼的补偿要求被判无效，个别要求由于战后两国间的条约而无效。诉讼不是以失败告终，就是被中途放弃了。而且，2007年日本最高法院做出判决，判定日本政府不具有支付强制劳动的受害劳工补偿金的法律责任，阻碍了劳工发起的要求补偿运动。

尽管如此，还是能看到通过多种方式所获得的某种程度的成功。第一，通过诉讼，在很多情况下原告开始获得讲述亲身经历的机会，使得历史事实得以记录并保存下来。这是心理治疗过程中的要素，不应小视。因为通过诉讼的最终判决，事实得以认可，被日本政府无视甚至被否定的这些人所遭受的痛苦和以前的亲身经历获得了证据。

第二，前面提到的强制劳工为获得补偿而对日本的企业提起的诉讼中，很多都以和解的方式解决，一定程度上是成功的。针对上述强制劳工的补偿请求问题得以解决的可能性，安德伍德认为是很乐观的。因为如果从如今日本与中国紧密的经济联系上来看，寻求问题的圆满解决能为日本相关企业自身带去利益。① 安德伍德阐述道：例如，2009年末与西松建设株式会社的和解将成为其他企业参考的前例，过程中也提到了与“日本政府”相关的条件，因

① Kang Jian ' Rejected by All Plaintiffs: Failure of the Nishimatsu-Shinanogawa' Settlement '"with Chinese forced Labourers in Wartime Japan" with an Introduction by William Lockwood,' *The Asia Pacific Journal*, 32 - 5 - 10, August 9, 2010.

而能软化三菱重工株式会社在解决问题时的态度。[①] 另外，中国的学者们也指出，为了促进政治上的解决，中国政府有必要向日本政府施压。[②]

综上所述，要求补偿的诉讼虽然成功使日本在战时使用强制劳工、慰安妇、生化武器的事实明朗化了，但是未能最终使日本政府承担起法律责任。虽然对牺牲者是一种了结，但是一些组织和他们的支援者们在很多诉讼中，针对补偿的要求能否被接受出现了意见的分歧，最终出现分裂。[③]

后　记

前首相鸠山和胡锦涛主席曾计划分别对南京、广岛进行互访，然而由于鸠山在2010年6月辞任，计划未能实现。前首相鸠山在与其被迫辞职密切相关的普天间基地搬迁问题上倾注了任期的一大半时间，未能专注于除此之外的其他事情。[④] 接任的菅直人首相再三表示希望正视历史。他在韩国合并一百周年之际发表的谢罪谈话中表达了积极促进东亚地域建立信赖关系的意愿。然而，由于更为紧迫的7月份参议员议员选举以及紧接着的民主党党首选举问题，他将焦点转向了日本国内经济、政治问题，而未能明确提出日中关系的具体对策。此外，2010年9月中旬，在党首选举获胜的菅直人首相进行内阁改造之际，钓鱼岛主权问题争论再起，此前缓和的中日关系变得紧张起来。

中国渔船与日本海上保安厅的巡视船发生冲突、船员被逮捕

① Kang Jian, Arimitsu Ken and William Underwood, 'Assessing the Nishimatsu Corporate Approach to Redressing Chinses Forced Labor in Wartime Japan,' *The Asia-pacific Journal*, 47 - 1 - 09, November 23, 2009 available at http://www.japanfocus.org/-William Underwood/3256

② Long and Wang, p. 63.

③ 最初出现分裂的案件是鹿岛花冈诉讼的和解案件，而问题化发生在西松建设(信浓川诉讼)的和解案件之后。Kang.

④ Kosuke Takahashi, 'Hatoyama to Nanjing, Hu to Hiroshima? The New Face of China-Japan Relations,' *The Asia-Pacific Journal*, 2 - 4 - 10, January 18, 2010.

的事件(14 人随即被释放,船长被扣押后也被释放)暴露了轻易就能崩溃的中日关系的脆弱性。对此,日本政府试图采取“冷静”的处理方式,而中国政府通过外交路径要求日本释放包括船长在内的全体船员,并提出了强烈抗议。原计划的中国政要访日活动被取消。中国政府决定将临近的关于东海油气田共同开发的中日政府条约缔结交涉延期。现在,日本媒体在报道台湾地区(台湾也主张对钓鱼岛拥有主权)发生的小规模抗议活动、天津的日本学校发生的铁球袭击和出现“中国领土不容侵犯”的涂鸦事件。

钓鱼岛渔船事件本来是钓鱼岛主权纷争(七个“微妙的问题”之一)的一部分,显示出领土问题的纷争和历史问题容易界线模糊。

另外,如果考虑到钓鱼岛渔船事件是在 9 月 18 日左右发生的,便无法不让人觉得充满了嘲讽的意味。9 月 18 日是中国重要的纪念日。不出所料,中国外交部的发言人针对此事件,在 16 日举行的记者会上阐述道:日本应该牢记历史并以史为鉴,应该基于历史来展望未来。新华社就此发言阐释道:“1937 年 9 月 18 日,日本军在沈阳郊外的南满州铁路沿线引发爆炸事件,并借口该破坏性行为是中国军队所为而攻击当日在沈阳附近的中国军队兵营,由此开始了对中国东北部的大规模军事侵略。”这次的事件和 1937 年 9 月 18 日的九一八事变是有关联的。①

从 9 月 17 日《中国日报》刊登的新华社的报道来看,只要历史问题得不到解决,而对中国报纸所进行的此类报道,日本显得无能为力。进一步需要忧虑的是,中国大陆(以及台湾地区)的反日抗议行为很有可能像 2005 年那样被轻易激化。

2005 年的“自由、国际”演讲中,当时的在野党外务大臣鸠山就民主党在取得政权后如何处理历史问题,表达了如下乐观的主张:

> 我认为,真诚地反省战时日本给各邻国的人们带去的痛苦和灾难的事实,以过去所受的教训为基础来开拓通向未来

① ‘China warns Japan’s detention of captain will sour ties,’ *China Daily*, 17 September 2010. 利用下述 URL 可获得。http://english.peopledaily.com.cn/90001/90776/90883/7142695.html

之路，这是非常重要的。因此，只要民主党能掌握政权，我确信中国、韩国对日本的怨恨之心终将消解。①

之后，钓鱼岛渔船事件告一段落，中日关系再次归于平静之际，菅首相也对中国表示了曾对韩国表示的象征性和解姿态。民主党是否会将展望付诸实践这一点尚不明朗。民主党党内绝不可能是清一色的亲中派，但是，也有机会进一步发展过去与中国之间积累的友好关系。

从某种意义上而言，中日两国政府从2006年至2010年一直对历史问题采取了回避的态度，因而在此期间，对日本来说没有必要表现出明显的意愿。然而，2010年9月钓鱼岛事件发生后，如果不明确表达主张，就会处于一个比较危险的境地。如果日本政府真诚地想要正视历史，那就有必要选择特定的对策，并坚定地实施。另一方面，中国政府有必要坚持立足于“当下”的政策，切莫轻易打出“历史牌”，否则中日关系很可能再次陷入混乱的僵局。

① ‘DPJ’s Polices on Asia and National Security,’ http://www.liberal-international.org/contentFiles/Hatoyama%20 Speech.pdf

东亚和解的摸索

茂木敏夫

前　言

东亚的现代史学是作为国家史而构筑起来的。然而,东亚各国的历史无法通过一国史的叙述实现自我完结。如果以一国史的角度来思考并阐述"我们"的来历,就会处处碰到与他人相异的见解。

最初,"日本"被构筑起来的时候,"中国"和"朝鲜"就是不可或缺的。之后,随着日本进入现代化并逐渐帝国化,其空间扩展到了中国等地,并与中国大陆和台湾地区、韩国、朝鲜民主主义人民共和国的历史时空交汇、重合。于是,日本被暴露于企图在那样的时空里构筑一国史的他们(中国大陆和台湾地区、韩国、朝鲜)的严厉的视线中。差异并不仅仅存在于这些宏大的体系构建中。例如,16 世纪活跃于东海的倭寇首领王直,在日本被认为是贸易商人,而在中国却被当成汉奸而遭到唾弃。① 另外,对于为战后的日本社会带去希望和勇气的力道山,韩国和朝鲜民主主义人民共和国的描

① 2001 年,在长崎县福江市(现五岛市)的日本志愿者的捐赠下,位于王直的故乡安徽省黄山市的王直墓得到了修缮。然而,有报道称,中国有学者认为倭寇头目王直是被明朝判处死刑的叛徒,日本人为其修缮墓地便是对中国人的不尊重,于是该墓在 2005 年的时候被损毁(《朝日新闻》,2005 年 2 月 5 日早报)。这条新闻在村井章介的《跨越国境的历史》(历史学研究,第 800 号,2005 年)中也有提及。

述之间也存在着差异。[①] 如上述两个例子所述，同样的人物、事件又或者是史料，有时候会被不同的国家赋予不同的解说或评价。

和解之路伴随着诸多困难，笔者能力也有限，因而本书虽着眼于对东亚历史与和解的思考，但是很难得出最终的答案。即便如此，围绕历史认识所存在的障碍与隔阂不能被搁置。相互之间要加深理解，不摆出拒绝与否定的姿态，去构筑起相互尊重且共有的历史。作为历史相关事务的从业者，笔者希望就其可能性进行简单的探讨。

1　以“共同的文脉”为目标

(1) 围绕历史认识的几组对话

笔者参加了20世纪90年代末至21世纪初举行的日中以及日韩之间与历史认识相关的几次交流活动，在这方面积累了一些经验。同时也认识到，在这些对话中学到的东西直接或间接地影响了我自身的研究。在思考历史认识与历史和解以及相互理解的时候，我想首先把这些经验作为探讨的线索。

以下将列举的对话经验有三次，分别为“日中知识共同体”(1997—2002年，以下简称“知识共同体”)、“以批判与合作为目标的东亚历史论坛”(2001—2006年，以下简称“历史论坛”)这两项活动，以及为构筑中日历史对话基础而发行的，由刘杰、三谷博、杨大庆编写的《跨越国境的历史认识——日中历史对话的尝试》(东京大学出版会，2006年)的撰写、刊发相关的工作。我首先以个体参与者的立场对这些项目的经过与概要进行整理，在此基础上进行深入的探讨。

(i) 日中知识共同体

首先是“知识共同体”，于1997年至2002年这六年之间持续进

① 板垣龟太：力道山(板垣龟太、郑智泳、岩崎稔编著《东亚记忆之场》，河出书房新社，2011年)，这本书是本文提及的“以批判与合作为目标的东亚历史论坛”第二期的成果。

行，是日中两国知识分子之间的知识性交流活动。[①]

日本与中国的知识领域虽然都对欧美文化、学术的普遍性依赖较强，但是互相之间在文化、学术，尤其是思想方面的关心很少，这也招致了很多误解。中国的知识分子对日本以及亚洲的关心很淡薄，除去日本就是欧美一边倒。

在国际学会和学术交流形式下的专业性领域中，日中交流的确很频繁。但是，不得不说，它陷入了知识的封闭化，非常欠缺对支撑专业性知识交流的相互知识状况的理解和关心。或许是因为一旦踏入双方都关心的领域，自然会产生情感色彩浓厚的复杂问题，所以互相之间反而比较自制，尽量不接触。

那么，原因何在呢？现代以来的日中关系，尤其是围绕日中战争的认识等方面，相互之间存在着根深蒂固的不信任感。因为这种专业知识框架内的交流是在互不信任、互不关心的基础上进行的，所以如果离开了专业性，那么这种交流就没有任何意义了，对各自社会、知识的整体状况也不会有任何影响。

沟口雄三（当时任职于大东文化大学）、孙歌（中国社科院）认为，要想打破这样的状况，不能光靠常见的国际学术交流，而应跳脱出专业知识的封闭化，进行批判性交流，将支撑各自专业知识的根底问题化。20 世纪 90 年代后半期，这种问题意识得到了深化，与之前中日知识分子所进行的知识交流完全不同的对话计划得到了进展。

自向对各自学术状况持批判性姿态的知识分子发起号召后，响应号召的人设立起了研讨会。号召的对象随后从研究人员扩展到了记者与编辑等群体，形成了超越学术框架的知识交流。此外，通过媒体人员的参与，信息传播的方式也得到了讨论。

第一次会议于 1997 年夏在北京召开，针对学术制度、知识分子的社会使命等进行了讨论，日中各自学术状况的差异与知识脉

① 关于“知识共同体”活动，骨干人员沟口雄三、孙歌对此有介绍说明。沟口：《“日中·知识共同体”的过去和将来》（东方，213 号，1988 年，东方书店）、《“日中·知识共同体”的轨迹》（以“为了构筑崭新的日中关系”为题收录在《亚洲中心新闻》第 22 号，国际交流基金亚洲中心，2002 年 11 月）、《中国的冲击》（东京大学出版会，2004 年）。孙歌：《今后的知识共同体：讨论亚洲时的窘境》（岩波书店，2002 年）。

络的差异在其中显露出来。希望以自己的专业知识来确保正确性的日方与会者的学术诚实，与继承了以社会教导为光荣副业的士大夫传统的中方与会者的自负之间存在着鸿沟。在之后的交流活动中，双方在国家主义、中国革命、日中战争、亚洲认识等方面寻求接点的同时，感受着相互之间的差异带来的惊讶与冲击，并尝试举行了多次讨论会。在此过程中，双方对知识脉络差异的认识得到了深化，基于这些差异的共同尝试进入了摸索阶段，志同道合者的信赖关系也获得了加深。①

这次活动原本不是以历史认识本身为主题的，然而两国关系历史性方面较为复杂，历史认识直接或间接地成为主题。经过六年的尝试，活动取得了一定的成效，于 2002 年夏天画上句号。因为“无论如何，这类活动的连续性本身是无法避免固定化和形式化的。要想进一步扩大讨论的范围、进行多面化发展，就必须通过暂时的解散来抛开目前为止的行动方式”②。在此期间实现的交流和产生的冲击，至今还影响着各个方面。

笔者在 1997 年与沟口一同于北京停留之时，向沟口、孙歌二人询问了“共同体”构想问题，因为从活动初期开始便一直参与其中，期间，我获得了很多宝贵的经验。对于很多与会者的发言，我当时没理解，直到后来才领会其中含义。

(ii) 以批评与合作为目标的东亚论坛

在日韩国家主义的“敌对性共犯关系”③显露的过程中，只对一方的国家主义进行批判的行为很可能会走上对另一方国家主义的偏袒。对国家历史批判之际，对象必须同时包含日韩双方。在此

---

① “知识共同体”的讨论会上设定的主要课题为：1997 年(北京)“知识制度”“市民社会、近代化、公共领域、中间层”，98 年(北京)“战争与革命”，99 年(北京)“近代与民族主义”，2000 年(东京)“亚洲认识与战争责任”“日中报道隔阂”，01 年(东京)“日本媒体的中国印象”“教科书问题”“现代中国的社会变容”，02 年(北京)“变化中的中国现状与课题”、(东京)“谈论亚洲——困难性与可能性”。此外，还适当举办了座谈会和演讲会等活动。

② 孙歌，前述《今后的知识共同体》。

③ 参考林志弦(板垣龟太译)，《朝鲜半岛的民族主义与权力的言论》(现代思想，2000 年 6 月号，特集之脱冷战与东亚)。

基础上，批判不能停留在支撑国家历史的国民国家理论中，还必须涉及催生周边国民国家的构筑的现代欧洲中心主义。在这些问题意识上达成共识后，林志弦（汉阳大学校）、李成市（早稻田大学）、小岛洁（岩波书店）等人创立了“历史论坛”①。

针对2000年“新历史教科书编写会”的历史教科书审查中暴露出的历史教科书问题，翌年9月，第一次论坛以“日韩历史教科书的相互批判”为题得以召开。之后，日韩轮流主办论坛，每年两次。论坛就“殖民地主义和现代”“东亚的时空”等问题反复研讨，以“东亚的历史学位相”为题，探讨了各自的国家历史是如何构筑起来的，并批判性研讨了史学史中存在的东亚的复杂纠葛。其成果以论文集的形式在日韩两国刊行。②

“历史论坛”与“知识共同体”不同。虽然其当初是以历史为焦点的，但是为了批判作为国家历史而被制度化的历史学本身，必须同时从制度内外出发。所以，为了让探讨超越历史学的狭窄层面，思想、文学等方面的学者也积极参与进来。与“知识共同体”一样，支撑国家历史的学术状况和权力关系等也成了问题。

另外，“知识共同体”的关注点不在于取得论文集等具体成果，而在于将现场受到的刺激反馈到各自领域，在各自领域探讨后，将遇到的问题再次拿到论坛上进行研讨。如此反复，借此发现共同的问题，获得启发并促进竞争，以各类报告的形式呈现活动成果。与此相对，“历史论坛”的目标是将具体成果汇聚成论文集进行公开发表，接受社会评论。其中，国家历史的绝对性存在感中个别发散性论文的发表难以产生影响的韩国学术状况也起到了一定的作用。

在第一次论坛决议召开之时，笔者由于参加过“知识共同体”而受邀参与论坛，并在第二次论坛上发表了《国民国家的建设和国

---

① 林志弦（河香译），《东亚历史论坛》（宫岛博史等编写：《殖民地近代的视角》，岩波书店，2004年）。另外，作为在此论坛经验基础上的考察，参考板垣龟太：《判和合作》（文化人类学7412，2009年）。

② 日本发行了以“殖民主义和近代化”为主题的论文集（宫岛博史等编写：《殖民地近代的视角》），韩国发行了分别以“历史教科书的相互批判”、“殖民主义与现代”、“东亚历史学的相位”为主题的论文集。

内殖民地——中国边疆的“解放”》[①]一文。此后，笔者也一直参与其中。通过每一次的参与，笔者逐渐对起先不太了解的韩国学术状况加深了自己的理解，回过头来进一步思考了日本的状况。论坛对韩国的学术状况中进行的斗争表示共鸣，赞同并期待合作。同时，借此反思自己直面的问题并重新组构。以这种“知识共同体”式的方式参加进来，这对自身来说是一种巨大的精神力量。但是，由于论坛没能从以中国为要因的角度切入日韩间的对话，没能充分发挥令人期待的作用，无法肯定是否对“历史”做出了积极贡献。

论坛在2006年夏天的总结讨论会后暂停，之后，以年轻的成员为中心，作为第Ⅱ期的论坛对“东亚的记忆之场”进行讨论。[②]

(iii)《跨越国境的历史认识》

本书以始于2001年的“日中青年历史学者会议”的成果为基础编写而成。会议中，“日中之间虽然视点不同，但是研究会的成员们认识到了相互之间的解释要从何出发，明白了哪里能作为根据，同时开始意识到国人之间也存在相当大的认识差异”[③]。议论由此获得了进展。

日中之间的历史认识有什么问题？其中的差异具体表现在哪些方面？问题产生的原因以及两国对相同史料提出不同解释和评价的原因何在？针对这些问题进行仔细分析，将内容汇编成册，作为会议的成果展示给世人。不将自己的立场或解释绝对化，不批判对方的立场或解释，理解产生这种解释的政治、社会文脉，相互理解双方文脉的差异，并将其作为相互理解的第一步。为此，该书尽量直接引用史料来进行说明。

另外，为了将这样的理念分别传递给日中两国，中文版也制作完成，并与日语版同时发行。[④] 进而，为了不让日中历史认识问题

---

① 宫岛史博等编写，收录于前述书目中。

② 板垣龟太：《向着“东亚的记忆之场”》(《历史学研究》，第867号，2010年)。

③ 刘杰，前言(前述《跨越国境的历史认识》)。

④ 刘杰、三谷博、杨大庆等：《跨越国境的历史认识——来自日本学者和海外中国学者的视角》(社会科学文献出版社，2006年)。

以谴责与反驳的形式为大众知晓，而将问题产生的原因按照文脉让全世界了解，英文版本的制作与发行也正在进行中。[①]

作为会议的成果，笔者在本书的准备阶段编写了第一章“19世纪后半的日中关系中双方的共同认识和矛盾”[②]。所以，笔者通过不同于前两次活动的文章撰写方式参与到了历史对话的尝试中。

本书认为中日双方很大程度上采取了不急于消除日中历史认识差异的姿态。如果只是想要形式上的消除，那么通过双方的交涉，双方一点点地让步形成的妥协就会成为最终的折中点。然而，情况就容易变成这里我们让步，那里就应该你们让步的交易。急于求成、勉强达成的政治共识将在下一次引起严重的内部分裂。这将会积蓄成为多么强烈的破坏力啊！因而，相互确认当下时机的差异点并以此为出发点，这才是现实且明智的做法。

由此，双方便有余地思考对方那样思考问题的原因，以及对方想法产生的相应背景，从而在思考的过程中接近他们的文脉，进入他们的文脉。

然而，这样的学术行为不会自动生成。其中，有必要保持谦虚，不绝对化自己文脉，同时保持对其他文脉的想象力和共感力。此外，在对其他文脉进行批判的时候，对自己文脉的批判姿态也不可或缺。在此过程中，一定会感受到现代以来（或者影响了前现代）的思考方式或价值观的束缚。对此情况有所觉悟，在反复的错误中迈出一步、两步尝试的步伐，这是“知识共同体”。而《跨越国境的历史认识》正是历史认识中具体基础事务的实践。

（2）以文脉的差异为基础

思考历史认识的对立背景中各自文脉的差异，就会发现其中时常出现相互关联。

谈及东亚，便会涉及前近代以来的华夷秩序、中华世界的中心—周边构造。位于中华世界的中心并包含广大的空间和多样性的中国，还留有前近代以来的华夷秩序的影子，不会轻易地认可周

① 之后出版了续篇——《1945年的历史认识》（东京大学出版社），刘杰、川岛真编写。

② 以《日中关系史的讲述方式》为题，被安排在第一章。

边国家和地区的平起平坐。日本区别于中国，并以中国为镜子实现自我形成。韩国、朝鲜进入了中国即中华的圈子，将自己变成小中华的同时又经历了被中华周边的日本所殖民的历史。因而，如果从几百年的时间跨度来看，东亚存在的各种文脉的差异和相互之间目标的不对称性便很突出，它们的相互关联也就容易理解了。近代，无论是日本发动的从中国手中对“中心”的夺取，还是日本的帝国化以及亚洲的盟主论，都必须以这种中华世界的中心—周边构造为前提进行思考。

另外，1995 年 8 月，村山内阁发表总理大臣谈话。对此，日本认为“战后结束了”。与之相对，周边国家终于开始在推进经济发展和民主化进程的过程中谈及战争的记忆和被害的记忆，呈现出“战后开始了”的状态。在 1995 年出现的这二者之间的立场差异，与战后的冷战格局的形成和瓦解有着很大的关系。

如此，各文脉之间相互关联，即使相异也无法以一国的形式完结。如果继续坚持自我处理，就必定会接触到其他文脉，进而遭到来自他者文脉的批判，被迫对此进行回应，并迫于压力而加快自身文脉的相对化。通过对各自文脉的极度钻研，在根本问题上不断靠近相互共识的实现。通过对各种文脉独特性的重视，共同解决一直以来看似属于对方而实则共有的问题。这就是沟口雄三所主张的“文脉的共同”。

虽然沟口认为“所谓‘文脉的共同’，是指某个国家或他民族的文脉中的文化主体和别国或民族的文脉背景下的其他文化主体之间，穿透摩擦和冲突并将其提升到新的共有的空间，成立对两者来说‘共同’的对话空间”①。然而从我自身的经验来讲，可以进行下述这样更加具体的解释。那是我在 1997 年逗留北京期间参与“知识共同体”的初期活动后，1998 年 3 月回国之际的事情。

在那天的送别宴之后，将要分离之时，某位中国的编辑说着“中国苦”跟我握了手。翻译成日语的话，是不是“中国很烦恼”的意思呢？这句话对我影响很大。现在虽然存在各种各样的问题，但是中国如今已有了巨大的发展。在这样的认识中，“中国苦”成

---

① 沟口：《历史认识问题是什么样的问题》（上述《中国的冲击》，65 页）。

了中国青年编辑口中的离别话语。如果是日本，那就是“日本苦”，因此，现在我们自己生存的社会是“苦”的，很苦恼。持续抱有这样感性的情感并在这种“苦”之中感受到自己的责任，这是“共同”的原点。①

根据本文的主旨，如果将其纳入历史的思路来看，首先不能保留史料记载或历史叙述中表现出来的相互差异，要根据各自的文脉进行解读，赋予相应的意义。放在历史学的背景下来看，这很常见，并无特别之处。所谓历史的思考，原本就是按照这样的顺序进行操作的。过去的思想、知识中也应该有当时的真实性。不将现在的自我文脉绝对化，而对跨越了时间的他者的文脉发挥想象力。在这样的历史活动中进一步融入跨越了空间的东亚他者文脉，进而一步步接近“文脉的共同”。其中不可或缺的是不绝对化自己的文脉并善于倾听他者文脉的谦虚态度以及对他者文脉的想象力，因此，自己这一方也必须在自己的文脉中进行学术讨论，以保持其感性。

2　关于东亚的现代化

“知识共同体”和“历史论坛”中，各自的文脉虽然有差异，但是两次运动在早期提出的主题都是“现代和国家主义”“殖民地主义与现代”等围绕现代的问题。东亚各国同时作为非西洋的现代，并不仅仅共有现代的问题合集。在东亚的“中心—周边”构造的各自的位置上，为了拉近这些问题，便产生了为现代吸收的由“先进—

① 沟口雄三、孙歌《“日中共同体”的相关资料与对谈》(小孙靖编：《日中知识共同体新闻》，1998 年 10 月)。刘部直在丸山真男与米歇尔·福柯的对话中发现了各自文脉中相互斗争的紧张感，并引用丸山的话，做出如下阐述：(丸山评价福柯)“他们所做的事都是反笛卡尔主义的，也是对近代合理主义的揭露。然而，随着人们对此的议论，欧洲的笛卡尔哲学、笛卡尔主义的传统的重要性就会无止境地传播到这里。在拼命反抗的过程中应该会深深地感受到笛卡尔主义的制约。因此，在反抗的同时，也会使其再生。”……揭示近代理念的极东政治学者和宣告近代性“主体”的死亡的西欧哲学者，在各自与传统做斗争的时候，进行了重新解释，坚决实行其言论所构成的“政治”。(刘部：《丸山真男》，岩波新书，2006 年，202—206 页)。因为在以近代为目标的文脉和与此相异的殖民近代的文脉中，共有了与传统做斗争的文脉。

落后”导致的“优—劣”等各自的差异和对立面。[1] 在此，我想针对成为两次运动的话题的现代以及对现代的理解中潜藏的问题进行思考。

（1）“发达—落后”的认识框架

在不平等条约所代表的“优—劣”的权力关系下，分别与欧美列强对峙的东亚各国为了修正不平等条约而被迫追求西方标准的文明化，以期得到西方的认可。东亚各国便以早日实现此愿望，让西方认可本国已成为文明国，借此使对“半开”“未开”民族的压抑、差别正当化，立足于东亚权力关系中的优等地位。因为本身信奉“优—劣”的形式，当自己脱离低劣的地位，或者发现处于更加低劣地位的社会、民族时，会转到以优等者的姿态对其进行压制的一方。如此，东亚便成为以西方标准的文明化为基准并争相获得西方认可的竞技场。

现代，日本通过“脱亚入欧”计划，将以先进的日本指导落后的亚洲并成为亚洲盟主的构想正当化，借此弥补相对于先进的西方而处于落后地位的日本的劣等感。

之后，东亚历史的记叙方式就将变成“先进的日本……”“侵略者日本……”“对于日本的侵略，中国（韩国）……”的形式。无论对日本是肯定还是否定，日本都将是主语或推动局面发展的行为主体，而中国、韩国和亚洲就会被叙述为对日本的行为做出反应的被动方。

自甲午日中战争之后，持续了一百年的这种“日本＝先进，亚洲＝落后”的形式实际上正逐渐瓦解。这是因为亚洲追上了日本，然而“先进—落后”关系的说法并没有改变，这种架构依然束缚着我们。

另外，这种“先进—落后”的认识架构在东亚也带有各自比较麻烦的问题。这种架构与前近代的“华—夷”体系下的文明主义的

---

① 本着这样的问题意识，在“知识共同体”第二次研讨会“民族主义与近代”上，茂木发表了题为“东亚的中心·边缘构造及世界观的变化”的报告。之后，由贺雷翻译并收录于贺田照编：《东亚现代性的曲折与展开》（《学术思想评论》第7辑，吉林人民出版社，2002年）。

亲和性高，而华夷主义与现代的文明主义容易产生共鸣并相互融合，这就是问题所在。

例如，可以做出这样的解释，即日本的文明开化只是将文明(=中华)学习对象从中国转向了西方。① 也可以将现代日本对阿依努的同化，文明化后确立的现代化统治理解为近世以来的华夷主张的延长，即过去不得不放手的统治通过文明化而成为可能。殖民地台湾在原住民中实行的“理藩政策”是字面上华夷主义的延长。另外，也可以将20世纪中国的社会主义精神文明、社会主义对封建主义的解放理解为“华—夷”的普遍主义向西方现代的文明主义，甚至是社会主义的延展。②

(2) 殖民地主义的连锁和多层化

通过与“华—夷”相接的“先进—落后”，从中心到周围的文明化首先实现了各自国内对边疆的均匀的实效统治，然后以国民国家的形式进行了重新改编，即边疆的殖民地化。在“历史论坛”上以“殖民地主义和近代”为题进行讨论的时候，笔者就是在此背景下列举了中国近代的例子。

报告考察了以下内容。延伸到冲绳、北海道甚至中国台湾地区的日本殖民地主义以及俄国对中央亚洲的入侵刺激了清朝，清朝改变了边疆政策，开始实行对边疆的全面一致统治，并延续到了20世纪的中国。在主流的汉族和非主流的边疆民族的构造中，华夷主义和近代的文明主义形成共鸣，主流作为文明的中坚力量，对非主流进行构画，东亚的近代殖民地主义形成连锁。③

中国的国家主义将欧美文明主义的“先进—落后”内在化，以一种优越感凌驾于其他落后民族之上。对此，1903年大阪劝业博

① 渡边浩：《日本政治思想史》(东京大学出版会，2010年，413—414页)。

② 茂木：《中华世界的再编与20世纪的民族主义》(《中国现代史》，第21号，2007年)。

③ 《国民国家的建设和国内殖民地》(前述《殖民地近代的视角》)。如果从这样的视点来看，有可能建立起日本国内殖民地与亚洲殖民地之间的共鸣。参考崔真砚：《将冲绳人与在日朝鲜人紧密联系在一起的事物》(岩崎稔等编写：《存续的殖民地主义》，青弓社，2005年)。

览会的人类馆事件等类似事件屡次被揭露出来。[①] 关于殖民地主义的连锁这一点，原本在日本殖民支配的情况下是对欧美殖民地主义做出的反应，也可以说将其内在化后引起了对亚洲的蔑视。所以，文明主义性"先进—落后"的内面化构图是共通的。

国家主义作为抵抗的国家主义而受到了赞赏，这是因为它在进行抵抗的集团中，作为动员全体而抑制非主流的国家主义起着作用。正如中国近代思想中，比起"个人的自由"，"集体的自由"(梁启超)、"国家的自由"(孙文)更受重视[②]，这种问题体现在主流的同化问题之上。国家主义下的均质化是通过非主流起作用的。例如，对边疆的少数人来说是通过殖民地主义起作用的。

这种连锁使得近代文明的结构内面化，将其适用于自己的边疆地域或邻国，适用地也接受并包容了这种结构，并以此为根据，进一步运用到边疆地区的社会中。殖民地主义在形成连锁的同时，发生了二重、三重的多层化。被压抑的殖民地对于其他的殖民地来说应该是站在压抑的主动方的。其中都存在着近代的文明主义的"先进—落后"中产生的权力的不均衡，这种不均衡产生了新殖民地主义的连锁。这样一来，可以说无论是殖民地还是被殖民地，各自文脉的差异实际上都是"先进—落后"的文明主义，是同一现代问题的不同侧面。

当然，进行殖民的日本和被殖民的中国台湾地区、朝鲜半岛是不同的。在权力的不均衡导致的殖民地主义的二重、三重的多层化中，一重的不均衡和其二重、三重地重叠起的不均衡，其层叠性显然是不一样的。与来自欧美的压力进行对抗的日本殖民地主义，以倍增抵抗力的方式加强了对国内边疆地域和国外殖民地的统治。然而，将连锁中的统治—被统治关系分割成一个一个的统治—被统治关系，并将其还原成个别的封闭的统治—被统治关系的过程中，处于劣势的一方将成为优势的一方的武器，将这种"先进—落后"的认识结构内化成自己的东西，这样一来，就会逐渐看不到其对于更落后者的压制性。这让我想起了竹内好在谈及赫伯

① 坂元广子：《中国民族主义的神话》(岩波书店，2004年)。

② 梁启超：《新民说》第九节"论自由"，孙文：《三民主义》第二讲"民权主义"。

特·诺曼的《日本的士兵和农民》的一节所说的话。[1]

> 在这种侵略行动中,普通日本人被征召到军队的不自由的主体,而他们自己意识不到这一点,变成了对其他诸国的国民进行奴役的工具人。进行奴化的时候,不可能使用真正自由的人。然而,最残忍的奴隶将成为对他人自由最残暴和强烈的剥夺者。[2]

要想思考暴力的转移和连锁化这些沉重的问题,就必须获得将连锁和重层化综合起来加以批判的视点。

目前还没有思考这些问题的具体的处方笺。然而,从"历史论坛"的报告和议论中来看,通过进一步扩展领域性的边疆和少数民族甚至是边疆的概念,着眼于权力关系的周边,即着眼于边境,是无法将权力关系的中心发散的各种对边境的包围、同化和均质化的暴力性剔除出来的。

根据每个国家各自的颜色,用没有浓淡之差的均质的颜料来涂色区分的世界各国地图,能很好地表现近代国家和之后形成的现代世界。然而,前现代的国家虽然有国境,但不是用一根线就能进行绝对区分的。权力不是均质分布的,边疆"两属"的情况也不少。通过发现这类前现代的疆域统治问题中的积极性意义,或许能实现现代领土统治的相对化以及国家间对立的领土问题的一定程度上的相对化。另外,作为现代领土、国境的观念固定下来的结果而问题化的是难民。借此或许能取得新角度,对国境管理、国籍等现代国家的意义进行重新审视。

20 世纪 90 年代以后,严重的从军慰安妇问题被定位为国家间的问题而得到重视。不仅如此,在这种所谓社会边境的思考方式中,历史的男性中心主义问题也可能被暴露。慰安妇问题并不是因为 90 年代原慰安妇女性的公开现身而明朗化的。虽然这在当

---

① 竹内好:《中国的近代与日本的近代》(竹内:《日本与亚洲》,筑摩学艺文库,1993 年,55 页)。

② 《赫伯特·诺曼全集》,第四卷(岩波书店,1978 年,86 页)。

时便是众所周知的，然而战后没有被特别追究。而且，20 世纪 80 年代的教科书问题发生之时，虽然韩国方面提出了修正要求清单，但此问题的优先级却很低。[①] 为何明明是众所周知的，却没有在日本社会引起较大批判，联合国也不追究，80 年代初期的韩国社会也不重视呢？这些问题都必须认真质询。[②] 通过对这些历史歪曲提出异议，不仅能动摇日韩国家对立关系和冲击性的国家均质性，还能促进问题的再次研讨。

3 “正确的历史”如何成为可能

（1）道德化的国际社会

20 世纪 90 年代以后，历史认识成了重大问题。关于其背景，必须对国际社会的变动稍做思考。当时，人们认为将 20 世纪的国际社会的趋势进行道德化的概括并不是无意义的。

将民主主义当作体制的象征性价值的美国和通过俄国革命打倒专制而诞生的苏联在第一次世界大战后崛起。由此，以国力较量、秘密外交、精英主义的外交等为主的欧洲式“旧外交”受到了批判，帝国主义的正当性受到了质疑。在东亚，通过朝鲜的三一运动、中国的五四运动等，也能看到以民族自觉的理念为依据的国家主义的高涨。从让人回想起第一次世界大战导致的文明破灭之悲惨的破败情景来看，战后，20 世纪 20 年代的和平构想变得更为理想主义了。

提倡自我正当性的联合国将第二次世界大战定义为法西斯主义和民主主义的战争，于是，民主主义被赋予了反法西斯主义的道义性崇高地位。随着同盟国的胜利，参与反法西斯战争的中国的

---

① 1982 年的历史教科书的检定成为国际问题之际，神户学生・青年中心对韩国和朝鲜民主主义人民共和国的报道等进行翻译和整理，发行了资料集《教科书检定与朝鲜》（神户学生・青年中心出版部，1982 年）。此处关于慰安妇（资料集中称“挺身队”），多处有提及但无特别说明，因此可以想象这在当时韩国社会是众所周知的。但是，在整个资料集中所占比重极小，由此推测优先度略低。

② 卡罗尔・格鲁克（梅崎透译）：《从历史的角度思考》（岩波书店，2007 年），第 11 章。

国家主义也分享了道义性的崇高地位。

在冷战中，必须与独裁政权联手以保持势力之间的平衡。而随着冷战的结束，这种必需的手段不再成为必要，“冷战后的国际关系从力量的和平转变到了正确的和平、共有普遍性理论的市民社会的和平”。于是，这种“国际政治的道德化也招致了回首过去时视点的道德化”。[①] 20 世纪 90 年代，围绕历史认识的问题有了新的展开，其背景也包含这种国际政治格局的大变动。

此外，从历史学的角度来看，20 世纪 80 年代以后人们对记忆的关心有所提升。这种记忆不包含在民族历史的官方记忆中，而是不知去向且带着心灵创伤的每个当事人各自内心所承受的记忆。随着周围情况的变化，它们逐渐成为话题。随着对传统精英主义式的文献实证主义争议的提出，通过声音和图像表现的非文字资料和尚未文献化的口述历史逐渐被学术界认可。“自下而上”的说法开始出现在历史研究中。由此，可以说历史主体的民主化、道德化获得了进展。

这种国际社会的道德化趋势在东亚也很显著。20 世纪 70 年代的开发独裁使得经济有所发展，80 年代韩国和中国台湾地区民主化获得进展，中国大陆的改革开放也加速了经济发展，90 年代之后信息化加速，对中央权力末端的掌控力减退，与此同时，舆论的存在感增强。这些变动的结果是出现了以下现象，即韩国等地慰安妇女性的公开露面，中国人对强掳所提起的民间诉讼等在冷战格局中被国家封印和独占的战争记忆，似乎在一个一个被重新拾起。

（2）东亚文化圈的历史意识

我们也必须认识到，在所谓国际社会道德化的全球化趋势下，东亚的儒教文化圈中存在着这样一种根深蒂固的观念，即从道义出发思考历史。然而，在位于东亚世界边缘的日本，这种历史认识是淡薄的。这使得东亚地区在历史认识上的分歧进一步复杂化。同样位于东亚边缘的韩国，实际上是以小中华自称并想要成为单

① 藤原归一：《和平的写实主义新编》（岩波现代文库，2010 年，121、122 页）。

纯的中华，可以说与日本是对立的。此处也是中华世界的中心—边缘构造在发挥作用。

一般而言，在欧洲，历史包括事件和事件的记录、故事这两种含义。而中文“历史”的“史”，除了有事件这第一个意思，和事件的记录、叙述这第二个意思之外，还有“史即事之记录者”(《说文解字》)，即史官、记录者这第三种意思。稻田虔次这样说道：在中国，上述“史字”的第一、第二用法，实际上只不过是从其第三种用法引申出来的。中国的“史”的独立性就在于同时包含这这三种(客观、主观、主体)意思。①

岛田分析了清代中期学者章学诚的历史哲学，解读了章学诚对于“伟大的史书必须同时含有义的探究，即道的探究的证据”“事件与道义的合一”等的强烈主张，从此抽取出从倾向于“事”的清朝考证学到倾向于“义”的清代学术史的转换点，率先展望了改革主义运动。② 尽管伴随着些许动摇，但在历史上坚持尊重道义，这无疑是中国曾经的特征。从倾向于“义”的清末改革主义运动向20世纪的连续性发展来看，在当今中国的历史认识的特征中，可以确认被道义所证实的“正确的历史”的志向。

历史中存在“道”即作为规范的“正确性”，这是中国的历史观。与此相反，丸山真男认为，历史是“接连不断的发展变化”，“无论发展到何处，都是线型的存续，没有终极目标”，“原本对历史相对主义的繁茂来说就是肥沃的土壤”，并指出，就像即使对于采用了中国正史的编写体即纪传体的《大日本史》，认为“这种对得失善恶的区分可谓是一家之言，不是天下的公论”的人也还是占据大多数，论赞部分最终被删除，由此可以看出日本的历史观中具有“排除历史的价值判断的倾向”。③

依照“道”的准绳来评价世事是中国史观的根基，而日本史观对此是避忌的。到了现代，似乎进一步拉大了与中国史观的距

---

① 岛田虔次：《历史的理性批判》(岛田：《中国思想史研究》，京都大学学术出版会，2002年，478页)。

② 同上，492—493页。

③ 丸山真男：《历史意识的“古层”》(丸山：《忠诚与反逆》，筑摩书房，1992年，339—340、342、351页)

离。帝国大学设立国史科之际，重野安绎、久米武邦等教授是将对江户时代的日本汉字产生了重大影响的清朝考证学作为学术背景的，这种考证学是中国少见的比起“道义”更注重“事实”的学问。教授们跟随从德国聘请的路德维希·里斯学习被当作科学历史学的实证主义的历史学，并批判劝善惩恶的儒教，创立了现代历史学。

原本，从主张政教分离，道德与政治分离的现代主义的思考方式来看，实际上主张“道义与事实的合一”的中国史观是落后的，是其否定的对象。根据促进文明开化的明治日本的“先进—落后”的思考框架，这种重视“道义”的中国式历史观念进一步被认定为“落后”，受到越来越多的否定。

(3) 开放的“正确”

从中国式历史观念的显著的道义性中产生了“正确的历史”的思考方式。这并不适用于日本的历史观念。然而，根据20世纪向道德化发展的国际社会的趋势，如果要通过与国际社会的对话来思考我们的未来，我们也不应该顽固地坚持日本式历史观念。换言之，将日本式文脉反映到“正确的历史”这种思考方式中，并将其投入具有建设性的讨论中，这样不是更好吗？

其实，如果要接受“正确的历史”的思考方式，那么就不得不直面这样棘手的问题，即是否应该追求唯一的、绝对的“正确的历史”，并将其固定下来。这种“正确的历史”到底是如何考虑文脉差异的呢？

思考这种棘手的问题，要注意的是所谓“正确的”是对谁而言的。这个“谁”所包含的范围是什么？“对上万人的正确”岂是那么容易的？如果权力中心在“正确”的基础上均质地覆盖整体，那么非主流的周边地区可能就会有层出不穷的违和感和异议。现在的国家历史的说法抹去了国家内部的个人思想，官方的记忆压抑了个人的记忆。正如已经阐述过的，民主化、道德化的进展会加速这些问题的揭露。国家的表达方式也肯定会遭到超越国境的他者的异议。

通过固定于某种“正确性”而被迫实行均质化，这不就成了“正确”所引发的暴力吗？更何况，如果通过对各自历史解释的妥协，将成果总结成外交文书并将其作为“和解”用来压制其他的解释和异议的话，这种“和解”最终也将变成暴力装置。

尽管如此，也没有必要否定收敛于某一个“正确的历史”所做的努力和这件事本身。因为，有目标的努力和勉强的创作有着天差地别。在依靠唯一的道德性“正确性”实现的没有对立的理想的世界中，提出异议的人们全部受到完全否定，因而这些人最终被彻底排除在外，甚至被彻底消灭。这可以说是不允许异议的、均质的、没有宽容到令人窒息的世界。① 这就是我们向往的世界吗？各自“正确的历史”将自己的“正确性”绝对化，互相排除他者的“正确的历史”，这不就是历史认识问题的现状吗？

如今，我们唯一应该追求的是，对于他者提出的异议，不一味地否定、一味地拒绝聆听，而是敞开胸襟、真诚应答与对话。

这并不是否定“正确的历史”，也不是推崇多个“正确的历史”的多数主义、相对主义，更不是放弃自己所相信的“正确的历史”。而是努力以自己相信的“正确的历史”让他者信服，不断进行强有力的对话。所谓的应该追求的“正确的历史”的“正确”，这才是应该建立起来的“正确性”。

此时，我们期待说服对方并使其改变观念的同时，自己也会因为对方的游说而改变。如果只将自己的立场定义为绝对的“正确性”，只追求对方的改变，这便是一种傲慢、暴力。只要拥有与此相异的真诚的姿态，就一定有可能实现“文脉的共通”。在认识各自

---

① 在思想研究史中，中国多次被指出具有这样的倾向，即当作同质的、均质的、被单色所覆盖的全体，缺少对相异的他者及多样化的个性的存在的构思。关于近世思想史，参考伊东贵之：《中国近世思想的个性与共同性、公共性》（东京大学中国哲学研究会《中国哲学研究》第 24 号，2009 年）；关于 20 世纪中国的人民概念，参考林少阳：《“修辞”思想》（白泽社，2009 年。第Ⅱ部）；按中国的国家特征进行考察的茂木：《中国王朝国家的秩序与其近代》（《理想》，第 682 号，2009 年）。另外，中岛隆博指出，随着朱子构想的“新民”而扩大的由自我到他人的连续性启蒙中，具有将人们当成本质相同的存在来思考的特点，由此而实现的普遍性中存在的是“几乎代理一切的肥大化的大写的自己，而不是个别的我”，还指出，“为最终回归于统一，从最初开始就无视了无法还原成同一性事物的复数‘我们’之中存在的‘公共性’（即使这存在强大的普遍性）”（中岛：《余音环绕的中国哲学》，东京大学出版会，2007 年，第 6 章）。

相信的“正确性”的差异的基础上，相信能在双方之间构筑相互理解的桥梁并带来变化，相互交换意见，最终说服对方。

因此，要想理解各自的“正确的”文脉，应该没有什么特别的办法。在对待现在的他者时，要尽量怀着与对待过去的他者——史料时相同的态度。历史学家在研究史料时，不能从字面意思进行表面性的猜测，而应该思考史料提供者的身份、该史料形成的背景、该背景包含的权力关系和利害关系，以及这份史料出现的意义（背后是否有隐藏的内容）。在此过程中，结合其他史料，吸取不同意见，同时尝试对原史料进行反复的修正，这才是不陷于“正确性”霸权的王道吧。

代结语——东亚开始的普遍尝试

至此，虽已多次提及东亚的独特性，但并没有意图赋予东亚特权，将其区别对待。仅限于在东亚文脉的框架中，笔者进行了思考，得出了一些拙见，认识到了殖民主义、应答责任、想象力、公感、道义的暴力性等问题。这些问题与欧美等其他地域，政治学、社会学等其他专业领域所讨论的问题，距离并非那么遥远。由此，我萌生出了这样的想法，即：在超越专业知识，但又以专业知识为基础的这种不同地域不同专业领域的他者之间，不也能获得“文脉的共通”吗？只有这样，才能通过将东亚问题一般化，实现将东亚推及至普遍、一般性问题。

另外，重新审视国家结构叙述的主语是日本的上述近代以后的东亚历史的叙述方式，这与重新审视将近代史描述为西方影响的“冲击与反应”的西方中心的近代史紧密相连。与其选择妥协下的政治性解决，这种方式才更具有建设性。除了东亚的和解，甚至关系到西方与非西方的和解。

十年前初夏，笔者经过仔细推敲，将自己有所共鸣的内容与乐于参与的意愿写入了“历史论坛”意见书，在结尾处有如下语句。本文也想以此来结尾。

我们尝试构筑具有反思性的东亚历史的全貌，推动对这个地域所经历的历史的侵略与殖民主义以及所有国家暴力的批判，最终对其根源，即五百年来在全世界贯彻暴力主张的欧洲霸权主义进行批判，理由就在于此。只有这样，围绕东亚历史的批判和合作的构筑才有可能走向新的普遍性。

后　记

黑泽文贵

承蒙各位同仁的支持，本书得以顺利出版。在此，谨向各位表达诚挚的谢意。

首先是日英关系史的大家伊恩教授。伊恩教授作为英方编者，向能力不足的编者黑泽提供了帮助。正如之前所提到的，本书的编写起因于 2009 年 6 月的伦敦研究会，特别是伊恩教授饱含学术深意的报告，小菅信子和黑泽从中获得了深刻的感受。感谢伊恩教授作为编者所付出的辛劳，感谢他用温和的眼神传递了力量与勇气。

英方对这位伊恩教授给予帮助的是编辑合作方。如果没有编辑长期以来对日英和解与交流的热心参与，本书第二部分是无法完成的。在此表示衷心感谢。

在此，还想对编者小菅表达诚挚的谢意。小菅对日英战俘问题和战后和解问题造诣颇深，如果没有他真挚的帮助，本书的内容不会像现在这么丰富、完整。此外，也要衷心感谢响应二位编者的呼吁并寄送宝贵稿件的战争经历者、为和解活动和交流竭尽全力的人们，还有外交官以及诸位研究人员。本书编写之初就不是为了要获得任何结论，本书的方针是在“历史的和解”的主题下收集从不同立场出发的自由讨论的成果。因为我们考虑到只要主题的视角比较新颖，至少在现阶段，多种讨论的出现本身就是有意义的。但是，由于全体作者对“和解”是否可能都抱有认可的态度，本书的论调自然而然形成了一种结论。总之，对提供大作的各位表示诚挚的谢意。

此外，还要感谢各位翻译人员（其中也包含一部分论文的作者)。他们接受了紧张的截稿要求以及多份译稿任务。本书出版,还要感谢财团法人吉田茂国际基金的帮助。虽然本书的出版一度面临严峻的局面,但深明本书出版意义的吉田茂国际基金鼎力相助,在此表达诚挚的谢意。最后我要感谢东京大学出版会编辑部的山本微、笹形佑子两位。他们对不断被拖延的交稿时间给予了极大的忍耐与宽容,对本书出版给予了极大的帮助。在此表示衷心的谢忱。

于 2011 年春 第五十九个《旧金山和平条约》生效日前

撰稿人·日文译者简介

（按文章顺序）带 * 为编者

黑泽文贵 *

1953 年生，东京女子大学现代教养学部国际社会学科教授。代表作有《大战期间的日本陆军》（美玲书房，2000，按需印刷版，2011）、《山县有朋与现代日本》（合著，吉川弘文馆，2008）、《日本红十字会与人道援助》（合编，东京大学出版会，2009）、《波兰孤儿与日本》（外交史料馆报，23，2009）、《战争·和平·人权》等。

伊恩·尼斯 *（Ian Nish）

1926 年生，伦敦大学政治经济学术院（LSE）名誉教授。CBE（Commander of the Order of the British Empire）。1991 年荣获国际交流基金奖。同年，被授予旭日中绶章。代表作有：*Japanese Envoys in Britain, 1862—1964*,（ed.）Global Oriental, 2007; *The Japanese in War and Peace, 1942—8*, Global Oriental, 2011; *War, Conflict and Security in Japan and the Asia-Pacific*, 1941—52、the writings of Louis Allen, Globbal Oriental, 2011, with Mark Allen（eds.）;《日英交流史 1600—2000》全 5 卷（与细骨千博等主编，2000—2001，东京大学出版会）等。

小菅信子

1960 年生，山梨学院大学法学部政治行政学教授。代表作有《战争的记忆与战俘问题》（合编，东京大学出版会，2003），《战后和解——日本》（中公新书，2005，获石桥湛山奖），《罂粟与樱——重塑日英和解》（岩波书店，2008），《战争与和解的日美关系史》（合编，政法大学出版局，2011），《面对不会消亡的过去——日本与德国》（合编，岩波书店，2011）等。

杰克·查尔克（Jack Chalker）

1918 年生，画家。二战中成为日军的战俘，被迫从事泰缅铁路的建设劳动。此期间，在不被日军发现的前提下用绘画记录下当时情景。毕业于王立美术学校绘画系。历任女校美术系主任、美术·设计学校校长、工艺学校美术系主任。王立艺术家协会会员。医疗画家协会。代表作《历史和解与泰缅铁路——英国战俘描绘的集中营的真相》(合编,朝日选书,2008)。

史迪芬·梅特卡夫(Stephen Metcalf)

1927年生,父母为中国传道团传道士,18岁之前在中国度过。在此期间,二战爆发,太平洋战争开战后被迫在日军扣留者收容所里度过了青少年时期。1952年,以传道士的身份到达日本,之后在日本生活了三十八年。现定居英国。代表作有《传承黑暗中的亮光》(生命之音社森林丛书,2005)等。

马丁·威尔逊(Martin Wilson)

英国国教牧师。于澳大利亚出生并居住到5岁。在此期间,其时任新加坡主教的父亲被日军扣留。他加入英国海外青年协力队并在婆罗洲活动了一年半后,到剑桥大学圣约翰学院研究神学,并取得学位。之后在牛津大学里彭学院进修神职候选人,并在伦敦大学进修终身学习教师。在斯特克伯克学院以及非洲的塞拉里昂担任教师。之后,在英国中部地区的各个小教会积极从事牧师的工作,特别是担任了伯明翰"世界周"项目的负责人。被任命为与日本圣公会紧密相连的莱特斯教区的社会性责任所长,为日英的交流与互相访问竭尽全力。在这项任务的最后,他辞去了所任的牧师职务。

菲利普·马林斯(Philip Malins)

1918年生,在二战中参与了对德对日战争。为德英和日英的退伍军人的战后交流做出了贡献。在英国纪念追悼会公园内设立了日英和解植树纪念碑、德英和解纪念基石(利用了遭遇空袭后的德国都市的瓦砾)以及歌颂世界和平贡献者们的纪念碑。曾任国际友好与和解信用理事长、英国全国极东战俘联盟名誉终身副会长、MBE(Member of the Order of the Britishi Empire)。2010年被授予旭日双光章。代表作有《战争的伤口与和解》(合著,山梨学院终身学习中心,2008)等。

惠子·霍姆斯(Keiko Holmes)

1948年生,毕业于日美会话学院,婚后定居英国。1988年开展了与二战战俘的交流,1992年进行了"神的爱心灵治愈与和解之旅"。至此大约邀请了四百五十位来自英国、荷兰、加拿大、澳大利亚等国家的二战战俘和慰安妇到日本访问。此外还不断进行对东南亚各国的访问,举办和解活动。1988年获伊丽莎白女王颁发OBE(Office of the Order of the British Empire)荣誉,第二年获日本政府颁发外务大臣奖。著作包括《神的爱心灵治愈与和解之旅》等。

杉野明

1943年生，东京大学文学部语言系毕业，修完英国剑桥大学历史学研究课程。任职于外务省日本国际协力机构。曾任日本驻英国公使、驻智利大使。著有《新加坡战俘收容所》（明石书店，2005）。

菲力达·巴维斯（Philip Puvis）

前英国外交官。创立了以促进日英市民社会各类组织与团体的交流为目的的非营利组织“链接·日本”并担任所长。“链接·日本”聚焦社会排斥、社会性企业和国际开发合作的诸多问题，以此开展活动。她也是为二战后日英和解的促进做出贡献的缅甸作战同志会的创始人之一，并担任国际友好和解信任名誉事务长以及英国与日本的各类慈善团体的理事长或评论员，MBE。曾向 *Japan Society's Biographical Portraits Vols 3,5 and 7* 等投稿。

波多野澄雄

1947年生。筑波大学附属图书馆馆长兼人文社会科学研究科教授，外务省《日本外交文书》编纂委员会会长，前“中日历史共同研究”近现代史分科会委员，代表作有《“大东亚战争”的时代——从日中战争到日美英战争》（朝日出版社，1988），《幕僚们的珍珠湾》（朝日选书，1991），《太平洋战争与亚洲外交》（东京大学出版会，1996），*The End of the Pacific War: Reappraisals*（合著，Tsuyoshi Hasegawa ed.，Stanford U. P.，2006），《作为历史的日美安保条约——机密外交记录揭露“密约”的虚实》（岩波书店，2010）等。

剑持久木

1961年生。静冈县立大学国际关系部副教授。代表作有《记忆中的法西斯——“火十字团”与法国近代史》（讲谈社，2008）、《历史认识共有的地平——德法共通教科书与日中韩的尝试》（合著，明石书店，2009），“L'affaire du sekaishi au Japan: uncoursd'histoire universelleremisuéauxoubliettes”，*Historiens&Géographes, No. 403, April, 2008* 等。

庄司润一郎

1958年生。防卫省防卫研究所战争史部长，前“日中历史共同研究”近代史分科会委员。代表作有《大正时期日本的美国观》（合著，庆应义塾大学出版会，2001），《日美战略思想史——日美关系的新视点》（合著，彩流社，2005），《适合不了解战争的国民的日中历史认识》（合著，勉诚出版，2010），《日本战争称呼的相关问题考察》（防卫研究所纪要，13—3，2010）等。

莱昂内尔·鲍比茨(Lionel Babicz)

1958年生,悉尼大学日本研究专业副教授,前日法会馆研究员。代表作有*Le Japan face à la Corée à l'époque Meiji*. Maisonneuve et Larose, 2002; "The Starting Point of Modern Japanese-Korean Relations: The Letter Incident of 1869." in Edström, Bertz(ed.), *Turning Points in Japanese History. Japan Library*(Routledge Curzon), 2002,《历史认识共有的地平——德法共同教科书与中日韩的尝试》(合著,明石书店,2009),"1889, la première Constitution","Comment le Japon a envahi la Coree", 1905;"la victoire sur les Blancs" in L'Histoire, (ed.) Le Japan: Des samouraïs à Fukushima, Librairie Artheme Fayard/Pluriel, 2011等。

林景一

1951年生。毕业于京都大学法学部。历任外务省条约局局长、国际法局长、日本驻爱尔兰大使、外务省官房长官、内阁官房副长官候选、日本驻英国大使。代表作《了解爱尔兰就能了解日本》(角川 one 主题 21,2009)。

菲利普·托儿(Philip Towle)

1945年生。剑桥大学政治国际关系专业教授(Reader)。代表作有:*Going to War: British Debates from Wilberforce to Blair*, Palgrave Macmillan, 2009; *From Ally to ENEMY: Anglo-Japanese Military relations 1900–45*, Global Oriental, 2006; *Temptations of Power: The United States in Flobal Politics after 9/11, Palgrave/Macmillan 2006*; with Robbert J. Jackson, *Enforced Disarmament from the Napoleonic Campaigns th eh Culf War*, Clarendon, 1996;《战争的记忆与战俘问题》(合编,东京大学出版会,2003)等。

金凤珍

北九州市立大学外国语学院国际关系专业教授。代表作有《东亚"开明"学者的思维空间——郑观应·福泽谕吉·俞吉濬的比较研究》(九州大学出版会,2004),《国际关系学的第一部》(合编,法律文化社,2001),《东亚的国家主义与近代》(合著,大阪大学出版会,2011)等。

李恩民

1961年生。樱美林大学文理综合学群教授。代表作有《中日民间经济外交》(人民出版社,1997),《转换期的中国、日本与中国台湾地区——20世纪70年代中日民间经济外交的来龙去脉》(御茶水书房,2001),《〈日中和平友好条约〉交涉的政治过程》(御茶水书房,2005)等。

卡罗琳·罗斯(Caroline Rose)

1966年生。利兹大学教授。代表作有:*Sino-Japanese Relations: Facing the Past, Looking to the Past, Looking to the Future?* Routledge Curzon, 2004; *Interpreting History in Sino-Japanese Relations*, Routledge, 1998; "The Battle for Hearts and Minds: Patriotic Education in Japan in the 1990s" in *Nationalism in Modern and Contemporary Japan*, Routlege Curzon, 2006; "The Yasukuni Shrine Problem in Sino-Japanese Relations: Facing a Stalemate" in *Yasukuni, the War Dead and the Struggle for Japan's Past*, Hurst&Co, 2007 等。

茂木敏夫

1959年生。东京女子大学现代教养学部国际社会专业教授。代表作有《变动的近代东亚国际秩序》(山川出版社,1977),《中国近代外交的胎动》(合著,东京大学出版会,2009),《20世纪中国史系列1　中华世界与现代》(合著,东京大学出版会,2009)等。

译者

根本尚美

1971年生。翻译家。代表译作有《日俄战争与朴次茅斯讲和》(合译,山梨学院大学,2006),《历史和解与滇缅铁道》(翻译,朝日选书,2008),《面对不会消亡的过去》(合译,岩波书店,2011),《战争与和解的日英关系史》(合译,法政大学出版局,2011)等。

向田千惠

1971年生。翻译家。代表译作有《以传播为目的的写作技巧》(合译,发现·21世纪,2006),《日俄战争与朴次茅斯讲和》(合译,山梨学院大学,2006),《战争与和解的日英关系史》(合译,法政大学出版局,2011)等。

图书在版编目(CIP)数据

历史与和解 / (日)黑泽文贵,(英)伊恩·尼斯著;
赵仲明等译. ——南京:南京大学出版社,2018.12
(阅读日本书系)
ISBN 978-7-305-21420-2

Ⅰ. ①历… Ⅱ. ①黑… ②伊… ③赵… Ⅲ. ①外交关系-研究-日本-现代 Ⅳ. ①D831.32

中国版本图书馆 CIP 数据核字(2019)第 008830 号

出版发行 南京大学出版社
社　　址 南京市汉口路 22 号　　邮　编 210093
出 版 人 金鑫荣

丛 书 名 阅读日本书系
书　　名 历史与和解
著　　者 [日]黑泽文贵 [英]伊恩·尼斯
译　　者 赵仲明 刘爱美 张黎黎 俞婧 王蔚 皇甫彦帝
责任编辑 田 雁　　编辑热线 025-83596027

照　　排 南京紫藤制版印务中心
印　　刷 江苏凤凰通达印刷有限公司
开　　本 635×965 1/16 印张 23.5 字数 315 千
版　　次 2018 年 12 月第 1 版 2018 年 12 月第 1 次印刷
ISBN 978-7-305-21420-2
定　　价 82.00 元

网　　址 http://www.njupco.com
官方微博 http://weibo.com/njupco
官方微信 njupress
销售热线 (025)83594756